IDEIAS PARA UMA FENOMENOLOGIA PURA E PARA UMA FILOSOFIA FENOMENOLÓGICA

EDMUND HUSSERL

IDEIAS PARA UMA FENOMENOLOGIA PURA E PARA UMA FILOSOFIA FENOMENOLÓGICA

Introdução geral à fenomenologia pura

Prefácio de Carlos Alberto Ribeiro de Moura

DIREÇÃO EDITORIAL:
Carlos da Silva
Marcelo C. Araújo

COMISSÃO EDITORIAL:
Avelino Grassi
Roberto Girola

COORDENAÇÃO EDITORIAL:
Elizabeth dos Santos Reis

TRADUÇÃO:
Márcio Suzuki

REVISÃO:
Mônica Guimarães Reis

DIAGRAMAÇÃO:
Juliano de Sousa Cervelin

CAPA:
Erasmo Ballot

Título original: *Ideen zu einer Reinen Phänomenologie und Phänomenologischen Philosophie.*
© Max Niemeyer Verlag, Tübingen, 2002.
ISBN 3-484-70125-0

Todos os direitos em língua portuguesa reservados à Editora Ideias & Letras, 2022.
9ª impressão.

Avenida São Gabriel, 495
Conjunto 42 – 4º andar
Jardim Paulista – São Paulo/SP
Cep: 01435-001
Televendas: 0800 777 6004
vendas@ideiaseletras.com.br
www.ideiaseletras.com.br

Dados Internacionais de Catalogação na Publicação (CIP)
(Câmara Brasileira do Livro, SP, Brasil)

Husserl, Edmund, 1859-1938.
    Ideias para uma fenomenologia pura e para uma filosofia fenomenológica: introdução geral à fenomenologia pura / Edmund Husserl; Tradução Márcio Suzuki. – Aparecida, SP: Ideias & Letras, 2006.
(Coleção Subjetividade Contemporânea)

    Título original: *Ideen zu einer Reiner Phänomenologie und Phänomenologischen Philosophie.*
    ISBN 85-98239-68-2

    1. Fenomenologia I. Título. II. Série.

06-4494   CDD-142.7

Índice para catálogo sistemático:

1. Fenomenologia: Filosofia 142.7

Sumário

Prefácio — 15
Introdução — 25

Livro Primeiro — 31
Introdução geral à fenomenologia pura

Primeira seção
Essência e conhecimento de essência — 33

Capítulo I
Fato e essência — 33
§ 1. Conhecimento natural e experiência — 33
§ 2. Fato. Inseparabilidade de fato e essência — 34
§ 3. Visão de essência e intuição individual — 35
§ 4. Visão de essência e imaginação. Conhecimento de essência independentemente de todo conhecimento de fato — 38
§ 5. Juízos sobre essências e juízos de validez eidética geral — 39
§ 6. Alguns conceitos fundamentais. Generalidade e necessidade — 40
§ 7. Ciências de fato e ciências de essência — 42
§ 8. Relações de dependência entre ciência de fato e ciência de essência — 43
9. Região e eidética regional — 44
§ 10. Região e categoria. A região analítica e suas categorias — 46
§ 11. Objetividades sintáticas e substratos últimos. Categorias sintáticas — 48
§ 12. Gênero e espécie — 50
§ 13. Generalização e formalização — 51
§ 14. Categorias de substrato. A essência do substrato e o to/de ti — 53
§ 15. Objetos independentes e dependentes. Concreto e indivíduo — 53
§ 16. Região e categoria na esfera material. Conhecimentos sintéticos *a priori* — 55
§ 17. Conclusão das observações lógicas — 57

Capítulo II
Mal-entendidos naturalistas 59

§ 18. Introdução às discussões críticas 59
§ 19. A identificação empirista entre experiência
e ato doador originário 60
§ 20. O empirismo como ceticismo 63
§ 21. Obscuridades do lado idealista 65
§ 22. A acusação de realismo platônico. Essência e conceito 66
§ 23. Espontaneidade da ideação. Essência e ficto 68
§ 24. O princípio de todos os princípios 69
§ 25. O positivista como cientista natural na prática;
o cientista natural como positivista na reflexão 70
§ 26. Ciências de orientação dogmática
e ciências de orientação filosófica 71

Segunda seção
A consideração fenomenológica fundamental 73

Capítulo I
A tese da orientação natural e sua colocação fora de circuito 73

§ 27. O mundo da orientação natural: eu e o mundo a minha volta 73
§ 28. O cogito. Meu mundo circundante natural
e os mundos circundantes ideais 75
§ 29. Os "outros" eus-sujeito
e o mundo circundante intersubjetivo natural 76
§ 30. A tese geral da orientação natural 77
§ 31. Modificação radical da tese natural 78
§ 32. A εποχη fenomenológica 81

Capítulo II
Consciência e efetividade natural   83

§ 33. Primeira indicação sobre a consciência "pura"
ou "transcendental", enquanto resíduo fenomenológico   83
§ 34. A essência da consciência como tema   85
§ 35. O cogito como "ato". Modificação de inatualidade   86
§ 36. Vivido intencional. Vivido em geral   89
§ 37. O "estar direcionado para" do eu puro
no cogito e a atenção apreensiva   90
§ 38. Reflexões sobre atos.
Percepções imanentes e percepções transcendentes   92
§ 39. Consciência e efetividade natural.
A concepção do homem "ingênuo"   94
§ 40. Qualidades "primárias" e "secundárias". A coisa dada
em carne e osso — "mera aparência" do "fisicamente verdadeiro"   95
§ 41. A composição real da percepção e seu objeto transcendente   97
§ 42. Ser como consciência e ser como realidade.
Diferença de princípio dos modos de intuição   100
§ 43. Esclarecimento de um erro de princípio   102
§ 44. O mero ser fenomenal do transcendente,
o ser absoluto do imanente   103
§ 45. Vivido não percebido, realidade não percebida   106
§ 46. Indubitabilidade da percepção imanente,
dubitabilidade da percepção transcendente   108

Capítulo III
A região da consciência pura   111

§ 47. O mundo natural como correlato da consciência   111
§ 48. Possibilidade lógica e contrassenso
fático de um mundo fora de nosso mundo   113
§ 49. A consciência absoluta como resíduo
do aniquilamento do mundo   114
§ 50. A orientação fenomenológica
e a consciência pura como campo da fenomenologia   116
§ 51. Significação das considerações transcendentais preliminares   118
§ 52. Complementos. A coisa física e a
"causa desconhecida das aparições"   120

§ 53. Os seres animados e a consciência psicológica 125
§ 54. Continuação. O vivido psicológico
    transcendente é contingente e relativo;
    o vivido transcendental é necessária e absoluto 127
§ 55. Conclusão. Todas as realidades são por
    "doação de sentido". Que não se trata de "idealismo subjetivo" 128

Capítulo IV
As reduções fenomenológicas 131

§ 56. A questão da amplitude da redução fenomenológica.
    Ciências naturais e ciências do espírito 131
§ 57. Questão: o eu puro pode ser posto fora de circuito? 132
§ 58. A transcendência de Deus colocada fora de circuito 133
§ 59. A transcendência do eidético.
    Exclusão da lógica pura enquanto *mathesis universalis* 134
§ 60. Exclusão das disciplinas eidéticas materiais 136
§ 61. Significação metodológica da sistematização
    das reduções fenomenológicas 138
§ 62. Indicações prévias sobre teoria do conhecimento 140

Terceira seção
A metodologia e a problemática da fenomenologia pura 143

Capítulo I
Considerações metodológicas preliminares 143

§ 63. A especial importância das considerações
    metodológicas para a fenomenologia 143
§ 64. A autoexclusão de circuito do fenomenólogo 144
§ 65. As remissões da fenomenologia a si mesma 145
§ 66. Expressão fiel de dados claros. Termos unívocos 147
§ 67. Método de clarificação, "proximidade" e "distância" do dado 148
§ 68. Níveis autênticos e inautênticos de clareza. 1
    A essência da clarificação normal 150
§ 69. O método da apreensão eidética perfeitamente clara 151
§ 70. O papel da percepção no método da clarificação eidética.
    A posição privilegiada da imaginação livre 152

§ 71. O problema da possibilidade
de uma eidética descritiva dos vividos　154
§ 72. Ciências de essência concretas, abstratas, "matemáticas"　155
§ 73. Aplicação ao problema da fenomenologia.
Descrição e determinação exata　158
§ 74. Ciências descritivas e exatas　160
§ 75. A fenomenologia como doutrina eidética
descritiva dos vividos puros　161

Capítulo II
Estruturas gerais da consciência pura　165

§ 76. O tema das próximas investigações　165
§ 77. A reflexão como peculiaridade fundamental
da esfera dos vividos. Estudos na reflexão　167
§ 78. O estudo fenomenológico das reflexões acerca de vividos　171
§ 79. Excurso crítico. A fenomenologia
e as dificuldades da "auto-observação"　174
§ 80. A relação dos vividos com o eu puro　182
§ 81. O tempo fenomenológico e a consciência do tempo　184
§ 82. Continuação. O triplo horizonte do vivido,
ao mesmo tempo como horizonte da reflexão sobre o vivido　186
§ 83. Apreensão do fluxo de vividos em sua unidade como "ideia"　188
§ 84. A intencionalidade como tema fenomenológico capital　189
§ 85. Υλη sensual, μορφη intencional　193
§ 86. Os problemas funcionais　197

Capítulo III
Noese e noema　201

§ 87. Observações preliminares　201
§ 88. Componentes reais e intencionais do vivido.
O noema　202
§ 89. Enunciados noemáticos e enunciados de efetividade.
O noema na esfera psicológica　205

§ 90. O "sentido noemático" e a distinção entre
         "objetos imanentes" e "objetos efetivos"   206
§ 91. Transposição para a esfera mais ampla da intencionalidade   209
§ 92. As mudanças atencionais do ponto
         de vista noético e noemático   211
§ 93. Passagem para as estruturas noético-noemáticas
         da esfera superior da consciência   214
§ 94. Noese e noema no domínio do juízo   215
§ 95. Distinções análogas na esfera da afetividade e da vontade   218
§ 96. Passagem aos outros capítulos. Observações finais   220

Capítulo IV
Para a problemática das estruturas noético-noemáticas   223

§ 97. Os momentos hiléticos e noéticos como
         momentos reais do vivido; os momentos noemáticos
         como momentos não reais dele   223
§ 98. Modos de ser do noema.
         Morfologia das noeses. Morfologia dos noemata   226
§ 99. O núcleo noemático e seus caracteres
         na esfera das presenças e das presentificações   229
§ 100. Estratificação das representações
         em noese e noema segundo lei eidética   231
§ 101. Características dos diferentes níveis.
         "Reflexões" de diferentes espécies   232
§ 102. Passagem a novas dimensões de características   234
§ 103. Caracteres de crença e caracteres de ser   235
§ 104. As modalidades dóxicas como modificações   236
§ 105. Modalidade de crença como crença.
         Modalidade de ser como ser   238
§ 106. Afirmação e negação, com seus correlatos noemáticos   239
§ 107. Modificações reiteradas   240
§ 108. Os caracteres noemáticos não
         são determinidades de "reflexão"   241
§ 109. A modificação de neutralização   242
§ 110. Consciência neutralizada e jurisdição da razão. A postulação   244
§ 111. Modificação de neutralização e imaginação   245
§ 112. Reiteração da modificação de imaginação.
         Não reiteração da modificação de neutralização   247

§ 113. Posição atual e posição potencial — 249
§ 114. Outras considerações sobre potencialidade da tese e modificação de neutralização — 253
§ 115. Aplicações. O conceito ampliado de ato. Efetuações de atos e atos incipientes — 259
§ 116. Passagem para novas análises. As noeses fundadas e seus correlatos noemáticos — 258
§ 117. As teses fundadas e a conclusão da doutrina da modificação de neutralização. O conceito geral de tese — 261
§ 118. Sínteses de consciência. Formas sintáticas — 265
§ 119. Transformação de atos politéticos em monotéticos — 267
§ 120. Posicionalidade e neutralidade na esfera das sínteses — 269
§ 121. As sintaxes dóxicas na esfera da afetividade e da vontade — 270
§ 122. Modos de efetuação das sínteses articuladas. O "tema" — 272
§ 123. Confusão e distinção como modos de efetuação de atos sintéticos — 274
§ 124. A camada noético-noemática do "logos". Significar e significação — 275
§ 125. As modalidades de efetuação na esfera lógico-expressiva e o método da clarificação — 278
§ 126. Completude e generalidade da expressão — 280
§ 127. Expressão dos juízos e expressão dos noemas afetivos — 281

Quarta seção
Razão e efetividade — 285

Capítulo I
O sentido noemático e a referência ao objeto — 285

§ 128. Introdução — 285
§ 129. "Conteúdo" e "objeto": o conteúdo como "sentido" — 287
§ 130. Delimitação da essência "sentido noemático" — 289
§ 131. O "objeto", o "X determinável no sentido noemático" — 290
§ 132. O núcleo como sentido no modo de sua plenitude — 293
§ 133. A proposição noemática. Proposições téticas e sintéticas. Proposições no âmbito das representações — 293
§ 134. Doutrina das formas apofânticas — 295
§ 135. Objeto e consciência. Passagem para a fenomenologia da razão — 298

Capítulo II
Fenomenologia da razão   303

§ 136. A primeira forma fundamental
    da consciência racional: o "ver" doador originário   303
§ 137. Evidência e clareza de visão.
    Evidência "originária" e "pura", assertórica e apodítica 306
§ 138. Evidência adequada e inadequada   307
§ 139. Entrelaçamentos de todas as espécies de razão.
    Verdade teórica, axiológica e prática   309
§ 140. Confirmação. Legitimação sem evidência. Equivalência
    da clareza de visão posicional e da clareza de visão neutra 311
§ 141. Posição racional imediata e mediata. Evidência mediata 313
§ 142. Tese racional e ser   315
§ 143. Doação adequada de coisa como ideia no sentido kantiano 317
§ 144. Efetividade e consciência doadora originária.
    Determinações finais   318
§ 145. Observações críticas à fenomenologia da evidência   319

Capítulo III
Níveis de generalidade da problemática teórica racional   323

§ 146. Os problemas mais gerais   323
§ 147. Ramificações de problemas.
    Lógica, axiologia e prática formais   324
§ 148. Problemas teóricos racionais da ontologia formal   327
§ 149. Os problemas teóricos racionais das ontologias regionais.
    O problema da constituição fenomenológica   328
§ 150. Continuação. A região "coisa" como fio
    condutor transcendental   332
§ 151. Camadas da construção transcendental da coisa.
    Complementos   335
§ 152. Aplicação do problema da constituição
    transcendental a outras regiões   337
§ 153. A extensão plena do problema transcendental.
    Articulação das investigações   338
Apêndice I. § 10 e § 13   343
Apêndice II. p. 33 e seguintes.
    Categorias de significação, significação   345

Apêndice III. pp. 36 e segs.
    A propósito de "significações" — 345
Apêndice IV. § 11, pp. 48 e segs. — 346
Apêndice V. § 11, p. 49. Substrato e essência (dificuldades) — 347
Apêndice VI. Objeção a todo o primeiro capítulo da primeira seção — 350
Apêndice VII. p. 59. Aquilo que foi dito aqui é correto? — 351
Apêndice VIII. p. 79 e segs. — 352
Apêndice IX. p. 80 — 353
Apêndice X. p. 80 — 356
Apêndice XI. p. 94 — 358
Apêndice XII. p. 109 — 360
Apêndice XIII. p. 116 e segs. — 361
Apêndice XIV. p. 121 — 364
Apêndice XV. p. 135 — 364
Apêndice XVI. p. 213 — 366
Apêndice XVII. p. 226 e segs. — 366
Apêndice XVIII. p. 214 — 367
Apêndice XIX. p. 255 e segs. — 369
Apêndice XX. § 113, p. 279 e segs. — 370
Apêndice XXI. § 113, p. 279 e segs. — 371
Apêndice XXII, p. 296. Ad. Tese arcôntica — 372
Apêndice XXIII. p. 299 e segs. — 373
Apêndice XXIV. § 132, p. 331 — 374
Apêndice XXV. p. 341 e segs. — 376
Apêndice XXVI. § 137, pp. 344 e segs. — 376
Apêndice XXVII. pp. 344 e segs. — 377
Apêndice XXVIII. § 143, pp. 358 e segs. — 381
Apêndice XXIX. § 144, pp. 359 e segs. — 382

Prefácio

Com a publicação deste volume, o público brasileiro interessado por filosofia tem finalmente acesso, em português claro e distinto, a um texto fundamental para se compreender um momento decisivo da história da fenomenologia. Assim como para se medir o sentido e alcance de algumas das querelas que agitaram aquele setor da filosofia contemporânea que, em alto e bom som, se proclama herdeiro de Husserl, pouco importando se mais ou menos infiel. Afinal é neste livro que, pela primeira vez, a fenomenologia se apresenta como uma filosofia "transcendental". Se esse resultado já era ruminado desde 1907, nos cursos que Husserl oferecia aos seus alunos, é apenas em 1913, com a publicação deste primeiro livro de *Ideias*, que ele ganha uma existência pública, oficial e eloquente. E isso para grande consternação de seus primeiros discípulos, antes acostumados a seguir cuidadosamente as polêmicas do mestre com Paul Natorp e os neokantianos em geral, pegos então de surpresa com um desfecho que eles sequer imaginavam suspeitar. Aquela doutrina que estreara na cena filosófica alemã em 1900, com as austeras e "realistas" *Investigações lógicas*, se tornara não só "transcendental" como também abusiva e delirantemente "idealista". Pois a partir de agora se afirmará, com a maior falta de cerimônia e sem qualquer compostura, que os objetos se "constituem" graças aos atos da consciência, que essa consciência não precisa da realidade para existir e que a realidade, ao contrário, "depende" da consciência (§§ 49/50). Em suma, um escândalo teórico que viria minar a antiga e confortável reputação de Husserl. Mas convém começar por separar o joio do trigo, neste livro sem dúvida difícil.

Em primeiro lugar, ninguém deve confundir a "fenomenologia" com aquilo que se poderia chamar, sem grande desenvoltura, de filosofia *completa* do autor. Essa filosofia completa é, antes de tudo, uma filosofia da dupla "orientação", a orientação "natural" e a orientação "fenomenológica", compromissos que nunca devem ser confundidos. E por "orientações" é preciso entender direções de pesquisa radicalmente distintas, comandadas por tópicos muito diferentes, que nem se dirigem ao mesmo sentido da palavra "objeto". A fenomenologia é apenas um dos lados de nosso universo intelectual, que não suprime o outro, aquele que se desdobra na direção "natural". A orientação natural é aquela em que nos situamos espontaneamente na nossa vida cotidiana, quando nos dirigimos às coisas para manipulá-las. Ela é também a orientação em que se situa o cientista, quando este se dirige às coisas ou ao mundo para conhecê-los, discernindo suas propriedades e relações "objetivas". Na orientação fenomenológica, ao contrário, o interesse não se dirige às "coisas" mas sim aos "fenômenos", quer dizer, ao múltiplos modos subjetivos de doação graças aos quais temos consciência dos objetos. É apenas quando nos situamos nessa orientação que operamos a "redução fenomenológica", quer dizer, a transição da investigação das "coisas" para a consideração dos seus "fenômenos".

A essas duas orientações corresponderá uma dupla decifração daquilo que é o "objeto" a que uma consciência se reporta. Enquanto a consciência se situa na orientação natural, ela se dirige ao objeto "puro e simples". Esse objeto puro e simples é aquele que possui suas determinações naturais, que são livres de qualquer referência ao subjetivo. Ele é o objeto de que trata a ciência e também o objeto ao qual se dirige toda *praxis* objetiva no interior do mundo. Na orientação fenomenológica, ao contrário, a consciência não se dirige ao objeto puro e simples, mas sim ao objeto intencional, ao objeto tal como este se manifesta *subjetivamente* a um eu, segundo seus distintos modos de doação ou fenômenos. Será apenas esse objeto intencional, reduzido à constelação dos fenômenos subjetivos que o oferecem a um sujeito, que será "dependente" da consciência. E por isso mesmo o idealismo "delirante", que tanto espantou os discípulos de Husserl, não tem qualquer significado ontológico. Esse suposto idealismo é apenas o produto da confusão entre a orientação natural e a orientação fenomenológica, consumada na indistinção entre os objetos aos quais elas se reportam. É exatamente essa diferença que Husserl sublinha ao afirmar que a árvore "pura e simples" pode queimar, pode resolver-se em seus elementos químicos, enquanto a árvore como objeto intencional, como "sentido" que pertence à percepção, não pode queimar, não tem elementos químicos, não tem propriedades reais (§ 89). As verdades fenomenológicas não são "opiniões" sobre o mundo existente, a redução fenomenológica será por definição a proibição de se fazer qualquer afirmação sobre o mundo "puro e simples". Correlativamente, ninguém pedirá ao cientista que exerça a redução, as duas orientações sempre serão paralelas e conservarão a sua validade em seu campo específico, nenhuma delas detém a verdade sobre a outra ou a absorve em si mesma.

E isso não será indiferente para se circunscrever a tópica da fenomenologia, o conjunto das questões ou das perguntas que ela julga pertinente situar no horizonte da "filosofia". Afinal, a mesma confusão entre as duas "orientações", que está na origem da apresentação da fenomenologia como uma reedição atualizada do idealismo "subjetivo" de Berkeley, está também na raiz da apresentação da fenomenologia como um método de conhecimento de regiões "objetivas", que disputaria com as ciências a melhor compreensão da "realidade". A fenomenologia seria um método "descritivo" que se encarregaria de fornecer as "verdades" que a ciência nos omite, mas no mesmo sentido em que a ciência as diz: ela seria um saber sobre o "mundo existente", sobre o mundo "concreto", como já foi de bom tom se referir àquela parcela da realidade que se furtava à "abstração" científica, ou que era pura e simplesmente desconsiderada pela ciência, sempre siderada apenas pelas "leis gerais". Foi assim que nos anos 1950 se fez fenomenologia de tudo, mais ou menos como nos anos 1970 se iria fazer "semiologia" de tudo, ou, logo depois, análise "estrutural" de tudo. Sartre não disfarça a forte impressão que lhe causou o relato de Raymond Aron, contando-lhe que na Alemanha fenomenológica de então, se podia fazer a "descrição" de um copo em uma mesa de bar, — e que isso era... "filosofia"! Assim como a literatura da época não nos poupou de páginas infindáveis e aborrecidas, que "descreviam" com todos os seus detalhes, presumivelmente infinitos, uma maçaneta de porta "concreta". Mas o que Husserl teria a ver com tudo isso? Rigorosamente nada.

Afinal, como o leitor deste primeiro livro de *Ideias* pode facilmente constatar, paralelamente à oposição entre as orientações natural e fenomenológica, Husserl estabelecia uma outra oposição aquela que distingue as disciplinas que se instalam na orientação "dogmática" daquelas que se situam na orientação "filosófica" (§ 26). Enquanto a orientação dogmática é aquela que se dirige às diversas regiões objetivas para conhecê-las, na orientação filosófica apenas se investiga a *possibilidade* do conhecimento objetivo. A filosofia, para Husserl, é essencialmente uma investigação de crítica do conhecimento, e por isso mesmo ela não falará do mundo, ela não será um método de compreensão de realidades, que concorreria com a ciência na melhor explicitação das coisas. Assim como para o Kant da primeira *Crítica* a filosofia fala da razão, mas não dos objetos da razão, para Husserl não haverá fenomenologia do ser, mas apenas uma fenomenologia da razão, expressamente identificada por ele à fenomenologia em geral (§ 153). Mas é claro que enquanto retomada do projeto crítico a fenomenologia se pensará como uma disciplina muito mais radical e completa que a *Crítica* kantiana. Afinal, para Husserl Kant limitava incompreensivelmente o campo de investigação a ser percorrido. Perguntar como o conhecimento é possível é procurar saber como a subjetividade pode ter acesso a objetos transcendentes *em geral*. Mas Kant deixava de formular a questão transcendental em relação à lógica, e isso por puro "psicologismo", por nem mesmo vislumbrar que o domínio da lógica é formado por "objetos ideais". Mais ainda, restringindo sua pergunta à questão de se saber como são possíveis os juízos sintéticos *a priori*, quer dizer, limitando-se ao domínio do conhecimento "científico", ele nem notava que a mesma pergunta merecia ser feita no plano de nossa vida pré-científica, no plano dos juízos sintéticos *a posteriori*, no reino da nossa vida perceptiva a mais imediata, em que a subjetividade já se relaciona a transcendências. Por isso, aos olhos de Husserl apenas a fenomenologia formula a questão transcendental em sua plena universalidade. E essa questão deveria ser perseguida de forma escalonada: seria preciso começar perguntando como é possível o acesso da subjetividade à natureza "pré-científica", no plano da simples percepção, passar então à investigação transcendental da lógica, para só depois se chegar à natureza "científica", que supõe já resolvido o problema lógico-formal da ciência. Mas é verdade também que o próprio Husserl não percorreu todo o itinerário projetado, e a maior parte de seus escritos se detêm no primeiro degrau.

Mas qual é, exatamente, a natureza deste problema apresentado pela possibilidade do acesso da subjetividade à transcendência? A certidão de nascimento dessa questão é sem dúvida cartesiana, visto que foi ali nas *Meditações* que se perguntou, pela primeira vez, o que legitima o valor objetivo de nossas ideias e garante o acordo ou a correspondência entre nossas representações e o mundo. E, assim formulado, esse problema já nos impunha uma imagem bem determinada do que é a subjetividade e do que é a transcendência. Essa subjetividade seria uma certa *interioridade*, que teria diante de si um mundo transcendente por lhe ser *exterior*. Trata-se agora de garantir o acordo entre ideias que estão "em mim" e um mundo de objetos que estão "fora de mim". A questão fenomenológica sobre a possibilidade do conhecimento se guiaria por este roteiro? Nas *Investigações lógicas* Husserl ainda procurava atuar seguindo esse *script* cartesiano. É que ali ele trabalhava com uma noção de consciência de perfil cartesiano, e conhecia apenas uma noção noética de "fenômeno", um "modo subjetivo de doação" dos objetos que era sempre uma "parte real" da consciência, um habitante da "interioridade" do sujeito. E a esse fenômeno se opunha um objeto intencional que era por princípio *exterior* à consciência. Tratava-se de perguntar então o que garantiria o "encontro" entre esse interior e esse exterior, entre essa subjetividade e essa transcendência, entre os fenômenos e o objeto. Mas é claro que uma história assim narrada não poderia dar lugar a nenhum *happy end*: é muito dura e difícil a vida de um "cartesiano" que quer economizar a passagem por Deus.

Husserl já fazia a sua autocrítica nos cursos que ministra em 1907, publicados com o título de *A ideia da fenomenologia*. Ali ele apresenta a formulação cartesiana do problema, que ele docilmente herdava em 1900, como típica do primeiro estágio da reflexão filosófica, quando o "principiante", espontânea e ingenuamente, identifica sem mais o imanente ao que está "em mim" e o transcendente ao que está "fora de mim", evidenciando nessa linguagem espacializante a sua prisão a prejuízos naturalistas. Na verdade, esse problema "inicial" do conhecimento, tal como ele era instituído por Descartes, não é de forma alguma o "problema radical" suscitado pela relação da subjetividade à transcendência. E o principiante só poderá vislumbrar qual é esse problema radical quando, abdicando daquele cenário que coloca em cantos opostos o interior e o exterior, ele tomar ciência de que o verdadeiro problema se situa na relação entre conhecimento e objeto, mas no sentido *reduzido*. Mas essa menção à redução fenomenológica será agora indissociável de uma reforma bastante significativa da noção de fenômeno da qual Husserl partira. Uma reforma não tanto de seu significado, mas de seu estatuto. Se no período das *Investigações lógicas* Husserl reconhecia apenas a existência de "fenômenos" no sentido noético da palavra, enquanto habitantes da interioridade do sujeito, doravante ele admitirá que o universo dos fenômenos não se reduz de forma alguma a isso. Existem também os fenômenos no sentido "ôntico" da palavra, fenômenos que não são "partes reais" da consciência. Afinal, quando digo que o objeto que percebo me é dado segundo tal ou tal perspectiva, com essa luz e sombra, quer dizer, me é dado segundo um "modo subjetivo de doação" que é por princípio variável, tenho consciência desse "fenômeno" como algo que está *diante* de mim, não "em mim". Esse novo conceito de fenômeno, que receberá o nome de *noema*, será essencial para que a fenomenologia leve a bom termo a sua cruzada contra o "psicologismo", assim como para encaminhar de maneira satisfatória a sua investigação de crítica do conhecimento. Afinal, enquanto nós nos limitamos ao fenômeno no sentido noético do termo, um componente da "interioridade" do sujeito, nós lidamos com algo que não se distingue em nada de um elemento "psíquico". E agora é inevitável que a "fenomenologia" entre em cena como uma disciplina que nega apenas nominalmente seu parentesco com a psicologia, desdobrando-se na prática como uma disciplina psicológica a mais.

O noema, não sendo "parte real" da consciência, não terá mais nada a ver com o "psíquico" da psicologia tradicional. Husserl lhe dará o estatuto das significações em nossa linguagem: o noema é o *meio ideal* pelo qual a realidade se oferece a uma consciência. E isso também torna melhor delineada a própria noção de fenômeno ou modo subjetivo de doação. Um modo de doação de objetos não é dito *subjetivo* por ser um habitante da interioridade do sujeito psicológico. Um fenômeno é *subjetivo* por ser uma doação de determinado objeto sempre reportada a um "ponto de vista", por princípio unilateral e variável. E o "subjetivo" assim compreendido está presente seja na nossa vida perceptiva, seja em nossa linguagem. Afinal, não estamos em situações essencialmente distintas quando dizemos que um objeto é dado à nossa percepção segundo "perspectivas" unilaterais e variáveis, e quando reconhecemos que, em nossa linguagem, as expressões "o vencedor de Iena" e "o vencido de Waterloo" são distintos "modos de doação", distintas "significações" que descrevem um mesmo personagem a partir de diferentes pontos de vista.

Essa noção de fenômeno levará Husserl a uma compreensão bem determinada daquilo que é um *objeto*, seja no domínio de nossa vida perceptiva, seja na esfera da linguagem. Quando percebemos um objeto, ele sempre nos é dado segundo uma determinada perspectiva, segundo um certo modo de doação ou fenômeno. Podemos variar nossas perspectivas sobre esse objeto, mas ele sempre nos será dado segundo um ou outro modo subjetivo de doação. Nós nunca temos acesso à "coisa mesma", se entendermos por isso um ser sem perspectivas subjacente a este ser que nos é dado por perspectivas. Da mesma maneira, no plano de nossa linguagem o objeto *que* é significado por nossas expressões não é nada de delimitável como estando *ao lado* ou *aquém* das significações através das quais nós o visamos. Esse objeto sempre é exprimido em nossa linguagem em um *modo* determinado, e nós só podemos nos referir a determinada pessoa como sendo ou "o vencedor de Iena", ou "o vencido de Waterloo", ou através de qualquer outra significação por princípio unilateral e variável. E se o nome próprio nos parece um dêitico, um nome que nos daria a "coisa mesma", isso não passa de uma ilusão infantil: "Napoleão" designa apenas a equivalência das múltiplas e indefinidas significações que o descrevem, seja como "o vencedor de Iena", seja como "o vencido de Waterloo", seja como "o prisioneiro da Córsega". Desde então, o que será o "objeto", fenomenologicamente considerado? Ele só poderá ser interpretado como a síntese das múltiplas significações que o descrevem. Na linguagem técnica deste primeiro livro de *Ideias*, o objeto será o X idêntico e *vazio* de uma multiplicidade noemática (§ 131).

É graças à introdução da noção de noema que a fenomenologia poderá falar em um "*a priori* da correlação" entre consciência e objeto, essa certeza de que toda consciência é sempre consciência *de* um objeto, e de que todo objeto é sempre objeto *para* uma consciência. E como esse objeto não é nada além do X idêntico e vazio de seus modos subjetivos de doação, o objeto é, ele mesmo, "subjetivo". Em regime de redução fenomenológica é o próprio mundo que se torna subjetivo. E enquanto tal esse mundo *pertence* à região da consciência. É apenas na orientação natural que a subjetividade mundana ou psicológica, aquela inaugurada por Descartes, se apresenta como um *interior* ao qual se opõe um *exterior*. A subjetividade "transcendental", ao contrário, é aquela que inclui em si mesma o seu "mundo", ela não tem mais nada que lhe seja *exterior*. Por isso, se o "problema inicial" do conhecimento, aquele formulado por Descartes, era o de saber o que garantiria o encontro entre uma subjetividade vista como um "interior" e um mundo que lhe era "exterior", o "problema radical" será bem outro. E o seu modelo histórico não deverá mais ser procurado nas *Meditações*, mas sim no *Tratado da Natureza Humana* de David Hume: tenho consciência de um objeto como sendo *idêntico*, através de uma *multiplicidade* de fenômenos; desde então, é preciso perguntar o que torna possível essa apresentação de uma identidade através de uma multiplicidade, e quais são as estruturas de evidência presentes nessa "constituição" dos objetos para a consciência. E o território dessa pesquisa será a "intencionalidade", desde que não nos limitemos, como Brentano, a repetir exaustivamente que 'toda consciência é consciência de alguma coisa', e investiguemos as *sínteses* que, secretamente, estão tornando possível esse resultado epidérmico. É seguindo esse caminho que se pode investigar como a subjetividade pode ter acesso à transcendência, como o conhecimento é possível.

Este primeiro livro de *Ideias* traça este programa de pesquisa, desenha um caminho sem, contudo, percorrê-lo. Aqui ainda não estão presentes noções que serão essenciais ao desdobramento do projeto, como a intencionalidade "noemática" ou de "horizonte". E aqui Husserl também faz expressa abstração da consciência constituinte do tempo, que desempenhará um papel fundamental na elucidação da questão de crítica do conhecimento que ele situa no centro da sua filosofia. Mas nada disso diminui o *interesse* deste livro. Afinal, é apenas em função do projeto original de filosofia transcendental aqui exposto que o leitor poderá medir a envergadura de outros textos de Husserl, assim como entender o sentido e as razões subjacentes à introdução de novos conceitos na fenomenologia.

Carlos Alberto Ribeiro de Moura

Introdução

A fenomenologia pura, cujo caminho aqui queremos encontrar, cuja posição única em relação a todas as demais ciências queremos caracterizar e cuja condição de ciência fundamental da filosofia queremos comprovar, é uma ciência essencialmente nova, distante do pensar natural em virtude de sua peculiaridade de princípio e que, por isso, só em nossos dias passou a exigir desenvolvimento. Ela se denomina uma ciência de "fenômenos". Também outras ciências há muito conhecidas se voltam para fenômenos. É assim que ouvimos a psicologia ser designada como uma ciência das "manifestações" ou fenômenos psíquicos, a ciência da natureza como ciência das "manifestações" ou fenômenos físicos; da mesma maneira, na história por vezes se fala de fenômenos históricos e, na ciência que estuda as civilizações, de fenômenos da civilização; e assim semelhantemente em todas as ciências de realidades. Por diferente que seja o sentido da palavra fenômeno em todos esses discursos, e que significações outras ainda possa ter, é certo que também a fenomenologia se refere a todos esses "fenômenos", e em conformidade com todas essas significações, mas numa orientação inteiramente outra,[1] pela qual se modifica, de determinada maneira, o sentido de fenômeno que encontramos nas ciências já nossas velhas conhecidas. Somente assim modificado ele entra na esfera fenomenológica. Entender tais modificações ou, para falar com mais exatidão, efetuar a orientação fenomenológica, elevar reflexivamente à consciência científica o que é propriamente específico a esta, assim como às orientações naturais — tal é a

---

[1] Adotando aqui a generosa indicação de Carlos Alberto Ribeiro de Moura, preferiu-se traduzir "Einstellung" por "orientação" em vez de "atitude" (tradução consagrada, especialmente em francês). O leitor facilmente perceberá, no decorrer do livro, a pertinência (e as vantagens) desta opção. (NT)

primeira tarefa, de modo algum fácil, de que temos de dar plenamente conta, caso queiramos alcançar o solo da fenomenologia e nos assegurar cientificamente da essência que lhe é peculiar.

No último decênio muito se falou de fenomenologia na filosofia e psicologia alemãs. Em suposta concordância com as *Investigações lógicas*,[2] concebe-se a fenomenologia como uma etapa inicial da psicologia empírica, como uma esfera de descrições "imanentes" dos vividos psíquicos, descrições que se mantêm rigorosamente — é assim que se entende a imanência — no âmbito da *experiência* interna. Meu protesto contra essa forma de concebê-la[3] foi, ao que parece, de muito pouca valia, e os esclarecimentos que acrescentei, os quais ao menos circunscrevem nitidamente alguns pontos principais da diferença, ou não foram entendidos, ou foram deixados de lado sem que se lhes prestasse atenção. Daí também as objeções inteiramente nulas, porque não atinaram com o simples *sentido* de minha exposição, a minha crítica do método psicológico — uma crítica que de maneira alguma negava o valor da psicologia moderna, que de maneira alguma menosprezava o trabalho experimental realizado por homens insignes, mas que punha a nu certas falhas radicais, em sentido literal, do método; é da remoção dessas falhas que depende necessariamente, a meu ver, a elevação da psicologia a um nível científico mais alto e uma ampliação extraordinária de seu campo de trabalho. Ainda haverá ocasião de discutir, em breves palavras, as defesas desnecessárias da psicologia contra meus pretensos "ataques". Menciono aqui essa controvérsia a fim de ressaltar nitidamente desde o início, tendo em vista os mal-entendidos reinantes e o número extremamente alto de suas consequências, que a *fenomenologia pura*, para a qual queremos abrir acesso na continuação — a mesma que fez sua primeira aparição nas *Investigações lógicas* e cujo sentido me foi sendo cada vez mais profunda e ricamente desvendado no prosseguimento do trabalho do último decênio —, *não é psicologia*, e o que impede a inclusão dela na psicologia não são demarcações contingentes dos domínios, nem terminologia, mas fundamentos *de*

---

[2] E. Husserl, *Investigações lógicas*, dois volumes, 1900 e 1901.
[3] No artigo "Filosofia como ciência de rigor", *Logos*, volume I, pp. 316-318 (atente-se especialmente para o esclarecimento do conceito de experiência, à p. 316). Cf. a minuciosa discussão dedicada à relação entre fenomenologia e psicologia descritiva já em meu "Informe sobre publicações referentes à lógica na Alemanha dos anos de 1895 a 1899", *Archiv für system. Philosophie*, vol. 10 (1903), pp. 397-400. Hoje eu não diria uma palavra diferente do que disse.

princípio. Por maior que seja a importância metodológica que a fenomenologia possa reivindicar no caso da psicologia, por mais "fundamentos" essenciais que ponha à disposição desta, ela (como ciência de ideias) é tão pouco psicologia quanto a geometria é ciência da natureza. A diferença se mostra ainda até mais radical do que neste último caso. O fato de que a fenomenologia tenha de lidar com a "consciência", com todas as espécies de vividos, com atos, com correlatos de atos, não altera em nada tal situação. Ver isso com clareza exige, sem dúvida, não pequeno esforço dos hábitos dominantes de pensar. Colocar fora de circuito todos os atuais hábitos de pensar, reconhecer e pôr abaixo as barreiras espirituais com que eles restringem o horizonte de nosso pensar, e então apreender, em plena liberdade de pensamento, os autênticos problemas filosóficos, que deverão ser postos de maneira inteiramente nova e que somente se nos tornarão acessíveis num horizonte totalmente desobstruído — são exigências duras. Nada menos que isso, no entanto, é exigido. O que, com efeito, torna tão extraordinariamente difícil a assimilação da essência da fenomenologia, a compreensão do sentido peculiar de sua problemática e de sua relação com todas as outras ciências (e em especial com a psicologia) é que, além de tudo isso, é necessária uma nova *maneira de se orientar, inteiramente diferente* da orientação natural na experiência e no pensar. Aprender a se mover livremente nela, sem nenhuma recaída nas velhas maneiras de se orientar, aprender a ver, diferençar, descrever o que está diante dos olhos, exige, ademais, estudos próprios e laboriosos.

Este *primeiro* livro terá por tarefa precípua procurar caminhos através dos quais possam ser superadas, por assim dizer em etapas, as enormes dificuldades de penetrar neste novo mundo. Partiremos do ponto-de-vista natural, do mundo, tal como o temos diante de nós, da consciência, tal qual se oferece na experiência psicológica e tal qual os pressupostos que lhe são essenciais a desnudam. Desenvolveremos então um método de "reduções fenomenológicas", em conformidade com o qual poderemos remover as barreiras cognitivas inerentes à essência de todo modo natural de investigar, diversificando a direção unilateral própria ao olhar até obtermos o livre horizonte dos fenômenos "transcendentalmente" purificados e, com ele, o campo da fenomenologia em nosso sentido próprio.

Tracemos ainda um pouco mais nitidamente estas linhas antecipatórias e reatemos o fio com a psicologia, tal como o exigem os preconceitos da época, mas também os vínculos estreitos da questão.

A *psicologia* é uma ciência empírica. Dois aspectos estão contidos na significação usual da palavra experiência:

1. Ela é uma ciência de *fatos*, de *matters of fact* no sentido de D. Hume.
2. Ela é uma ciência de *realidades*. Os "fenômenos" de que ela trata enquanto "fenomenologia" psicológica são eventos reais, que, como tais, se possuem existência efetiva, inserem-se, junto com os sujeitos reais a que pertencem, na *omnitudo realitatis* que é o mundo espaço-temporal.

Em comparação a isso, *a fenomenologia pura ou transcendental não será fundada como ciência de fatos, mas como ciência de essências* (como ciência "*eidética*"); como uma ciência que pretende estabelecer exclusivamente "conhecimentos de essência" e *de modo algum* "*fatos*". A redução aqui em questão, que leva do fenômeno psicológico à "essência" pura ou, no pensamento judicante, da universalidade fática ("empírica") à universalidade de "essência", é a *redução eidética*.

Em segundo lugar, os fenômenos da fenomenologia transcendental serão caracterizados como irreais. Outras reduções, especificamente transcendentais, "purificarão" os fenômenos psicológicos daquilo que recebem da realidade e, portanto, de sua inserção no mundo. Nossa fenomenologia não deve ser uma doutrina das essências de fenômenos reais, mas de fenômenos transcendentalmente reduzidos.

Somente na sequência ficará claro qual o significado mais preciso de tudo isso. Aqui se tratou de indicar preliminarmente um âmbito esquemático para a série inicial de investigações. Considero necessário acrescentar uma única observação: não terá escapado ao leitor que, nos dois tópicos que acabam de ser assinalados, em vez da única divisão geralmente usual das ciências em ciências reais e ciências ideais (ou em ciências empíricas e ciências *a priori*), aparecem antes utilizadas duas divisões, correspondentes a dois pares de oposição: fato e essência, real e não real. A diferenciação nessa dupla oposição, que entra no lugar da diferenciação entre real e ideal, só poderá ser pormenorizadamente justificada no transcorrer de nossas investigações (mais precisamente no segundo livro). Mostrar-se-á que o conceito de realidade carece de uma delimitação fundamental, em virtude da qual tem de ser estatuída uma diferença entre ser real e ser individual (ser puro e simplesmente temporal). A passagem à essência pura proporciona, de um lado, conhecimento eidético do real, mas de outro, no que respeita à esfera restante, ela proporciona conhecimento eidético do irreal. Mostrar-se-á, além disso, que todos os "vividos" transcendentalmente purificados são irrealidades, estabelecidas fora de toda inserção no "mundo efetivo". A fenomenologia investiga justamente essas irrealidades, não como individualidades singulares, mas na "essência". Em que medida, contudo, fenômenos transcendentais são acessíveis a uma investigação enquanto *fatos* singulares, e que relação uma tal investigação de fatos pode ter com a ideia de metafísica, isso só poderá ser examinado na sequência final de investigações.

No *primeiro* livro, porém, não trataremos apenas da doutrina geral das reduções fenomenológicas, que tornam para nós visíveis e acessíveis a consciência transcendentalmente purificada e seus correlatos eidéticos; queremos também tentar obter representações determinadas da estrutura geral dessa consciência pura e, por intermédio delas, dos grupos mais gerais de problemas, das direções de investigação e dos métodos inerentes à nova ciência.

No *segundo* livro, trataremos então, de maneira circunstanciada, de alguns grupos de problemas especialmente significativos, cuja formulação sistemática e solução típica são a pré-condição para poder trazer à efetiva clareza as difíceis relações da fenomenologia com as ciências físicas da natureza, com a psicologia e com as ciências do espírito, mas por outro lado também com todas as ciências *a priori*. Os esboços fenomenológicos ali delineados oferecerão, ao mesmo tempo, meios propícios para aprofundar consideravelmente a compreensão da fenomenologia obtida no *primeiro* livro e alcançar um conhecimento incomparavelmente mais rico de seus enormes círculos de problemas.

Um *terceiro* livro conclusivo é dedicado à ideia da filosofia. Ele deverá despertar a evidência de que a autêntica filosofia, cuja ideia é realizar a ideia de conhecimento absoluto, tem suas raízes na fenomenologia pura, e isso num sentido tão sério, que a fundação e execução sistematicamente rigorosa desta primeira de todas as filosofias é a pré-condição constante para toda metafísica e qualquer outra filosofia — "que poderá surgir como *ciência*".

Uma vez que aqui a fenomenologia deve ser fundada como uma ciência de essência — uma ciência *a priori* ou, como também dizemos, uma ciência eidética, é útil fazer todos os esforços consagrados à própria fenomenologia serem precedidos de uma série de discussões fundamentais sobre essência e ciência de essência e de uma defesa da legitimidade original própria do conhecimento eidético diante do naturalismo.

Concluiremos estas palavras introdutórias com uma pequena discussão terminológica. Tal como já nas *Investigações lógicas*, evito sempre que possível as expressões *a priori* e *a posteriori*, e isso tanto devido às confusões provocadas pelas obscuridades e equivocidades de que se impregnam no uso geral, quanto também devido a estarem associadas a doutrinas filosóficas caídas em descrédito, numa má herança do passado. Somente em contextos que lhes conferem univocidade, e somente como equivalentes de outros termos que as acompanham, aos quais conferimos significações claras e de sentido único, é que devem ser empregadas, sobretudo onde se trata de fazer ecoar paralelos históricos.

Em se tratando de equivocidades que podem induzir em erro, as expressões *ideia* e *ideal* talvez não estejam entre as piores, mas no geral são bastante ruins, como me fizeram suficientemente sentir os frequentes mal-entendidos a respeito de minhas *Investigações lógicas*. O que também me determinou a uma mudança de terminologia foi a necessidade de manter um conceito altamente importante, o *conceito kantiano de ideia*, puramente separado do conceito geral de essência (formal ou material). Utilizo, por isso, tanto *eidos*, palavra estrangeira não desgastada terminologicamente, como "essência", palavra alemã carregada de equivocidades inócuas, mas por vezes inoportunas.

Também teria preferido excluir *real*, palavra carregada demais, caso tivesse tido à mão um substituto adequado.

Faço ainda a seguinte observação geral: como não dá para escolher expressões técnicas totalmente em desuso no âmbito da língua histórico-filosófica e, sobretudo, como conceitos filosóficos fundamentais não podem ser fixados em definições mediante conceitos firmemente estabelecidos, sempre identificáveis com base em intuições imediatamente acessíveis; como, ao contrário, longas investigações têm de preceder, em geral, as clarificações e determinações definitivas deles: assim, locuções compostas são com frequência imprescindíveis, elas coordenam *diversas* expressões do linguajar geral empregadas num sentido aproximadamente igual, com realce terminológico de algumas dentre elas. Em filosofia, não se pode definir como em matemática; neste aspecto, qualquer imitação do procedimento matemático não é apenas infrutífera, mas perversa e das mais danosas consequências. De resto, as expressões terminológicas mencionadas devem ter seu sentido firmemente estabelecido em amostras precisas, em si evidentes, no decorrer das reflexões, uma vez que, já pela amplitude do trabalho, é preciso renunciar — tanto neste aspecto, como em geral — a comparações críticas circunstanciadas com a tradição filosófica.

Livro Primeiro

Introdução geral à fenomenologia pura

Primeira seção
Essência e conhecimento de essência

Capítulo I
Fato e essência

§ 1. Conhecimento natural e experiência

O conhecimento natural começa pela experiência e permanece na experiência. Na orientação teórica que chamamos "natural", o horizonte total de investigações possíveis é, pois, designado com *uma só* palavra: o *mundo*. As ciências dessa orientação originária[4] são, portanto, em sua totalidade, ciências do mundo, e enquanto elas predominam com exclusividade, há coincidência dos conceitos "ser verdadeiro", "ser efetivo", isto é, ser real e — como todo real se congrega na unidade do mundo — "ser no mundo".

A toda ciência corresponde um domínio de objetos como domínio de suas investigações, e a todos os seus conhecimentos, isto é, aqui a todos os seus enunciados corretos correspondem, como fontes originárias da fundação que atesta a legitimidade deles, certas intuições nas quais há doação dos próprios objetos desse domínio ou, ao menos parcialmente, *doação originária deles*. A intuição *doadora* na primeira esfera "natural" de conhecimento e de todas as suas ciências é a experiência natural, e a experiência originariamente *doadora* é a *percepção*, a palavra entendida em seu sentido habitual. Ter um real originariamente dado, "adverti-lo" ou "percebê-lo" em intuição pura e simples é a mesma coisa. Temos experiência originária das coisas físicas na "percepção

---

[4] Aqui não se narram histórias. Ao falar de caráter originário, não é preciso nem se deve pensar numa gênese psicológico-causal ou histórico-evolutiva. Que outro sentido é visado aqui, isso só mais tarde será trazido à clareza reflexiva e científica. Qualquer um, no entanto, pode desde já sentir que a antecedência do conhecimento empírico-concreto dos fatos em relação a todo outro conhecimento, por exemplo, em relação ao conhecimento matemático-ideal, não precisa ter nenhum sentido temporal objetivo.

externa", não mais, porém, na recordação ou na expectativa antecipatória; temos experiência originária de nós mesmos e de nossos estados de consciência na chamada percepção interna ou de si, mas não dos outros e de seus vividos na "empatia". "Observamos o que é vivido pelos outros" fundados na percepção de suas exteriorizações corporais. Essa observação por empatia é, por certo, um ato intuinte, doador, porém não mais *originariamente* doador. O outro e sua vida anímica são trazidos à consciência como estando "eles mesmos ali", e junto com o corpo, mas, diferentemente deste, não como originariamente dados.

O mundo é o conjunto completo dos objetos da experiência possível e do conhecimento possível da experiência, dos objetos passíveis de ser conhecidos com base em experiências atuais do pensamento teórico correto. Aqui não é lugar de discutir mais pormenorizadamente questões relativas ao método científico-experimental, como ele funda seu direito de ir além do estreito âmbito do dado empírico direto. Todas as chamadas *ciências da natureza*, tanto em sentido mais estrito, como as ciências da natureza *material*, quanto também em sentido mais amplo, como as ciências dos seres animais, com sua natureza *psicofísica*, portanto também a fisiologia, a psicologia etc. são ciências do mundo, ou seja, ciências da orientação natural. Nestas se incluem também as chamadas *ciências do espírito*, a história, as ciências que estudam as civilizações, as disciplinas sociológicas de toda e qualquer espécie, no que podemos deixar provisoriamente em aberto se devem ser equiparadas ou contrapostas às ciências da natureza, se elas mesmas devem ser tidas como ciências da natureza ou como um tipo essencialmente novo de ciência.

§ 2. Fato. Inseparabilidade de fato e essência

Ciências empíricas são *ciências de "fatos"*. Os atos cognitivos fundantes da experiência põem o real *individualmente*, eles o põem como espaço-temporalmente existente, como algo que está *neste* momento do tempo, tem esta sua duração e um conteúdo de realidade que, por sua essência, poderia igualmente estar em qualquer outro momento do tempo; põem-no, por outro lado, como algo que está neste lugar, com esta forma física (por exemplo, está dado juntamente com um corpo desta forma), embora este mesmo real, considerado segundo sua essência, pudesse igualmente estar noutra forma qualquer, em qualquer outro lugar, assim como poderia modificar-se, quando é faticamente imutável, ou poderia modificar-se de modo diferente daquele pelo qual faticamente se modifica. Dito de maneira bem geral, o ser individual é, qualquer que seja sua espécie, "contingente". Ele é assim, mas poderia, por sua essência, ser diferente. Ainda que determinadas leis naturais possam ser válidas, graças às quais, se tais e tais circunstâncias reais são fáticas, tais e tais determinadas consequências também o têm de ser, ainda assim essas leis exprimem apenas regulamentações fáticas, que poderiam ter um teor inteiramente outro, e já pressupõem, como de antemão inerente à *essência* dos objetos da experiência possível, que, considerados em si mesmos, esses objetos por elas regulamentados são contingentes.

O sentido dessa contingência, entretanto, que ali se chama facticidade, limita-se por ela ser correlativamente referida a uma *necessidade*, que não significa a mera subsistência fática de uma regra válida de coordenação dos fatos espaço-temporais, mas possui o caráter de *necessidade eidética* e, assim, referência à *generalidade eidética*. Se dissemos que "por sua essência própria" todo fato poderia ser diferente, com isso já exprimíamos *que faz parte do sentido de todo contingente ter justamente uma essência e, por conseguinte, um eidos a ser apreendido em sua pureza*, e ele se encontra sob *verdades de essência de diferentes níveis de generalidade*. Um objeto individual não é meramente individual, um este aí!, que não se repete; sendo "em si mesmo" de tal e tal índole, ele possui *sua especificidade*, ele é composto de *predicáveis* essenciais que têm de lhe ser atribuídos ("enquanto ele é como é em si mesmo"), a fim de que outras determinações secundárias, relativas, lhe possam ser atribuídas. Assim, por exemplo, todo som tem, em si e por si, uma essência e, acima de tudo, a essência geral "som em geral", ou antes, "acústico em geral" — entendido puramente como o momento a ser extraído por intuição do som individual (isoladamente ou por comparação com outros como "o que há de comum"). Da mesma maneira, toda coisa material tem sua conformação eidética própria e, acima de tudo, a conformação geral "coisa material em geral", com determinação do tempo em geral, duração, figura, materialidade em geral. *Um outro indivíduo também pode ter tudo o que faz parte da essência de um indivíduo*, e generalidades eidéticas máximas, do tipo que acabamos de indicar nos exemplos, circunscrevem "*regiões*" ou "*categorias*" *de indivíduos*.

§ 3. Visão de essência e intuição individual

"Essência" designou, *antes de mais nada*, aquilo que se encontra no ser próprio de um indivíduo como *o que* ele é. Mas cada um desses "o quê" ele é, pode ser "posto em ideia". A intuição empírica ou individual pode ser convertida em *visão de essência* (*ideação*) — possibilidade que também não deve ser entendida como possibilidade empírica, mas como possibilidade de essência. O apreendido intuitivamente é então a essência *pura* correspondente ou *eidos*, seja este a categoria suprema, seja uma particularização dela, daí descendo até a plena concreção.

Essa apreensão intuitiva *que dá a essência, e eventualmente a dá de modo originário*, pode ser *adequada*, como a que podemos facilmente obter, por exemplo, da essência "som"; mas pode também ser mais ou menos incompleta, *"inadequada"*, e isso não apenas com respeito à maior ou menor *clareza* e *distinção*. É da conformação própria de certas categorias eidéticas que suas essências só *possam* ser dadas *por um lado* e, subsequentemente, "por vários lados", jamais, porém, "por todos os lados"; correlativamente, as singularizações individuais a elas correspondentes só podem, portanto, ser experimentadas e representadas em intuições empíricas inadequadas, "unilaterais". Isso vale para toda essência referente a *coisa*, ou seja, para toda essência que a ela se refira segundo qualquer um dos componentes eidéticos da extensão ou da materialidade; aliás, considerando melhor (as análises que se farão mais tarde o tornarão evidente), isso vale *para todas as realidades* em geral, pelo que as expressões vagas "um lado" e "vários lados" ganharão, sem dúvida, significações precisas, e diferentes espécies de inadequação deverão ser distinguidas.

Basta por ora a indicação de que mesmo a forma espacial de uma coisa física só pode ser dada, por princípio, em meros perfis unilaterais; de que toda qualidade física nos enreda nas infinidades da experiência, mesmo fazendo abstração dessa inadequação, que se mantém constante apesar de todo o ganho e qualquer que seja o avanço que se faça em intuições contínuas; e de que toda multiplicidade empírica, por mais abrangente que seja, ainda deixa em aberto determinações mais precisas e novas das coisas, e assim *in infinitum*.

Não importa se a intuição individual seja de tipo adequado ou não: ela pode ser convertida em visão de essência, e esta última, quer seja adequada de maneira correspondente, quer não, tem o caráter de um ato *doador*. Isso, no entanto, implica o seguinte:

A essência (eidos) é uma nova espécie de objeto. Assim como o que é dado na intuição individual ou empírica é um objeto individual, assim também o que é dado na intuição de essência é uma essência pura.

Não há aqui mera analogia exterior, mas algo de radicalmente comum entre elas. Visão de essência também é, precisamente, intuição,[5] assim como objeto eidético é, precisamente, objeto. A generalização dos conceitos

---

[5] Do ponto de vista linguístico, Husserl apoia-se aqui no parentesco lexical de "visão" (*Erschauung*) e "intuição" (*Anschauung*). O português "intuição" perdeu a referência à "visão" contida no latim *intueor*, que significa "olhar", "considerar". (NT)

correlativos e interdependentes "intuição" e "objeto" não é um achado arbitrário, mas forçosamente exigida pela natureza das coisas.⁶ Intuição empírica, e, em especial, experiência, é consciência de um objeto individual e, como consciência intuitiva, "é ela que traz o objeto à doação": como percepção, ela o traz à doação originária, à consciência que apreende "originariamente" o objeto em sua ipseidade "de carne e osso". Exatamente da mesma maneira, a intuição de essência é consciência de algo, de um "objeto", de um algo para o qual o olhar se dirige, e que nela é "dado" como sendo "ele mesmo"; mas também é consciência daquilo que então pode ser "representado" em outros atos, pode ser pensado de maneira vaga ou distinta, pode tornar-se sujeito de predicações verdadeiras ou falsas — justamente como todo e qualquer "*objeto*" *no sentido necessariamente amplo da lógica formal*. Todo objeto possível ou, para falar como a lógica, *todo sujeito de predicações verdadeiras possíveis* tem precisamente *suas* maneiras de entrar no campo de um olhar representativo, intuitivo, que eventualmente o encontre em sua "ipseidade de carne e osso", que o apreenda. A visão de essência *é*, portanto, intuição, e se é visão no sentido forte, e não uma mera e talvez vaga presentificação, ela é uma intuição doadora *originária*, que apreende a essência em sua ipseidade "de carne e osso".⁷ Por outro lado, ela é, no entanto, intuição de uma espécie *própria* e *nova* por princípio, isto é, ela se contrapõe a todas as espécies de intuição que têm por correlato objetividades de outras categorias e, especialmente, à intuição no sentido habitual mais estrito, ou seja, a intuição individual.

Faz parte, certamente, da especificidade da intuição de essência que em sua base esteja uma parcela importante de intuição individual, isto é, que um algo individual apareça, seja visível, embora não naturalmente uma apreensão dele, nem posição alguma dele como efetividade; é certo, por conseguinte, que nenhuma intuição de essência é possível sem a livre possibilidade de voltar o

---

⁶ Quão difícil é em nossa época para os estudiosos de psicologia a assimilação desse conhecimento simples e bastante fundamental, se vê de maneira exemplar pela surpreendente polêmica de O. Kulpe contra minha doutrina da intuição categorial, na obra *Die Realisierung* I (1912), que acabo de receber. Lamento ter sido mal compreendido pelo insigne estudioso. Uma resposta crítica se torna, porém, impossível onde a má compreensão é tão completa, que nada mais resta do sentido de minhas constatações.
⁷ Nas *Investigações lógicas* costumei empregar a palavra ideação para a visão de essência originariamente doadora e, mormente, para a visão adequada. Todavia, é preciso manifestamente um conceito mais livre, que abranja toda e qualquer consciência posicional, voltada simples e diretamente para uma essência por ela apreendida, entre as quais também se encontra toda consciência "obscura", portanto, já não mais intuitiva.

olhar para um algo individual "correspondente" e de formar uma consciência exemplar — assim como também, inversamente, intuição individual alguma é possível sem a livre possibilidade de efetuar uma ideação e de nela direcionar o olhar para as essências correspondentes, que se exemplificam no visível individual; isso, porém, em nada altera que *ambas as espécies de intuição* sejam *diferentes por princípio*, e o que se anuncia em proposições do tipo que acabamos de proferir são somente suas relações de essência. Às diferenças eidéticas entre as intuições correspondem relações de essência entre "existência" (aqui manifestamente no sentido do individualmente existente) e "essência", entre *fato* e *eidos*. Indo no encalço de tais nexos, apreendemos *com evidência* as essências conceituais inerentes a esses termos, e que a partir de então lhes estão firmemente ordenadas, e com isso permanecem *puramente afastados todos os pensamentos, em parte místicos*, que se prendem principalmente aos conceitos "*eidos*" (ideia), "essência".[8]

§ 4. Visão de essência e imaginação. Conhecimento de essência independentemente de todo conhecimento de fato

O *eidos*, a *essência pura*, pode exemplificar-se intuitivamente em dados de experiência, tais como percepção, recordação etc., mas igualmente *também em meros dados de imaginação*. Por conseguinte, para apreender intuitivamente uma essência ela mesma e *de modo originário*, podemos partir das intuições empíricas correspondentes, *mas igualmente também de intuições não empíricas, que não apreendem um existente ou, melhor ainda, de intuições "meramente imaginárias"*.

Se em imaginação livre produzimos figuras no espaço, melodias, processos sociais etc. ou fingimos atos de experiência, de prazer ou desprazer, de querer etc., podemos por "ideação" neles apreender, em intuição originária e eventualmente até adequada, diversas essências puras, tais como a essência da figura espacial, da melodia, do processo social *em geral* etc., ou a essência da figura, da melodia etc. do *tipo* particular em questão. É indiferente, neste caso, se algo assim já tenha sido dado ou não numa experiência atual. Se a livre ficção, não importa por que milagres psicológicos, levasse à imaginação de dados que, por princípio, fossem de uma nova espécie, por exemplo, dados sensíveis que jamais tivessem ocorrido

---

[8] Cf. meu artigo em *Logos*, I, p. 315.

em experiência alguma, isso em nada modificaria o dado originário da essência correspondente: os dados imaginados, no entanto, jamais serão dados efetivos.

Essencialmente conectado a isso está que *posição* e, antes de tudo, apreensão intuitiva *de essência não implicam minimamente a posição de algum existente individual*; *puras verdades de essência não contêm a mínima afirmação sobre fatos*, portanto, delas tampouco se pode inferir a mais ínfima verdade factual. Assim como todo pensamento, toda enunciação acerca de fatos precisa ter sua fundação na experiência (já que esta é *necessariamente* requerida pela *essência do acerto* de tal pensamento), assim também o pensamento acerca de essências puras — pensamento sem mistura, que não vincula fatos e essências — precisa ter a apreensão intuitiva de essência como seu alicerce *de fundação*.

§ 5. Juízos sobre essências e juízos de validez eidética geral

Deve-se, no entanto, observar o seguinte: formar juízo *acerca de* essências e estados-de-essência e julgar eideticamente em geral não é a mesma coisa, pela amplitude que temos de dar a esse último conceito; *o conhecimento eidético não tem, em nenhuma de suas proposições, essências como "objetos sobre os quais"* se formula o juízo; e em conexão próxima com isso tem-se o seguinte: enquanto consciência análoga à experiência, análoga à apreensão de existente, na qual uma essência é apreendida *objetivamente*, assim como algo individual é apreendido na experiência, a intuição de essência — como tomada até agora — não é a única consciência que abriga essência excluindo toda posição *de existência*. Pode-se estar intuitivamente consciente de essências e, de certa maneira, também ter apreensão intuitiva delas, sem que, todavia, elas se tornem "objetos sobre os quais" se formula o juízo.

Tomemos os juízos como ponto de partida. Para dizer de modo mais preciso, trata-se aqui da diferença entre juízos *sobre* essências e juízos que, de maneira indeterminadamente geral e sem misturar posição alguma de algo individual, judicam *sobre o individual, embora puro, como singularidade das essências no modo do "em geral"*. Assim, na geometria pura nós em regra não fazemos juízos sobre o *eidos* "reta", "ângulo", "triângulo", "seção cônica" etc., mas sobre reta e ângulo em geral ou "como tal", sobre triângulos individuais em geral, sobre seções cônicas em geral. Tais juízos universais possuem o caráter da *generalidade eidética*, da generalidade "pura" ou, como também se diz, *da generalidade "rigorosa", pura e simplesmente "incondicionada"*.

Admitamos, para simplificar, que se trate de "axiomas", de juízos imediatamente evidentes, dos quais, em fundação mediada, se derivam todos os demais juízos. Tais juízos — desde que, como se supõe aqui, judicam da maneira indicada sobre singularidades individuais — carecem, para sua fundação noética, isto é, para que se tornem evidentes, de certa visão de essência, a qual (em sentido *modificado*) também poderia ser caracterizada como apreensão de essência; e, tal como a intuição eidética que faz, da essência, objeto, também esta se baseia em que se tenha visibilidade sobre as singularidades individuais das essências, mas não na experiência delas. Também para ela bastam meras representações de imaginação ou, antes, visibilidades de imaginação: tem-se consciência do visível como tal, ele "aparece", mas não é apreendido como existente. O que acaba de ser dito pode ser confirmado, se, por exemplo, em generalidade eidética (generalidade "incondicionada", "pura") julgamos que "uma cor em geral é diferente de um som em geral". Um singular da essência "cor" e um singular da essência "som" podem ser "representados" intuitivamente e mesmo *como* singulares de suas essências; a intuição de imaginação (sem posição de existência) e a intuição eidética subsistem ao mesmo tempo e de um modo determinado, mas esta última não como uma intuição que faz, da essência, *objeto*. É, no entanto, da essência desse estado de coisas que possamos a qualquer momento voltar para a orientação objetivante correspondente, esta última sendo justamente uma possibilidade eidética. Então o juízo também se modificaria de acordo com a mudança de orientação, e seu teor seria então este: a essência (o "gênero") "cor" é diferente da essência (gênero) "som". E assim em toda parte.

Inversamente, *todo juízo sobre essências pode, de maneira equivalente, ser convertido num juízo geral incondicionado sobre singularidades dessas essências como tais*. Desta maneira, os *juízos de essência puros* (juízos puramente eidéticos) *pertencem a um mesmo grupo*, qualquer que possa ser *a forma lógica deles*. O que têm em comum é que não põem nenhum ser individual, mesmo quando — em pura generalidade eidética — formulam juízo sobre o individual.

§ 6. Alguns conceitos fundamentais. Generalidade e necessidade

As ideias *julgar* eidético, *juízo* ou *proposição* eidética, *verdade* eidética (ou proposição verdadeira) estão visivelmente inter-relacionadas; como correlato desta última ideia tem-se o *estado de coisas* eidético (que tem sua consistência em verdade eidética); como correlato das duas primeiras ideias tem-se, enfim, o *estado de coisas* eidético no sentido *modificado* de mero *visado*, no sentido daquilo que foi julgado como tal, quer possa ter sua consistência, quer não.

Toda particularização e singularização eidética de um estado de coisas eidético geral, *se* é tal, chama-se uma *necessidade eidética. Generalidade eidética e necessidade eidética são, portanto, correlatos.* No entanto, há oscilação no emprego do termo "necessidade", quando aplicado às correlações interdependentes: também os juízos correspondentes são chamados de necessários. Mas é importante estar atento às distinções e, sobretudo, não designar a própria generalidade eidética (como comumente se faz) como necessidade. A consciência de uma necessidade, mais precisamente, uma consciência de juízo na qual se é consciente de um estado de coisas como particularização de uma generalidade eidética, chama-se uma consciência *apodítica*, o próprio juízo, a proposição, *consequência apodítica* (também apodítico "necessária") do juízo geral ao qual ele está referido. As proposições aqui expressas sobre as relações entre generalidade, necessidade, apodiaticidade também podem ser tomadas de maneira mais geral, de modo a valer para quaisquer esferas e não apenas para as esferas eidéticas puras. Na delimitação eidética, contudo, elas ganham manifestamente um sentido eminente e particularmente importante.

Muito importante também é o vínculo de julgamento *eidético* sobre algo individual em geral com *posição de existência* do individual. A generalidade eidética é transferida para algo individual posto como existente ou para uma esfera geral indeterminada de indivíduos (à qual se confere a tese de existente). Toda "aplicação" de verdades geométricas a casos da natureza (posta como efetiva) situa-se aqui. O estado de coisas posto como efetivo é, então, *fato*, porque é estado-de-efetividade individual, mas é *necessidade eidética*, porque singularização de uma generalidade eidética.

Não se pode confundir a *generalidade irrestrita das leis naturais* com a *generalidade eidética*. A proposição "todos os corpos são pesados" não põe, certamente, nenhuma coisa determinada como existente no todo da natureza. Ainda assim, ela não possui a generalidade incondicionada das proposições eidético-gerais, visto que, em conformidade com seu sentido de lei natural, ela ainda continua implicando sempre uma posição de existência, a saber, a posição de existência da própria natureza, da efetividade espaço-temporal: todos os corpos — *na natureza*, todos os corpos "efetivos" — são pesados. Em contrapartida, a proposição "todas as coisas materiais são extensas" tem validez eidética e pode ser entendida como proposição eidética *pura*, desde que se põe fora de circuito a tese de existência efetuada por parte do sujeito. Ela enuncia aquilo que se funda puramente na essência de uma coisa material e na essência da extensão, e que podemos trazer à evidência como validez geral "incondicionada". Isso ocorre ao trazermos a essência da coisa material (fundados, por exemplo, numa livre ficção de tal coisa) à condição de dado originário, para então efetuar, nessa consciência doadora, os passos de pensamento exigidos pela "evidência", pelo dado originário do estado-de-essência expressamente apresentado naquela proposição. Que *um algo efetivo* no espaço corresponda a tais verdades não é um mero fato, mas, como particularização de leis de essência, uma *necessidade eidética*. Fato aí é apenas o próprio efetivo, ao qual as leis se aplicam.

§ 7. Ciências de fato e ciências de essência

O nexo (ele mesmo eidético) que ocorre entre objeto individual e essência, segundo o qual cada objeto individual tem uma composição eidética como *sua* essência, assim como, inversamente, a cada essência correspondem indivíduos possíveis que seriam suas singularizações fáticas, funda uma referência recíproca correspondente entre ciências de fato e ciências de essência. Há puras ciências de essência, como a lógica pura, a matemática pura, a pura doutrina do tempo, do espaço, do movimento etc. Todas elas são, em todos os passos do pensamento, inteiramente puras de quaisquer posições de fatos; ou, o que é equivalente, *nelas nenhuma experiência como experiência*, isto é, como efetividade, como consciência que apreende ou põe existência, *pode assumir a função de fundação*. Quando nelas a experiência é operante, ela não opera *enquanto* experiência. O geômetra que desenha suas figuras numa lousa executa traços de fato existentes na lousa de fato existente. Mas tampouco quanto a execução física, a experiência daquilo que executa não é, enquanto experiência, *fundante* para sua visão e pensamento da essência geométrica. Por isso, é indiferente se ali ele alucina ou não, e se, em vez de desenhar efetivamente, projeta suas linhas e construções num mundo de imaginação. O *cientista natural* procede de maneira inteiramente outra. Ele observa e experimenta, isto é, ele constata *existência* de acordo com a experiência, *experimentar é para ele ato fundante*, jamais substituível por um mero imaginar. Ciências *de fato* e ciências *de experiência* são, por isso mesmo, conceitos equivalentes. No entanto, para o *geômetra*, que não investiga efetividades, nem estados-de-efetividade, mas "possibilidades ideais" e estados-de-essência, não é a experiência, mas *a apreensão intuitiva de essência o ato fundante último*.

E assim em todas as ciências eidéticas. É nos estados-de-essência apreensíveis em evidência imediata (por exemplo, em axiomas eidéticos) que se fundam os estados-de-essência mediados, os quais se dão no pensamento evidente mediado, porém, segundo princípios inteira e imediatamente evidentes. *Todo passo de fundação mediada é, por conseguinte, apodítica e eideticamente necessário.* Constitui, pois, a essência de uma ciência eidética pura que proceda de maneira exclusivamente eidética, que desde o início e ao longo de sua sequência ela não dê a conhecer estados-de-coisa como possuindo validez eidética, os quais, portanto, ou podem ser imediatamente trazidos à condição de dado originário (como imediatamente fundado em essência apreendida de maneira originária), ou podem ser "inferidos", por consequência pura, de estados-de-coisa "axiomáticos".

A isso se liga *o ideal prático da ciência eidética exata*, que a matemática moderna foi propriamente a primeira a ensinar a realizar: conferir a cada ciência eidética o mais alto nível de racionalidade pela redução de todos os passos mediados de pensamento a meras subsunções aos axiomas do domínio eidético respectivo, coligidos de maneira sistemática e definitiva, aos quais vêm se juntar, se já não se trata de antemão da lógica "formal" ou "pura" (no sentido *mais amplo* da *mathesis universalis*),[9] todos os axiomas desta última.

E a isso se liga, por sua vez, o *ideal da matematização*, que, tanto quanto o ideal que acaba de ser caracterizado, é de grande importância cognitivo-prática para todas as disciplinas eidéticas "exatas", cuja soma total de conhecimentos (como, por exemplo, na geometria) está contida, em necessidade dedutiva pura, na generalidade de alguns poucos axiomas. Aqui não é o lugar de discuti-lo.[10]

§ 8. Relações de dependência entre ciência de fato e ciência de essência

Diante do exposto, fica claro que o *sentido* de ciência eidética exclui, por princípio, *toda e qualquer incorporação dos resultados cognitivos das ciências*

---

[9] Sobre a ideia da lógica pura como *mathesis universalis*, cf. *Investigações lógicas*, vol. I, capítulo final.
[10] Cf. abaixo a seção III, cap. 1, § 70.

empíricas. As teses de realidade que surgem nas constatações imediatas dessas ciências perpassam todas as suas constatações mediadas. De fatos sempre se seguem somente fatos.

Se, no entanto, toda ciência eidética é por princípio independente de toda ciência de fatos, por outro lado vale o inverso para a *ciência de fatos*. Não há *nenhuma ciência de fatos, plenamente desenvolvida como ciência,* que possa ser pura de conhecimentos eidéticos e, com isso, *independente das ciências eidéticas, quer formais, quer materiais*. Pois em *primeiro* lugar é manifesto que uma ciência empírica, onde quer que efetue fundações de juízos mediadas, tem de proceder de acordo com os princípios *formais* tratados na lógica formal. Visto que, como toda ciência, ela está voltada para objetos, ela tem de estar sujeita às leis inerentes à essência da *objetividade em geral*. Ela entra, assim, em relação com o complexo de disciplinas formal-*ontológicas* que, além da lógica formal em sentido estrito, abrange as demais disciplinas da "*mathesis universalis*" formal (portanto, também a aritmética, a análise pura e a teoria da multiplicidade). Em *segundo* lugar, deve-se acrescentar que todo fato inclui um substrato eidético *material*, e toda a verdade eidética inerente às essências puras nele contidas tem de redundar numa lei à qual a singularidade fática dada está sujeita, assim como toda singularidade possível em geral.

§ 9. Região e eidética regional

Toda a objetividade empírica concreta se insere, junto com sua essência material, num gênero material *supremo*, numa "região" de objetos empíricos. À essência regional pura corresponde então uma *ciência eidética regional* ou, como também podemos dizer, uma *ontologia regional*. Postulamos, com isso, que na essência regional, isto é, nos diversos gêneros que a compõem, estão fundados conhecimentos de tal riqueza e ramificação que cabe falar, no tocante a seu desdobramento sistemático, de uma ciência ou de todo um complexo de disciplinas ontológicas correspondentes a cada um dos componentes genéricos da região. Não faltarão elementos para nos convencer do quão amplamente essa pressuposição é de fato satisfeita. Cada ciência empírica inserida no âmbito de uma região será, por conseguinte, referida essencialmente não só às disciplinas ontológicas formais, mas também às disciplinas ontológicas regionais. Também podemos exprimi-lo assim: *toda ciência de fatos (ciência de experiência) tem fundamentos teóricos essenciais em ontologias eidéticas*. Pois é inteiramente manifesto (caso a postulação feita seja acertada) que a investigação dos fatos empíricos não pode prescindir da rica reserva de conhecimentos referentes, de maneira pura, incondicionadamente válida, a todos os objetos possíveis da região — uma vez que estes em parte pertencem à forma vazia da objetividade em geral, em parte ao *eidos* da região, o qual exibe, por assim dizer, uma *forma material necessária* de todos os objetos regionais.

Desta maneira, por exemplo, a todas as disciplinas da ciência natural corresponde a ciência eidética da natureza física em geral (a *ontologia da natureza*), se à natureza fática corresponde um *eidos* apreensível de maneira pura, a "essência" *natureza em geral* com uma profusão infinita de estados-de-essência nela contidas. Se formamos *a ideia de uma ciência empírica da natureza* completamente racionalizada, isto é, de uma ciência que avance tanto na teorização a ponto de todo particular nela incluído ser derivado de seus fundamentos mais universais e primeiros, então é claro *que a realização dessa ideia depende essencialmente do estabelecimento da ciência eidética correspondente*; ou seja, além da *mathesis* formal, que se refere de modo igual a todas as ciências em geral, ela depende particularmente do estabelecimento das disciplinas material-ontológicas, que explicitam em pureza racional, isto é, eideticamente, a *essência* da natureza e, com ela, também todos os tipos essenciais de objetividades naturais como tais. E isso vale obviamente para toda e qualquer região.

Também sob o aspecto *cognitivo-prático* pode-se de antemão esperar que, quanto mais uma ciência empírica se aproxime do nível "racional", do nível da ciência nomológica, "exata", ou seja, em quão mais alto grau ela tenha em seus alicerces ciências eidéticas aprimoradas e delas tire proveito para suas fundações, tanto mais aumentará também em amplitude e força seu desempenho cognitivo-prático.

Isso é confirmado pelo desenvolvimento das ciências racionais da natureza, as ciências físicas. Sua grande época se inicia justamente na modernidade, quando a geometria, já altamente aprimorada como eidética pura na antiguidade (e, no essencial, pela escola platônica) torna-se repentina e largamente fecunda para o método da física. Faz-se então claro que a *essência* da coisa material é ser *res extensa* e que a *geometria é*, assim, *uma disciplina ontológica referida a um momento essencial da coisa, a forma espacial*. Mas também se faz claro, além disso, que a essência geral da coisa (essência regional, no nosso linguajar) vai muito além. Isso se mostra quando esse desenvolvimento segue ao mesmo tempo na direção do aprimoramento de *uma série de novas disciplinas* a serem coordenadas pela geometria e *destinadas à mesma função de racionalização do empírico*. O magnífico florescimento das ciências matemáticas formais e materiais surge dessa tendência. Com apaixonado fervor, elas são aprimoradas ou reformuladas como ciências "racionais" *puras* (como *ontologias eidéticas* no nosso sentido), e tal se dá (nos inícios da modernidade e ainda bem depois) não em vista delas mesmas, mas das ciências empíricas. Pois elas produziram abundantemente os frutos esperados num desenvolvimento paralelo à tão admirada física racional.

§ 10. Região e categoria. A região analítica e suas categorias

Se nos transportamos para alguma ciência eidética, por exemplo, para a ontologia da natureza, ali não nos encontramos (e isso é o normal) direcionados a essências como objetos, mas a objetos das essências que, em nosso exemplo, estão subordinados à região "natureza". Observamos, no entanto, que "objeto" é uma designação para configurações diversas, mas inter-relacionadas, como "coisa", "qualidade", "relação", "estado de coisas", "conjunto", "ordem" etc., que manifestamente não estão no mesmo patamar, mas cada uma delas remete a uma espécie de objetividade que tem, por assim dizer, a prerrogativa de ser a *objetividade originária*, respectivamente à qual todas as demais se mostram como meras variações. No nosso exemplo, é a *coisa mesma* que possui essa prerrogativa perante sua qualidade material, relação etc. Mas esta é justamente uma parte daquela constituição formal sem a clarificação da qual se permanecerá em confusão ao falar de objeto ou de região de objeto. De tal clarificação, à qual dedicaremos as observações seguintes, também resultará, referido ao conceito de região, o importante *conceito de categoria*.

Categoria é uma palavra que, por um lado, na expressão composta "*categoria de uma região*" remete justamente à região em questão, por exemplo, à região "natureza física"; por outro lado, põe cada *região material* determinada em relação com *a forma da região em geral* ou, o que é equivalente, com a essência formal "objeto em geral" e com as *categorias formais* a ela pertencentes.

Antes de tudo, é preciso fazer uma observação não sem importância. A ontologia formal primeiramente parece se situar no mesmo plano que as ontologias materiais, visto que a essência formal de um objeto em geral e as essências regionais parecem desempenhar, em ambos os casos, o mesmo papel. Em vez de falar em regiões pura e simplesmente, como se fez até agora, a inclinação, ao contrário, será de falar em regiões materiais e de situar então a "região formal" no plano destas. É preciso alguma precaução caso aceitemos esse modo de falar. De um lado, estão as essências *materiais*, e estas são, num certo sentido, as essências "propriamente ditas". De outro, porém, está algo eidético, mas fundamental e essencialmente distinto: uma *mera forma eidética*, que é uma essência, mas completamente "*vazia*", uma essência que, *no modo de uma forma vazia, convém a todas as essências possíveis*, que, em sua generalidade formal, contém todas as generalidades, inclusive as mais altamente materiais, e lhes prescreve leis mediante as verdades formais a ela inerentes. A chamada "região formal" não está, portanto, em coordenação com as regiões materiais (as regiões pura e simplesmente), *ela não é propriamente uma região, mas forma vazia de região em geral*, ela não tem todas as regiões, com todas as suas particularizações eidéticas materiais, a seu lado, mas (ainda que de maneira apenas *formaliter*) *sob* si. Essa subordinação do material ao formal se torna patente por isto, *que a ontologia formal guarda ao mesmo tempo em si as formas de todas as ontologias possíveis em geral* (a saber, de todas as ontologias "propriamente ditas", as ontologias "materiais"), ela *prescreve* às ontologias materiais *uma constituição formal comum a todas elas* — na qual se inclui também aquela que temos de estudar agora com respeito à diferença entre região e categoria.

Se partimos da ontologia formal (sempre como lógica pura em toda a extensão até a *mathesis universalis*), ela é, como sabemos, ciência eidética do objeto em geral. Objeto, no sentido dessa ciência, é toda e qualquer coisa, e para ele podem ser estatuídas inumeráveis verdades, distribuídas pelas muitas disciplinas da *mathesis*. Todas elas podem, no entanto, ser reduzidas a uma pequena quantia de verdades imediatas ou "fundamentais", que operam como "axiomas" nas disciplinas lógicas puras. Definimos então *como categorias lógicas ou categorias da região lógica "objeto em geral" os conceitos fundamentais lógicos puros* que entram nesses axiomas — conceitos mediante os quais se determina, no sistema completo dos axiomas, a essência lógica do objeto em geral, e os quais exprimem as determinações necessárias incondicionadas e constitutivas de um objeto como tal, de um algo qualquer — caso deva em geral poder ser algo. Visto que o caráter lógico puro, em nosso sentido restrito, absolutamente exato, determina o único conceito filosoficamente importante do que seja o "analítico",[11] por oposição ao "sintético", também designamos essas categorias como "*analíticas*".

Exemplos de categorias lógicas são, pois, conceitos como propriedade, qualidade relativa, estado de coisas, relação, identidade, igualdade, conjunto (coleção), número, todo e parte, gênero e espécie etc. Mas também entram

---

[11] Cf. *Investigações lógicas*, II, Terceira Investigação, §§ 11 e segs.

aqui as "categorias de significação", os conceitos fundamentais inerentes à essência da proposição (*apophansis*) de diferentes espécies de proposições, membros e formas de proposição, e isso vale, conforme nossa definição, com respeito às verdades de essência que vinculam, um à outra, "objeto em geral" e "significação em geral", e os vinculam, além disso, de tal modo, que as puras verdades de significação podem ser convertidas em puras verdades de objeto. Justamente por isso, mesmo quando se pronuncia exclusivamente sobre significações, a "lógica apofântica" faz parte da ontologia formal em seu pleno sentido abrangente. É preciso, não obstante, separar as categorias de significação num grupo próprio à parte e opor-lhes as demais categorias, como *categorias formais objetivas no sentido preciso do termo*.[12]

Observamos ainda aqui que, por categorias, podemos ora entender os conceitos no sentido de significações, mas ora também, e melhor ainda, as próprias essências formais, que encontram sua expressão nessas significações. Neste último sentido, "categorias" como estado de coisa, multiplicidade etc., exprimem o *eidos* formal "estado de coisas em geral", "multiplicidade em geral" etc. A equivocidade só é perigosa enquanto não se tiver aprendido a separar puramente o que aqui sempre precisa ser separado: "significação" e aquilo que pode receber expressão *por meio de* significação; e ainda: significação e objetividade significada. No que concerne à terminologia, pode-se fazer expressamente distinção entre *conceitos categoriais* (como significações) e *essências categoriais*.

§ 11. Objetividades sintáticas e substratos últimos. Categorias sintáticas

No domínio das objetividades em geral é preciso fazer agora uma distinção importante, que, dentro da morfologia das significações, se reflete na distinção ("gramatical pura") entre "formas sintáticas" e "substratos" ou "estofos sintáticos". Indica-se com isso uma separação das categorias

---

[12] Sobre a distinção das categorias lógicas em categorias de significação e categorias formal-ontológicas, cf. *Investigações lógicas*, I, § 67. Toda a Terceira Investigação se refere especialmente às categorias todo e parte. — Como na ocasião ainda não ousei adotar a expressão "ontologia", chocante por razões históricas, designei aquela investigação (entre outras, p. 222 da primeira edição) como parte de uma "*teoria apriorística dos objetos como tais*", o que A. v. Meinong contraiu na locução "teoria do objeto". Agora, ao contrário, como os tempos são outros, considero mais correto fazer valer de novo a expressão "ontologia".

formal-ontológicas em *categorias sintáticas* e *categorias de substrato*, que deve ser discutida mais pormenorizadamente agora.

Por *objetividades sintáticas* entendemos aquelas que são derivadas de outras objetividades mediante "*formas sintáticas*". Às categorias correspondentes a essas formas chamamos "categorias sintáticas". Delas fazem parte, por exemplo, as categorias "estado de coisas", "relação", "qualidade", "unidade", "multiplicidade", "número", "ordem", "número ordinal" etc. Podemos descrever da maneira seguinte a situação eidética que ocorre aqui: todo objeto, podendo ser explicitado, referido a outros objetos, em suma, sendo logicamente determinável, assume diferentes formas sintáticas; como correlatos do pensamento determinante, constituem-se objetividades de nível mais alto: qualidades e objetos qualitativamente determinados, relações entre quaisquer objetos, multiplicidades de unidade, membros de ordens, objetos como suportes de determinações de número ordinal etc. Se o pensamento é predicativo, geram-se progressivamente expressões e complexos-de-significação apofânticos pertinentes, que espelham todas as articulações e formas das objetividades sintáticas em sintaxes de significação exatamente correspondentes. Todas essas "objetividades categoriais"[13] podem, como objetividades em geral, operar de novo como substratos de complexos categoriais, e estes novamente etc. Inversamente, cada um desses complexos remete, de maneira evidente, a *substratos últimos*, a objetos do nível primeiro e mais baixo, a objetos, portanto, *que já não são complexos sintático-categoriais*, que em si mesmos nada mais contêm daquelas formas ontológicas que são meros correlatos de funções do pensamento (atribuir, negar, referir, vincular, contar etc.). De acordo com isso, a região formal "objetividade em geral" se divide em substratos últimos e objetividades sintáticas. A essas últimas chamamos *derivações sintáticas* dos substratos correspondentes, aos quais também pertencem, como logo veremos, todos os "indivíduos". Se falamos de propriedade individual, relação individual etc., esses objetos de derivação são assim chamados em virtude dos substratos de que são derivados.

---

[13] Cf. *Investigações lógicas*, II, Quarta Investigação, 2ª seção, especialmente §§ 46 e segs.
[14] Discussões mais detalhadas da teoria das "formas sintáticas" e dos "estofos sintáticos", teoria muito importante para a teoria da forma das significações — esse terreno fundamental da "gramática *a priori*" — serão comunicadas por ocasião da publicação de minhas conferências sobre lógica pura, ministradas já faz muitos anos. Sobre a gramática "pura" e as tarefas gerais de uma teoria da forma das significações, cf. *Investigações lógicas*, II, Quarta Investigação.

Ainda cabe observar o seguinte. Também pelo lado da morfologia das significações se chega a substratos últimos, desprovidos de forma sintática: toda proposição e todo membro possível de proposição contém, como substrato de suas formas apofânticas, os chamados "*termos*". Estes podem ser termos num sentido meramente relativo, a saber, eles próprios podem conter de novo formas (por exemplo, a forma plural, atribuições etc.). Em qualquer um dos casos, chegamos, no entanto, e necessariamente, a *termos últimos*, a substratos últimos, que nada mais contêm em si de formação sintática.[14]

§ 12. Gênero e espécie

Falta agora um novo grupo de distinções categoriais na esfera completa das essências. Toda essência, seja ela uma essência de cunho material ou uma essência vazia (portanto, puramente lógica), insere-se numa escala eidética, numa escala de *generalidade* e de *especialidade*. Dela fazem necessariamente parte dois limites jamais coincidentes. Em escala descendente, chegamos às *diferenças específicas mais baixas* ou, como também dizemos, às *singularidades eidéticas*; em escala ascendente, passando pelas essências de espécie e de gênero, chegamos a um *gênero supremo*. Singularidades eidéticas são essências que têm necessariamente, acima de si, essências "mais gerais" como seus gêneros, mas não têm, abaixo de si, particularizações em relação às quais elas mesmas seriam espécies (espécies mais próximas ou gêneros mediatos, superiores). Da mesma maneira, gênero supremo é aquele que não tem mais nenhum gênero acima de si.

Neste sentido, "significação em geral" é o gênero supremo no domínio lógico puro das significações, toda forma determinada de proposição, toda forma determinada de membro de proposição é uma singularidade eidética; proposição em geral é um gênero intermediário. Da mesma maneira, número em geral é um gênero supremo. Dois, três etc. são suas diferenças mais baixas ou singularidades eidéticas. Na esfera material, por exemplo, coisa em geral, qualidade sensível, figura espacial, vivido em geral são gêneros supremos; os substratos de essência pertencentes às coisas determinadas, às qualidades sensíveis determinadas, às figuras espaciais, aos vividos como tais, são singularidades eidéticas e, com isso, de cunho material.

É próprio *destas* relações de essência (e não das relações entre classes, isto é, entre conjuntos) caracterizadas por gênero e espécie que a essência mais geral esteja "imediata ou mediatamente *contida*" na essência particular — num sentido preciso, a ser apreendido no seu tipo próprio de intuição eidética.

Justamente por isso, a relação de gênero e espécie eidéticos para com a particularização eidética é apresentada por alguns investigadores como sendo uma das relações da "parte" com o "todo". "Todo" e "parte" abrangem aí justamente o conceito mais amplo de "continente" e "contido", de que a relação eidética de espécie é uma particularidade. O singular eidético implica, portanto, todas as generalidades que se encontram acima dele, as quais, por sua vez, "estão contidas umas nas outras" em diversos níveis, o superior estando contido sempre no inferior.

§ 13. Generalização e formalização

É preciso distinguir nitidamente as relações de generalização e especialização de um tipo essencialmente outro de relações, a *passagem do material à generalidade no formal lógico puro* ou, inversamente, a *materialização* de um formal lógico. Noutras palavras: generalização é algo totalmente distinto de *formalização*, que desempenha um papel tão importante, por exemplo, na análise matemática; e especialização, algo totalmente distinto de *desformalização*, como "enchimento" de uma forma lógico-matemática vazia, por exemplo, de uma verdade formal.

Por conseguinte, que uma *essência* esteja subordinada à generalidade formal de uma essência lógica pura, isso não deve ser confundido com a subordinação de uma essência a seus *gêneros* eidéticos mais altos. Assim, a essência "triângulo" está, por exemplo, subordinada ao gênero supremo "forma espacial", a essência "vermelho" ao gênero supremo "qualidade sensível". Por outro lado, vermelho, triângulo e todas as essências, tanto homogêneas quanto heterogêneas, estão subordinadas à designação categorial "essência", que não possui absolutamente o caráter de um gênero eidético para nenhuma delas, ou melhor, não o possui em relação a *nenhuma* delas. Ver a "essência" como gênero de essências de cunho material seria tão equivocado quanto interpretar erroneamente o objeto em geral (o algo vazio) como gênero para todos e quaisquer objetos, e então, de maneira natural, pura e simplesmente como o só e único gênero supremo, como gênero de todos os gêneros. Ao contrário, será preciso designar todas as categorias formal-ontológicas como singularidades eidéticas, que têm seu gênero supremo na essência "categoria formal-ontológica em geral".

É claro, igualmente, que toda inferência determinada — por exemplo, uma inferência útil em física — é singularização de uma determinada forma lógica pura de inferência, que toda proposição determinada em física é singularização de uma forma de proposição etc. As formas puras, porém, não são gêneros para proposições ou inferências materiais, mas apenas diferenças últimas dos gêneros lógicos puros "proposição", "inferência", que, como todos os gêneros semelhantes, têm por gênero pura e simplesmente supremo a "significação em geral". O enchimento das formas lógicas vazias (e não há outra coisa que formas vazias na *mathesis universalis*) é, portanto, uma "operação" totalmente diferente da especialização autêntica até a diferenciação última. Isso pode ser constatado em toda parte: assim, por exemplo, a passagem do espaço à "multiplicidade euclidiana" não é uma generalização, mas passagem a uma generalidade "formal".

A confirmação dessa separação radical deve ser buscada, como em todos os casos assim, na intuição de essência, que de pronto nos ensina que as essências formais lógicas (por exemplo, as categorias) não "estão contidas" nessas singularizações materiais como o vermelho universal está contido nas diferentes nuances de vermelho, ou como "cor" está contida no vermelho ou azul, e que elas não estão em geral "neles" no sentido autêntico de terem alguma participação numa relação parte-todo, no sentido estrito habitual, participação suficiente para que se justifique falar de um *estar contido*.

Não é preciso discutir mais pormenorizadamente a indicação de que também a *subsunção* de um individual, em particular de um "isto aqui", a uma essência (que tem um caráter diferente, conforme se trate de uma diferença última ou de um gênero) não deve ser confundida com a *subordinação* de uma essência a suas espécies mais altas ou a um gênero.

Do mesmo modo, cabe fazer uma menção ao oscilante termo *extensão*, que se emprega em particular com referência à função das essências no juízo universal, e que precisa manifestamente ser diferenciado segundo as distinções acima discutidas. Toda essência que não é diferença última possui uma *extensão eidética*, uma extensão de especificações e, por fim, igualmente de singularidades eidéticas.

Toda essência formal possui, por outro lado, sua *extensão* formal ou "matemática". Toda essência possui, além disso, em geral sua extensão de singularizações *individuais*, um conjunto ideal completo de todos os "isto aqui" possíveis aos quais ela pode ser referida no pensamento eidético-universal. A expressão *extensão empírica* diz antes: restrição a uma esfera de *existência* em virtude da inclusão de uma posição de existência que suprime a generalidade *pura*. Tudo isso naturalmente se transfere das essências aos "conceitos" como significações.

§ 14. Categorias de substrato. A essência do substrato e o to/de ti

Devemos, além disso, atentar para a distinção entre os *substratos* "plenos", *materiais*, com suas correspondentes objetividades sintáticas "plenas", "materiais", e os *substratos vazios*, com as objetividades sintáticas formadas a partir deles, as variações do algo vazio. De maneira alguma esta última é uma classe vazia ou desprovida; ela se determina como totalidade dos estados-de-coisas de que a lógica pura dispõe como *mathesis universalis*, além de todas as objetividades categoriais a partir das quais eles se constroem. Entram, portanto, aqui todo estado de coisas expresso por qualquer axioma ou teorema silogístico ou aritmético, toda forma de inferência, todo algarismo, todo complexo numérico, toda função da análise pura, toda multiplicidade euclidiana ou não euclidiana bem definida.

Se passamos agora à classe das objetividades materiais, chegamos a *substratos materiais últimos* como núcleos de todas as formações sintáticas. Desses núcleos fazem parte todas as *categorias de substrato*, que se ordenam sob as duas principais designações disjuntivas: "essência material última" e "isto aqui!", ou singularidade pura, sintaticamente informe, individual. O termo "indivíduo", que acode quase sem ser chamado, é inadequado aqui, porque justamente, como quer que possa ser determinada, a indivisibilidade que a palavra também exprime não pode ser admitida no conceito, tendo antes de permanecer reservada para o conceito particular e totalmente imprescindível de indivíduo. Adotamos, por isso, a expressão aristotélica *to/de ti*, que, pelo menos literalmente, não guarda esse sentido.

Contraponhamos a essência última informe e o "isto aqui"; temos de estabelecer agora o nexo eidético reinante entre eles, o qual consiste em que cada "isto aqui" tenha *seu* substrato de essência material, que possui o caráter de uma essência de substrato informe no sentido indicado.

§ 15. Objetos independentes e dependentes. Concreto e indivíduo

Carecemos ainda de uma outra distinção fundamental, *entre objetos independentes e dependentes*. Uma forma categorial, por exemplo, é dependente, visto que remete necessariamente a um substrato, do qual é a forma. Substrato e forma são interdependentes um em relação ao outro, essências impensáveis "uma sem a outra". Neste sentido mais amplo, portanto, a forma lógica pura, por exemplo, a forma categorial "objeto" é dependente no tocante a todas as matérias de objeto, a categoria "essência" é dependente no tocante a todas as essências determinadas etc. Devemos fazer abstração dessas dependências e referir o conceito forte de dependência ou independência a nexos de "conteúdo" propriamente ditos, a relações de *"estar contido"*, *"ser um"* e, eventualmente, *"estar em vínculo"* num sentido mais próprio dessas expressões.

Aqui nos interessa especialmente o estado de coisas nos substratos últimos e, ainda mais estritamente, nas essências de substrato material. Subsistem para elas duas possibilidades: ou tal essência funda, junto com uma outra, a unidade de *uma só* essência, ou não o faz. No primeiro caso resultam relações de dependência unilateral ou recíproca, a ser mais pormenorizadamente descritas, e com respeito às singularidades eidéticas e individuais que entram sob as essências unificadas resulta a consequência, apoditicamente necessária, de que não pode haver singularidades de uma essência a não ser determinadas por essências que têm ao menos comunidade de gênero com a outra essência.[15] A qualidade sensível, por exemplo, remete necessariamente a alguma diferença de extensão; a extensão, por sua vez, é necessariamente extensão de alguma qualidade a ela unida, de uma qualidade "congruente" com ela. O momento "aumento", na categoria "intensidade", por exemplo, só é possível como imanente a um conteúdo qualitativo, e um conteúdo desse gênero, por sua vez, não é pensável sem algum grau de aumento. Um aparecer, como vivido de certa determinação genérica, é impossível, a não ser como fenômeno de "algo que aparece como tal", e vice-versa. E assim por diante.

Daí resultam determinações importantes dos conceitos categoriais formais "indivíduo", "concreto" e "abstrato". Uma essência dependente se chama um *abstrato*; uma essência absolutamente independente, um *concreto*. Um "isto aqui" cuja essência material é um concreto, se chama um *indivíduo*.

Se compreendemos a "operação" de generalização sob o conceito de "variação" lógica agora ampliado, podemos dizer: indivíduo é o proto--objeto requerido pela lógica pura, o absoluto lógico, a que se referem todas as variações lógicas.

---

[15] Cf. as análises detalhadas das *Investigações lógicas* II, Terceira Investigação, particularmente na exposição revista da nova edição (1913).

Um concreto é, evidentemente, uma singularidade eidética, já que espécies e gêneros (expressões que habitualmente excluem as diferenças últimas) são, por princípio, dependentes. As singularidades eidéticas se dividem, pois, em *abstratas* e *concretas*.

Singularidades eidéticas contidas disjuntivamente num concreto são necessariamente "heterogêneas" com respeito à lei formal-ontológica segundo a qual duas singularidades eidéticas de um e mesmo gênero não podem estar vinculadas na unidade *de uma mesma* essência, ou como também se diz: diferenças últimas de um gênero são "incompatíveis" umas com as outras. Considerada, portanto, como diferença, toda singularidade inserida num concreto leva a um sistema separado de gêneros e espécies, portanto, também a gêneros supremos separados. Na unidade de uma coisa fenomenal, por exemplo, a forma determinada conduz ao gênero supremo "forma no espaço em geral", a cor determinada, à qualidade visual em geral. Todavia, em vez de disjuntivas, as diferenças últimas no concreto também podem se sobrepor, como, por exemplo, as propriedades físicas pressupõem e encerram em si determinações espaciais. Então, os gêneros supremos também não são disjuntivos.

Os gêneros, consequentemente, se dividem ainda, de maneira característica e fundamental, naqueles que têm concretos e naqueles que têm abstratos sob si. Falamos, por comodidade, de *gêneros concretos* e *abstratos*, apesar do duplo sentido que esses adjetivos adquirem. Pois ninguém terá a ideia de tomar os próprios gêneros concretos pelos concretos no sentido originário. As pesadas expressões "gênero de concretos" e "gênero de abstratos" têm, todavia, de ser empregadas, ali onde a exatidão o exija. Exemplos de gêneros concretos são a coisa real, o fantasma visual (a forma visual que aparece preenchida sensivelmente), o vivido etc. Por outro lado, a forma espacial, a qualidade visual etc. são exemplos de gêneros abstratos.

§ 16. Região e categoria na esfera material. Conhecimentos sintéticos *a priori*

Com os conceitos "indivíduo" e "concreto", também está definido de maneira rigorosamente "analítica" o conceito teórico-científico fundamental de *região*. Região não é senão *toda a suprema unidade genérica pertencente a um concreto*, portanto, a vinculação numa unidade eidética dos gêneros supremos das diferenças últimas no interior do concreto. A extensão eidética da região abrange a totalidade ideal dos complexos de diferenças desses gêneros unificadas num concreto; a extensão individual, a totalidade ideal de indivíduos possíveis de tais essências concretas.

Toda essência regional determina *verdades de essência "sintéticas", isto é, verdades que se fundam em tal essência regional enquanto esta essência genérica, mas não são meras particularizações de verdades formal-ontológicas.* Nessas verdades sintéticas, o conceito regional e suas variedades regionais não são, pois, livremente variáveis, a substituição dos termos determinados correspondentes por indeterminados não dá nenhuma lei formal-lógica, como ocorre, de maneira característica, em toda necessidade "analítica". O conjunto das verdades sintéticas fundadas na essência regional constitui o conteúdo da ontologia regional. O conjunto completo das verdades *fundamentais* que se encontram sob aquelas, o conjunto completo dos *axiomas regionais* delimita — e *define* para nós — o *conjunto das categorias regionais.* Esses conceitos não exprimem apenas, como conceitos em geral, particularizações de categorias lógicas puras, mas seu traço distintivo está nisto, que, em virtude dos axiomas regionais, exprimem o que a essência regional tem *de próprio,* isto é, *exprimem em generalidade eidética aquilo que tem de caber "a priori" e "sinteticamente" a um objeto da região.* A aplicação desses conceitos (que não lógicos puros) a indivíduos dados é uma aplicação apodítica e incondicionalmente necessária e, ademais, regulada pelos axiomas regionais (sintéticos).

Se quisermos, portanto, preservar aqui as ressonâncias da crítica da razão de Kant (a despeito de consideráveis diferenças nas concepções fundamentais, que, no entanto, não excluem uma íntima afinidade), será preciso entender, por *conhecimentos sintéticos a priori,* os axiomas regionais, e teríamos tantas *classes irredutíveis desses conhecimentos quantas são as regiões.* Os *conceitos sintéticos fundamentais* ou *categorias* seriam conceitos fundamentais regionais (essencialmente referidos à região determinada e suas proposições sintéticas fundamentais), e teríamos tantos *grupos diferentes de categorias quantas regiões* a ser diferenciadas.

Assim é *extrinsecamente* que a *ontologia formal* se situa num mesmo plano que as ontologias regionais (as propriamente "materiais", "sintéticas"). Seu conceito regional "objeto" determina (cf. acima § 10) o sistema formal de axiomas e, com ele, o conjunto de categorias formais ("analíticas"). Tem-se de fato aí uma justificação do paralelismo entre elas, a despeito de todas as diferenças essenciais assinaladas.

§ 17. Conclusão das observações lógicas

Todo o tratamento que demos às questões foi lógico-puro, ele não se moveu em nenhuma esfera "material" ou, para dizê-lo de modo equivalente, em nenhuma região *determinada*, falou-se de regiões e categorias em geral, e essa generalidade, pelo sentido das definições que deram sustentação umas às outras, era uma generalidade lógica pura. Mantendo-nos justamente *no solo da lógica pura*, foi preciso traçar *um esquema como exemplo da constituição fundamental, dela proveniente, de todos os conhecimentos e objetividades de conhecimento possíveis, esquema em conformidade com o qual os indivíduos têm de ser determináveis por conceitos e leis sob "princípios sintéticos a priori"*, ou em conformidade com o qual *todas as ciências empíricas têm de se fundar em ontologias regionais correspondentes*, e não meramente na lógica pura comum a todas as ciências.

Daí surge ao mesmo tempo a *ideia de uma tarefa*: determinar os *gêneros supremos de concreções* no círculo de nossas intuições individuais e, desta maneira, levar a cabo uma distribuição de todos os seres individuais intuídos segundo regiões do ser, *cada uma das quais designando por princípio*, já que por fundamentos eidéticos radicais, *uma ciência* (ou grupo científico) *eidética e empírica diferente*. De resto, a diferenciação radical não exclui de modo algum entrelaçamentos e sobreposições. Assim, por exemplo, "coisa material" e "alma" são diferentes regiões do ser e, no entanto, a última está fundada na primeira e daí provém a fundação da doutrina da alma na doutrina do corpo.

O problema de uma "classificação" radical das ciências é, no principal, o problema da separação das regiões, e para isso mais uma vez se precisa previamente de investigações lógicas puras do tipo que, em breves linhas, foram feitas aqui. Por outro lado, precisa-se também, naturalmente, da fenomenologia — da qual até agora ainda nada sabemos.

Capítulo II
Mal-entendidos naturalistas

§ 18. Introdução às discussões críticas

Os desenvolvimentos gerais, que estabelecemos de início, sobre essência e ciência de essências, em oposição a fato e ciência de fatos, trataram dos alicerces essenciais de nossa construção da ideia de uma fenomenologia pura (que, segundo a Introdução, deve se tornar uma ciência de essências) e da compreensão de seu lugar em relação a todas as ciências empíricas e, portanto, também em relação à psicologia. Todas as determinações de princípio, porém, e muito depende disto, precisam ser entendidas em sentido correto. O que ali fizemos, que isso fique bem sublinhado, não foi ministrar ensinamentos a partir de um ponto de vista filosófico previamente dado, não lançamos mão de doutrinas filosóficas recebidas e mesmo universalmente reconhecidas, mas efetuamos, no sentido rigoroso, algumas *amostragens de princípio*, ou seja, apenas exprimimos fielmente diferenças que nos são diretamente dadas na *intuição*. Nós as tomamos exatamente como se dão ali, sem nenhuma exegese hipotética ou interpretativa, sem nelas imiscuir nenhuma interpretação advinda daquilo que nos pudesse ser sugerido por teorias tradicionais dos tempos antigos ou modernos. Constatações assim efetuadas são "inícios" efetivos; e se são, como as nossas, de uma generalidade referida a todas as regiões abrangentes do ser, então seguramente são constatações de princípio, no sentido filosófico, e fazem elas mesmas parte da filosofia. Nem mesmo isso, porém, precisa ser pressuposto por nós: nossas considerações anteriores estão livres, como o devem estar todas as seguintes, de toda relação de dependência para com uma ciência tão controversa e suspeita como é a filosofia. Nada pressupomos em nossas constatações fundamentais, nem mesmo o conceito de filosofia, e assim também queremos nos manter daqui por diante. A εποχη filosófica que nós nos propomos deve consistir expressamente nisto: *abster-nos inteiramente de julgar acerca do conteúdo doutrinal de toda filosofia previamente dada e efetuar todas as nossas comprovações no âmbito dessa abstenção.* Por outro lado, não precisamos (nem podemos) por isso evitar falar em geral de filosofia, de filosofia como fato histórico, das direções fáticas da filosofia, que, tanto no bom quanto com mais frequência no mau sentido, determinaram as convicções científicas gerais da humanidade, e de maneira bem particular também no que diz respeito aos pontos fundamentais aqui tratados.

É exatamente a esse respeito que temos de entrar em controvérsia com o empirismo, uma controvérsia que podemos muito bem dirimir no interior de nossa εποχη, já que aqui se trata de pontos que estão sujeitos a uma constatação imediata. Se a filosofia dispõe em geral de um conjunto de alicerces "de princípio", no sentido autêntico, os quais, portanto, podem por essência ser fundados em intuição imediatamente dada, uma controvérsia sobre eles pode ser decidida independentemente de qualquer *ciência* filosófica, independentemente de se estar de posse de sua ideia e de seu conteúdo doutrinal pretensamente fundado. A situação que nos leva à controvérsia ocorre porque o empirismo nega as "ideias", as "essências", os "conhecimentos de essência". Não é lugar aqui de desenvolver os fundamentos históricos pelos quais justamente o avanço vitorioso das ciências naturais — por mais que, como ciências matemáticas, também devam seu alto nível científico à fundamentação eidética — impulsionou o empirismo filosófico e fez dele convicção predominante e até quase a convicção única nos círculos dos cientistas naturais. Como quer que isso possa ter ocorrido, subsiste nesses círculos e, por isso, também entre os psicólogos uma hostilidade a ideias que acaba sendo prejudicial ao progresso das próprias ciências naturais; mas prejudicial porque com isso se impedem a fundamentação eidética dessas ciências, que de modo algum já está concluída, e a constituição eventualmente necessária de novas ciências de essências, indispensáveis para seu progresso. Como se constatará claramente mais tarde, o que se diz aqui envolve justamente a fenomenologia, que constitui o fundamento eidético essencial da psicologia e das ciências do espírito. É preciso, pois, alguns desenvolvimentos para defender nossas afirmações.

§ 19. A identificação empirista entre experiência e ato doador originário

O naturalismo empirista surge, como temos de reconhecer, de motivos altamente dignos de apreço. Ele é um radicalismo cognitivo-prático, que pretende fazer valer, contra todos os "ídolos", todos os poderes da tradição e superstição, toda espécie grosseira ou refinada de preconceito, o direito da razão autônoma, como única autoridade em questões de verdade. Formular racional ou cientificamente juízos sobre coisas significa, porém, orientar-se pelas *coisas mesmas*, isto é, voltar dos discursos e opiniões às coisas mesmas, interrogá-las na doação originária de si e pôr de lado todos os preconceitos estranhos a elas. Seria *apenas uma outra maneira de exprimir* o mesmo — *assim opina o empirista* — dizer que toda ciência tem de partir da *experiência*, que seu conhecimento mediato tem de *se fundar* na experiência imediata. Ciência autêntica e ciência empírica são, pois, a mesma coisa para o empirista. Que mais seriam as "ideias", as "essências" em oposição aos fatos — senão entidades escolásticas, fantasmas metafísicos? O maior mérito da moderna ciência da natureza foi justamente ter libertado a humanidade de tais assombrações filosóficas. Toda ciência tem de lidar apenas com o que é efetivamente real, passível de experimentação. O que não é efetividade, é imaginação, e uma ciência de imaginações é justamente ciência imaginária. Imaginações poderão naturalmente ser admitidas como fatos psíquicos, elas fazem parte da psicologia. Mas que de imaginações — como se tentou mostrar no capítulo anterior — mediante uma assim chamada visão de essência nelas fundada devam resultar dados novos, "eidéticos", objetos que são irreais, isso — assim concluirá o empirista — não passa de "empolgação ideológica", de "recaída na escolástica" ou naquela espécie de "construções especulativas *a priori*" com que o idealismo da primeira metade do século XIX, alheio à ciência natural, tanto obstruiu a ciência autêntica.

Tudo, porém, que o empirista diz aí repousa sobre mal-entendidos e preconceitos — não obstante o motivo que originalmente o guia ser bom e de boa intenção. O erro de princípio da argumentação empirista reside em que a exigência fundamental de retorno às coisas mesmas é identificada ou confundida com a exigência de fundação de todo conhecimento pela *experiência*. Com a compreensível restrição naturalista do âmbito das "coisas" cognoscíveis, é ponto pacífico para ele que a experiência é o único ato que dá as próprias coisas. *Não* é, entretanto, ponto pacífico que *coisas* sejam *coisas naturais*, que, no sentido habitual, efetividade seja efetividade em geral, e que aquele ato doador originário que chamamos *experiência* se refira somente à *efetividade natural*. Efetuar identificações e tratá-las como se supostamente fossem óbvias significa, aqui, colocar inconsideradamente de lado diferenças dadas na mais clara evidência. A pergunta é, pois, *de que lado* estão os preconceitos? A autêntica ausência de preconceitos não exige simplesmente recusa de "juízos estranhos à experiência", mas somente quando o sentido *próprio* dos juízos *exija* fundação na experiência. *Afirmar* incontinente que *todos* os juízos admitem, e mesmo exigem, fundação na experiência, sem ter antes submetido a *estudo* a essência dos juízos em todas as suas variedades fundamentalmente diferentes e sem ter antes ponderado se essa afirmação não é, afinal, um *contrassenso*: eis uma "construção especulativa *a priori*", que não se tornará melhor porque desta vez provém do lado empirista. Ciência autêntica e autêntica ausência de preconceitos, que lhe é própria, exigem, como alicerce de todas as suas provas, juízos imediatamente válidos como tais, os quais tiram sua validez diretamente de *intuições originariamente doadoras*. Estas, porém, são tais quais as prescreve o *sentido* desses juízos, ou melhor, *a essência própria dos objetos e do estado de coisas submetido ao juízo*. As regiões fundamentais de objetos e, correlativamente, os tipos regionais de intuições doadoras, os tipos correspondentes de juízos e, finalmente, as normas noéticas, que *exigem*, para a fundação de juízos desses tipos, exatamente esta e nenhuma outra espécie de intuição — tudo isso não pode ser postulado ou decretado de cima para baixo, mas apenas constatado com evidência, o que significa mais uma vez: mostrar em intuição doadora originária e fixar por juízos que se ajustam fielmente àquilo que nela é dado. Quer-nos parecer que é assim, e não de outro modo, que se apresenta o procedimento verdadeiramente livre de preconceitos e puramente isento.

O *"ver" imediato*, não meramente o ver sensível, empírico, mas *o ver em geral, como consciência doadora originária, não importa qual seja a sua espécie*, é a fonte última de legitimidade de todas as afirmações racionais. Ela só tem função legitimadora, porque é e enquanto é doadora originária. Se vemos um objeto em plena clareza, se efetuamos a explicação e a apreensão conceitual fundados puramente na visão e no âmbito do que se apreende vendo efetivamente, então vemos (numa nova maneira de "ver") como é a índole do objeto, e o enunciado que o exprime fielmente ganha sua legitimidade. Ao perguntar pelo porquê desta, seria contrassenso não conferir valor algum ao "eu o vejo" — como mais uma vez vemos com clareza. Acrescente-se aqui, para evitar possíveis mal-entendidos, que isso de resto não exclui que, sob certas circunstâncias, uma visão possa conflitar com outra e, igualmente, uma afirmação *legítima* com outra. Pois não está implícito aí que a visão não seja fundamento de legitimidade, da mesma maneira que o sobrepujamento de uma força por outra não quer dizer que aquela não seja uma força. Mas o que se diz é que talvez numa certa categoria de intuições (e isso diz respeito justamente às intuições da experiência sensível) a visão é, por sua essência, "imperfeita", que ela pode, por princípio, ser confirmada ou infirmada, e que, assim, uma afirmação que tenha seu fundamento de legitimidade imediato e, por isso, autêntico na experiência, terá no entanto de ser abandonada no curso da experiência, em virtude de uma legitimação contrária que a supere e suprima.

§ 20. O empirismo como ceticismo

Substituímos, pois, a experiência por algo mais geral, a "intuição" e, com isso, recusamos a identificação de ciência em geral com ciência empírica. Aliás, é fácil reconhecer que defender essa identificação e contestar a validez do pensar eidético puro leva a um ceticismo que, como ceticismo autêntico, suprime-se a si mesmo por contrassenso.[16] Basta perguntar ao empirista qual é a fonte de validez de suas teses gerais (por exemplo, "todo pensar válido se funda em experiência, como a única intuição doadora"), para que ele se enrede em notório contrassenso. A experiência direta fornece apenas singularidades e não generalidades; ela, portanto, não basta. O ceticismo não pode recorrer à evidência eidética, pois a nega; ele recorre, por isso, à indução e, assim, ao complexo de modos mediatos de inferência, mediante os quais a ciência empírica obtém suas proposições gerais. Ora, perguntamo-nos, o que acontece com a verdade das inferências mediatas, tanto faz se dedutivas ou indutivas? Essa *verdade* (e poderíamos até fazer a mesma pergunta a respeito da verdade de um juízo singular) é ela mesma algo experimentável e, portanto, finalmente perceptível? E o que acontece com os *princípios* dos modos de inferência, aos quais se recorre em caso de controvérsia ou de dúvida, por exemplo, com os princípios silogísticos, com a proposição segundo a qual "duas quantidades iguais a uma terceira são iguais entre si" etc., dos quais depende, enquanto fontes últimas, a legitimação de todos os modos de inferência? São eles mesmos, mais uma vez, generalizações empíricas, ou esse modo de apreensão não encerra em si o contrassenso mais radical?

Sem entrar aqui em discussões mais longas, o que seria apenas repetir o que foi dito noutros lugares,[17] seria preciso ao menos que ficasse bem claro que as teses fundamentais do empirismo carecem primeiramente de uma discussão, clarificação e fundação mais precisas, e que essa fundação mesma teria de estar de acordo com as normas expressas por essas teses.

---

[16] Sobre o conceito característico de ceticismo, cf. os "Prolegômenos à lógica pura", *Investigações lógicas*, I, § 32.
[17] Cf. *Investigações lógicas*, I, especialmente capítulos IV e V.

Ao mesmo tempo, entretanto, também é manifesto que aqui paira uma séria suspeita de que em tal remissão às normas se esconde um contrassenso — mesmo que na literatura empirista quase não se encontre iniciativa de tentar dar seriamente clareza efetiva e fundação científica a essas relações. Uma fundação científica empírica exigiria, aqui como em qualquer lugar, que se partisse de casos singulares fixados de maneira teórica rigorosa e se passasse a teses gerais segundo métodos rigorosos, aclarados por evidência de princípio. Os empiristas parecem não ver que as exigências científicas que estabelecem em suas teses para todo conhecimento também se endereçam a suas próprias teses.

Enquanto eles, como filósofos autênticos que adotam um ponto de vista e em manifesta contradição com seu princípio de que se deve estar livre de preconceitos, partem de opiniões prévias não clarificadas e infundadas, nós outros temos nosso ponto de partida naquilo que se encontra *antes* de todo ponto de vista: na esfera completa do que é dado intuitivamente e antes de todo pensar teorizante, em tudo aquilo que pode ser visto e apreendido imediatamente — não nos deixando ofuscar por preconceitos e ficar impedidos de prestar atenção a classes inteiras de dados autênticos. Se "positivismo" quer dizer tanto quanto fundação, absolutamente livre de preconceitos, de todas as ciências naquilo que é "positivo", ou seja, apreensível de modo originário, então somos *nós* os autênticos positivistas. Com efeito, não deixamos que *nenhuma* autoridade — nem mesmo a autoridade da "moderna ciência da natureza" — subtraia nosso direito de reconhecer todas as espécies de intuição como fontes igualmente válidas de legitimação do conhecimento. Se é efetivamente a ciência da natureza que fala, nós de bom grado ouvimos, na condição de discípulos. Mas nem sempre é a ciência da natureza que fala, quando falam os cientistas naturais e, seguramente não é ela, quando eles falam de "filosofia da natureza" e de "teoria do conhecimento da ciência natural". E, principalmente, quando nos querem fazer crer que noções gerais óbvias, tais quais expressas em todos os axiomas (em proposições como "a + 1 = 1 + a", "um juízo não pode ser colorido", "de dois sons qualitativamente distintos, um é mais grave e o outro mais agudo", "uma percepção é em si percepção de alguma coisa" etc.), sejam expressões de fatos empíricos, enquanto nós reconhecemos, com *plena evidência*, que tais proposições trazem à expressão explicativa dados da intuição eidética. Justamente por isso fica claro para nós que os "positivistas", ora misturam as diferenças cardeais das espécies de intuição, ora as vêem contrastadas, mas, presos a seus preconceitos, eles só *querem* reconhecer uma única delas como válida, ou até como existente.

§ 21. Obscuridades do lado idealista

A falta de clareza também reina, sem dúvida, no lado oposto. Aceita-se, é verdade, um pensar puro, um "pensar apriorista" e, com isso, rejeita-se a tese empirista, mas não se chega reflexivamente à consciência clara de que há algo como uma intuição pura, enquanto espécie de doação na qual as essências são dadas como objetos, exatamente como realidades individuais são dadas na intuição empírica; não se reconhece que *toda evidência judicativa,* assim como, em particular, a de verdades *gerais* incondicionadas, *também entram no conceito de intuição doadora, que possui uma gama de diferenciações, principalmente as que correm em paralelo com as categorias lógicas.*[18] Fala-se, é verdade, de evidência, mas em vez de colocá-la, como evidência, *em relações de essência* com o ver habitual, recorre-se a um *"sentimento de evidência",* que, como um *index veri* místico, empresta ao juízo uma coloração emotiva. Tais apreensões são possíveis somente enquanto ainda não se aprendeu a analisar os tipos de consciência em visão pura e na forma de essências, em vez de fazer, de cima para baixo, teorias a respeito deles. Esses supostos sentimentos de evidência, de necessidade do pensar e como quer que ainda possam ser chamados, não passam de *sentimentos inventados teoricamente.*[19] Isso será reconhecido por qualquer um que trouxer qualquer caso de evidência à condição de dado numa visão efetiva e o comparar com um caso de não evidência do mesmo conteúdo de juízo. Então logo se observará ser fundamentalmente errônea a tácita pressuposição da teoria sentimental da evidência, de que um juízo no mais em tudo igual quanto à essência psicológica recebe, no primeiro caso, coloração emotiva e, no segundo, não; ao contrário, no primeiro caso é uma mesma camada superior, a do mesmo enunciado enquanto mera expressão *significativa,* que se ajusta passo a passo a uma intuição "clara e evidente" do estado de coisa, enquanto no segundo o que opera como camada inferior é um fenômeno inteiramente outro, uma consciência não intuitiva do estado de coisa, e eventualmente de todo confusa e inarticulada. A diferença entre o juízo de percepção claro e fidedigno e um juízo vago qualquer sobre o mesmo estado de coisas poderia, pois, ser apreendida *com o mesmo*

---

[18] Cf. *Investigações lógicas,* II, Quarta Investigação, §§ 45 e segs. Ver igualmente acima, § 3.
[19] Exposições tais quais Elsenhans faz, por exemplo, em seu recentemente publicado manual de psicologia, pp. 289 e segs., são, em meu parecer, ficções psicológicas sem o mínimo fundamento nos fenômenos.

direito na esfera empírica meramente como a diferença de que o primeiro é apto a um "*sentimento de clareza*", o segundo, não.

§ 22. A acusação de realismo platônico. Essência e conceito

Tem sempre causado particular escândalo que, como "realistas platônicos", apresentemos ideias ou essências como objetos e, tal como a outros objetos, lhes atribuamos ser efetivo (verdadeiro), bem como, correlativamente, apreensibilidade por intuição — não diferentemente que nas realidades. Façamos abstração aqui daquela espécie, infelizmente muito frequente, de leitores superficiais que atribuem ao autor conceitos próprios, de todo estranhos a este, e então não têm dificuldade alguma em selecionar absurdos nas exposições dele.[20] Se *objeto* e *real*, *efetividade* e *efetividade real*, significam uma só e mesma coisa, a apreensão de ideias como objetos e efetividades é certamente uma despropositada "hipóstase platônica". Mas se, como ocorreu nas *Investigações lógicas*, ambos são nitidamente separados, se objeto é definido como algo, por exemplo, como sujeito de um enunciado (categórico, afirmativo) verdadeiro, que escândalo pode ainda haver aí — a não ser que provenha de preconceitos obscuros? Tampouco fui eu que inventei o conceito geral de objeto, mas apenas restitui aquele que é exigido por todas as proposições lógicas puras e apontei, ao mesmo tempo, que é um conceito indispensável por princípio e, por isso, também determinante para o discurso científico geral. Neste sentido, a qualidade sonora "dó", que é um membro numericamente único na série sonora, o número 2 na série dos algarismos, a figura "círculo" no mundo ideal das construções geométricas, uma proposição qualquer no "mundo" das proposições — em resumo, toda uma gama de ideais é um "objeto". A cegueira a ideias é uma espécie de cegueira da alma, os preconceitos nos incapacitam a trazer ao campo judicativo aquilo que possuímos no campo intuitivo. Na verdade, todos vêem "ideias", "essências", e, por assim dizer, não cessam de vê-las, operam com elas em pensamento, efetuam também juízos de essência — só que do "ponto de vista" epistemológico que adotaram eles as renegam. Dados evidentes são pacientes, deixam as teorias falar o que quiser para eliminá-los, mas continuam sendo o que são. Cabe às teorias orientar-se pelos dados e, às teorias do conhecimento, distinguir as espécies fundamentais deles e descrevê-las segundo suas essências próprias.

---

[20] Mesmo quando benevolente, grande parte da polêmica contra as *Investigações lógicas* e contra meu artigo na revista *Logos* se situa infelizmente nesse nível.

Preconceitos proporcionam uma notável suficiência no aspecto teórico. Não *pode* haver essência, nem, portanto, intuição de essência (ideação); logo, onde o modo de falar em geral contradiga isso, *tem de* se tratar de "hipóstases gramaticais", e é preciso não se deixar levar por elas a hipóstases "metafísicas". O que existe de fato só podem ser eventos psíquicos reais da "*abstração*", que se prendem a experiências ou representações reais. Ora, sendo assim, constroem-se fervorosamente "teorias da abstração", e a psicologia orgulhosa de sua empiria é enriquecida, aqui *como em todas as esferas intencionais* (que no entanto constituem o tema principal da psicologia), de *fenômenos inventados*, de *análises psicológicas que não são análises coisa alguma.* Ideias ou essências são, portanto, "conceitos", e conceitos são "construtos psíquicos", "produtos da abstração", e como tais certamente desempenham um grande papel em nosso pensamento. "Essência", "ideia" ou "*eidos*" são apenas nomes "filosóficos" grandiosos para "modestos fatos psicológicos". Nomes perigosos, em virtude das sugestões metafísicas que contêm.

Nossa resposta é: certamente, essências são "conceitos" — caso se entenda por conceitos, o que é autorizado pela equivocidade da palavra, justamente essências. Tenha-se apenas claro que falar *então* de produtos psíquicos é um *non-sense*, assim como o é falar da *construção* de conceito, se esta deve ser entendida no sentido rigoroso e próprio. De quando em quando se lê em algum tratado: a série dos números é uma série de conceitos, e um pouco mais abaixo: conceitos são construtos do pensamento. Primeiro, portanto, os números mesmos, as essências, foram tratados como conceitos. Ora, perguntamos, os números não são o que são, "construídos" ou não por nós? Certo, sou eu que efetuo minha operação de contar, que construo minhas representações numéricas de "um mais um". Essas representações numéricas agora são estas, e serão outras uma outra vez, mesmo que eu as construa como iguais. Neste sentido, às vezes não há representação numérica alguma e às vezes há quantas se quiser de um e mesmo número. Mas justamente por isso fizemos a seguinte diferenciação (e como poderíamos evitá-la?): a representação numérica não é o próprio número, não é o "dois", esse membro único da série de números, que, como todos os membros desse tipo, é um ser intemporal. Designá-lo como construto psíquico é, portanto, contrassenso, um desrespeito ao sentido totalmente claro do discurso aritmético, sentido que sempre pode ser claramente evidenciado em sua validez e que, portanto, está situado *antes* de toda teoria. Se conceitos são construtos psíquicos, então coisas tais como números puros não são conceitos. Se, no entanto, são conceitos, então conceitos não são construtos psíquicos. É *preciso* novos termos para solucionar equivocidades tão perigosas como esta.

§ 23. Espontaneidade da ideação. Essência e ficto

Não é, porém, verdadeiro e evidente, objetar-se-á, que conceitos ou, se se preferir, essências como "vermelho", "casa" etc., surgem, por abstração, de intuições individuais? E não *construímos* arbitrariamente conceitos de conceitos já formados? Trata-se, portanto, de produtos psicológicos. Isso é semelhante, acrescentar-se-á talvez, ao que ocorre nas *ficções arbitrárias*: o centauro tocando flauta que livremente imaginamos é justamente um construto representativo nosso. — Nossa resposta a isso é: certamente, a "construção do conceito" e, da mesma maneira, a livre ficção se efetuam espontaneamente, e aquilo que é gerado espontaneamente é, sem dúvida, um produto do espírito. No que concerne, porém, ao centauro tocando flauta, ele é representação no sentido de que se chama o representado de representação, mas não no sentido de que representação é o nome de um vivido psíquico. O centauro mesmo não é, naturalmente, nada de psíquico, não existe, nem na alma, nem na consciência, nem onde quer que seja, ele não é "nada", é única e exclusivamente "imaginação"; dito com mais precisão: o vivido-de-imaginação é vivido *de* um centauro. Nesta medida, o "centauro-visado", o "centauro imaginado" pertence, sem dúvida, ao vivido mesmo. Mas também não se deve confundir justamente esse vivido-de-imaginação com aquilo que nele é o imaginado como tal.[21] Assim, também na abstração espontânea, o que é gerado não é a *essência*, mas a consciência *dela*, e o que ocorre nessa situação é que, e manifestamente por essência, uma consciência *doadora originária* de uma essência (ideação) é em si mesma e necessariamente uma consciência espontânea, ao passo que a espontaneidade é inessencial à consciência doadora sensível, empírica: o objeto individual pode "aparecer", pode-se ser consciente dele "na forma da apreensão", mas sem que haja "atuação" espontânea "sobre" ele. Não se encontram, pois, motivos, a não ser advindos de confusão, que possam exigir uma identificação da consciência de essência com a própria essência, e, portanto, uma psicologização desta última.

A aproximação, porém, de essência e consciência fictícia poderia provocar hesitação quanto à "existência" das essências. A essência não é uma ficção, como querem os céticos? Assim como, no entanto, a aproximação de ficção e percepção, sob o conceito mais geral de "consciência intuitiva", compromete a existência de objetos dados em percepção, assim também a aproximação que se acaba de efetuar compromete a "existência" das essências. As coisas podem ser percebidas,

---

[21] Cf. a esse respeito as análises fenomenológicas das seções posteriores deste trabalho.

recordadas e, por isso, delas se pode ter consciência como coisas "efetivas" ou ainda, em atos modificados, como coisas duvidosas, como nulas (ilusórias); finalmente ainda, numa modificação completamente outra, delas se pode ter consciência como coisas "meramente vislumbradas" e *como se fossem* reais, nulas etc. É de todo semelhante o que ocorre com as essências, e a isso está relacionado que também elas, como os outros objetos, podem ser visadas, ora correta, ora falsamente, como, por exemplo, no raciocínio geométrico falso. A apreensão e a intuição de essência, porém, são um ato multiforme, e especialmente a *visão de essência é um ato doador originário e, como tal, o análogo da apreensão sensível e não da imaginação.*

§ 24. O princípio de todos os princípios

Basta, todavia, de teorias disparatadas. Nenhuma teoria imaginável pode nos induzir em erro quanto ao *princípio de todos os princípios: toda intuição doadora originária é uma fonte de legitimação do conhecimento, tudo que nos é oferecido originariamente na "intuição"* (por assim dizer, em sua efetividade de carne e osso) *deve ser simplesmente tomado tal como ele se dá*, mas também apenas *nos limites dentro dos quais ele se dá*. Vemos, no entanto, com clareza que toda teoria só poderia tirar sua verdade dos dados originários. Todo enunciado, que nada mais faz que dar expressão a esses dados mediante mera explicação e significações que possam ser aferidas com exatidão, é realmente, portanto, como dissemos nas palavras introdutórias a este capítulo, um início *absoluto*, destinado, no sentido autêntico, à fundamentação, isto é, um *principium*. Mais isso vale particularmente para os conhecimentos eidéticos gerais daquela espécie a que habitualmente se restringe a palavra "princípio".

Neste sentido, o *cientista natural* tem toda a razão em seguir o "princípio" de que, para toda afirmação referente a fatos da natureza, deve-se perguntar pelas experiências que a fundam. Pois ele *é* um princípio, é uma afirmação que procede imediatamente de evidência geral, e podemos sempre nos convencer disso ao trazermos à plena clareza o sentido das expressões empregadas no princípio e ao colocarmos as essências a elas atinentes na condição de dado puro. No mesmo sentido, todavia, o *investigador de essências*, e quem quer que empregue e enuncie proposições gerais, tem de seguir um princípio paralelo; e é preciso que haja tal princípio, já que o princípio há pouco aceito da fundação de todo conhecimento de fatos pela experiência não é ele mesmo evidente por experiência — como todo princípio e todo conhecimento de essências em geral.

§ 25. O positivista como cientista natural na prática; o cientista natural como positivista na reflexão

O positivista somente recusa *de facto* conhecimentos de essências onde reflete "filosoficamente" e se deixa enganar pelos sofismas de filósofos empiristas, mas não onde pensa e funda, como cientista natural, na orientação normal da ciência natural. Pois aí ele manifestamente se deixa em larga medida guiar por evidências de essência. É sabido que as disciplinas matemáticas puras, tanto as materiais, como geometria ou foronomia, quanto as formais (lógicas puras), como aritmética, análise etc., são os meios fundamentais de teorização nas ciências naturais. Salta aos olhos que essas disciplinas não procedem empiricamente, não são fundadas mediante observações e ensaios com figuras e movimentos tirados de experiência etc.

É verdade que o empirismo não quer ver isso. Deve-se, todavia, levar a sério o seu argumento de que não há tanta falta assim de experiências fundadoras, mas antes a oferta de infinidades delas? No conjunto da experiência de todas as gerações humanas, e mesmo das gerações passadas dos animais, acumulou-se um imenso tesouro de impressões geométricas e aritméticas, integradas na forma de hábitos de apreensão, e é dessas reservas que agora procedem nossos conhecimentos geométricos. — Mas como se sabe desses supostos tesouros acumulados, se não foram observados cientificamente, nem documentados com fidedignidade por ninguém? Desde quando, em lugar de experiências efetivas, cuja função e abrangência propriamente empíricas foram examinadas com todo o cuidado, experiências há muito esquecidas e completamente hipotéticas são os fundamentos de uma ciência — e mesmo da mais exata das ciências? O físico observa e experimenta e, com boas razões, não se contenta com experiências pré-científicas, para não falar de apreensões instintivas e hipóteses sobre experiências supostamente herdadas.

Ou deve-se dizer, como foi de fato dito por outros, que devemos as evidências geométricas à "*experiência da imaginação*", que as efetuamos como *induções a partir de experimentos imaginários*? Mas por que, tal seria nossa resposta em forma de pergunta, o físico não faz uso algum dessa prodigiosa experiência da imaginação? Com toda certeza porque os experimentos na imaginação são experimentos imaginados, assim como figuras, movimentos, quantidades na imaginação não são, justamente, efetivos, mas imaginados.

Diante de tais interpretações, o mais correto, em vez de nos colocar argumentativamente no terreno delas, é apontar o *sentido próprio* das afirmações matemáticas. Para saber, e saber de maneira indubitável, o que um axioma matemático enuncia, não é para os filósofos empíricos que temos de nos voltar, mas para a consciência, na qual, operando matematicamente, apreendemos em plena evidência os estados-de-coisa axiomáticos. Se nos atemos puramente a essa intuição, não resta dúvida de que o que vem à expressão nos axiomas são puros nexos de essência, sem a mais leve intromissão de fatos empíricos. Em vez de filosofar e psicologizar, de fora, sobre o pensar e intuir geométrico, deve-se efetuá-lo de modo vivo e determinar seu sentido imanente com base na análise direta. Pode ser que os conhecimentos das gerações passadas nos tenham legado disposições cognitivas, mas, para a questão do sentido e valor de nossos conhecimentos, as histórias dessas heranças são tão indiferentes quanto, para o valor do ouro que possuímos, a história de como foi herdado.

§ 26. Ciências de orientação dogmática e ciências de orientação filosófica

Da matemática e de tudo o que é eidético, os cientistas naturais *falam*, portanto, *ceticamente*, mas em sua metodologia eidética eles *procedem dogmaticamente*. Para sorte deles. A ciência natural cresceu porque pôs de lado, sem nenhuma cerimônia, o ceticismo antigo, que vicejava exuberante, *renunciando* a vencê-lo. Em vez de se extenuar com questões enganosas e estapafúrdias, de saber como o conhecimento da natureza "externa" é possível, como poderiam ser solucionadas todas as dificuldades que os antigos já encontravam nessa possibilidade, ela preferiu lidar com a questão do *método correto* do conhecimento natural a ser obtido efetivamente na maior perfeição possível, do conhecimento na forma da ciência *exata* da natureza. Essa mudança, no entanto, pela qual conseguiu livre acesso à investigação *efetiva, ela a realiza apenas pela metade, porque dá novamente espaço a reflexões céticas e se deixa limitar, em suas possibilidades de trabalho, por tendências céticas.* Em consequência da adesão a preconceitos empiristas, o ceticismo permanece posto fora de jogo somente no que se refere à *esfera da experiência*, não, porém, no que se refere à *esfera das essências*. Pois não basta que a ciência natural traga o caráter eidético, sob a falsa bandeira do empirismo, para dentro de seu círculo de investigação. Transgressões dessa ordem só são admissíveis para disciplinas eidéticas há muito fundadas e inatacáveis em seus direitos consuetudinários, como as disciplinas matemáticas, ao passo que (como já indicamos) os preconceitos empiristas têm de operar como obstáculos eficientíssimos à fundação de novas disciplinas. *O posicionamento correto na esfera da investigação dogmática* (num bom sentido), *na esfera da investigação pré-filosófica*, à qual pertencem todas as ciências empíricas (mas não apenas elas), é aquele que, com plena consciência, coloca todo ceticismo de lado, juntamente com toda "filosofia da natureza" e toda "teoria do conhecimento", e acolhe as objetividades do conhecimento onde efetivamente as encontre — não importa que dificuldades a reflexão epistemológica *posteriormente* apresente em relação à possibilidade de tais objetividades.

É preciso efetuar justamente uma separação inevitável e importante no âmbito das investigações científicas. De um lado estão as *ciências de orientação dogmática*, voltadas para as coisas, sem nenhuma preocupação com qualquer problemática epistemológica ou cética. Partem do dado originário de suas coisas (e no exame de seus conhecimentos sempre voltam a estas) e perguntam enquanto o que as coisas se dão imediatamente e o que, com base nisso, se pode mediatamente inferir para essas coisas e para coisas desse domínio em geral. Do outro lado, estão as investigações científicas da orientação epistemológica, *especificamente filosófica*, que se ocupam dos problemas céticos da possibilidade do conhecimento, os solucionam primeiro em generalidade de princípio, para então, pela aplicação das soluções obtidas, tirar consequências para o julgamento do sentido e valor cognitivo definitivos dos resultados alcançados nas ciências dogmáticas. Ao menos na atual situação, e enquanto faltar uma crítica do conhecimento altamente aprimorada, que tenha alcançado pleno rigor e clareza, *é correto que os limites da investigação dogmática sejam preservados dos questionamentos "criticistas"*. Noutras palavras, parece-nos por ora correto tomar cuidado para que os preconceitos epistemológicos (e, por via de regra, céticos), cuja legitimidade ou ilegitimidade tem de ser julgada pela ciência filosófica, mas que não precisam afligir o investigador dogmático, não impeçam o andamento das pesquisas destes. Mas é justamente da índole dos ceticismos nos dispor para tais obstáculos desfavoráveis.

Com isso também se caracteriza a situação peculiar em virtude da qual a teoria do conhecimento se torna necessária, com ciência de dimensão própria. Por satisfatório que possa ser o conhecimento voltado puramente para as coisas e sustentado em evidência, tão logo o conhecimento se volta reflexivamente para si mesmo a possibilidade de validação de todas as espécies de conhecimento e, entre elas, inclusive das intuições e evidências parece acometida de obscuridades que podem levar a confusões e de dificuldades quase insolúveis, particularmente no que se refere à transcendência requerida pelos *objetos* do conhecimento em relação ao conhecimento. Por isso mesmo há ceticismos que se impõem a despeito de toda intuição, de toda experiência e evidência e que, por conseguinte, também podem atuar como *obstáculos no exercício prático da ciência*. Eliminamos esses obstáculos na forma da *ciência* natural "*dogmática*" (termo que, portanto, não deve exprimir aqui nenhuma depreciação), *tornando claro para nós e mantendo vivo no espírito apenas o princípio mais geral de todo método, o da legitimidade originária de todos os dados*, ignorando, em compensação, os complexos e multifacetados problemas acerca da possibilidade dos diversos tipos e correlações de conhecimento.

Segunda seção
A consideração fenomenológica fundamental

Capítulo I
A tese da orientação natural e sua colocação fora de circuito

§ 27. O mundo da orientação natural: eu e o mundo a minha volta

Iniciamos nossas considerações como homens da vida natural, representando, julgando, sentindo, querendo *"em orientação natural"*. Tornamo-nos claro o que isso quer dizer em meditações simples, que efetuamos em discurso em primeira pessoa.

Tenho consciência de um mundo cuja extensão no espaço é infinda, e cujo devir no tempo é e foi infindo. Tenho consciência de que ele significa, sobretudo: eu o encontro em intuição imediata, eu o experimento. Pelo ver, tocar, ouvir etc., nos diferentes modos da percepção sensível, as coisas corpóreas se encontram *simplesmente aí para mim*, numa distribuição espacial qualquer, elas estão, no sentido literal ou figurado, *"à disposição"*, quer eu esteja, quer não, particularmente atento a elas e delas me ocupe, observando, pensando, sentindo, querendo. Também seres animais, por exemplo, homens, estão para mim imediatamente aí; eu olho para eles, eu os vejo, ouço o aproximar-se deles, aperto-lhes as mãos, ao conversar com eles entendo imediatamente quais são as suas representações e pensamentos, que sentimentos neles se agitam, o que desejam ou querem. Também estão disponíveis como efetividades em meu campo intuitivo, mesmo quando eu não lhes preste atenção. Não é, todavia, necessário que eles, nem tampouco os demais objetos, se encontrem diretamente em meu *campo perceptivo*. Para mim, junto com os objetos percebidos atualmente, há objetos efetivos, como objetos determinados, mais ou menos conhecidos, sem que eles mesmos sejam percebidos ou até possam ser presentemente intuídos. Posso deixar minha atenção se locomover, da escrivaninha que vi e considerei há pouco, passando pelas partes não vistas do aposento, situadas a minhas costas, até a varanda, até o jardim, até as crianças sob o caramanchão etc., até todos aqueles objetos de que "sei" justamente estarem aqui ou ali em meu meio circundante, do qual também estou imediatamente cônscio em meu saber — um saber que não tem nada do pensamento conceitual e que só com a mudança da atenção, e mesmo assim apenas parcialmente e na maioria das vezes muito imperfeitamente, se transforma numa intuição clara.

Mas tampouco o âmbito do que está *copresente* em intuição clara ou obscura, distinta ou indistinta, e que forma um círculo constante em torno do campo atual de percepção, esgota o mundo que tenho conscientemente "à disposição" a cada momento de vigília. Ele se prolonga, ao contrário, ao infinito, numa ordem do ser firmemente estabelecida. O atualmente percebido, o mais ou menos claramente copresente e determinado (ou ao menos razoavelmente determinado) é em parte impregnado, em parte envolto por um *horizonte de realidade indeterminada, de que se tem obscuramente consciência.* Com resultados variáveis, posso lançar sobre ele, como raios de luz, o olhar clarificador da atenção. Presentificações determinadas, primeiro obscuras, mas que vão se vivificando, fazem com que algo surja para mim, uma cadeia de recordações se fecha, o círculo da determinação se amplia mais e mais, eventualmente até o ponto em que se estabeleça nexo com o campo atual de percepção, como ambiente *central.* Em geral, porém, o resultado é outro: uma névoa vazia de obscura indeterminidade é povoada por possibilidades e conjecturas intuitivas, e é apenas delineada a "forma" do mundo, justamente como "mundo". O meio circundante indeterminado é, no mais, infinito. O horizonte enevoado e jamais plenamente determinável está necessariamente aí.

O que ocorre com o mundo que até aqui apresentei na ordem do ser na presença espacial, também ocorre em relação à *ordem do ser na sucessão do tempo.* O mundo que agora está a minha disposição, e manifestamente em todo agora em que eu estiver desperto, tem um horizonte temporal infinito, tanto numa direção como noutra, tem seu passado e seu futuro conhecidos e desconhecidos, imediatamente vivos e sem vida. Atuando livremente na experiência, que traz a minha intuição aquilo que me está disponível, posso seguir esses nexos da efetividade que imediatamente me circunda. Posso variar meu ponto de vista no espaço e tempo, direcionar o olhar para aqui ou para lá, temporalmente para frente ou para trás, posso me proporcionar sempre novas percepções e presentificações mais ou menos claras e ricas em conteúdo, ou ainda imagens mais e menos claras, nas quais torno intuitivo para mim o que é possível e conjecturável nas formas firmemente estabelecidas do mundo espaço-temporal.

Desta maneira, na consciência desperta eu sempre me encontro referido a um único e mesmo mundo, sem jamais poder modificar isso, embora este mundo varie em seu conteúdo. Ele continua sempre a estar "disponível" para mim, e eu mesmo sou membro dele. Este mundo, além disso, não está para mim aí como um mero *mundo de coisas*, mas, em igual imediatez, como *mundo de valores*, como *mundo de bens*, como *mundo prático*. Descubro, sem maiores dificuldades, que as coisas a minha frente estão dotadas tanto de propriedades materiais como de caracteres de valor, eu as acho belas ou feias, prazerosas ou desprazíveis, agradáveis ou desagradáveis etc. Há coisas que estão imediatamente aí como objetos de uso, a "mesa" com seus "livros", o "copo", o "vaso", o "piano" etc. Também esses caracteres de valor e caracteres práticos fazem parte *constitutiva dos objetos "disponíveis" como tais*, quer eu me volte, quer não, para eles e para os objetos em geral. Tal como para as "meras coisas", isso vale naturalmente também para os seres humanos e animais de meu meio circundante. Eles são meus "amigos" ou "inimigos", meus "subordinados" ou "superiores", "estranhos" ou "parentes" etc.

§ 28. O cogito. Meu mundo circundante natural e os mundos circundantes ideais

Os complexos de minhas *espontaneidades* de consciência, em suas diversas variações, tais como o ato de considerar de maneira investigativa, de explicitar e conceitualizar na descrição, de comparar e distinguir, coligir e contar, pressupor e inferir, em suma, a consciência teórica em suas diferentes formas e níveis se refere, portanto, a este mundo, *o mundo em que me encontro e que é ao mesmo tempo mundo que me circunda*. O mesmo vale para as múltiplas formas dos atos e estados afetivos e volitivos: prazer e desprazer, alegrar-se e estar abatido, desejar e evitar, ter esperança e temer, decidir-se e agir. Todos eles, incluindo os simples atos do eu nos quais, em direcionamento e apreensão espontâneos, estou consciente do mundo como mundo *imediatamente* disponível, são abrangidos pela expressão cartesiana *cogito*. Enquanto estou imerso na vida natural, vivo continuamente nessa *forma fundamental de toda vida "atual"*, não importa se eu enuncie ou não o *cogito*, se esteja ou não orientado "reflexivamente" para o eu e para o *cogitare*. Se sou assim, então há um novo *cogito* vivo, que é, por sua vez, irrefletido, e que, portanto, não é objeto para mim.

Encontro-me continuamente como alguém que percebe, representa, pensa, sente, deseja etc.; e ali me encontro, *na maior parte das vezes*, atualmente referido à efetividade que constantemente me circunda. Pois nem sempre sou assim a ela referido, nem todo cogito em que vivo tem por *cogitatum* coisas, seres humanos, objetos ou estados-de-coisas de meu mundo circundante. Ocupo-me, por exemplo, de números puros e de suas leis: estes não são nada de disponível no mundo circundante, neste mundo da "efetividade real". O mundo dos números está para mim igualmente aí, justamente como campo de objetos de minha ocupação aritmética; ao me ocupar com eles, números isolados ou construções numéricas entram no foco de meu olhar, circundados por um horizonte aritmético, em parte determinado, em parte indeterminado; manifestamente, porém, esse estar-para-mim-aí é de outra espécie, assim como aquilo mesmo que aí está. *O mundo aritmético só está para mim aí se e enquanto minha orientação é aritmética*. O mundo natural, no entanto, como mundo no sentido habitual da palavra, *continua a estar para mim aí* enquanto estou naturalmente nele imerso. Enquanto este for o caso, estarei em "*orientação natural*", aliás, as duas expressões dizem exatamente a mesma coisa. Nada disso precisa ser modificado, se me aproprio do mundo aritmético e de outros "mundos" semelhantes efetuando as orientações que lhe são correspondentes. O mundo natural *permanece então "à disposição"*, eu continuo, tanto quanto antes, em orientação natural, *sem ser perturbado pelas novas orientações*. Se meu cogito se move *somente* nos mundos dessas novas orientações, o mundo natural permanece fora de consideração, ele é apenas fundo para minha consciência de ato, mas não é *um horizonte no qual se insere um mundo aritmético*. Os dois mundos simultaneamente à disposição estão *fora de nexo*, a não ser pelo referimento do eu a eles, de acordo com o qual posso voltar livremente meu olhar e meus atos para um e para outro.

§ 29. Os "outros" eus-sujeito e o mundo circundante intersubjetivo natural

Tudo aquilo que vale para mim mesmo, vale também, como sei, para todos os outros seres humanos que encontro no mundo que me circunda. Ao ter experiência deles como seres humanos, eu os entendo e aceito como eus-sujeito, assim como eu mesmo sou um, e como referidos ao mundo natural que os circunda. Isso, porém, de tal modo que apreenda o mundo circundante deles e o meu como um só e mesmo mundo, que vem à consciência, embora de maneira diversa, para todos nós. Cada um tem seu lugar, a partir do qual vê as coisas disponíveis, e respectivamente ao qual elas se manifestam diferentemente para cada um deles. Os atuais campos de percepção, de recordação etc., também são diferentes para cada um, sem contar que também aquilo de que estão intersubjetivamente conscientes vem à consciência de modos diferentes, em diferentes modos de apreensão, em diferentes graus de clareza etc. A despeito disso tudo, nós nos entendemos com nossos próximos e estabelecemos em conjunto uma realidade espaço-temporal objetiva *como mundo que nos circunda, que está para todos aí, e do qual, no entanto, nós mesmos fazemos parte.*

§ 30. A tese geral da orientação natural

O que apresentamos para a caracterização do dado na orientação natural e, com isso, para a caracterização dela mesma, foi um exemplo de descrição pura *anterior a toda "teoria"*. Uma vez que teorias significam aqui toda e qualquer espécie de preconcebimento, nestas investigações nós nos mantemos rigorosamente afastados delas. As teorias entram em nossa esfera apenas como fatos de nosso mundo circundante, não como unidades de validez, efetivas ou supostas. Agora, entretanto, nossa tarefa não consistirá em dar prosseguimento à descrição pura, intensificando-a numa caracterização sistemática abrangente, que esgote, tanto em amplitude como em profundidade, tudo o que pode ser encontrado na orientação natural (e em todas as orientações que possam estar coerentemente entrelaçadas com ela). Tal tarefa pode e deve ser fixada — como tarefa científica — e é de extraordinária importância, embora até hoje mal tenha sido vislumbrada. Ela não é nossa tarefa aqui. Para nós, que nos empenhamos por chegar à porta de entrada da fenomenologia, tudo o que é necessário nessa direção já está feito, pois precisamos apenas de alguns caracteres bem gerais da orientação natural, que já apareceram com *clareza plena* e suficiente em nossas descrições. E era justamente essa *plena clareza* que em especial nos importava.

Realcemos ainda uma vez algo importante nas proposições seguintes: encontro constantemente à disposição, como estando frente a frente comigo, uma efetividade espaço-temporal da qual eu mesmo faço parte, assim como todos os outros homens que nela se encontram e que de igual maneira estão a ela referidos. Eu encontro a "efetividade", como a palavra já diz, *estando aí, e a aceito tal como se dá para mim, também como estando aí.* Toda dúvida e rejeição envolvendo dados do mundo natural não modifica em nada *a tese geral da orientação natural.* "O" mundo sempre está aí como efetividade, no máximo ele é, aqui ou ali, "diferente" do que eu presumia; sob a designação de "aparência", "alucinação" etc., isto ou aquilo deve, por assim dizer, ser riscado *dele*, ou seja — no sentido da tese geral —, do mundo que está sempre aí. Conhecê-lo de maneira mais abrangente, mais confiável e, sob todos os aspectos, mais perfeita do que o conhecimento empírico ingênuo é capaz de fazê-lo, solucionar todas as tarefas do conhecimento científico que se apresentam no seu terreno, eis a meta das *ciências de orientação natural*.

§ 31. Modificação radical da tese natural

O "tirar de circuito", "pôr entre parênteses".
Em vez de permanecer nesta orientação, queremos modificá-la radicalmente. Cumpre agora ganhar convicção da possibilidade de princípio desta modificação.

A tese geral, em virtude da qual se está constantemente consciente do mundo circundante real, não apenas por uma apreensão em geral, mas como "efetividade" *estando aí*, naturalmente *não* consiste *num ato específico próprio*, num juízo articulado *sobre* existência. Ela é algo que permanece constante por toda a duração dessa orientação, isto é, enquanto se está imerso na vida natural desperta. Aquilo que a cada momento é percebido, clara ou obscuramente presentificado, em suma, tudo aquilo de que se tem empiricamente consciência a partir do mundo natural e antes de todo pensar, possui, na unidade de seu todo e na articulação de todos os seus aspectos relevantes, o caráter do "aí", do "disponível"; caráter sobre o qual se pode fundar, por essência, a expressão (predicação) de um juízo existencial de acordo com ele. Se expressamos esse juízo, nós sabemos, no entanto, que nele apenas tornamos tema e apreendemos predicativamente algo que já estava de alguma maneira contido de forma não temática, impensada, não predicativa, na experiência originária, vale dizer, no experienciado, com o caráter do "disponível".

Ora, podemos proceder em relação à tese potencial e não expressa exatamente como procedemos em relação à tese expressa por juízo. Tal procedimento, *sempre possível*, é, por exemplo, o *ensaio de dúvida universal*, que *Descartes* procurou empreender com um fim inteiramente outro, com o intuito de estabelecer uma esfera ontológica absolutamente indubitável. Se partimos daqui, assinalamos desde logo que o ensaio de dúvida universal deve nos servir apenas *como expediente metódico* para salientar certos pontos que, estando inclusos na sua essência, ele pode ajudar a trazer à luz da evidência.

O ensaio de dúvida universal pertence ao reino de nossa *inteira liberdade*: podemos *simular*[22] *que duvidamos* de tudo e de cada coisa, por mais firmemente convictos e até por mais seguros que estejamos dela em evidência adequada.

Reflitamos sobre o que está contido na essência de tal ato. Aquele que simula duvidar, simula pôr em dúvida algum "ser", explicitado predicativamente nalgum "isso é!", "é assim que ocorre!" etc. Aqui não importa de que tipo o ser é. Quem, por exemplo, duvida de que um objeto seja desta ou de outra qualidade, não pondo em dúvida o ser dele, duvida justamente de seu *ser-de-tal-qualidade*. Isso manifestamente se transfere do duvidar para a *simulação* do duvidar. É claro, além disso, que não duvidamos de um ser e, na mesma consciência (na forma da unidade do simultâneo), atribuímos tese de existência ao substrato desse ser, isto é, podemos ter consciência dele com o caráter do "disponível". Para exprimi-lo de modo equivalente: não podemos duvidar da mesma matéria de ser e, ao mesmo tempo, tomá-la por certa. É claro, igualmente, que a *simulação* de duvidar de algo de que se tem consciência *como estando à disposição condiciona necessariamente certa revogação da tese* de existência; e é precisamente isso que nos interessa. Não se trata de uma conversão da tese em antítese, da posição em negação; não se trata tampouco de uma conversão dela em conjectura, suposição, em indecidibilidade, numa dúvida (não importa em que sentido da palavra): tais coisas tampouco entram no âmbito de nosso livre-arbítrio. *Trata-se, antes, de algo inteiramente próprio. Não abrimos mão da tese que efetuamos, não modificamos em nada a nossa convicção*, que permanece em si mesma o que ela é, enquanto não introduzimos novos motivos de juízo: o que justamente não fazemos. E, no entanto, ela sofre uma modificação — enquanto permanece em si mesma o que ela é, *nós a colocamos, por assim dizer, "fora de ação", nós "a tiramos de circuito", "a colocamos entre parênteses"*. Ela ainda continua aí, assim como o que foi posto entre parênteses continua a ser entre eles, assim como aquilo que foi tirado de circuito continua a ser fora da conexão com o circuito. Também podemos dizer: a tese é um vivido, *mas dele não fazemos "nenhum uso"*, o que, naturalmente, não deve ser entendido como privação (como quando dizemos que um ser desprovido de consciência não faz uso algum de uma tese): trata-se antes, nesta como em todas as expressões paralelas, de designações indicativas de um *determinado modo específico de consciência*, que vem se juntar à simples tese originária (seja esta uma *posição* atual e mesmo predicativa de existência ou não) e que modifica de maneira específica o seu valor. *Essa modificação de valor cabe a nossa inteira liberdade e se opõe a todas*

---

[22] A tradução emprega, ora "ensaio", ora "simular", "simulação", onde o original traz *Versuch* (*versuchen*) que é o ensaio, a tentativa, a experiência ou a simulação ("em laboratório"). (NT)

as tomadas de posição do pensamento que possam estar em coordenação com a tese ou sejam inconciliáveis com ela na unidade do "simultâneo", assim como a todas tomadas de posição em geral no sentido próprio da palavra.

Na *simulação de dúvida* que se anexa a uma tese e, como pressupomos, a uma tese certa e resistente, o "tirar de circuito" se efetua em uma e com uma modificação da antítese, vale dizer, com a *"inclusão" do não ser*, que constitui, portanto, o outro ponto de apoio do ensaio de dúvida. Em Descartes, ela prevalece tanto, que se pode dizer que seu ensaio de dúvida universal é propriamente um ensaio de negação universal. Dela fazemos abstração aqui, não é todo componente analítico do ensaio de dúvida que nos interessa e, portanto, tampouco sua análise exata e exaustiva. *Dele reteremos somente o fenômeno de "pôr entre parênteses" ou "tirar de circuito"*, que manifestamente não está ligado ao fenômeno do ensaio de dúvida, embora seja especialmente fácil retirá-lo dele, podendo, ao contrário, surgir também *em outros entrelaçamentos*, não menos que *por si só*. Temos plena liberdade de praticar, em relação a *toda e qualquer* tese, essa εποχη peculiar, certa suspensão de juízo que é compatível com a convicção da verdade, convicção que permanece inabalada e eventualmente, por sua evidência, inabalável. A tese é posta "fora de ação", é colocada entre parênteses, ela se transforma na modificação "tese entre parênteses", e o juízo puro e simples, no "juízo entre parênteses".

Naturalmente, essa consciência não pode ser simplesmente identificada com a consciência do "meramente concebível", por exemplo, que ninfas dancem uma dança de roda, onde *não se tira de circuito* uma convicção viva e que permanece viva, embora, por outro lado, o parentesco próximo entre uma consciência e outra seja patente. Mais precisamente ainda, não se trata de "concebível" no sentido de *"admitir"* ou *pressupor*, o que pode ser expresso em frases equívocas correntes igualmente com as mesmas palavras: "Eu concebo (admito) que isso seja deste e daquele jeito".

Deve-se observar ainda que nada impede, *correlativamente*, que *o "pôr entre parênteses"* também seja empregado *para falar de uma objetividade que possa ser posta*, qualquer que seja sua região ou categoria. O que se visa, neste caso, é que toda *tese referida a essa objetividade deve ser posta fora de circuito* e convertida na sua modificação entre parênteses. Aliás, observando mais de perto, a imagem dos parênteses se ajusta de antemão melhor à esfera do objeto, assim como a expressão "pôr-fora-de-ação" se ajusta melhor à esfera do ato, vale dizer, da consciência.

§ 32. A εποχη fenomenológica

Em lugar do ensaio cartesiano de dúvida universal, nós poderíamos fazer surgir agora a εποχη universal, no nosso sentido nitidamente determinado e novo. *Delimitamos*, porém, com bom fundamento, a universalidade dessa εποχη. Pois, se ela fosse tão abrangente quanto em geral pode ser, então não mais restaria domínio algum para juízos não modificados e, menos ainda, para uma ciência, já que toda tese, todo juízo pode ser modificado em plena liberdade, e toda objetividade sujeita a um juízo pode ser posta entre parênteses. Nosso propósito, porém, é precisamente a descoberta de um novo domínio científico, e de tal que deve ser alcançado justamente *pelo método de parentetização*, submetido, contudo, a uma determinada restrição.

Numa palavra, é preciso caracterizar essa restrição.

Colocamos fora de ação a tese geral inerente à essência da orientação natural, colocamos entre parênteses tudo o que é por ela abrangido no aspecto ôntico: isto é, todo este mundo natural que está constantemente "para nós aí", "a nosso dispor", e que continuará sempre aí como "efetividade" para a consciência, mesmo quando nos aprouver colocá-la entre parênteses.

Se assim procedo, como é de minha plena liberdade, então não *nego* este "mundo", como se eu fosse sofista, *não duvido de sua existência*, como se fosse cético, mas efetuo a εποχη "fenomenológica", que me impede totalmente de fazer *qualquer juízo sobre existência espaço-temporal*.

Tiro, pois, de circuito todas as ciências que se referem a esse mundo natural, por mais firmemente estabelecidas que sejam para mim, por mais que as admire, por mínimas que sejam as objeções que pense lhes fazer: *eu não faço absolutamente uso algum de suas validades. Não me aproprio de uma única proposição sequer delas, mesmo que de inteira evidência, nenhuma é aceita por mim, nenhuma me fornece um alicerce* — enquanto, note-se bem, for entendida tal como nessas ciências, como uma verdade *sobre realidades* deste mundo. Só posso admiti-la depois de lhe conferir parênteses. Quer dizer: somente na consciência modificante que tira o juízo de circuito, logo, *justamente não da maneira em que é proposição na ciência, uma proposição que tem pretensão à validez, e cuja validez eu reconheço e utilizo*.

Não se deve confundir a εποχη em questão aqui com aquela exigida pelo positivismo, contra a qual ele mesmo peca, como tivemos de nos convencer. Não se trata agora de tirar de circuito todos os preconceitos que turvam a pura objetividade da investigação, não se trata da constituição de uma ciência "livre de teoria", "livre de metafísica", pela redução de toda fundação àquilo que se encontra de modo imediato, nem tampouco de meios de atingir fins cujo valor não está em questão. Aquilo que *exigimos* está em outro plano. O mundo inteiro posto na orientação natural, encontrado realmente na experiência e tomado inteiramente "sem nenhuma teoria", tal como é efetivamente experimentado e claramente comprovado no nexo das experiências, não tem agora valor algum para nós, ele deve ser posto entre parênteses sem nenhum exame, mas também sem nenhuma contestação. Da mesma maneira, não importa quão boas elas sejam, não importa se são fundadas positivistamente ou de algum outro modo: todas as teorias e ciências que se referem a este mundo devem sucumbir ao mesmo destino.

Capítulo II
Consciência e efetividade natural

§ 33. Primeira indicação sobre a consciência "pura" ou "transcendental", enquanto resíduo fenomenológico

Aprendemos a entender o sentido, mas de modo algum qual é a possível operação da εποχη fenomenológica. Não está claro, sobretudo, em que medida, com a delimitação feita acima da esfera total da εποχη, está realmente dada uma restrição de sua universalidade. *O que pode, pois, restar, se o mundo inteiro é posto fora de circuito, incluindo nós mesmos com todo nosso* cogitare?

Uma vez que o leitor já sabe que o interesse dominante destas meditações diz respeito a uma nova eidética, ele esperará, antes de mais nada, que o mundo como fato seja posto fora de circuito, mas não o *mundo como eidos*, tão pouco quanto qualquer outra esfera de essência. Pôr o mundo fora de circuito não significa efetivamente colocar fora dele, por exemplo, a teoria dos números e a aritmética a esta referente.

Não seguimos, contudo, por esse caminho, nem tampouco nesse rumo se encontra a nossa meta, a qual também podemos designar como *a conquista de uma nova região do ser até agora não delimitada naquilo que lhe é próprio*, que, como toda região autêntica, é região de ser *individual*. O que isso quer mais precisamente dizer será aprendido nas próximas constatações.

Prosseguimos, primeiro, mostrando diretamente e, uma vez que o ser a mostrar não é senão aquele que, por fundamentos essenciais, designamos como "vividos puros", como "consciência pura", que tem, de um lado, seus puros "correlatos de consciência" e, de outro, seu "eu puro", nossa consideração se fará a partir *do eu, da consciência, dos vividos* que nos são dados na orientação natural.

Eu — eu, o homem efetivo — sou um objeto real como outros no mundo natural. Efetuo *cogitationes*, "atos de consciência" no sentido mais amplo e mais restrito, e tais atos, enquanto pertencentes a este sujeito humano, são eventos da mesma efetividade natural. E o mesmo vale para todos os meus demais vividos, conforme o fluxo variável dos quais os atos específicos do eu se iluminam de modo bem próprio, transmudam-se uns nos outros, vinculam-se em sínteses, modificam-se incessantemente. Num *sentido ainda mais amplo* (e sem dúvida menos apropriado), a expressão *consciência* abrange *todos* os vividos. "Na orientação natural", que também adotamos no pensamento científico em virtude dos hábitos mais firmes e inabaláveis, tomamos tudo o que encontramos na reflexão psicológica como eventos reais do mundo, como vividos de seres animais. É tão natural que o vejamos apenas como tal, que, já familiarizados com a possibilidade da orientação modificada e em busca do novo domínio de objetos, não notamos de modo algum que é dessas esferas mesmas de vividos que surge, com a nova orientação, o novo domínio. Isso explica porque, em vez de manter nosso olhar voltado para essas esferas, nós o desviamos delas e buscamos os novos objetos nos âmbitos ontológicos da aritmética, da geometria etc. — nos quais, naturalmente, não haveria nada de propriamente novo a alcançar.

Mantemos, pois, o olhar firmemente voltado para a esfera da consciência e estudamos o que *nela* encontramos de modo imanente. Antes de tudo, ainda sem excluir fenomenologicamente os juízos do circuito, submetemo-los a uma análise *eidética* sistemática, embora ainda não de todo exaustiva. Aquilo de que indispensavelmente precisamos é certa evidência geral sobre a essência da *consciência em geral*, e muito particularmente também daquela consciência na qual, por sua essência, se é consciente da efetividade "natural". Seguiremos nestes estudos até onde for necessário para levar a cabo a evidência que buscávamos, a saber, a evidência *de que a consciência tem em si mesma um ser próprio, o qual não é atingido em sua essência própria absoluta pela exclusão fenomenológica*. A consciência remanesce, assim, como "*resíduo fenomenológico*", como uma espécie própria por princípio de região do ser, que pode, com efeito, tornar-se o campo de uma nova ciência — a fenomenologia.

Somente por meio dessa evidência a εποχη "fenomenológica" merecerá seu nome, e levá-la plena e conscientemente a termo mostrar-se-á ser a operação necessária *que nos franqueia o acesso à consciência "pura" e, consequentemente, a toda a região fenomenológica*. Justamente por isso se tornará compreensível porque essa região e a nova ciência a ela adstrita tinham de nos permanecer desconhecidas. Na orientação natural não se podia ver mesmo outra coisa que o mundo natural. Enquanto não fora reconhecida a possibilidade da orientação fenomenológica e não fora desenvolvido o método de trazer à apreensão originária as objetividades que com ela surgem, o mundo fenomenológico tinha de permanecer um mundo desconhecido e até quase impressentido.

Acrescente-se ainda a nossa terminologia o seguinte. Motivos importantes, fundados na problemática epistemológica, justificarão que designemos a consciência "pura", da qual tanto se falará, também *como consciência transcendental*, da mesma maneira que designaremos como εποχη *transcendental* a operação por meio da qual é alcançada. Em termos metodológicos, essa operação será decomposta em diferentes passos de "exclusão de circuito", de "parentetização", e assim nosso método assumirá o caráter de uma redução progressiva. Falaremos, por isso, e até preponderantemente, de *reduções fenomenológicas* (ou, antes, unificando-as, *da* redução fenomenológica, tendo em vista a unidade de seu conjunto) e, portanto, também de reduções fenomenológicas sob o ponto de vista epistemológico. De resto, estes, como *todos* nossos termos, têm de ser entendidos exclusivamente em conformidade com o sentido que *nossas* exposições lhes prescrevem, mas não noutro sentido qualquer sugerido pela história ou pelos hábitos terminológicos do leitor.

§ 34. A essência da consciência como tema

Começamos por uma série de considerações no interior das quais não lidaremos com nenhuma εποχη fenomenológica. Estamos voltados, de maneira natural, para o "mundo exterior" e efetuamos, sem deixar a orientação natural, uma reflexão psicológica sobre nosso eu e seu viver. Exatamente como faríamos se nada tivéssemos ouvido do novo tipo de orientação, nós nos aprofundamos na essência da "consciência de algo", na qual estamos conscientes, por exemplo, da existência das coisas materiais, dos corpos, dos seres humanos, da existência das obras técnicas e literárias etc. Seguimos nosso princípio geral de que cada evento individual tem sua essência, que é apreensível em pureza eidética e, em sua pureza, tem de fazer parte de um campo de investigação eidética possível. Por conseguinte, os fatos naturais gerais "eu sou", "eu penso", "tenho um mundo diante de mim" e outros semelhantes também têm seus conteúdos eidéticos, e é exclusivamente destes que pretendemos agora nos ocupar. Efetuamos, pois, exemplarmente, alguns vividos singulares de consciência, tomados tais como se dão na orientação natural, como fatos humanos reais, ou presentificados na memória ou em livre ficção da imaginação. Sobre tal fundamento exemplar, pressuposto como perfeitamente claro, apreendemos e fixamos em ideação adequada as essências puras que nos interessam. Neste caso, os fatos singulares, a facticidade do mundo natural em geral desaparece de nosso olhar teórico — assim como ocorre em geral onde efetuamos investigação eidética pura.

Delimitemos melhor nosso tema. Seu título diz: consciência ou, mais precisamente, *vivido de consciência em geral*, num sentido extraordinariamente amplo, que, felizmente, não é preciso delimitar com exatidão. Tal delimitação não ocorre no início de análises como as que efetuamos aqui, mas é resultado obtido após grandes esforços. De saída tomamos a consciência num sentido forte, aquele que acorre de imediato, e que é designado da maneira mais simples como *cogito* cartesiano, como "eu penso". Como se sabe, ele foi entendido por Descartes como abrangendo todo "eu percebo", "recordo", "imagino", "julgo", "desejo", "quero" e todos os vividos semelhantes do eu em inúmeras e fluídas formas particulares. O eu mesmo, ao qual são referidos, ou que "neles vive" de maneiras bem distintas, que é ativo, passivo, espontâneo, que se "comporta" receptivamente ou de um outro modo qualquer, e também o eu em qualquer outro sentido, é primeiramente deixado por nós fora de consideração. Mais tarde nos ocuparemos dele a fundo. Basta, por ora, o que dá apoio à análise e à apreensão de essência. Então logo nos veremos remetidos a nexos mais abrangentes do vivido, que obrigarão a uma ampliação do conceito de vivido de consciência além desse círculo das *cogitationes* específicas.

Consideremos os vividos de consciência *em toda a plenitude da concreção* com que surgem no seu nexo concreto — *o fluxo do vivido* —, nexo no qual se encadeiam mediante a essência própria deles. Ficará então evidente que cada vivido desse fluxo que o olhar reflexivo possa encontrar tem *uma essência própria, a ser apreendida intuitivamente*, tem um "conteúdo", que pode ser considerado *por si mesmo naquilo que lhe é próprio*. Importa-nos apreender intuitivamente e caracterizar em geral, naquilo que lhe é *puramente* próprio, esse conteúdo próprio da *cogitatio*, excluindo, portanto, tudo o que não está contido na *cogitatio* segundo aquilo que ela é em si mesma. Importa igualmente caracterizar a *unidade da consciência* exigida *puramente por aquilo que é próprio das cogitationes*, e tão necessariamente exigida que não podem ser sem essa unidade.

§ 35. O cogito como "ato". Modificação de inatualidade

Tomemos alguns exemplos. Diante de mim, na penumbra, está esse papel branco. Eu o vejo, toco. Esse ver e tocar perceptivamente o papel, como vivido pleno e concreto *do* papel que está aqui e, mesmo, do papel dado exatamente nessas qualidades, nessa relativa obscuridade, nessa determinidade imperfeita, aparecendo nessa orientação[23] para mim — é uma *cogitatio*, um vivido de consciência. Esse papel, mesmo com suas propriedades objetivas, com sua extensão no espaço, situado objetivamente em relação à coisa espacial que chamo meu corpo, não é *cogitatio*, mas *cogitatum*, não vivido de percepção, mas percebido. Ora, um percebido mesmo pode muito bem ser um vivido de consciência; é evidente, porém, que algo assim como uma coisa material, por exemplo, esse papel dado no vivido de percepção, não é, por princípio, um vivido, mas um ser de uma espécie totalmente outra.

Antes de irmos adiante, diversifiquemos os exemplos. No perceber propriamente dito, que é notar algo, estou voltado para o objeto, por exemplo, para o papel, eu o apreendo como este que é aqui e agora. O apreender é um destacar, todo percebido se dá sobre um fundo de experiência. Em torno ao papel estão livros, canetas, tinteiro etc., de certo modo também "percebidos", perceptivamente ali, no "campo intuitivo", mas enquanto se está voltado para o papel, não há nenhuma apreensão, mesmo secundária, voltada para eles. Eles apareciam e, não obstante, não eram realçados, postos por si. Toda percepção de coisa tem, assim, um halo de *intuições de fundo* (ou de visões de fundo, caso já se compreenda no intuir o "estar-voltado-para"), e este também é um "*vivido de consciência*" ou, mais brevemente, "consciência", e mesmo consciência "*de*" tudo aquilo que está de fato contido no "fundo" objetivo cointuído. Mas obviamente não se trata aqui do que é "objetivamente" encontrável no espaço objetivo que pode fazer parte do fundo intuído, nem de nenhuma das coisas ou eventos materiais que a experiência válida e progressiva possa ali constatar. Trata-se, exclusivamente, do halo de consciência inerente à essência de uma percepção efetuada no modo do "estar voltado para o objeto" e, mais ainda, daquilo que está contido na própria essência desse halo mesmo. Ora, faz parte dessa essência que certas modificações do vivido originário sejam possíveis, modificações que designamos como livre mudança do "olhar" — não exatamente e meramente do olhar físico, mas do "*olhar do espírito*" —, do papel visto primeiro de modo *originário* para os objetos que antes já apareciam, objetos, portanto, de que se estava "implicitamente" consciente, os quais, após a *mudança* do olhar, se tornam explícitos para a consciência, são percebidos "com atenção" ou "notados concomitantemente".

---

[23] Em alemão, *Orientirung*, que tem sentido espacial. O leitor poderá facilmente diferenciar, a cada contexto, quando se trata dessa "orientação" espacial e da orientação no sentido do posicionamento natural ou fenomenológico. (NT)

Não há consciência de coisas apenas na percepção, mas também em recordações, em presentificações semelhantes a recordações e até em livres ficções. Tudo isso, ora em "intuição clara", ora sem intuitividade notável, como nas representações "obscuras"; as coisas pairam diante de nós em "caracterizações" distintas, como coisas reais, possíveis, fictícias etc. Tudo o que apresentamos sobre vividos de percepção vale manifestamente para esses vividos por essência distintos. Evitaremos confundir *os objetos conscientizados* (por exemplos, as ninfas imaginadas) nessas espécies de consciência com os próprios vividos da consciência, que são consciência *deles*. Reconhecemos então mais uma vez que faz parte da essência de todos esses vividos — eles mesmos sempre tomados em plena concreção — aquela notável modificação que converte a consciência no *modo do "estar voltado para" atual* para a consciência no *modo da inatualidade*, e vice-versa. O vivido é, por assim dizer, ora consciência "*explícita*", ora consciência implícita, meramente *potencial*, de seu objeto. O objeto pode nos aparecer também já na recordação e na imaginação, tal como na percepção, mas *ainda* não estamos *com o olhar do espírito "dirigido" para ele*, nem mesmo secundariamente, e tampouco dele nos "ocupamos" em sentido particular.

Constatamos algo semelhante em quaisquer *cogitationes* que tomemos da esfera dos exemplos cartesianos, nos vividos do pensar, do sentir e do querer, só que, como se mostrará (no próximo parágrafo), diferentemente do que ocorre nos exemplos privilegiados, porque mais simples, das representações sensíveis, o "estar dirigido para", o "estar voltado para", que distingue a atualidade, não coincide com a atenção que apreende *destacando* os objetos da consciência. De todos esses vividos também é manifestamente válido que os atuais estão circundados por um "halo" de vividos inatuais; *o fluxo de vivido jamais pode consistir de puras atualidades*. Estas últimas, justamente, determinam na generalização mais ampla, que deve ir além do círculo de nossos exemplos, e em contraste perfeito com as inatualidades, o sentido forte da expressão "*cogito*", "eu tenho *consciência* de algo", "eu efetuo um *ato* de consciência". A fim de que esse conceito firmemente estabelecido possa ser mantido em nítida separação, reservaremos exclusivamente para ele as locuções cartesianas *cogito* e *cogitationes*, a não ser que indiquemos expressamente a modificação por uma aposição, como "inatual" etc.

Podemos definir um eu "*desperto*" como aquele que, no interior de seu fluxo de vivido, efetua continuamente consciência na forma específica do *cogito*; o que naturalmente não quer dizer que traga ou possa trazer constantemente ou em geral esses vividos a expressão predicativa. Pois também há eus-sujeito animais. Pelo que foi dito acima, contudo, é da essência do fluxo de vivido de um eu desperto que a cadeia continuamente em curso das *cogitationes* seja constantemente circundada por um meio de inatualidade, que está sempre prestes a passar ao modo da atualidade, assim como, inversamente, a atualidade está sempre prestes a passar à inatualidade.

§ 36. Vivido intencional. Vivido em geral

Por profunda que seja a modificação sofrida pelos vividos de consciência atual ao passar à inatualidade, os vividos modificados ainda têm, no entanto, uma significativa comunidade de essência com os vividos originários. É em geral da essência de todo *cogito* atual ser consciência *de* algo. Contudo, pelo que foi antes apresentado, *a cogitatio modificada é igualmente*, a sua maneira, *consciência*, e *consciência do mesmo algo* que a consciência correspondente não modificada. A propriedade eidética geral da consciência permanece, portanto, mantida na modificação. Todos os vividos que têm em comum essas propriedades eidéticas também se chamam "*vividos intencionais*" (atos no sentido *mais amplo* das *Investigações lógicas*); uma vez que são consciência de algo, eles são ditos "*intencionalmente referidos*" a esse algo.

Deve-se observar que *não se está falando aqui de uma referência entre um evento psicológico qualquer — chamado vivido — e uma outra existência real — chamada objeto*, ou de um *vínculo psicológico* entre um e outro que se daria *na efetividade objetiva*. Está-se falando, ao contrário, de vividos por essência puros ou de *essências puras* e daquilo que está *incluído "a priori", em necessidade incondicionada*, nessas essências.

Que um vivido seja consciência de algo, por exemplo, que uma ficção seja ficção do centauro determinado, mas que também uma percepção seja percepção de seu objeto "efetivo", um juízo, juízo de seu estado de coisas etc., isso não concerne à facticidade do vivido no mundo, especialmente em nexo psicológico fático, mas à essência pura e apreendida na ideação como ideia pura. Na própria essência do vivido não está contido apenas que ele é consciência, mas também do que é consciência, e em que sentido determinado ou indeterminado ela o é. Com isso também está incluso na essência da consciência inatual em que espécies de *cogitationes* atuais ela deve ser convertida pela modificação de que acima se falou, que designamos como "direcionamento do olhar atento para algo no qual não se atentara antes".

Por *vividos no sentido mais amplo* entendemos tudo aquilo que é encontrável no fluxo de vividos: não apenas, portanto, os vividos intencionais, as *cogitationes* atuais e potenciais tomadas em sua plena concreção, mas tudo o que for encontrável em momentos reais desse fluxo e em suas partes concretas.

Vê-se facilmente que *não é todo momento real* na unidade concreta de um vivido intencional que tem ele mesmo *o caráter fundamental da intencionalidade*, portanto, a propriedade de ser "consciência de algo". Isso diz respeito, por exemplo, a todos os *dados de sensação*, que tão grande papel desempenham nas intuições perceptivas das coisas. No vivido da percepção desse papel branco, mais precisamente, nos seus componentes referidos à qualidade "branco" do papel, encontramos, por direcionamento adequado do olhar, o dado de sensação "branco". Esse branco é algo que pertence inseparavelmente à essência da percepção concreta, enquanto seu componente concreto *real*. Como conteúdo exibidor do branco do papel que aparece, ele é *suporte* de uma intencionalidade, mas não ele mesmo uma consciência de algo. O mesmo vale para outros dados de vivido, por exemplo, os chamados *sentimentos sensíveis*. Depois ainda falaremos mais detidamente a respeito deles.

§ 37. O "estar direcionado para" do eu puro no cogito e a atenção apreensiva

Sem poder aqui ir mais fundo na análise descritiva da essência dos vividos intencionais, destacaremos alguns momentos dignos de atenção para os desenvolvimentos ulteriores. Se um vivido intencional é atual, isto é, efetuado à maneira do *cogito*, nele o sujeito se "dirige" para o objeto intencional. Do próprio *cogito* faz parte um "olhar" imanente "para" o objeto, que, por outro lado, provém do "eu", e este, portanto, jamais pode faltar. Num ato de percepção, esse olhar do eu para algo é um "olhar para" percipiente, num ato de ficção, um "olhar para" ficcional, num ato de prazer, um "olhar para" prazeroso, num ato de vontade, um "olhar para" volitivo etc. Quer dizer, portanto, que esse ter ao olhar, esse ter diante do olho do espírito, inerente à *essência* do *cogito*, do ato enquanto tal, não é de novo ele mesmo um ato próprio, e não pode, sobretudo, ser confundido com um perceber (por mais amplo que seja o seu sentido), nem com todas as outras espécies de ato aparentadas com as percepções. É preciso notar que objeto *intencional* de uma consciência (tomado assim como o pleno correlato desta) não diz de modo algum a mesma coisa que objeto *apreendido*. Costumamos acolher, sem maiores dificuldades, o ser apreendido no conceito do objeto (do objeto em geral), visto que, tão logo *nele* pensamos, tão logo dizemos algo *sobre* ele, nós fazemos dele objeto no sentido do ser apreendido. No sentido mais amplo, apreender coincide com atentar para algo, com notar algo, quer a atenção se volte especialmente, quer concomitantemente para ele: é ao menos assim que esses termos são habitualmente entendidos. Ora, *nesse atentar ou apreender* não se trata *do modo do cogito em geral*, do modo da atualidade, mas trata-se, vendo com mais exatidão, de um *modo particular de ato*, que toda consciência, isto é, todo ato que ainda não o possua, pode assumir. Se ele o assume, então não se está apenas consciente de seu objeto intencional, ele não está apenas sob o olhar do "estar voltado para" espiritual, mas é objeto apreendido, notado. Não podemos, sem dúvida, estar voltados para uma coisa a não ser na maneira da apreensão, e também é assim com todas as "objetividades simplesmente representáveis": "voltar-se para" (mesmo na ficção) é *eo ipso* "apreensão", "atenção". No ato de valor, entretanto, estamos voltados para o valor, no ato da alegria, para o que alegra, no ato de amor, para o que é amado, no agir, para a ação, sem que nada disso seja apreendido por nós. Ao contrário, o objeto intencional — aquilo que tem valor, aquilo que alegra, o amado, o que se espera como tal, a ação como ação — só se torna objeto apreendido num "voltar-se para" "objetivante" próprio. No estar voltado valorativamente para uma coisa se inclui de fato a apreensão da coisa; não a *mera* coisa, mas a coisa *de valor* ou o valor é (ainda falaremos mais pormenorizadamente disto) *o correlato intencional pleno do ato valorativo*. "Estar voltado *valorativamente* para uma coisa" não significa, portanto, já "ter" o valor "por objeto", no sentido particular do objeto apreendido, como o temos de ter para predicar sobre ele; e assim em todos os atos lógicos que a ele se referem.

Em atos do mesmo tipo que os valorativos, temos, portanto, um *objeto intencional em duplo sentido*: temos de distinguir a *mera* "*coisa*" e o *objeto intencional pleno*, e, por conseguinte, temos de distinguir uma *dupla intentio*, um duplo "estar voltado para". Se no ato de valorar estamos direcionados para uma coisa, a direção para a coisa é um atentar para ela, um apreendê-la; mas também estamos "direcionados" para o valor — só que não no modo da apreensão. Não apenas a *representação-de-coisa*, também a *valoração-de-coisa* que a abrange possui o modo *atualidade*.

Temos, porém, de acrescentar imediatamente que a situação só é simples assim nos atos simples de valor. Em geral, os atos afetivos e volitivos se fundem num nível mais alto e, por conseguinte, também a objetividade intencional se adensa e, com ela, as maneiras pelas quais a atenção se volta para os objetos incluídos no todo coerente dessa objetividade. No entanto, como quer que seja, vale a seguinte proposição capital:

Em todo ato prevalece um modo da atenção. Sempre, porém, que não haja uma consciência-de-coisa simples, sempre que numa tal consciência esteja fundada uma outra "que toma posição" em relação à coisa, *coisa e objeto intencional pleno* (por exemplo, "coisa" e "valor") *se separam*, da mesma maneira que "*atentar para*" e "*ter perante o olhar do espírito*". Ao mesmo tempo, porém, faz parte da essência desses atos fundados a possibilidade de uma modificação pela qual seus objetos intencionais plenos se transformam em objetos da atenção e, neste sentido, em objetos "*representados*", os quais agora estão por sua vez aptos a servir de substrato para explicações, relações, apreensões conceituais e predicações. Graças a essa objetivação, temos diante de nós, na orientação natural e, portanto, *como membros do mundo natural*, não apenas coisas naturais, mas todo tipo de valores e objetos práticos, cidades, ruas com iluminação pública, habitações, móveis, obras de arte, livros, ferramentas etc.

§ 38. Reflexões sobre atos. Percepções imanentes e percepções transcendentes

Acrescentamos ainda: vivendo no *cogito*, não temos a própria *cogitatio* conscientemente como objeto intencional; ela pode, porém, se tornar tal a qualquer momento, faz parte de sua essência a possibilidade de princípio de que *o olhar se volte* "reflexivamente" *para ela* e isso, naturalmente, na forma de uma nova *cogitatio*, que se direciona para ela à maneira de uma simples *cogitatio* apreensiva. Noutras palavras, toda *cogitatio* pode se tornar objeto de uma assim chamada "percepção interna" e então, posteriormente, objeto de uma valoração *reflexiva*, de uma aprovação ou reprovação etc. O mesmo vale, no modo modificado correspondente, tanto para atos efetivos no sentido das impressões de ato, quanto para atos de que temos consciência "na" imaginação, "na" recordação ou "na" empatia, quando compreendemos e revivemos atos alheios. "Na" *recordação, empatia* etc., nós podemos refletir e fazer, dos atos "nelas" conscientizados, objetos de apreensões e atos de tomada de posição neles fundados, em diferentes modificações possíveis.

Comecemos aqui pela diferença entre percepções ou atos em geral *transcendentes* e *imanentes*. Evitemos falar de percepção externa e interna, o que nos poria diante de sérios obstáculos. Apresentemos as seguintes explicações.

Por *atos dirigidos à imanência* ou, de maneira mais geral, por *vividos intencionais referidos à imanência*, entendemos aqueles da *essência dos quais faz parte que os seus objetos intencionais, no caso de existirem, pertencem ao mesmo fluxo de vivido que eles mesmos*. Isso é, portanto, correto, por exemplo, em toda parte onde um ato seja referido a um ato (uma *cogitatio* a uma *cogitatio*) do mesmo eu, ou, igualmente, um ato a um dado do sentimento sensível do mesmo eu etc. A consciência e seu objeto formam uma unidade individual constituída puramente por vividos.

Direcionados para a transcendência são os vividos intencionais em que isso *não* ocorre; como, por exemplo, todos os atos dirigidos para essências ou para vividos intencionais de outros eus com seus outros fluxos de vivido; da mesma maneira, todos os atos dirigidos a coisas, a realidades em geral, como ainda se mostrará.

No caso de uma percepção dirigida para a imanência ou, mais brevemente, de uma *percepção imanente* (a assim chamada percepção "interna"), *percepção e percebido* formam, *por essência, uma unidade imediata, a unidade de uma única cogitatio concreta*. Aqui o perceber abriga seu objeto de tal forma em si, que só pode ser separado deste por abstração, e apenas como sendo algo *essencialmente dependente*. Se o percebido é um vivido intencional, como quando refletimos sobre uma convicção ainda viva (dizendo, por exemplo: sou convicto de que...), temos então uma imbricação de dois vividos intencionais, dos quais ao menos o mais alto é dependente e, além disso, não está apenas fundado no mais profundo, mas ao mesmo tempo intencionalmente voltada para ele.

Essa maneira de estar assim *realmente "incluída"* (o que é propriamente apenas uma metáfora) *é um dos traços característicos distintivos da percepção imanente e da tomada de posição nela fundada*; ele falta na maioria dos demais casos de referência imanente de vividos intencionais. Assim, por exemplo, nas recordações de recordações. A recordação ontem recordada faz parte da recordação atual não como componente real de sua unidade concreta. A recordação atual poderia existir por sua essência *própria* plena, mesmo que na verdade não tivesse havido a recordação de ontem, ao passo que, *se* esta última efetivamente ocorreu, ela faz necessariamente parte, junto com a primeira, do único e mesmo fluxo de vividos jamais interrompido, que intermedeia continuamente as duas por diversas concreções de vivido. É bem diferente o que ocorre a esse respeito com percepções transcendentes e com os demais vividos intencionais referidos à transcendência. Em sua composição real, a percepção da coisa não só não contém em si a própria coisa, mas também está *fora de toda unidade essencial com ela*, pressupondo-se, naturalmente, que esta exista. *Uma unidade determinada puramente pelas essências próprias dos vividos mesmos é, exclusivamente, a unidade do fluxo de vividos* ou, o que é o mesmo, um vivido *só* pode estar vinculado a vividos num todo cuja essência completa abranja as essências próprias desses vividos e esteja neles fundada. Essa proposição ainda ganhará em clareza e mostrará sua grande importância no que segue.

§ 39. Consciência e efetividade natural. A concepção do homem "ingênuo"

Todas as características eidéticas do vivido e da consciência que obtivemos são para nós estágios necessários para alcançar a meta que nos serve constantemente de guia, isto é, para obter a essência daquela *consciência "pura"* com a qual se deve determinar o campo fenomenológico. Nossas considerações foram eidéticas; mas as individualidades singulares das essências "vivido", "fluxo de vivido" e, portanto, da "consciência", em todos os sentidos, fazem parte, como eventos reais, do mundo natural. Com isso, não abandonamos o solo da orientação natural. A consciência individual está entrelaçada ao *mundo natural* de uma *dupla* maneira: ela é consciência de algum *homem* ou *animal* e é, ao menos num grande número de suas particularizações, consciência *deste* mundo. *Ora, que significa dizer, tendo em vista esse entrelaçamento com o mundo real, que a consciência tem uma essência "própria"*, que ela constitui, junto com outra consciência, um *nexo* fechado em si, *puramente determinado pelas essências próprias,* o nexo do fluxo de consciência? Já que aqui nós podemos entender o sentido de consciência de uma maneira mais ampla, sentido que por fim coincide com o conceito de vivido, a questão diz respeito à essencialidade própria do fluxo de vividos e de todos os seus componentes. Antes de tudo, em que medida o *mundo material* é, por princípio, algo de outra espécie, *excluído da essencialidade própria dos vividos?* E se ele é tal, se em relação a toda consciência e sua essencialidade própria ele é "o estranho", o "ser outro", como a consciência pode *se entrelaçar* com ele; com ele e, consequentemente, com todo o mundo estranho à consciência? Pois é fácil ficar convencido de que o mundo material não é uma parte qualquer, mas a camada fundamental do mundo natural, à qual todo outro ser real está *essencialmente* referido. O que ainda falta a ele, são as almas dos homens e dos animais; e o que estas trazem de novo é, antes de tudo, o seu "vivenciamento", junto com a referência, na forma de consciência, ao mundo que os circunda. Aí, contudo, consciência e materialidade são um todo ligado, ligado nas unidades psicofísicas individuais que chamamos *animalia* e, superiormente, *na unidade real do mundo inteiro*. Pode a unidade de um todo ser outra coisa que unida pela essência própria de suas partes, as quais, por isso, têm de possuir uma *comunidade de essência* qualquer, em vez de heterogeneidade de princípio?

Para chegar à clareza sobre isso, investiguemos a fonte última de que se nutre a tese geral do mundo que estabelecemos na orientação natural, a qual possibilita que eu encontre, na forma de consciência, um mundo material existente diante de mim, que eu me atribua um corpo neste mundo e que eu mesmo nele me insira. Essa fonte última é, manifestamente, a *experiência sensível*. Para nossos fins não basta, porém, considerar a *percepção sensível*, que num certo bom sentido desempenha, entre os atos de experiência, o papel de uma experiência originária, da qual todos os atos de experiência tiram uma parte capital de sua força fundante. É próprio de toda consciência perceptiva ser consciência da *própria presença em carne e osso de um objeto individual*, que, por sua vez, é indivíduo no sentido lógico puro ou numa derivação lógico-categorial dele.[24] No nosso caso, que é o da percepção sensível ou, mais distintamente, da percepção de coisa, o indivíduo lógico é a coisa; e é suficiente considerar a percepção de coisa como representante de todas as outras percepções (de qualidades, de eventos etc.).

A vida natural desperta de nosso eu é um constante perceber, atual ou inatual. O mundo-de-coisas, com nosso corpo nele, continua sempre a estar aí, na forma de percepção. Ora, como há, como pode haver separação entre a *consciência mesma*, como um *ser concreto em si*, e o ser nela trazido à consciência, o *ser percebido*, como aquele que está "*contraposto*" à consciência e como sendo "*em-si e por-si*"?

Eu medito, em primeiro lugar, como homem "ingênuo". Vejo e toco a coisa mesma em carne e osso. Certamente, de quando em quando eu me engano e não apenas quanto às qualidades percebidas, mas também quanto à existência mesma. Sucumbo a uma ilusão ou alucinação. A percepção, então, não é percepção "autêntica". Mas se o é, vale dizer, se ela pode ser "confirmada" no nexo da experiência atual, eventualmente com auxílio de pensamento experimental correto, então a coisa percebida *é efetiva* e está realmente dada ela mesma, em carne e osso, na percepção. Considerando-o meramente como consciência e abstraindo do corpo e dos órgãos do corpo, o perceber aparece então como algo inessencial em si mesmo, como um olhar vazio que um "eu" vazio lança na direção do próprio objeto, e que entra em contato com este de uma maneira digna de espanto.

§ 40. Qualidades "primárias" e "secundárias". A coisa dada em carne e osso — "mera aparência" do "fisicamente verdadeiro"

Se, como "homem ingênuo", "enganado pelos sentidos" cedi à inclinação de tecer reflexões como estas, lembro-me agora, como "homem de ciência",

---

[24] Cf. acima § 15, p. 53.

da conhecida distinção entre qualidades *secundárias* e *primárias*, segundo a qual as qualidades especificamente sensíveis seriam "meramente subjetivas", e só as qualidades geométrico-físicas seriam "objetivas". Por mais que apareçam "em carne e osso" na coisa, como inerentes à essência dela, cor, som, cheiro e gosto da coisa etc. não são efetivos eles mesmos e tais quais aparecem ali, mas mero "signo" de certas qualidades primárias. Se, no entanto, me lembro de conhecidos ensinamentos da física, vejo imediatamente que o significado dessas proposições tão apreciadas não pode ser literal, como se efetivamente as qualidades "especificamente" sensíveis da coisa percebida não passassem de mera aparência; com isso se afirmaria que as qualidades "primárias" que restam depois que aquelas são *retiradas* pertenceriam à coisa existente em verdade objetiva, ao lado de outras qualidades que não apareceriam. Fossem assim entendidas, seria correta a antiga objeção de Berkeley, segundo a qual a extensão, esse núcleo essencial da corporeidade e de todas as qualidades primárias, seria impensável sem qualidades secundárias. Ao contrário, *todo o conteúdo eidético da coisa percebida*, portanto, a coisa inteira que está aí em carne e osso com todas as suas qualidades, todas algumas vezes perceptíveis, *é* "mero fenômeno", e a "coisa verdadeira" *é* a "coisa da ciência física". Se esta determina a coisa dada exclusivamente por conceitos como átomos, íons, energias etc. ou, pelo menos, como processos que preencham um espaço cujas únicas características distintivas são expressões matemáticas, então ela visa *algo que transcende todo o conteúdo material que aí está em carne e osso*. Ela não pode então sequer visar a coisa que se encontra no espaço natural dos sentidos; noutras palavras, seu espaço físico não pode ser o espaço do mundo da percepção em carne e osso: do contrário, ela sucumbiria igualmente à objeção de Berkeley.

O "ser verdadeiro" seria, pois, algo determinado de uma maneira inteiramente e *por princípio diferente daquilo que é dado como efetividade em carne e osso na percepção*, daquilo que é dado exclusivamente com determinidades sensíveis, das quais fazem parte as sensíveis-espaciais. A coisa propriamente experimentada fornece o mero "isto", um x vazio, que se torna o suporte de determinações matemáticas e fórmulas matemáticas correspondentes, e que não existe no espaço da percepção, mas num "espaço objetivo", de que aquele é mero "signo", *numa multiplicidade euclidiana de três dimensões que só pode ser representada simbolicamente*.

Aceitemos, pois, que seja assim. O que é dado em carne e osso em toda percepção é, como se ensina ali, "mero fenômeno", é por princípio "meramente subjetivo" e, no entanto, não é ilusão vazia. O que é dado na percepção serve, no método rigoroso da ciência natural, para a determinação válida, efetuável por qualquer um e comprovável com evidência, daquele ser transcendente de que ele é o "signo". Enquanto o conteúdo sensível do dado de percepção é sempre tomado como diferente da coisa verdadeira existente em si, o *substrato*, o suporte (o x vazio) das determinidades percebidas é sempre tomado como aquilo que é determinado pelo método exato nos predicados físicos. Na direção inversa, *todo conhecimento físico serve*, por conseguinte, *como índice para o curso das experiências possíveis com as coisas sensíveis e eventos materiais sensíveis nelas encontráveis*. Ela serve, portanto, para a orientação no mundo da experiência atual, na qual nós todos vivemos e agimos.

§ 41. A composição real da percepção e seu objeto transcendente

Tendo tudo isso como pressuposto, *o que entra na composição real concreta da própria percepção como* cogitatio? Obviamente, não a coisa física, que é inteiramente transcendente — transcendente em relação a todo o "mundo da aparição". No entanto, por mais que se diga que este é "meramente subjetivo", tampouco ele pertence, com todas as suas coisas individuais e todos os seus eventos, à composição real da percepção, ele é "transcendente" em relação a ela. Reflitamos mais detidamente sobre isso. Já falamos, embora apenas superficialmente, da transcendência da coisa. É preciso obter agora evidências mais profundas sobre o modo como *o transcendente se apresenta para a consciência que dele é consciente*, sobre como deve ser entendida essa referência recíproca, que tem seus enigmas.

Excluamos, pois, toda a física e todo o domínio do pensamento teórico. Mantenhamo-nos no âmbito da simples intuição e das sínteses que dela fazem parte, entre as quais se encontra a percepção. É evidente, então, que intuição e intuído, percepção e coisa percebida estão reciprocamente referidos em sua essência, mas *não são*, em necessidade de princípio, *nem uma coisa só, nem estão ligadas, realmente e por essência*.

Comecemos por um exemplo. Vendo sempre esta mesa, dando uma volta em torno dela, modificando como sempre minha posição no espaço, tenho continuamente a consciência de que é uma única e mesma mesa que está corporalmente aqui, e dela mesma que permanece em si inteiramente inalterada. A percepção da mesa, porém, é uma percepção que se altera constantemente, é uma continuidade de percepções cambiantes. Fecho os olhos. Meus demais sentidos estão fora de relação com a mesa.

Não tenho agora nenhuma percepção dela. Abro os olhos, e volto a ter a percepção. *A* percepção? Sejamos mais precisos. Ao retornar, ela não é em nenhuma circunstância individualmente a mesma. Apenas a mesa é a mesma, tenho consciência dela como idêntica na consciência sintética que vincula a nova percepção à recordação. A coisa percebida pode existir sem que seja percebida, sem que nem mesmo se tenha potencialmente consciência dela (no modo da inatualidade anteriormente descrita);[25] e pode existir sem se alterar. A percepção mesma, porém, é o que é no fluxo constante da consciência, e é ela mesma um fluxo constante: o agora da percepção se converte sem cessar na consciência subsequente de um passado recente, e ao mesmo tempo um novo agora já desponta etc. Não só a coisa percebida em geral, mas também tudo aquilo que a ela se atribui, como partes, lados, momentos, chamem-se eles qualidades primárias ou secundárias, é necessariamente, por fundamentos em toda parte os mesmos, transcendente em relação à percepção. A cor da coisa vista não é, por princípio, momento real da consciência de cor, ela aparece, mas, enquanto aparece, a aparência pode e *tem*, na experiência que a exibe, continuamente de se alterar. *A mesma* cor aparece "em" contínuas multiplicidades de *perfis* de cor. O mesmo vale para qualquer qualidade sensível e, igualmente, para qualquer forma espacial. Uma única e mesma forma (dada corporalmente *como* a mesma) aparece sempre continuamente "de outra maneira", em sempre outros perfis de forma. Esta é uma situação necessária e, manifestamente, de validez mais geral. Pois o caso de uma coisa que aparece inalterada na percepção foi um exemplo que demos apenas para efeito de simplificação. A transposição dele para quaisquer outras alterações é muito fácil de ser feita.

Da consciência empírica de uma mesma coisa, que abrange "todos os aspectos" desta e se confirma em si mesma numa unidade contínua, faz parte, por necessidade de essência, um sistema multifacetado de contínuas diversidades de aparências e perfis, nas quais se exibem ou perfilam em continuidades determinadas todos os momentos objetivos que entram na percepção com o caráter daquilo que se dá a si mesmo em carne e osso. Toda determinidade tem *seu* sistema de perfis, e de cada uma delas, assim como da coisa inteira, é lícito dizer que está ali como a mesma para a consciência que a apreende e que unifica sinteticamente recordação e nova percepção, a despeito de qualquer interrupção que possa haver na continuidade da percepção atual.

---

[25] Cf. acima § 35, especialmente p. 86.

Vemos ao mesmo tempo qual é, efetiva e indubitavelmente, a composição real dos vividos intencionais concretos, aqui chamados de percepções de coisa. Enquanto a coisa é a unidade intencional, a identidade-unidade daquilo de que se é consciente no transcurso contínuo e regrado das multiplicidades perceptivas que se entremesclam umas nas outras, estas continuam tendo uma *composição descritiva determinada*, subordinada, *por essência*, àquela unidade. De toda fase perceptiva faz necessariamente parte, por exemplo, um determinado conteúdo de perfis de cor, de perfis de figura etc. Elas se incluem entre os "dados de sensação", dados de uma região com gêneros determinados, que, no interior de cada um desses gêneros, se juntam em unidades concretas de vivido *sui generis* (*os "campos" de sensação*); elas, além disso, de uma maneira que não cabe descrever mais detalhadamente aqui, são animadas por "apreensões" na unidade concreta da percepção, e nessa animação exercem a "função de exibição", ou melhor, constituem junto com ela o que chamamos o "aparecer de" cor, forma etc. Entrelaçando-se ainda com outros caracteres, isso constitui a composição real da percepção, que é consciência de uma só e mesma coisa, graças à junção numa *unidade de concepção* fundada na *essência* daquelas apreensões e graças ainda à possibilidade de *sínteses de identificação* fundada na *essência* dessas diferentes unidades.

Deve-se ter nítido diante dos olhos que os dados de sensação que exercem a função do perfil da cor, do perfil do liso, do perfil da forma etc. (a função da "exibição") são por princípio inteiramente diferentes da cor, da lisura, da forma pura e simples, em suma, de todas as espécies de momentos *materiais*. *O perfil, embora denominado da mesma maneira, não é por princípio do mesmo gênero que o perfilado*. Perfil é vivido. Vivido, porém, só é possível como vivido e não como algo no espaço. Aquilo que é perfilado, no entanto, só é por princípio possível como algo no espaço (é justamente espacial na essência), mas não possível como vivido. Também é, especialmente, um contrassenso tomar o perfil da forma (por exemplo, a de um triângulo) por algo espacial e possível no espaço, e quem faz isso, confunde-o com a forma perfilada, isto é, com a forma que aparece. Ora, de que maneira os diferentes momentos reais da percepção como *cogitatio* (em contraposição aos momentos do *cogitatum* que lhe é transcendente) ainda podem ser discernidos em completude sistemática e caracterizados em suas diferenciações, em parte bastante difíceis de fazer, eis um tema para importantes investigações.

§ 42. Ser como consciência e ser como realidade. Diferença de princípio dos modos de intuição

Das reflexões que fizemos resultou a transcendência da coisa em relação a sua percepção e, por conseguinte, em relação a toda consciência que a ela se refira, não apenas no sentido de que a coisa não pode ser encontrada faticamente como componente real da consciência, mas antes porque toda essa situação é eideticamente evidente: em generalidade ou, melhor ainda, em necessidade *pura e simplesmente incondicionada*, uma coisa não pode ser dada como real imanente, nem numa percepção, nem numa consciência possível em geral. Surge, pois, a distinção eidética fundamental, entre *ser como vivido* e *ser como coisa*. Ser perceptível em percepção imanente faz parte, por princípio, da essência regional "vivido" (e em especial da *cogitatio*, como particularização regional), mas não da essência da coisa no espaço. Se, como uma análise mais profunda ensina, é da essência de toda intuição doadora de coisa que, junto com o dado da coisa, sejam apreensíveis outros dados análogos da coisa em mudança correspondente do olhar, no modo eventualmente de camadas e níveis separáveis na constituição daquilo que aparece como coisa — por exemplo, as "*coisas visuais*" em suas diferentes particularizações —, para eles vale exatamente o mesmo: eles são, por princípio, transcendências.

Antes de seguirmos adiante nessa oposição entre imanência e transcendência, devemos inserir a seguinte observação. Se fizermos abstração da percepção, encontraremos vários vividos intencionais que, por essência, excluem a imanência real de seus objetos intencionais, não importando, de resto, quais possam ser esses objetos. Isso vale, por exemplo, para toda presentificação: recordação, apreensão empática da consciência alheia etc. Naturalmente, não podemos confundir essa transcendência com aquela que nos ocupa aqui. De toda coisa como tal, de toda realidade no sentido autêntico, que ainda devemos explicar e fixar, faz parte por essência e inteiramente "por princípio"[26] a incapacidade de ser percebida de maneira imanente e, com isso, de ser encontrada em geral no nexo do vivido. Assim, a própria coisa se chama pura e simplesmente transcendente. Nisso se anuncia justamente a diferença de princípio dos modos de ser, a diferença mais cardinal que existe em geral, a de *consciência* e *realidade*.

---

[26] Aqui, como em geral neste escrito, utilizamos a expressão "por princípio" num sentido rigoroso, referindo-se a generalidades, ou melhor, necessidades eidéticas *mais altas* e, por isso, mais radicais.

Essa oposição entre imanência e transcendência, como foi ainda mostrado em nossa exposição, encerra *uma diferença de princípio no modo de doação*. Percepção imanente e transcendente não se diferenciam apenas em geral nisto, que o objeto intencional, apresentando-se com o caráter daquilo que é ele mesmo em carne e osso, ora é, ora não é real e imanente à percepção, mas se diferenciam antes por um modo de doação que, em sua diferença essencial, perpassa *mutatis mutandis* todas as modificações de presentificação da percepção e as intuições paralelas da recordação e da imaginação. Percebemos a coisa porque ela "se perfila" em todas aquelas determinidades que, a cada caso, "entram efetivamente" e propriamente na percepção. *Um vivido não se perfila.* Não é um capricho casual da coisa ou uma casualidade de "nossa constituição humana" que "nossa" percepção só possa se aproximar da própria coisa através de meros perfis dela. É, ao contrário, evidente e se pode depreender da essência da coisa espacial (mesmo no sentido mais amplo, abrangendo as "coisas visuais") que um ser de tal conformação só pode ser dado, por princípio, em percepções por perfil; da mesma maneira, pode-se depreender da essência das *cogitationes*, dos vividos em geral, que elas excluem este último. Noutras palavras, para o ser de sua região não há sentido algum em falar de algo como um "aparecer", nem de um "exibir-se" por perfis. Onde não há ser no espaço, não há justamente sentido em falar de um ver a partir de pontos de vistas distintos, numa orientação que varia conforme aspectos distintos que ali se oferecem, conforme perspectivas, aparências e perfis distintos. Por outro lado, é uma necessidade de essência, apreensível como tal em evidência apodítica, que em geral o ser no espaço só é perceptível para um eu (para qualquer eu possível) nesse modo de doação indicado. Ele só pode "aparecer" em certa "orientação", com a qual necessariamente se prescrevem possibilidades sistemáticas para sempre novas orientações, a cada uma das quais corresponde, por sua vez, certo "modo de aparecer", que exprimimos, por exemplo, como dado deste ou daquele "aspecto" etc. Se entendemos a expressão "modos de aparecer" no sentido de "modos do *vivido*" (ela também pode ter um sentido correlativo, ôntico, como ficou visível pela descrição que se acaba de fazer), então ela significa: é da essência de algumas *espécies de vivido* de uma estrutura peculiar, mais precisamente, é da essência de percepções concretas de uma estrutura peculiar, que se tenha consciência do intencional nelas como coisa no espaço; faz parte da sua essência a possibilidade ideal de que cada uma delas se torne uma multiplicidade contínua de percepções em ordenação determinada, multiplicidade que pode sempre ser novamente ampliada e, portanto, jamais será concluída. Tal multiplicidade de percepções encerra então, em sua estrutura eidética, a unidade de uma consciência *doadora coerente*, a consciência de uma *única* coisa percebida de modo cada vez mais perfeito, por sempre novos aspectos e aparecendo em determinações cada vez mais ricas. A coisa no espaço, por outro lado, nada mais é que uma unidade intencional, a qual só pode ser dada, por princípio, como unidade de tais modos de aparição.

§ 43. Esclarecimento de um erro de princípio

É, portanto, um erro de princípio pensar que a percepção (e, a sua maneira, toda outra espécie de intuição de coisa) não tenha acesso à coisa mesma. Esta não nos seria dada em si e em seu ser em-si. Todo ente teria a possibilidade de princípio de ser intuído simplesmente como aquilo que ele é e, em especial, de ser percebido numa percepção adequada que o daria a ele mesmo em carne e osso *sem nenhuma mediação por "aparições"*. Deus, o sujeito do conhecimento absolutamente perfeito e, portanto, também de toda percepção adequada possível, possuiria, naturalmente, a percepção da coisa em si mesma, negada a nós outros seres finitos.

Esse modo de ver é, contudo, um contrassenso. Nele está implícito que, entre transcendente e imanente, não há *diferença de essência*, que uma coisa no espaço seria um constituinte real na intuição divina que aí se postula, ele mesmo, portanto, um vivido, pertencendo ao fluxo de consciência e vivido divinos. O que induz nesse erro é pensar que a transcendência da coisa é a transcendência de uma *imagem* ou de um *signo*. Com frequência se combate ardorosamente a teoria das imagens, substituindo-a por uma teoria do signo. Tanto uma quanto outra, porém, não são apenas incorretas, mas contrassensos. A despeito de sua inteira transcendência, a coisa que vemos no espaço é um percebido, algo que se dá em *carne e osso* para a consciência. No lugar dela, *não* está dada uma imagem ou um signo. Não se deve introduzir secretamente na percepção uma consciência de signo ou de imagem.

Há uma diferença eidética intransponível entre *percepção*, de um lado, e *representação imagético-simbólica ou signo-simbólica*, de outro. Nessas espécies de representação intuímos algo, e a consciência que dele temos é a de que ele figura em imagem ou indica por signo um algo outro; tendo um no campo intuitivo, não é para ele que nos dirigimos, mas, por intermédio de uma apreensão fundada, nos dirigimos para o outro, para o figurado pela imagem, para o designado. Estes não entram de modo algum em linha de conta na percepção, tão pouco quanto na simples recordação ou na simples imaginação.

Nos atos intuitivos imediatos, intuímos "algo ele mesmo"; sobre suas apreensões não se constroem apreensões de nível superior, não se tem, pois, consciência de nada para o qual o intuído poderia operar como "signo" ou como "imagem". E por isso mesmo se diz que é intuído imediatamente como "ele mesmo". Na percepção, esse mesmo ainda é caracterizado de forma peculiar como ele mesmo "em carne e osso", em contraposição ao que ocorre na recordação ou na livre imaginação, onde recebe o caráter modificado de um algo "vislumbrado", de um algo "presentificado".[27] Cai-se em contrassenso quando, como é de costume, se faz confusão entre esses modos de representação estruturados de maneira essencialmente diferente, confundindo-se, portanto, correlativamente os dados a eles correspondentes: ou seja, confunde-se presentificação simples com simbolização (não importa se imagética ou significativa) e, principalmente, percepção simples com ambas. A percepção de coisa não presentifica um não presente, como se fosse uma recordação ou uma imaginação; ela apresenta, apreende um "algo ele mesmo" em sua presença em carne e osso. Ela o faz em conformidade com seu *sentido próprio*, e dela exigir outra coisa é justamente atentar contra seu sentido. Se, além disso, se trata, como aqui, de percepção de coisa, então é inerente a sua essência ser percepção perfilante; e, correlativamente, é inerente ao sentido de seu objeto intencional, da coisa *enquanto* dada na percepção, somente ser perceptível, por princípio, mediante percepções dessa espécie, isto é, mediante percepções perfilantes.

§ 44. O mero ser fenomenal do transcendente, o ser absoluto do imanente

Da percepção de coisa faz parte, além disso, e também por necessidade de essência, certa *inadequação*. Uma coisa, por princípio, só pode ser dada "por um de seus lados", e isso não significa apenas de maneira incompleta, imperfeita, num sentido qualquer, mas significa justamente o que é prescrito

---

[27] Nas minhas conferências em Göttingen (e, para ser mais exato, desde o semestre de verão de 1904), a exposição insuficiente que eu (ainda muito influenciado pelas concepções da psicologia dominante) fizera das relações entre intuições simples e intuições fundadas nas *Investigações lógicas* foi substituída por uma exposição melhorada, na qual forneci informações circunstanciadas sobre o avanço de minhas investigações — informações que, aliás, tiveram influência, quer na terminologia, quer no conteúdo, sobre o que se publicou desde então. Nos próximos volumes do *Jahrbuch fur Philosophie und phänomenologische Forschung*, espero poder publicar tanto estas como outras investigações que utilizei há tempos nas conferências.

pela exibição por perfil. Uma coisa é dada necessariamente em meros "*modos de aparição*", neles um *núcleo do "efetivamente exibido"* é necessariamente envolto, no que se refere à apreensão, por um *horizonte de "dados concomitantes"* inautênticos e por uma *indeterminidade* mais ou menos vaga. E o sentido dessa indeterminidade é mais uma vez prescrito pelo sentido geral do percebido propriamente dito e como tal, por exemplo, pela essência geral desse tipo de percepção que chamamos percepção de coisa. Essa indeterminidade significa necessariamente *determinabilidade segundo um estilo firmemente prescrito*. Ela *anuncia* multiplicidades de percepções possíveis, que, fundindo-se continuamente uma nas outras, juntam-se na unidade de uma percepção, na qual a coisa que perdura continuamente através de sempre novas séries de perfis mostra sempre novos "lados" (ou reitera os antigos). Com isso, os momentos da coisa coapreendidos de maneira inapropriada vêm aos poucos à exibição efetiva, isto é, à condição de dado efetivo, as indeterminidades se determinam com mais precisão, para então se converter elas mesmas em dados claros; na direção oposta, obviamente, aquilo que é claro passa de novo à obscuridade, o exibido à não exibição etc. *Ser desta maneira imperfeita* in infinitum *faz parte da essência insuprimível da correlação entre coisa e percepção de coisa*. Se o sentido da coisa se determina pelos dados da percepção de coisa (e o que mais poderia determinar o sentido?), então ele exige tal imperfeição, ele nos remete necessariamente a nexos contínuos de unidade de percepções possíveis, que *de maneira sistemática e firmemente regrada* vão, de algumas direções já tomadas, em infinitas direções, cada uma das quais estendendo-se ao infinito, mas sempre dominadas por uma unidade do sentido. Sempre resta, por princípio, um horizonte de indeterminidade determinável, por mais que tenhamos progredido na experiência, por maiores que sejam os contínuos de percepções atuais da mesma coisa que tenhamos percorrido. Deus nenhum pode alterar algo nisso, tão pouco quanto em $1 + 2 = 3$ ou noutra verdade eidética qualquer.

Em geral já se pode ver que, de qualquer gênero que seja, o ser transcendente, entendido como ser *para* um eu, só pode entrar como dado de maneira análoga a uma coisa, portanto, somente mediante aparições. Senão seria justamente um ser que também poderia se tornar imanente; aquilo, porém, que é perceptível como imanente, é perceptível *meramente* como imanente. Apenas caso se cometam as confusões acima apontadas e agora esclarecidas é que se pode considerar possível que uma e mesma coisa possa ser dada, ora por aparição, na forma de percepção transcendente, ora por percepção imanente.

É preciso, no entanto, levar ainda adiante, por outro viés, o contraste que estabelecemos especialmente entre coisa e vivido. O *vivido*, dissemos, não se exibe. Isso implica que a percepção de vivido é vista simples de algo *dado* (ou a ser dado) *como "absoluto" na percepção* e não como o idêntico em modos de aparição por perfil. Tudo o que apresentamos sobre o modo de doação da coisa, perde aqui o seu sentido, e é preciso chegar pormenorizadamente à plena clareza sobre isso. Um vivido de sentimento não se perfila. Se para ele lanço meu olhar, tenho um absoluto, ele não tem lados que possam se exibir, ora de um jeito, ora de outro. Posso, pensando, pensar algo verdadeiro ou falso sobre ele, mas aquilo que se apresenta ao olhar intuinte está absolutamente ali com suas qualidades, sua intensidade etc. Um som de violino, ao contrário, com sua identidade objetiva, é dado por perfil, ele tem seus modos cambiantes de aparecer. Eles são diferentes, conforme eu esteja mais próximo ou me afaste do violino, conforme eu mesmo esteja na sala de concerto ou escute através de portas fechadas etc. Nenhum modo de aparição tem pretensão de valer como o modo que dá o som do violino de maneira absoluta, embora, no âmbito de meus interesses práticos, um deles, como modo normal, tenha certa preferência: na sala de concerto, no lugar "correto", ouço o som "mesmo", como ele soa "efetivamente". Da mesma forma dizemos que toda coisa tem um aspecto normal em termos visuais: dizemos da cor, da forma, da coisa inteira que vemos à luz normal do dia e em orientação normal em relação a nós, que "ela tem efetivamente esse aspecto", "esta é a sua cor efetiva" etc. Isso, porém, indica apenas *uma espécie de objetivação secundária* no âmbito da objetivação total da coisa; do que é fácil de se convencer. É claro que, se conservássemos exclusivamente o modo "normal" de aparição e suprimíssemos as demais multiplicidades do aparecer e a referência essencial a elas, nada mais restaria do sentido da coisa como dado.

Retenhamos, pois, isto: se, por um lado, é da essência do dado por aparições que nenhuma delas dê a coisa como um "absoluto", e não em exibição parcial, por outro, é da essência do dado imanente dar justamente um absoluto, que não pode de modo algum se exibir ou perfilar por seus lados. Também é evidente que os próprios conteúdos perfilantes da sensação, que entram realmente no vivido perceptivo de coisa, operam como perfis para outra coisa, mas não são eles mesmos dados em perfil.

Atente-se ainda para a seguinte distinção. Também um vivido jamais é completamente percebido, ele não é adequadamente apreensível em sua unidade plena. Ele é, por sua essência, um fluxo, que, se dirigimos o olhar reflexivo para ele, podemos acompanhar desde o momento presente, mas cujos trechos percorridos estão perdidos para a percepção. Temos uma consciência do que acaba imediatamente de decorrer somente na forma da retenção, na forma, por exemplo, da rememoração retroativa. E, finalmente, todo meu fluxo de vivido é uma unidade do vivido, da qual é por princípio impossível uma completa apreensão de percepção que "transcorra junto com ela". Mas essa "incompletude" ou "imperfeição" inerente à essência da percepção de vivido é diferente, por princípio, daquela contida na essência da percepção "transcendente", da percepção por exibição em perfil, por algo como uma aparição.

Todos os modos de doação e todas as diferenças que encontramos entre eles na esfera da percepção ocorrem nas *modificações reprodutivas*, embora de forma modificada. As presentificações de coisa presentificam mediante exibições, pelo que os próprios perfis, as apreensões e, assim, os fenômenos inteiros são modificados *por completo*, isto é, *reprodutivamente*. Também de vividos temos reproduções e atos de intuição reprodutiva, no modo da presentificação e da reflexão na presentificação. Naturalmente, nada encontramos aqui de perfis reprodutivos.

Façamos ainda o seguinte contraste. Da essência das presentificações fazem parte diferenças graduais de clareza ou obscuridade relativas. Manifestamente, também essa diferença de perfeição nada tem a ver com a diferença referente ao dado por aparições em perfil. Uma representação mais ou menos clara não se perfila através de clareza gradual, isto é, não se perfila no sentido determinante para nossa terminologia, segundo o qual uma forma espacial, qualquer qualidade que a envolva e, portanto, a coisa inteira "aparecendo como tal" se perfila de diversas maneiras — não importa se a representação seja clara ou obscura. Uma representação reprodutiva de coisa tem seus diferentes graus de clareza possíveis, e mesmo para cada modo de perfil. Vê-se que se trata de diferenças que se situam em dimensões distintas. Também é manifesto que as distinções que fazemos na própria esfera da percepção entre as designações "visão clara" ou "obscura", "visão distinta" ou "confusa", apresentam, com efeito, certa analogia com as distinções de clareza de que se acaba de falar, uma vez que se trata, em ambos os casos, de aumento ou diminuição gradual na plenitude com que o representado se dá, mas é manifesto também que tais distinções pertencem a dimensões distintas.

§ 45. Vivido não percebido, realidade não percebida

Se nos aprofundamos nessas situações, entendemos também a seguinte diferença de essência no modo como vividos e coisas se relacionam com a perceptibilidade.

É inerente ao modo de ser do vivido que um olhar de percepção intuinte possa ser dirigido de maneira inteiramente imediata a todo vivido efetivo, vivo como presente originário. Isso ocorre na forma da *"reflexão"*, na qual se deve notar o que tem de próprio: o que nela é apreendido na forma de percepção se caracteriza por princípio como algo que não apenas é e perdura no interior do olhar perceptivo, mas que *já era antes* que esse olhar se voltasse para ele. "Todos vividos ocorrem com consciência", isso significa, portanto, especialmente no que se refere ao vivido intencional, que eles não são apenas consciência de algo e, como tais, não estão disponíveis apenas quando eles mesmos são objetos de uma consciência reflexiva, mas que eles já se encontram ali de maneira irrefletida como "fundo" e, assim, por princípio estão *prontos para ser percebidos* num sentido primeiramente análogo ao das coisas a que não estamos atentos em nosso campo exterior de visão. Estas podem estar prontas para ser percebidas somente se já estamos de certo modo conscientes delas enquanto coisas para as quais não atentamos, isto é, no caso delas, se elas aparecem. *Nem todas as coisas* preenchem essa condição: o campo de visão de minha atenção, que abrange tudo aquilo que aparece, não é infinito. Por outro lado, o vivido irrefletido também tem de preencher certas condições para estar pronto para ser percebido, embora de uma maneira inteiramente diferente e adequada a sua essência. Ele não pode "aparecer". Como quer que seja, ele preenche essas condições pelo mero modo de seu estar ali, a saber, para aquele eu a que ele pertence, cujo puro olhar de eu eventualmente "nele" vive. Somente porque reflexão e vivido possuem essas peculiaridades de essência, aqui meramente indicadas, nós podemos saber algo sobre os vividos irrefletidos e, portanto, também sobre as próprias reflexões. É óbvio que as modificações reprodutivas (e retencionais) dos vividos possuem propriedade paralela, só que modificada de forma correspondente.

Prossigamos ainda com o contraste. Vemos: *o modo de ser do vivido é ser perceptível, por princípio, no modo da reflexão*. A coisa também é, por princípio, *algo perceptível*, e é apreendida na percepção como coisa de meu mundo circundante. Ela pertence a esse mundo, mesmo sem ser percebida, portanto *mesmo então* ela *está ali* para o eu. Em geral, porém, ela não está ali de modo que um olhar de simples atenção possa a ela se dirigir. Entendido como campo daquilo que pode vir a ser simplesmente observado, o fundo abrange apenas uma pequena parte do mundo que me circunda. O "está ali" quer então dizer outra coisa: partindo de percepções atuais, com o fundo que efetivamente aparece, as séries de percepções possíveis, *motivadas* de modo contínuo e coeso, com sempre novos campos de coisas (e fundos aos quais não se atenta), levam até aqueles nexos de percepções nos quais justamente a coisa em questão viria ao aparecimento e à apreensão. Em princípio, nada mudaria se, em vez de um eu singular, considerássemos uma multiplicidade de eus. Somente pela referência ao possível entendimento recíproco o meu mundo de experiência pode ser identificado com um outro e, ao mesmo tempo, enriquecido pelo suplemento de experiência dele. Uma transcendência que prescindisse portanto desse vínculo, por nexos coerentes de motivação, com minha respectiva esfera de percepção atual seria uma admissão completamente infundada; uma transcendência que prescindisse, *por princípio*, de tal vínculo, seria um *nonsense*. Eis, pois, o modo como algo não percebido atualmente se encontra no mundo-de-coisas, ele é um modo essencialmente diverso do ser dos vividos, do qual se é consciente por princípio.

§ 46. Indubitabilidade da percepção imanente, dubitabilidade da percepção transcendente

De tudo isso resultam consequências importantes. Toda percepção imanente garante necessariamente a existência de seu objeto. Se a apreensão reflexiva se dirige a meu vivido, apreendi um "algo ele mesmo" absoluto, cuja existência não pode por princípio ser negada, ou seja, é impossível por princípio a evidência de que ele não seja; seria um contrassenso tomar por possível que um vivido *assim dado* na verdade *não* seja. Por maior que seja a extensão inapreensível do fluxo de vividos, do meu fluxo de vividos, isto é, do pensante, por desconhecido que ele seja nos trechos já transcorridos ou por vir, assim que dirijo meu olhar para a vida fluindo em seu presente efetivo e nela apreendo a mim mesmo como o puro sujeito desta vida (devemos mais tarde nos ocupar particularmente do que isso quer dizer), eu digo de maneira cabal e necessária: eu *sou*, esta vida é, eu vivo: *cogito*.

Faz parte de todo fluxo de vivido, e do eu como tal, a possibilidade de princípio de alcançar essa evidência; todos trazem em si mesmos a garantia de sua existência absoluta como possibilidade de princípio. Mas não é possível, poder-se-ia perguntar, que um eu tenha apenas ficções em seu fluxo de vivido, não é possível que este seja constituído de nada mais que de intuições fictícias? Tal eu depararia, pois, somente com ficções de *cogitationes*, suas reflexões seriam, pela natureza desse meio de vivido, exclusivamente reflexões na imaginação. — Isso é, no entanto, contrassenso manifesto. Mesmo que aquilo que é vacilante seja um mero ficto, o vacilar ele mesmo, a consciência fictícia ela mesma não é uma consciência fingida, e faz parte de sua essência, como de todo vivido, a possibilidade da reflexão perceptiva, da reflexão que apreende a existência absoluta. Não há contrassenso na possibilidade de que todas as consciências alheias, cuja existência ponho por experiência empática, não existam. *Minha* empatia e *minha* consciência em geral estão originária e absolutamente dadas, não apenas segundo a essência, mas segundo a existência. Só para o eu e para o fluxo de vivido em referência a si mesmo subsiste essa situação diferenciada, somente aqui há e tem de haver algo como percepção imanente.

Em contraposição a isso, faz parte, como sabemos, da essência do mundo-de-coisas que nenhuma percepção, por perfeita que seja, dê um absoluto em sua esfera, e a isso está essencialmente ligado que toda experiência, por mais ampla que seja, deixa aberta a possibilidade de que o dado *não* exista, a despeito da consciência constante da presença dele mesmo em carne e osso. Vale aqui a seguinte lei eidética: *a existência da coisa jamais é uma existência exigida como necessária pelo dado*, mas de certo modo é sempre *contingente*. Quer dizer: sempre pode ser que o transcurso posterior da experiência obrigue a abrir mão daquilo que já está posto *com legitimidade empírica*. Aquilo foi, diz-se depois, mera ilusão, alucinação, mero sonho concatenado etc. Acrescente-se que nessa esfera de dados está constantemente aberta a possibilidade de algo como uma mudança de apreensão, a alteração de uma aparição numa outra que não se coaduna coerentemente com ela e, assim, a possibilidade de que posições de existência empírica posteriores influam sobre posições de existência anteriores, pelo que os objetos intencionais destas sofrem ulteriormente, por assim dizer, uma transformação — eventos estes que estão por essência excluídos da esfera de vivido. Conflito, ilusão, ser outro não têm espaço na esfera absoluta. Ela é uma esfera de posição absoluta.

Assim, pois, está de todas as maneiras claro que tudo aquilo que está para mim aí no mundo-de-coisas, é por princípio *somente realidade presuntiva*; mas está claro, ao contrário, que *eu mesmo*, para quem aquilo está aí (por exclusão daquilo que é "por mim" atribuído ao mundo-de-coisas), mais exatamente, que minha atualidade de vivido é efetividade *absoluta*, dada por uma posição incondicionada, pura e simplesmente insuprimível.

À tese do mundo, que é uma tese "contingente", contrapõe-se, portanto, a tese de meu eu puro e da vida do eu, que é uma tese "necessária", pura e simplesmente indubitável. *Toda coisa dada em carne e osso também pode não ser, mas não um vivido dado em carne e osso*: tal é a lei de essência que define essa necessidade e aquela contingência.

A necessidade de ser de cada vivido atual não é, por isso, manifestamente uma pura necessidade de essência, ou seja, particularização eidética pura de uma lei de essência; é a necessidade de um fato, que assim é chamada porque uma lei de essência toma parte no fato e aqui, inclusive, na sua existência como tal. Na essência de um eu puro *em geral* e de um vivido *em geral* se funda a possibilidade ideal de uma reflexão que possui o caráter eidético de uma tese de *existência* evidente e insuprimível.[28]

A reflexão que acaba de ser feita também torna claro que nenhuma prova imaginável tirada da consideração empírica do mundo nos certifica, com segurança absoluta, da existência do mundo. O mundo não é duvidoso no sentido de que poderia haver motivos racionais consideráveis contrapondo-se à enorme força das experiências coerentes, mas no sentido de que uma dúvida é *pensável*, e o é porque jamais está excluída a possibilidade do não ser, como possibilidade de princípio. Por grande que seja, toda força empírica pode ser aos poucos contrabalançada e sobrepujada. Isso em nada altera o ser absoluto dos vividos, aliás, eles sempre permanecem como pressuposto de tudo isso.

Nossas considerações atingem, assim, um ponto culminante. Alcançamos os conhecimentos de que precisamos. Nos nexos eidéticos que se abriram para nós já estão contidas as premissas mais importantes para as conclusões que pretendemos tirar sobre se o mundo natural inteiro pode ser separável por princípio do domínio da consciência, da esfera de ser dos vividos; conclusões nas quais, como podemos nos convencer, finalmente ganha legitimidade um dos cernes das meditações de Descartes (cujos objetivos eram inteiramente outros), que ainda não se revelou em toda a sua pura força. Posteriormente, sem dúvida, ainda serão necessários alguns complementos, de resto fáceis de fazer, para atingir nossas metas últimas. Nós tiramos preliminarmente nossas consequências num âmbito de validez limitado.

---

[28] Trata-se, portanto, de um caso *bem relevante* entre aquelas necessidades empíricas mencionadas no § 6, ao final do segundo parágrafo, p. 40 deste trabalho. Sobre isso, cf. também a Terceira Investigação, no volume II da nova edição das *Investigações lógicas*.

Capítulo III
A região da consciência pura

§ 47. O mundo natural como correlato da consciência

Retomando os resultados do último capítulo, façamos a seguinte reflexão. O andamento de fato de nossas experiências humanas é tal que obriga nossa razão a ir além das coisas dadas intuitivamente (as coisas da *imaginatio* cartesiana) e a lhes imputar uma "verdade física". Tal andamento, contudo, também poderia ser diferente. Poderia ser diferente, não apenas caso o desenvolvimento humano jamais tivesse ido, e em tempo algum jamais pudesse ir, além do nível pré-científico, como se o mundo físico tivesse a sua verdade, mas nada soubéssemos a seu respeito. Também poderia ser diferente não apenas caso o mundo físico fosse outro, com ordenações de leis diferentes das faticamente válidas. Ao contrário, também se poderia pensar que nosso mundo intuitivo seria o derradeiro, "por detrás" do qual não haveria mundo físico algum, ou seja, poder-se-ia pensar que as coisas percebidas não aceitariam determinação matemática, física, que os dados da experiência aboliriam toda e qualquer física parecida com a nossa. Por conseguinte, os nexos empíricos seriam então outros e tipicamente diferentes do que facticamente são, porquanto cessariam as motivações empíricas que são fundantes para a formação dos conceitos e juízos físicos. Mas em linhas gerais, no âmbito das *intuições* doadoras que reunimos sob a designação "simples experiência" (percepção, rememoração etc.), as "coisas" se ofereceriam a nós de maneira semelhante à que agora se oferecem, mantendo-se continuamente, nas multiplicidades de suas aparições, como unidades intencionais.

Também podemos, no entanto, seguir adiante nesta direção; nenhuma barreira nos impede na destruição, em pensamento, da objetividade das coisas — como correlato da consciência empírica. Deve-se sempre observar aqui: *o que as coisas são* — as coisas sobre as quais fazemos enunciados, sobre cujo ser ou não ser, ser deste ou daquele jeito, podemos discutir e nos decidir racionalmente —, *elas o são como coisas da experiência*. É unicamente ela que lhes prescreve o seu *sentido*, e, uma vez que se trata de coisas fáticas, ela o prescreve como experiência atual em seus nexos empíricos de ordenação determinada. Se pudermos, no entanto, submeter a uma consideração eidética os tipos de vividos empíricos e, em especial, o vivido fundamental da percepção de coisa, se pudermos enxergar suas necessidades e possibilidades eidéticas (como manifestamente podemos) e, por conseguinte, também seguir eideticamente as mudanças possíveis por essência dos nexos empíricos motivados, então o correlato de nossa experiência fática, chamado "*mundo real*", *resultará como caso especial dos diversos mundos e não mundos possíveis*, os quais, por sua vez, nada mais são que correlatos de mudanças por essência possíveis da ideia de "experiência na forma de consciência", com nexos de experiências mais ou menos ordenados. Não se deve, pois, deixar enganar pela expressão "transcendência da coisa em relação à consciência" ou o "ser--em-si" dela. O conceito autêntico de transcendência da coisa, que é a medida de todos os enunciados racionais sobre transcendência, em parte alguma pode ser esgotado, a não ser a partir do próprio conteúdo eidético da percepção, isto é, a partir do *tipo* de nexo determinado que chamamos experiência de atestação. A ideia dessa transcendência é, portanto, o correlato eidético da ideia pura dessa experiência atestatória.

Isso vale para qualquer espécie imaginável de transcendência que deva poder ser tratada como efetividade ou possibilidade. *Jamais um objeto existente em si é tal que não diga em nada respeito à consciência e ao "eu" da consciência*. A coisa é coisa do *mundo circundante*, mesmo a coisa não vista, realmente possível, não experimentada, mas experimentável, ou melhor, talvez experimentável. *Possibilidade de experimentação jamais quer dizer possibilidade lógica vazia*, mas possibilidade *motivada* no nexo da experiência. Esse nexo é, de um extremo a outro, um nexo de "motivação",[29] que acolhe sempre novas motivações e transforma as já formadas. As motivações são diferentes no seu conteúdo de apreensão e determinação, mais ou menos ricas, mais ou menos delimitadas ou vagas em seu conteúdo, conforme se trate de coisas já "conhecidas" ou "completamente desconhecidas", ainda

---

[29] É preciso levar em conta que esse conceito fenomenológico fundamental de motivação, resultante para mim da separação da esfera fenomenológica pura efetuada nas *Investigações lógicas* (e como contraste ao conceito de causalidade referido à esfera transcendente da realidade), é uma *generalização* daquele conceito de motivação de acordo com o qual podemos dizer, por exemplo, que querer o fim motiva o querer dos meios. De resto, o conceito de motivação recebe, por fundamentos essenciais, diferentes acepções, cujas equivocidades não são perigosas e parecem até necessárias, desde que as situações fenomenológicas estejam clarificadas.

"não descobertas", ou conforme se trate, em coisa já vista, daquilo que nela é conhecido ou ainda desconhecido. Isso depende exclusivamente das *configurações eidéticas* de tais nexos, que, em todas as possibilidades, estão sujeitas a uma investigação eidética pura. Está implícito na essência que tudo o que seja *realiter*, embora ainda não atualmente experimentado, pode ser trazido à condição de dado, o que então significa que ele faz parte do horizonte indeterminado, mas determinável, de minha atualidade de experiência no momento. Esse horizonte é, porém, o correlato dos componentes de indeterminação atinentes por essência às experiências das coisas, e tais componentes deixam abertas — sempre por essência — possibilidades de preenchimento que não são possibilidades quaisquer, mas *prescritas*, ou seja, motivadas *pelo tipo eidético deles*. Toda experiência atual aponta para além de si, para experiências possíveis, as quais também apontam para novas experiências possíveis e assim *in infinitum*. E todas elas são efetuadas segundo espécies e formas de regulação eideticamente determinadas, obedecendo a tipos *a priori*.

Toda estimativa hipotética na vida prática e na ciência experimental se refere a esse horizonte mutável, porém sempre coincluído na tese do mundo, horizonte pelo qual esta ganha seu sentido essencial.

§ 48. Possibilidade lógica e contrassenso fático de um mundo fora de nosso mundo

Por certo, a admissão hipotética de um real fora deste mundo é "logicamente" possível, nela não há manifestamente uma contradição formal. Se perguntamos, porém, pelas condições eidéticas de sua validez, pela espécie de atestação exigida pelo seu sentido, se perguntamos pela espécie de atestação em geral determinada por princípio pela tese de um transcendente — não importa de que maneira possamos legitimamente generalizar sua essência —, reconhecemos que ele tem de ser necessariamente *experimentável*, e não apenas para um eu pensado mediante mera possibilidade lógica, mas por algum eu *atual*, enquanto unidade atestável de seus nexos empíricos. Pode-se, no entanto, ver com evidência (aqui, sem dúvida, ainda não fomos tão longe para poder fundá-lo em pormenor, fundação para a qual somente as análises posteriores fornecerão todas as premissas), que o que é cognoscível para *um* eu, tem de ser *por princípio* cognoscível para *todo e qualquer* eu. Ainda que nem todo eu esteja, e tampouco possa estar, *faticamente* em relação de "empatia", de entendimento, como todo e qualquer eu, por exemplo, nós com os espíritos que vivem talvez nos mais distantes mundos estelares, ainda assim subsistem, por princípio, *possibilidades eidéticas de estabelecimento de um entendimento*, portanto também possibilidades de que os mundos de experiência faticamente exigidos se juntem, mediante nexos empíricos atuais, num único mundo intersubjetivo, que é o correlato da unidade de um mundo de espíritos (da ampliação universal da comunidade de seres humanos). Caso se leve isso em conta, então a possibilidade lógico-formal de realidades fora do mundo, fora do *único* mundo espaço-temporal que está *fixado* por nossa experiência *atual*, se mostra efetivamente como contrassenso. Se há em geral mundos, coisas reais, então as motivações constituintes da experiência têm de *poder* chegar até a minha experiência e a de cada outro eu, da maneira geral acima caracterizada. Há, obviamente, coisas e mundo de coisas que não se deixam atestar de modo determinado em nenhuma experiência *humana*, mas isso tem meramente fundamentos fáticos nos limites fáticos dessa experiência.

§ 49. A consciência absoluta como resíduo do aniquilamento do mundo

Por outro lado, com tudo isso não está dito que *tem de* haver um mundo, que *tem de* haver alguma coisa. A existência de um mundo é o correlato de certas diversidades empíricas que se destacam por certas configurações eidéticas. *Não* há, porém, evidência de que as experiências atuais só possam transcorrer nessas formas de concatenação; isso não pode ser tirado puramente da essência da percepção em geral e das outras espécies de intuição empírica dela coparticipantes. Pode-se muito bem pensar, ao contrário, que o conflito não dissolve a experiência em aparência apenas no singular, que a aparência, como *de facto* ocorre, não anuncia uma verdade mais profunda, e o conflito não é exigido naquele lugar justamente por nexos mais abrangentes a fim de que a coerência do todo seja preservada; pode-se pensar que a experiência fervilha de conflitos irreconciliáveis, não apenas para nós, mais irreconciliáveis em si, que ela se mostra de uma vez por todas refratária à suposição de que suas posições de existência das coisas se manterão coerentes, que sua concatenação carece de ordenações seguras para regular os perfis, as apreensões, as aparições — enfim, que já não há mundo. Pode ser que se chegasse, numa certa medida, à constituição de grosseiras configurações de unidade, pontos de apoio passageiros para as intuições, as quais seriam meros análogos das intuições de coisa, porque totalmente incapazes de constituir "realidades" conservadas, unidades de duração que "existiriam em si, fossem elas percebidas ou não".

Ora, se a isso agora acrescentamos os resultados obtidos ao final do último capítulo, e pensamos, portanto, na possibilidade do não ser contida na essência de toda transcendência da coisa: então fica claro *que o ser da consciência, todo fluxo de vivido em geral seria necessariamente modificado por um aniquilamento do mundo de coisas, mas permaneceria intocado em sua própria existência.* Modificado, certamente. Pois aniquilamento do mundo não quer dizer, correlativamente, senão que em todo fluxo de vividos (o fluxo total pleno de vividos de um eu, isto é, considerado sem limite em nenhuma das duas direções) estariam excluídos certos nexos empíricos ordenados e, consequentemente, também os nexos da razão teórica que se orientariam por elas. Isso não implica, porém, que estariam excluídos outros vividos e nexos de vividos. Portanto, *nenhum ser real*, nenhum ser que se exiba e ateste por aparições à consciência, *é necessário para o ser da própria consciência* (no sentido mais amplo do fluxo de vivido).

O ser imanente é, portanto, indubitavelmente ser absoluto no sentido de que ele, por princípio, nulla "re" indiget ad existendum.[30]

Por outro lado, o mundo da "res" transcendente é inteiramente dependente da consciência, não da consciência pensada logicamente, mas da consciência atual.

Isso já ficou claro em seu caráter mais geral pelos desenvolvimentos feitos acima (no parágrafo precedente). Um transcendente é *dado* mediante certos nexos empíricos. Dado diretamente e em perfeição crescente, em contínuos de percepção que se mostram coerentes, em certas formas metódicas de pensamento fundado em experiência, o transcendente recebe, de maneira mais ou menos mediada, determinação teórica evidente e sempre progressiva. Admitamos que a consciência, com seu *conteúdo de vivido* e seu *transcurso*, seja realmente em si de tal espécie que o sujeito da consciência possa efetuar todos esses nexos, procedendo de maneira teórica livre na experiência e no pensamento da experiência (onde precisaríamos contar com o auxílio da compreensão recíproca dos outros eus e seus fluxos de vivido); admitamos, além disso, que a consciência esteja realmente em sua regulagem adequada, que do lado dos cursos de consciência não falte nada que possa ser exigido para a aparição de um mundo em sua unidade e para o conhecimento teórico racional dele. Tendo pressuposto tudo isso, perguntamos então: é ainda *pensável*, e não antes um contrassenso, que o mundo transcendente correspondente *não* exista?

---

[30] "Não carece de coisa alguma para existir". Em latim, no original. (NT)

Vemos, portanto, que consciência (vivido) e ser real são tudo menos espécies de ser de mesma ordem, que habitam pacificamente um ao lado do outro, que ocasionalmente se "referem" um ao outro ou se "vinculam" um com o outro. No sentido verdadeiro, a vinculação, a formação de um todo só é possível para aquilo que é aparentado por essência, para aquilo que tem, tanto um quanto outro, uma essência própria no mesmo sentido. De ambos, sem dúvida, do ser imanente ou absoluto e do ser transcendente, se diz que eles "são", que são "objeto" e que ambos têm seu conteúdo de determinação objetiva: é, no entanto, evidente que aquilo que, nos dois casos, se chama objeto e determinação objetiva só recebe a mesma denominação em categorias lógicas vazias. Um verdadeiro abismo de sentido se abre entre consciência e realidade. Aqui, um ser que se perfila, que não se dá de modo absoluto, mas meramente contingente e relativo; lá, um ser necessário e absoluto, que não pode por princípio ser dado mediante perfil e aparição.

A despeito de todos os discursos que falam, certamente com bom fundamento de sentido, de um ser real do eu *humano*, de seus vividos de consciência *no* mundo e de tudo o que a ele pertence em termos de nexos "psicofísicos" —, a despeito disso tudo, está claro, portanto, que a consciência, considerada em sua *"pureza"*, tem de valer como *uma concatenação de ser fechada por si*, como uma concatenação do *ser absoluto*, no qual nada pode penetrar e do qual nada pode escapulir; que não tem nenhum lado de fora espaço-temporal e não pode estar em nenhum nexo espaço-temporal, que não pode sofrer causalidade de coisa alguma, nem exercer causalidade sobre coisa nenhuma — supondo-se que causalidade tenha o sentido normal de causalidade natural, enquanto relação de dependência entre realidades.

Por outro lado, todo o *mundo espaço-temporal*, no qual o homem e o eu humano se incluem como realidades individuais subordinadas, é, *segundo seu sentido, mero ser intencional*, portanto, tal que tem o sentido meramente secundário, relativo, de um ser *para* a consciência. Ele é um ser de que a consciência põe a existência em suas experiências, que por princípio só é intuível e determinável como o idêntico de multiplicidades de aparições motivadas de modo coerente — mas, *além disso*, um nada.

§ 50. A orientação fenomenológica e a consciência pura como campo da fenomenologia

É assim que se inverte o sentido comum do discurso sobre o ser. O ser que para nós é o primeiro, é em si o segundo, ou seja, ele é o que é somente em "referência" ao primeiro. Não que uma cega ordem de leis tivesse estabelecido que a *ordo et connexio rerum* tivesse de se orientar pela *ordo et connexio idearum*. A realidade, tanto a realidade da coisa tomada isoladamente, como a realidade do mundo inteiro, é por essência (no nosso sentido rigoroso) desprovida de independência. Ela não é em si algo absoluto e que secundariamente se submete a um outro, mas, no sentido absoluto, não é nada, não tem "essência absoluta", tem a essencialidade de algo que é por princípio *apenas* um intencional, um conscientizado, um representado, um aparecimento na forma da consciência.

Voltemos agora nossos pensamentos novamente ao primeiro capítulo, a nossas considerações sobre a redução fenomenológica. Está claro agora que de fato, em contraposição à orientação teórica natural, cujo correlato é o mundo, uma nova orientação tem de ser possível, a qual, a despeito de colocar fora de circuito o todo da natureza psicofísica, conserva ainda algo — o campo inteiro da consciência absoluta. Em vez, portanto, de viver ingenuamente na experiência e de investigar teoricamente aquilo que se experimenta, a natureza transcendente, efetuamos a "redução fenomenológica". Noutras palavras: em vez de *efetuar* de modo ingênuo os atos de competência da consciência constituinte da natureza, com suas teses transcendentes, e de nos deixar determinar a sempre novas teses transcendentes pelas motivações neles contidas —, nós colocamos todas essas teses "fora de ação", não compartilhamos delas; dirigimos nosso olhar que apreende e investiga teoricamente para a *consciência pura em seu ser próprio absoluto*. Isso, portanto, é o que resta como o *resíduo fenomenológico* que se buscava, e resta, embora tenhamos "posto" o mundo inteiro, com todas as coisas, os seres viventes, os homens, inclusive nós mesmos, "fora de circuito". Não perdemos propriamente nada, mas ganhamos todo o ser absoluto, o qual, corretamente entendido, abriga todas as transcendências mundanas, as "constitui" em si.

Esclareçamos isso em pormenor. Na orientação natural *efetuamos* pura e simplesmente todos os atos por meio dos quais o mundo está para nós aí. Vivemos ingenuamente na percepção e na experiência, nesses atos em que nos aparecem unidades de coisas, e não apenas aparecem, mas são dadas com o caráter do "disponível", do "efetivo". No exercício da ciência natural, efetuamos atos ordenados de pensamento lógico-experimental, nos quais aquelas efetividades, acolhidas tais como se dão, são determinadas em conformidade com o pensamento, e nos quais também, fundados naquelas transcendências experimentadas e determinadas de modo direto, fazemos inferência sobre novas transcendências. Na orientação fenomenológica, nós *impedimos*, em generalidade de princípio, a *efetuação* de todas essas teses cogitativas, isto é, nós "colocamos entre parênteses" as teses efetuadas, e "não compartilhamos dessas teses" para fazer novas investigações; em vez de nelas viver, de *as* efetuar, efetuamos atos de *reflexão* a elas direcionados, e as apreendemos como o ser *absoluto* que elas são. Vivemos agora inteiramente nesses atos de segundo nível, cujo dado é o campo infinito do conhecimento absoluto — o *campo fundamental da fenomenologia*.

§ 51. Significação das considerações transcendentais preliminares

Qualquer um pode, sem dúvida, efetuar reflexão e trazê-la à apreensão de seu olhar na consciência; com isso, no entanto, ainda não se efetuou *reflexão* fenomenológica, e a consciência apreendida não é consciência pura. Considerações radicais como as levadas a cabo por nós são, portanto, necessárias para nos compenetrarmos do conhecimento de que há e pode em geral haver algo como o campo da consciência pura, que não é parte componente da natureza; e o é tanto menos quanto a natureza só é possível como uma unidade intencional nele motivada por nexos imanentes. Tais considerações são necessárias para que se reconheça, além disso, que essa unidade é dada e deve ser investigada teoricamente numa orientação em tudo diferente daquela na qual se deve em geral investigar a consciência que "constitui" essa unidade e, assim, toda e qualquer consciência absoluta. Elas são necessárias para que, diante da miséria filosófica em que em vão nos debatemos, conhecida pelo belo nome de visão-de-mundo fundada em ciência natural, fique finalmente claro que investigação transcendental da consciência não pode nem significar investigação natural, nem a pressupor como premissa, porque em sua orientação transcendental a natureza está posta por princípio entre parênteses. Elas são, enfim, necessárias para que se reconheça que nossa abstração de todo o mundo, na forma da redução fenomenológica, é algo de todo diferente de uma mera abstração de componentes de nexos abrangentes, sejam eles necessários ou fáticos. Não fossem os vividos de consciência pensáveis sem entrelaçamento com a natureza, *da mesma maneira que* cores não são pensáveis sem extensão, não poderíamos considerar a consciência como uma região absolutamente própria por si, no sentido em que temos de fazê-lo. É preciso, porém, ver com clareza que por "abstração" da natureza só se obtém algo natural, jamais a consciência transcendental pura. E, mais uma vez, a redução fenomenológica não quer dizer mera restrição do juízo a uma parte concatenada do todo do ser efetivo. Em todas as ciências particulares da efetividade, o interesse teórico se restringe a domínios particulares do todo da efetividade, permanecendo os demais fora de consideração, enquanto relações reais interligando um lado e outro não requeiram investigações mediadoras. Neste sentido, a mecânica "abstrai" de eventos ópticos, a física "abstrai", em geral e no sentido mais amplo, do psicológico. Mas, como todo cientista natural sabe, nenhum domínio da efetividade está por isso isolado, o mundo inteiro é, afinal, uma única "natureza", e todas as ciências naturais, membros de uma única ciência natural. De essência fundamentalmente outra é o que ocorre no domínio dos vividos como essencialidades absolutas. Ele é firmemente fechado em si mesmo e, no entanto, sem limites que o possam separar de outras regiões. Pois aquilo que o delimitaria, ainda teria de partilhar com ele uma comunidade de essência. Ele é, porém, o todo do ser absoluto no sentido preciso salientado por nossas análises. Ele é, por essência, independente de todo ser mundano, natural, e também não precisa dele para sua *existência*. A existência de uma natureza não *pode* condicionar a existência da consciência, uma vez que ela mesma se mostra como correlato da consciência; ela somente *é* enquanto se constitui em nexos regrados de consciência.

Nota
Para não deixar surgir mal-entendidos, faça-se aqui de passagem a seguinte observação: se a facticidade da ordem dada no curso da consciência através de suas particularizações em indivíduos e a *teleologia* a elas imanente dão ensejo fundado de perguntar precisamente pelo fundamento dessa ordem, então o princípio teológico que racionalmente nela se deve supor não pode ser *aceito*, por fundamentos de essência, *como uma transcendência no sentido do mundo*, pois isso seria, como antecipadamente se depreende com evidência de nossas constatações, um círculo absurdo. O princípio ordenador do absoluto tem de ser encontrado no próprio absoluto e em consideração absoluta pura. Noutras palavras, uma vez que um deus mundano é evidentemente impossível e, por outro lado, a imanência de Deus na consciência absoluta não pode ser apreendida como imanência no sentido do ser como vivido (o que seria não menos absurdo), tem de haver no fluxo absoluto da consciência e em suas infinitudes outros modos de anunciar transcendências, diferentes da constituição de realidades de coisas como unidades de aparições coerentes; e, finalmente, é preciso que haja também modos intuitivos de anunciar transcendências aos quais o pensamento teórico se amolde e possa, seguindo-o racionalmente, trazer à compreensão a atuação coerente do suposto princípio teológico. Então também é evidente que essa atuação não poderia ser apreendida como atuação causal no sentido do conceito natural

de causalidade, que está em consonância com as realidades e com os nexos funcionais inerentes à essência particular delas.

Tudo isso, entretanto, não nos diz mais respeito aqui. Nosso propósito imediato não é teologia, mas fenomenologia, por mais que esta possa ter mediatamente importância para aquela. As considerações fundamentais aqui efetuadas, contudo, foram feitas em vista da fenomenologia, porque eram indispensáveis para abrir acesso à esfera absoluta como o domínio de investigação próprio a ela.

§ 52. Complementos. A coisa física e a "causa desconhecida das aparições"

Passemos agora aos complementos necessários. Direcionamos a última série de nossas reflexões principalmente para a coisa da *imaginatio* sensível, sem que tomássemos em justa consideração a coisa física, em relação à qual a coisa que aparece sensivelmente (dada perceptivamente) deve desempenhar o papel de "mera aparição" ou de algo "meramente subjetivo". Já está, entretanto, implícito no sentido de nossos desenvolvimentos anteriores que essa mera subjetividade não pode ser confundida (como tão frequentemente ocorre) com uma subjetividade de vivido, como se as coisas percebidas estivessem nas suas qualidades percebidas e como se estas mesmas fossem vividos. A verdadeira opinião dos cientistas naturais (sobretudo se não nos fixamos em suas declarações, mas no sentido de seu método) tampouco pode ser a de que a coisa que aparece é uma ilusão ou uma *imagem* errônea da coisa física "verdadeira". Da mesma forma, induz em erro dizer que as determinidades do aparecer são "*signos*" das determinidades verdadeiras.[31]

Ora, podemos afirmar, no sentido do tão difundido "realismo", que o efetivamente percebido (e, antes de tudo, aquilo que aparece) deve ser visto, por sua vez, como aparição ou como substrução instintiva de um outro, que lhe é internamente estranho e dele separado? Deve este último ser considerado, em termos teóricos, como uma realidade totalmente desconhecida, hipoteticamente admissível para fins de explicação do curso de nossos vividos de aparição, como uma *causa* oculta dessas aparições, que só pode ser caracterizada de modo indireto e analógico por conceitos matemáticos?

Já com base em nossas exposições gerais (que ainda serão bastante aprofundadas e receberão confirmação constante em nossas análises subsequentes)

---

[31] Cf. as exposições sobre a teoria da imagem e do signo no § 78, pp. 171 e segs.

fica claro que teorias dessa espécie só são possíveis enquanto se evita tomar seriamente em consideração e examinar cientificamente a fundo o sentido do dado "coisa" e, portanto, o sentido de "coisa em geral" contidos na *essência* própria da experiência — sentido que constitui a norma absoluta de todo discurso racional sobre coisas. Aquilo que atenta contra esse sentido, é justamente um contrassenso na acepção mais rigorosa,[32] e isso vale indubitavelmente para todas as doutrinas epistemológicas do tipo aqui assinalado.

Poderia ser facilmente atestado que, se a presumível causa desconhecida *existisse* mesmo, ela teria *por princípio* de ser perceptível e experimentável, senão por nós, ao menos por outros eus capazes de ver melhor e mais longe. Além disso, não se trataria, por exemplo, de uma possibilidade vazia, meramente lógica, mas de uma possibilidade de essência provida de conteúdo e válida com esse conteúdo. Também se poderia mostrar que a própria percepção possível teria de ser mais uma vez, e por necessidade de essência, uma percepção por aparições, e que, assim, cairíamos numa inevitável regressão *in infinitum*. Afora isso, seria preciso indicar que uma explicação dos eventos dados na percepção mediante realidades causais hipoteticamente aceitas, mediante coisas desconhecidas (como, por exemplo, a explicação de interferências na órbita de certos planetas pela admissão de um novo planeta ainda desconhecido, Netuno), é por princípio diferente de uma explicação no sentido da determinação física das coisas empíricas, de uma explicação que se vale de meios físicos como átomos, íons etc. E assim, num sentido parecido, ainda haveria muita coisa por desenvolver.

Não podemos entrar aqui numa discussão sistemática exaustiva de todas essas relações. Para nossos fins, basta dar nítido relevo a alguns pontos principais.

Tomemos, para começar, a constatação facilmente comprovável de que, no método físico, *a própria coisa percebida é*, sempre e por princípio, *exatamente a coisa que o físico investiga e determina cientificamente*.

Essa proposição parece contradizer as proposições anteriormente enunciadas,[33] nas quais procuramos determinar mais de perto o sentido dos discursos habituais dos físicos, isto é, o sentido da separação tradicional entre qualidades primárias e secundárias. Depois de eliminar patentes mal-entendidos, dissemos que a "coisa propriamente experimentada" nos daria o "mero isto", um "x vazio", que se tornaria o suporte das determinações

---

[32] Neste escrito, contrassenso é um termo *lógico* e não exprime *nenhuma* valoração extralógica fundada em sentimento. Mesmo os maiores investigadores caem por vezes em contrassenso, e se é nosso dever científico dizê-lo, isso não diminui o respeito que temos por eles.
[33] Cf. acima, p. 95, § 40.

físicas exatas, as quais não entrariam na experiência propriamente dita. O ser "físico verdadeiro" seria, portanto, um ser "de determinação diferente por princípio" do ser dado "em carne e osso" na própria percepção. Este estaria aí tão-só com suas determinidades sensíveis, que justamente não são determinidades físicas.

As duas exposições, entretanto, são perfeitamente compatíveis, e não precisamos combater seriamente a interpretação da apreensão física. Temos apenas de entendê-la corretamente. Para isso, não podemos de modo algum cair no disparate de princípio das teorias da imagem e do signo que anteriormente mencionamos e igualmente refutamos de maneira radical e geral sem levar particularmente em consideração a coisa física.[34] Uma imagem ou signo remete a algo que está fora deles, o qual seria apreensível "ele mesmo" pela passagem a um outro modo de representação, o da intuição doadora. Um signo, uma imagem, não "anuncia" em si mesmo o "mesmo" que ele designa (ou reproduz em imagem). A coisa física, todavia, não é algo estranho àquilo que aparece sensivelmente "em carne e osso", mas algo que se anuncia originariamente nele, e *somente* nele, de maneira *a priori* (por fundamentos eidéticos insuprimíveis). Além disso, também o conteúdo de determinação sensível do x, que opera como suporte das determinações físicas, não é uma vestimenta estranha a estas e que as oculta: ao contrário, somente se o x é sujeito das determinações sensíveis, ele também é sujeito das determinações físicas, que, por sua vez, se *anunciam* nas determinações sensíveis. De acordo com o que foi pormenorizadamente apresentado, uma coisa, que é exatamente a mesma de que fala o físico, só pode ser dada por princípio sensivelmente, em "modos de aparição" sensíveis, e o idêntico que aparece na continuidade cambiante desses modos de aparição é aquilo que o físico, considerando todos os nexos experimentáveis (portanto, percebidos ou perceptíveis) que podem ser levados em conta como "circunstâncias", submete a uma análise causal, a uma investigação segundo nexos reais de necessidade. A coisa que ele observa, com a qual faz experiências, que constantemente vê, toma nas mãos, põe na balança, leva ao forno de fusão: esta, e nenhuma coisa mais, se torna o sujeito dos predicados físicos, tais como peso, massa, temperatura, resistência elétrica etc. Da mesma maneira, são os próprios eventos e nexos percebidos que são determinados por conceitos como força, aceleração, energia, átomo, íon etc. Portanto, a coisa que aparece sensivelmente, que tem formas sensíveis, cores, propriedades olfativas e gus-

---

[34] Cf. acima, § 43, p. 102.

tativas, é tudo menos um signo de uma *outra coisa*, mas é, de certo modo, signo *de si mesma*.

O máximo que se pode dizer é que, *para o físico que já procedeu em geral à determinação física* de tais coisas em nexos de aparição especificamente adequados, a coisa que aparece com tais e tais propriedades sensíveis, sob tais circunstâncias fenomenais dadas, é indício de uma profusão de propriedades causais dessa mesma coisa, que se anunciam como tais justamente em espécies bem conhecidas de relações de dependência entre as aparições. Aquilo que ali se anuncia é, manifestamente — justamente por se anunciar em unidades intencionais de vivido de consciência —, transcendente por princípio.

Depois disso tudo fica claro que *mesmo a mais alta transcendência da coisa física não significa uma extrapolação do mundo para a consciência*, isto é, para qualquer eu (individualmente ou em vínculo de empatia) operando como sujeito do conhecimento.

Em linhas gerais, a situação é a seguinte: é sustentado na experiência natural (isto é, nas teses naturais que ela efetua) que se estabelece o pensamento físico, o qual, *seguindo motivos racionais* que lhe são oferecidos pelos nexos empíricos, efetua certos modos de apreensão, certas construções intencionais como sendo exigidas racionalmente, e as efetua para a *determinação teórica* das coisas experimentadas sensivelmente. Por isso mesmo surge a oposição entre a coisa da simples *imaginatio* sensível e a coisa da *intellectio* física, e é em vista desta última que surgem todas aquelas construções ontológicas ideais de pensamento que se exprimem nos conceitos físicos, e que tiram e podem tirar seu sentido exclusivamente do método científico natural.

Se o que se entende por física é o trabalho que a razão lógico-experimental faz para extrair um correlato intencional de nível mais alto — isto é, para extrair, *da* natureza que simplesmente aparece, a natureza física —, então significa fazer mitologia quando esse dado *evidente* de razão, que nada mais é que a *determinação lógico-experimental* da natureza dada simplesmente na intuição, é explicado como um mundo *desconhecido* de realidades de coisas em si, mundo hipoteticamente suposto para fins de explicação *causal* das aparições.

Opera-se, portanto, o contrassenso de ligar por *causalidade* coisas sensíveis e coisas físicas. Com isso, porém, no realismo habitual as aparições sensíveis, isto é, os objetos que aparecem como tais (os quais já são eles mesmos transcendências) são confundidos, em virtude de sua "mera subjetividade", com os vividos absolutos de aparição, da consciência empírica em geral, vividos que constituem aqueles objetos. Por toda parte se comete essa confusão, ao menos *na* forma, já que se fala como se a física objetiva se ocupasse de explicar as "aparições das coisas" não no sentido das coisas que aparecem, mas no sentido dos vividos constitutivos da consciência empírica. A causalidade, que pertence por princípio ao nexo do mundo constituído intencionalmente, e somente nele tem sentido, não é agora apenas transformada num elo místico entre o ser físico "objetivo" e o ser "subjetivo" que aparece na experiência imediata — a coisa sensível "meramente subjetiva" com as "qualidades secundárias" —, mas também, pela passagem ilegítima deste último à consciência que a constitui, ela é transformada num elo entre o ser físico e a consciência absoluta, especialmente os puros vividos de experiência. Imputa-se, assim, ao ser físico uma realidade mítica absoluta, enquanto não se vê de modo algum o verdadeiro absoluto, a consciência pura como tal. Não se nota, portanto, a absurdidade que há em absolutizar a natureza física, esse correlato intencional do pensamento lógico determinante; tampouco se nota a absurdidade que há em transformar essa natureza, que determina de maneira lógico-experimental, em intuição direta, o mundo das coisas e que, nessa função, é inteiramente *conhecida* (não há um sentido a ser buscado por detrás dela), numa realidade desconhecida, só indicada de maneira misteriosa, que jamais é apreensível em *si mesma* e em nenhuma determinidade própria, e à qual se atribui agora o papel de uma realidade *causal* em relação aos cursos de aparições subjetivas e vividos empíricos.

Certamente uma não pequena influência na formação desses mal-entendidos se deve à circunstância de que se dá uma falsa interpretação à *não intuitividade sensível* de todas as unidades categoriais do pensamento e, naturalmente, de maneira particularmente notória, das unidades categoriais constituídas por muitas mediações, e à tendência, útil na prática do conhecimento, de atribuir imagens sensíveis, "modelos", a essas unidades de pensamento: o não intuível sensivelmente seria *um representante simbólico* de um algo oculto, que poderia ser trazido à intuição sensível simples no caso de uma organização intelectual mais aprimorada; e os modelos serviriam de imagens esquemáticas intuitivas para esse algo oculto; eles teriam, portanto, uma função semelhante às dos desenhos hipotéticos que, com base em dados escassos, o paleontólogo faz do mundo dos seres vivos em épocas passadas. Não se atenta aí para o sentido *evidente* das unidades construtivas do pensamento *como tais* e não se vê que o hipotético está aqui vinculado à esfera das sínteses de pensamento. Nem mesmo uma física divina pode transformar em determinações sensíveis simples as determinações categoriais que o pensamento faz das realidades, tão pouco quanto a onipotência divina é capaz de fazer com que se pintem funções elípticas ou que sejam tocadas ao violino.

Por mais que essas exposições careçam de aprofundamento, por mais sensíveis que elas nos façam à necessidade de plena clarificação de todas as relações aqui pertinentes, tornou-se evidente para nós aquilo de que precisamos para nossos fins, a saber, que, por princípio, a transcendência da coisa física é transcendência de um ser que se constitui na consciência, que está ligado à consciência, e que o recurso à ciência natural matemática (não obstante os muitos enigmas particulares que ainda possa haver no seu conhecimento) em nada modifica os nossos resultados.

Não é preciso exposição particular para mostrar que tudo aquilo que tornamos claro com respeito às objetividades naturais como "meras coisas", tem de valer para todas as objetividades *axiológicas* e *práticas* nelas fundadas, para os objetos estéticos, para as realizações da civilização etc. E também, finalmente, para todas as transcendências em geral que se constituem na consciência.

§ 53. Os seres animados e a consciência psicológica

Muito importante é outra ampliação dos limites de nossas considerações. Trouxemos a natureza material inteira à esfera de nossas constatações, isto é, tanto a natureza que aparece sensivelmente, quanto a natureza física nela fundada como um nível superior do conhecimento. Como ficam, porém, as *realidades dotadas de alma*, os seres humanos e os animais? Como elas ficam no que diz respeito a suas almas e *vividos anímicos*? Em sua plenitude, o mundo não é meramente mundo físico, mas psicofísico, dele devem fazer parte — quem pode negá-lo? — todos os fluxos de consciência ligados a corpos animados. *De um lado*, portanto, *a consciência deve ser o absoluto*, no qual se constitui todo e qualquer transcendente e, por conseguinte, enfim, todo o mundo psicofísico; *de outro*, a consciência deve ser *um evento real subordinado no interior desse mundo*. Como conciliar isso?

Tornemos claro para nós como a consciência entra, por assim dizer, no mundo real, como o em si absoluto pode abrir mão de sua imanência e assumir o caráter da transcendência. Vemos desde logo que só é capaz disso por certa participação na transcendência, em seu sentido primeiro e originário, que é manifestamente a transcendência da natureza material. A consciência só se torna consciência humana e animal real pelo referimento empírico ao corpo, e só por intermédio deste ela obtém um lugar no espaço e no tempo da natureza — no tempo medido fisicamente. Lembremos também que somente pelo vínculo de consciência e corpo numa unidade natural, empírico-intuitiva, é possível algo como uma compreensão recíproca entre os seres animados que fazem parte de um mundo, e que somente por ele cada sujeito cognoscente pode encontrar o mundo em sua plenitude, que inclui a ele mesmo e aos outros sujeitos, e ao mesmo tempo reconhecer que é o mesmo mundo circundante, que ele possui em comum com os outros sujeitos.

Uma *espécie própria de apreensão* ou *de experiência*, uma espécie própria de "*apercepção*" é o que efetua essa operação de "vinculação", de realização da consciência. Mesmo que não se saiba em que consiste essa apercepção, que espécie particular de atestação ela requer, pelo menos isto é inteiramente manifesto: a consciência mesma nada perde de sua essência própria nesses entrelaçamentos aperceptivos, isto é, nesse referimento psicofísico ao corpóreo, ela nada pode acolher em si de estranho a sua essência, o que seria, sem dúvida, um contrassenso. O ser corpóreo é, por princípio, ser que aparece, que se exibe por perfis sensíveis. A consciência apercebida naturalmente, o fluxo de vividos dado como fluxo humano e animal e, portanto, experimentado em vínculo com a corporeidade, não se torna, naturalmente, mediante essa apercepção, um algo que aparece por perfis.

E, no entanto, ela se tornou um outro, uma parte componente da natureza. Em si mesma, ela é o que é, ela é de essência absoluta. Ela, contudo, não é apreendida nessa essência, no isto aí imediato de seu fluxo, mas é "apreendida como algo"; e nessa apreensão de tipo próprio se constitui um tipo próprio de *transcendência*: surge agora um *estado* da consciência de um eu-sujeito idêntico e *real*, o qual nele anuncia suas propriedades reais individuais e do qual agora — *enquanto* esta unidade de propriedades que se anunciam em estados — se é consciente em sua união com o corpo que aparece. Assim, é *na forma de aparição* que se constitui a unidade natural psicofísica "homem" ou "animal", como unidade *fundada* corporalmente, em concordância com a fundação da apercepção.

Como em toda apercepção transcendente, também aqui se deve efetuar, por essência, uma *dupla orientação. Numa delas,* o olhar que apreende se dirige para o objeto apercebido, atravessando, por assim dizer, a apreensão transcendente; *na outra*, ele se dirige reflexivamente para a consciência pura da apreensão. Por conseguinte, no nosso caso temos, de um lado, a *orientação psicológica,* na qual o olhar orientado naturalmente se dirige para os vividos, por exemplo, para um vivido de alegria, como *estado* de vivência do homem ou do animal. Do outro, temos a *orientação fenomenológica* ali entrelaçada como possibilidade de essência, a qual, refletindo e pondo fora de circuito as teses transcendentes, se volta para a consciência pura absoluta e então depara com a apercepção do estado de um vivido absoluto: é o caso, no exemplo acima, do vivido do sentimento de alegria, como dado fenomenológico absoluto, mas em meio a uma função de apreensão que o vivifica, qual seja, a de "anunciar" o estado de um eu-sujeito humano em vínculo com o corpo que aparece. Num certo sentido, o vivido "puro" está "contido" no psicologicamente apercebido, no vivido como estado humano; junto com sua essência própria, ele toma a forma de um estado e assume, assim, a referência intencional ao eu humano e à corporeidade humana. Se o vivido em questão, em nosso exemplo, o sentimento de alegria, perde essa forma intencional (e isso é concebível), ele sofre, por certo, uma modificação, que não passa, porém, do seguinte: ela se simplifica *em consciência pura*, ela já não tem significação natural alguma.

§ 54. Continuação. O vivido psicológico transcendente é contingente e relativo; o vivido transcendental é necessária e absoluto

Vamos pensar que efetuamos apercepções naturais, mas constantemente inválidas, que não admitiriam nexos coerentes nos quais se pudessem constituir unidades de experiência para nós: noutras palavras, pensemos, no sentido das exposições feitas antes,[35] que toda a natureza e, antes de tudo, a natureza física esteja "aniquilada": neste caso, já não haveria corpos e, portanto, seres humanos. Eu não mais existiria como ser humano e, com mais razão ainda, não existiriam para mim os seres humanos meus próximos. Minha consciência, porém, por mais alterados que fossem os seus vividos, permaneceria um fluxo absoluto de vividos, com sua essência própria. Se ainda restasse algo que permitisse apreender os vividos como "estados" de um eu pessoal, em cuja alternância se anunciariam propriedades pessoais idênticas, então também poderíamos dissolver essas apreensões, desfazer as formas intencionais que elas constituem e reduzi-las aos vividos puros. Também os *estados psíquicos* remetem a regulamentações dos vividos absolutos nas quais eles se constituem, nas quais eles assumem a forma intencional "*estado*", que é uma forma *transcendente* a sua maneira.

Também se pode seguramente pensar uma consciência desprovida de corpo e mesmo, por paradoxal que possa soar, uma consciência desprovida de alma, uma consciência impessoal, isto é, um fluxo de vivência no qual não houvesse constituição das unidades intencionais empíricas "corpo", "alma",

---

[35] Cf. § 49, p. 114.

"eu-sujeito empírico", no qual todos esses conceitos empíricos, e portanto também o de *vivido* no *sentido psicológico* (como vivido de uma pessoa, de um ser animado) não tivessem ponto de apoio algum ou, em todo caso, não tivessem validez alguma. *Todas* as unidades empíricas e, portanto, também os vividos psicológicos são *índices de nexos absolutos de vividos* com uma configuração eidética diferenciada, ao lado das quais também outras configurações são pensáveis: todas as unidades empíricas são, no mesmo sentido, transcendentes, meramente relativas, contingentes. Se parece óbvio que, empiricamente, todo vivido próprio e alheio deve ser considerado, e com plena legitimidade, como um estado psicológico ou psicofísico de sujeitos dotados de alma, tal constatação tem, porém, no sentido que foi apontado, os seus limites; é preciso se convencer de que ao vivido empírico se contrapõe o vivido *absoluto, como pressuposição de seu sentido*, e de que isso não é uma construção metafísica, mas algo indubitavelmente atestável em sua absolutez, algo dado em intuição direta, pela alteração correspondente da orientação. É preciso se convencer de que *o psíquico em geral, no sentido da psicologia*, as pessoas, as propriedades, vividos ou estados psíquicos são unidades *empíricas* e, portanto, como realidades de qualquer espécie ou nível, são meras unidades de "constituição" intencional — são verdadeiramente existentes no seu sentido; podem ser intuídas, experimentadas e determinadas cientificamente com base na experiência — e, no entanto, são "meramente intencionais" e, por isso, meramente "relativas". Estipular que existem no sentido absoluto é, portanto, um contrassenso.

§ 55. Conclusão. Todas as realidades são por "doação de sentido". Que não se trata de "idealismo subjetivo"

Em certo sentido, e com alguma precaução no uso da palavra, também se pode dizer: "*Todas as unidades reais são 'unidades do sentido'*". Unidades do sentido pressupõem (volto a frisar: não porque o deduzimos de quaisquer postulados metafísicos, mas porque podemos atestá-lo em procedimentos intuitivos, completamente indubitáveis) consciência doadora de sentido, a qual, por sua vez, é absoluta e não novamente por meio de uma doação de sentido. Se o conceito de realidade é tirado das realidades *naturais*, das unidades de experiência possível, então "a totalidade do mundo", "a totalidade da natureza" é, sem dúvida, o mesmo que a totalidade das realidades; identificá-la, porém, com a totalidade do *ser*, tornado-a, assim, absoluta, é contrassenso. *Uma realidade absoluta vale exatamente o mesmo tanto que um quadrado redondo*. Realidade e mundo são aqui justamente designações para certas *unidades* válidas *de sentido*, quer dizer, unidades do "sentido", referidas a certos nexos da consciência pura, absoluta, que dão sentido e atestam a validade dele, justamente desta e não de outra maneira, de acordo com a *essência* própria deles.

A alguém que, diante de nossas explanações, objeta que isso significa converter todo o mundo em ilusão subjetiva e se lançar nos braços de um "idealismo berkeliano", podemos apenas replicar que ele não apreendeu o *sentido* dessas explanações. O sentido plenamente válido do mundo, como todo das realidades, ficou tão pouco comprometido como o sentido geométrico plenamente válido do quadrado ficaria se se negasse que ele é redondo (o que neste caso é, sem dúvida, uma reles trivialidade). Não se fez uma "reviravolta" na interpretação da efetividade real, nem se chegou a negá-la, mas se afastou uma interpretação absurda, que contradiz o sentido, clarificado em evidência, que lhe é *próprio*. Essa interpretação advém de uma absolutização *filosófica* do mundo, que é de todo estranha à consideração natural dele. Esta última é, precisamente, natural, ela vive ingenuamente na efetuação da tese geral por nós descrita e, portanto, jamais pode ser um contrassenso. O contrassenso surge somente quando se filosofa e, na busca de uma explicação última sobre o sentido do mundo, não se nota que o mundo mesmo possui todo o seu ser como certo "sentido", o qual pressupõe a consciência absoluta, o campo da doação de sentido;[36] e quando, em estreita ligação com isso, não se nota que esse *campo, essa esfera ontológica das origens absolutas, é um campo acessível à investigação intuitiva*, com uma profusão infinita de conhecimentos evidentes da mais alta dignidade científica. Esse último ponto, com efeito, ainda não foi mostrado por nós e só ganhará clareza no prosseguimento destas investigações.

Deve-se, finalmente, observar ainda que a generalidade com que se falou, nas ponderações que acabam de ser feitas, da constituição do mundo natural na consciência absoluta, não deve causar perplexidade. O leitor com experiência científica poderá concluir, da determinidade conceitual das exposições, que não nos arriscamos temerariamente em extravagâncias filosóficas, mas, com base em trabalho sistemático de fundamentação nesse campo, concentramos cautelosamente conhecimentos obtidos em descrições que se mantêm no âmbito da generalidade. A necessidade de desenvolvimentos

---

[36] Para que o contraste seja mais eficaz, permito-me de passagem aqui um alargamento extremo, mas lícito a seu modo, do conceito de "sentido".

mais pormenorizados e de preenchimento das lacunas deixadas abertas não é apenas sensível, mas é preciso que o seja. As exposições que seguem trarão contribuições consideráveis para a configuração mais concreta dos delineamentos precedentes. Deve-se notar, porém, que nossa meta aqui não é fornecer uma teoria pormenorizada dessa constituição transcendental e, com isso, esboçar uma nova "teoria do conhecimento" para as esferas da realidade, mas apenas trazer à evidência pensamentos gerais que possam ser de ajuda na obtenção da ideia da consciência transcendental pura. O essencial para nós é a evidência de que a redução fenomenológica é possível como exclusão de circuito da orientação natural, ou seja, de sua tese geral, e de que, depois de efetuada, a consciência absoluta ou transcendental pura ainda resta como um resíduo, ao qual é contrassenso atribuir ainda realidade.

Capítulo IV
As reduções fenomenológicas

§ 56. A questão da amplitude da redução fenomenológica. Ciências naturais e ciências do espírito

Colocar a natureza fora de circuito foi para nós o meio metódico de possibilitar que o olhar se voltasse para a consciência transcendental pura. Agora que a temos sob o olhar intuitivo, é sempre útil ponderar, na direção inversa, o que tem de permanecer fora de circuito para os fins da investigação pura da consciência, e se tal exclusão do circuito diz respeito apenas à esfera da natureza. Da parte da ciência fenomenológica por fundar, isso significa também perguntar *que ciências* ela pode *ter como fontes* sem ferir seu sentido puro, quais ela pode e quais não pode empregar como *previamente dadas*, quais, por conseguinte, precisam ser "postas entre parênteses". É da essência peculiar da fenomenologia, enquanto ciência das "origens", que questões metódicas deste tipo, que nem de longe se põem para uma ciência ingênua ("dogmática"), tenham de ser cuidadosamente refletidas por ela.

É óbvio, em primeiro lugar, que, com o mundo natural, tanto físico como psicofísico, posto fora de circuito, também estão excluídas todas as objetividades individuais que se constituem mediante funções valorativas e práticas da consciência, todas as espécies de realizações da civilização, obras das artes técnicas e das belas-artes, das ciências (consideradas não enquanto unidades de validação, mas justamente enquanto fatos de civilização), e toda forma de valores estéticos e práticos. E naturalmente também efetividades tais como Estado, costumes, direito e religião. Assim, a exclusão de circuito atinge todas as ciências naturais e do espírito, com toda a sua provisão de conhecimentos, justamente porque são ciências que requerem a orientação natural.

§ 57. Questão: o eu puro pode ser posto fora de circuito?

Dificuldades surgem num ponto-limite. O ser humano, enquanto ser natural e enquanto pessoa em laços pessoais como o de "sociedade", está posto fora de circuito; assim também todo ser animal. Mas como fica o *eu puro*? Será que, pela redução fenomenológica, também o eu fenomenológico que encontra coisas se converteu num nada transcendental? Façamos a redução ao fluxo da consciência pura. Na reflexão, toda *cogitatio* efetuada assume a forma explícita *cogito*. Será que ele perde essa forma, quando praticamos a redução transcendental?

Desde logo, tudo quanto pode estar claro é o seguinte: depois que executamos essa redução, não encontramos o eu puro em parte alguma do fluxo de diversos vividos que resta como resíduo transcendental, nem como um vivido entre outros vividos, nem como parte própria de um vivido, nem surgindo e desaparecendo com o vivido de que ele seria parte. O eu parece estar ali de maneira constante e até necessária, e essa constância não é, manifestamente, a de um vivido que persiste estupidamente, a constância de uma "ideia fixa". Ele faz parte, ao contrário, de cada vivido que chega e se escoa, seu olhar se dirige ao objeto "através" de cada *cogito* atual. O raio de luz desse olhar muda a cada *cogito*, iluminando-se de novo a cada novo *cogito* e desaparecendo junto com ele. O eu, porém, é um idêntico. Toda *cogitatio*, ao menos em princípio, pode variar, vir e ir, embora caibam dúvidas se cada uma delas é algo *necessariamente* efêmero e não apenas, tal como a encontramos, *faticamente* efêmero. O eu puro, em contrapartida, parece ser algo *necessário* por princípio e, enquanto absolutamente idêntico em toda mudança real ou possível dos vividos, ele não pode, *em sentido algum, ser tomado por parte ou momento real* dos próprios vividos.

Num sentido particular, ele esgota sua vida em cada *cogito* atual, mas também os vividos de fundo lhe concernem, assim como ele a eles; enquanto pertencentes a um *único*, ao meu fluxo de vividos, todos eles têm de poder ser convertidos ou incluídos de maneira imanente em *cogitationes* atuais; na linguagem kantiana: "*O 'eu penso' tem de poder acompanhar todas as minhas representações*".

Se como resíduo da exclusão fenomenológica do mundo e da subjetividade empírica a ele pertencente nos resta um eu puro (e, neste caso, um eu diferente por princípio para cada fluxo de vivência), então com ele se oferece uma *espécie própria* de transcendência — não constituída —, uma *transcendência na imanência*. Devido ao papel essencial imediato que essa imanência desempenha em cada *cogitatio*, não nos é permitido submetê-la à exclusão do circuito, embora para muitas investigações as questões acerca do eu puro possam ficar *in suspenso*. Pretendemos considerar o eu puro como *datum* fenomenológico somente até onde vá sua peculiaridade eidética constatável em evidência imediata e sua condição de dado concomitante com a consciência pura, ao passo que todas as teorias sobre ele que extrapolem esse âmbito devem ser postas fora de circuito. De resto, teremos oportunidade de dedicar um capítulo próprio, no segundo livro deste escrito, às difíceis questões acerca do eu puro e também, além disso, à consolidação da posição provisoriamente tomada por nós aqui.[37]

§ 58. A transcendência de Deus colocada fora de circuito

Depois de abrir mão do mundo natural, deparamos ainda com outra transcendência, que, diferentemente do eu puro, não é dada em união imediata com a consciência reduzida, mas só chega ao conhecimento de maneira bastante mediada, como que no polo oposto da transcendência do mundo. Estamos falando da transcendência de Deus. A redução do mundo natural ao absoluto da consciência produz certas espécies de nexos *fáticos* entre vividos de consciência, com marcadas regras de ordenação, nas quais se constitui, como correlato intencional, um mundo *morfologicamente ordenado* na esfera da intuição empírica, isto é, um mundo para o qual pode haver ciências classificadoras e descritivas. No que concerne ao seu nível material inferior, esse mundo pode ser determinado no pensamento teórico das ciências matemáticas da natureza como "aparição" de uma natureza *física* que se encontra sob leis naturais exatas. Em tudo isso está contido uma admirável *teleologia*, já que a *racionalidade* realizada pelo fato não é aquela requerida pela essência.

Não apenas isso: a investigação sistemática de todas as teleologias encontráveis no próprio mundo empírico, por exemplo, o desenvolvimento fático da série dos organismos até o ser humano e, no desenvolvimento humano, o surgimento da civilização, com todos os seus tesouros espirituais etc., ainda resta por fazer, a despeito das explicações que a ciência natural

---

[37] Nas *Investigações lógicas* defendi uma posição cética na questão do eu puro, que não pude manter no progresso de meus estudos. A crítica que endereçei à fecunda *Introdução à psicologia* de Natorp (II, pp. 340 e segs. da primeira edição) não é, portanto, consistente quanto ao ponto principal. (Infelizmente não pude ler e considerar as alterações da reedição recentemente publicada da obra de Natorp).

propõe para todas essas realizações a partir de circunstâncias fáticas dadas e em conformidade com as leis naturais. A passagem à consciência pura pelo método da redução transcendental leva, ao contrário, necessariamente a perguntar pelo fundamento da agora revelada facticidade da consciência constituinte que corresponde a essas teleologias. Não é o fato, mas o fato como fonte de possibilidades e efetividades de valor crescendo ao infinito, que obriga a perguntar por esse "fundamento" — que não tem, naturalmente, o sentido de uma causa causal-material. Passamos por alto aquilo que, à maneira de um motivo racional fundante, pode levar a consciência religiosa a esse mesmo princípio. O que nos importa aqui, depois da mera indicação de diferentes grupos de tais fundamentos racionais para a existência de um ser "divino" extramundano, é que este não seria transcendente apenas em relação ao mundo, mas manifestamente também em relação à consciência "absoluta". Ele seria, portanto, *um "absoluto" num sentido totalmente diferente do absoluto da consciência*, assim como, por outro lado, um *transcendente num sentido totalmente diferente* do transcendente no sentido do mundo.

Naturalmente, nossa redução fenomenológica é extensiva a esse "absoluto" e a esse "transcendente". Ele deve permanecer fora de circuito no novo campo de investigação a ser estabelecido, uma vez que este deve ser um campo da própria consciência pura.

§ 59. A transcendência do eidético. Exclusão da lógica pura enquanto *mathesis universalis*

Tal como fizemos com as realidades individuais em todo e qualquer sentido, tentemos agora também pôr fora de circuito todas as outras espécies de "transcendências". Isso diz respeito à série dos "objetos gerais", as essências. Também eles num certo sentido são "transcendentes" para consciência pura, eles não são realmente encontrados nela. Todavia, não podemos pôr ilimitadamente as transcendências fora de circuito, purificação transcendental não significa exclusão de circuito de *todas* as transcendências, pois senão restaria uma consciência pura, mas nenhuma possibilidade de uma ciência da consciência pura.

Vamos tornar isso claro. Para tanto, tentaremos colocar o eidético fora de circuito, da maneira mais ampla que pudermos, e, com ele, todas as ciências eidéticas. Toda esfera regionalmente fechada do ser individual, no sentido lógico mais amplo, implica uma ontologia: a natureza física implica, por exemplo, uma ontologia da natureza, a animalidade, uma ontologia do ser animal — todas essas disciplinas, quer estejam já desenvolvidas, quer apenas postuladas, sucumbem à redução. Às ontologias materiais se contrapõe a ontologia "formal" (junto com a lógica formal das significações do pensamento), dela fazendo parte a quase-região "objeto em geral". Se tentarmos também colocá-la fora de circuito, enfrentaremos dificuldades, que também dizem respeito à possibilidade de colocar irrestritamente o eidético fora de circuito.

Impõe-se então a nós a seguinte série de pensamentos. A todo domínio do ser, nós temos de ajuntar, para fins da ciência, certas esferas eidéticas, não exatamente como domínios de investigação, mas como pontos de conhecimentos eidéticos em que o investigador do domínio em questão sempre poderá fazer incursões toda vez que isso lhe for sugerido por motivos teóricos ligados à peculiaridade de essência daquele domínio. Mas é sobretudo à lógica formal (ou ontologia formal) que todo investigador tem de poder recorrer livremente. Pois tanto faz o que ele investiga, são sempre objetos que ele investiga, e aquilo que vale *formaliter* para objetos em geral (para propriedades, estados-de-coisa em geral etc.), também é de seu domínio. E não importa como concebe conceitos e proposições, como faz inferências etc., aquilo que a lógica formal estabelece em generalidade formal sobre tais significações e gêneros de significações também diz respeito não somente a ele, mas igualmente a todo investigador de um domínio específico. E o mesmo vale também para o fenomenólogo. Todo vivido puro também está subordinado ao sentido lógico mais amplo de objeto. Não podemos pois — assim parece — colocar a lógica e a ontologia formal fora de circuito. E tampouco, por razões manifestamente iguais, a noética geral, que exprime conhecimentos de essência sobre a racionalidade ou irracionalidade do pensamento judicativo em geral, cujo conteúdo de significação é determinado apenas em generalidade formal.

Se, no entanto, fizermos uma reflexão mais detida, ficará patente que, sob certos pressupostos, existe uma possibilidade de pôr entre "parênteses" a lógica formal e, junto com ela, todas as disciplinas da *mathesis* formal (álgebra, teoria dos números, teoria dos múltiplos etc.). Isto é, tal possibilidade existe caso se pressuponha que a investigação da consciência pura pela fenomenologia não se coloca, nem tem de se colocar, outra tarefa senão a da análise descritiva, que ela tem de solucionar em intuição pura: neste caso, as formas de teorias das disciplinas matemáticas e todos os seus teoremas mediatos não podem ter nenhuma serventia para ela. Onde a formação de conceito e de juízo não procede de maneira construtiva, onde não se constroem sistemas de dedução mediata, a teoria das formas dos sistemas dedutivos em geral, tal como se apresenta na matemática, não pode operar como instrumento de investigação material.

A fenomenologia é então, com efeito, uma disciplina *puramente descritiva*, que investiga todo o campo da consciência transcendental pura *na intuição pura*. As proposições lógicas, de que ela poderia oportunamente lançar mão, seriam portanto somente *axiomas* lógicos, como o princípio de contradição, cuja validez geral e absoluta ela poderia, no entanto, tornar exemplarmente evidente em seus dados próprios. Podemos, pois, incluir a lógica formal e toda a *mathesis* em geral na εποχη que procede expressamente à exclusão de circuito e, a este respeito, podemos estar seguros da legitimidade daquela *norma* que pretendemos seguir enquanto fenomenólogos: não fazer uso de nada, *a não ser daquilo que possamos tornar eideticamente evidente para nós na própria consciência*, em pura imanência.

Com isso chegamos ao mesmo tempo ao conhecimento explícito de que uma fenomenologia descritiva é, por princípio, independente de todas essas disciplinas. Tal constatação não é sem importância para aferir filosoficamente o valor da fenomenologia e, por isso, cabe aproveitar esta ocasião para chamar desde já a atenção para ela.

§ 60. Exclusão das disciplinas eidéticas materiais

No que concerne às esferas eidéticas materiais, há para nós uma *única* esfera de tal modo privilegiada, que obviamente não se pode pensar em colocá-la fora de circuito: é a esfera eidética da própria consciência fenomenologicamente purificada. Mesmo se nos propuséssemos por meta estudar a consciência pura em suas particularizações singulares, à maneira, portanto, da ciência de fatos, mas não da psicologia empírica (pois nos movemos na esfera de atuação da exclusão fenomenológica do mundo), nós não poderíamos prescindir do *a priori* da consciência. A ciência de fatos não pode abdicar de seu direito de fazer uso das verdades de essência que se refiram a objetividades individuais de seu *próprio domínio*. Ora, conforme já dizíamos na introdução, é precisamente nossa intenção fundar a própria fenomenológica como ciência *eidética*, como doutrina eidética da consciência transcendentalmente purificada.

Se realizarmos isso, então ela abrangerá, como suas, todas as "essências imanentes", isto é, aquelas que se singularizam exclusivamente nos eventos individuais de um fluxo de consciência, em vividos singulares que ali transcorrem. Ora, é de fundamental importância ver com clareza que não são *todas* as essências que fazem parte dessa circunscrição; que, ao contrário, exatamente a mesma diferença entre objetos *imanentes* e *transcendentes* encontrada nas objetividades individuais também ocorre entre as essências correspondentes. Assim, "coisa", "forma espacial", "movimento", "cor de coisa" etc., mas também "homem", "sensação humana", "alma" e "vivido anímico" (vivido no sentido psicológico), "pessoa", "qualidade de caráter" etc. são, portanto, essências transcendentes. Se queremos constituir uma fenomenologia como *doutrina eidética puramente descritiva das configurações imanentes da consciência*, dos eventos apreensíveis no fluxo de vividos, dentro do âmbito da exclusão fenomenológica, então não entra nesse âmbito nenhum individual transcendente, e, por conseguinte, também *nenhuma das "essências transcendentes"*, cujo lugar lógico seria antes a doutrina da essência das objetividades transcendentes correspondentes.

Em sua imanência, portanto, ela não tem de firmar *nenhuma posição de existência de tais essências*, não tem de fazer enunciado algum sobre a *validade* ou *invalidade* delas, ou sobre a possibilidade ideal das objetividades a elas correspondentes, nem de estabelecer *leis de essência* a elas referentes.

Regiões e disciplinas eidéticas transcendentes não podem, por princípio, contribuir com nenhuma de suas premissas para uma fenomenologia que pretenda efetivamente se ater à região de vividos puros. Ora, visto que nossa meta é fundar a fenomenologia precisamente nessa pureza (conforme a norma já antes expressa), e visto que os mais altos interesses filosóficos também dependem de que a consecução plenamente consciente dessa meta se dê em tal pureza, efetuamos *expressamente uma ampliação da redução original* a todos os domínios eidéticos transcendentes e às ontologias que comportam.

Portanto: assim como colocamos a natureza física real e as ciências naturais empíricas fora de circuito, assim também procedemos com as ciências eidéticas, isto é, com as ciências que investigam aquilo que faz parte por essência da objetividade da natureza física como tal. Geometria, foronomia, física "pura" da matéria ganham os seus parênteses. Da mesma maneira, assim como colocamos fora de circuito todas as ciências empíricas das essências da natureza animal e todas as ciências empíricas do espírito que tratam das pessoas em suas associações, dos seres humanos como sujeitos da história, como esteios da civilização, mas também das próprias formas assumidas pela civilização etc., assim também colocamos agora fora de circuito as ciências eidéticas correspondentes a essas objetividades. Fazemos isso por antecipação e em ideia; pois até agora, como é amplamente sabido, essas ciências eidéticas (por exemplo, a psicologia racional, a sociologia) não chegaram a uma fundação, ou a uma fundação pura e irretocável.

Com respeito às funções filosóficas que a fenomenologia é chamada a assumir, também é bom mencionar de novo que, nas exposições precedentes, se estabeleceu a *absoluta independência da fenomenologia* não só em relação a todas as outras ciências, mas também *em relação às ciências eidético-materiais*.

Essas ampliações da redução fenomenológica não têm manifestamente a importância fundamental daquela simples exclusão que tira originalmente de circuito o mundo natural e as ciências a ele referentes. Pois é essa primeira redução que torna primeiramente possível em geral a mudança do olhar para o campo fenomenológico e para a apreensão de seus dados. As demais reduções, por pressuporem a primeira, são reduções secundárias, mas de forma alguma têm *importância menor* por isso.

§ 61. Significação metodológica da sistematização das reduções fenomenológicas

Uma doutrina sistemática do conjunto das reduções fenomenológicas, que tentamos delinear aqui, tem grande importância para o método fenomenológico (e, ulteriormente, para o método da investigação transcendental-filosófica). Suas "parentetizações" expressas têm a função metódica de nos lembrar constantemente que as esferas ontológicas ou cognitivas em questão estão *por princípio* fora daquelas que devem ser investigadas como transcendental-fenomenológicas, e que toda intromissão de premissas pertencentes àqueles domínios postos entre parênteses é sinal de uma mistura absurda, de uma autêntica μετνβ"σις. Se o domínio fenomenológico se mostrasse de maneira tão imediatamente óbvia quanto os domínios da orientação empírico-natural, ou se ele fosse resultado da mera passagem desta para a orientação eidética, assim como se chega ao domínio geométrico saindo do espaço empírico: neste caso, não seriam necessárias as reduções circunstanciadas que fizemos, com as difíceis ponderações que exigem. Tampouco seria necessário o cuidado na separação de cada um dos passos, se não persistissem tentações constantes de fazer uma *metabasis* errônea, principalmente na interpretação das objetividades das disciplinas eidéticas. São tentações tão fortes que ameaçam mesmo aquele que se livrou de mal-entendidos de ordem geral em domínios particulares.

Em primeiro lugar aparece aqui a inclinação extraordinariamente difundida em nossa época de *psicologizar o eidético*. A ela sucumbem também muitos dos que se chamam idealistas, assim como é em geral forte a influência das concepções empiristas sobre o lado idealista. Quem olha as ideias, as essências como "construtos psíquicos", quem, ao considerar as operações de consciência nas quais se obtêm os "conceitos" de cor, figura com base em intuições exemplares de coisas providas de cor, figura etc., confunde a consciência que resulta respectivamente das essências cor, figura, com essas essências mesmas, atribui à consciência, como componente real, aquilo que lhe é transcendente por princípio. Mas isso é, por um lado, uma corrupção da psicologia, pois já diz respeito à consciência empírica e, por outro (que nos interessa aqui), uma corrupção da fenomenologia. Para descobrir efetivamente aquela região que se busca é, pois, extremamente importante que se ganhe clareza quanto a esse aspecto. O que naturalmente ocorre, no nosso caminho, antes de tudo por uma legitimação geral do eidético e, depois, no contexto da doutrina da redução fenomenológica, especialmente pela exclusão de circuito do eidético.

Ora, essa exclusão teve, sem dúvida, de se restringir à eidética das objetividades transcendentes individuais, em qualquer sentido da palavra. Entra em consideração aqui um novo momento fundamental. Se já nos livramos da inclinação à psicologização da essência e dos estados-de-essência, um novo grande passo, que de maneira alguma decorre sem dificuldades do primeiro, é reconhecer e por toda parte observar inflexivelmente a separação, de grandes consequências, que designamos sumariamente como separação entre essências *imanentes* e *transcendentes*. De um lado, estão essências de configurações da própria consciência; de outro, essências de eventos individuais transcendentes à consciência, ou seja, essências daquilo que apenas se "anuncia" nas configurações da consciência, aquilo que se constitui, por exemplo, por aparições sensíveis na consciência.

Para mim, pelo menos, o segundo passo foi bastante difícil, mesmo depois de ter dado o primeiro. Isso não passará agora despercebido ao leitor atento das *Investigações lógicas*. Nelas, o primeiro passo é efetuado com toda a determinação, a legitimidade própria do eidético, contra sua psicologização, é minuciosamente fundada — bem na contracorrente da época, que reagiu vivamente ao seu "platonismo" e ao seu "logicismo". No que concerne, porém, ao segundo passo, em algumas teorias, como aquelas sobre as objetividades lógico-categoriais e sobre a consciência doadora *delas*, o passo decisivo foi dado, embora a oscilação seja manifesta em outras exposições do mesmo volume, isso porque o conceito de proposição lógica é referido, ora à objetividade lógico-categorial, ora à essência correspondente, imanente ao pensar judicativo. Justamente para o iniciante na fenomenologia é difícil aprender a dominar na reflexão as diferentes orientações da consciência, com seus diferentes correlatos objetivos. Isso vale, no entanto, para todas as esferas de essência que não pertencem à imanência da consciência. Essa evidência tem de ser obtida não apenas com respeito às essências e estados-de-essência formal-ontológicos ou ontológicos (portanto, com respeito a essências como "proposição", "inferência" etc., e ainda "número", "ordem", "multiplicidade" etc.), mas também com respeito às essências tiradas da esfera do mundo natural (como "coisa", "forma corporal", "ser humano", "pessoa" etc.). Um índice dessa evidência é a redução fenomenológica ampliada. Desde que a efetuamos, somos governados pela consciência prática — que terá grande importância metodológica agora — de que, a exemplo da esfera do mundo natural, nenhuma das esferas eidéticas pode, por princípio, ser considerada como dada em seu verdadeiro ser para o fenomenólogo; de que, para se assegurar da pureza da sua região de investigação, os juízos sobre elas têm de ser postos entre parênteses; e de que nem um só teorema e nem mesmo um só axioma pode ser tirado de todas as ciências referentes a elas e admitido como premissa para fins fenomenológicos. É justamente por intermédio dela que nos protegemos metodicamente daquelas misturas que estão tão profundamente arraigadas em nós, dogmáticos natos, que não poderíamos encontrar outra maneira de evitá-las.

§ 62. Indicações prévias sobre teoria do conhecimento

Orientação "dogmática" e orientação fenomenológica.
Acabo de empregar a palavra "dogmático". Ainda se mostrará que ela não é empregada aqui de maneira analógica, mas que a ressonância "epistemológica" nela encontrada advém da essência própria das coisas. Há bom fundamento em lembrar aqui a oposição epistemológica entre dogmatismo e criticismo e em designar como *dogmáticas* todas as ciências atingidas pela redução. Pois se pode ver claramente, por fontes de essência, que as ciências ali incluídas são justamente aquelas, e todas aquelas, que carecem de *"crítica"*, e de uma crítica que elas mesmas não são, por princípio, capazes de fazer; por outro lado, pode-se ver claramente que a ciência que tem a função específica de exercer a crítica de todas as outras e, ao mesmo tempo, de si mesma, não é outra senão a fenomenologia.[38] Para ser mais exato: o que é distintivamente próprio da fenomenologia é abranger, na amplitude de sua generalidade eidética, tudo o que é *imediatamente evidente* em todos os conhecimentos e ciências, ou ao menos teriam de sê-lo, caso fossem conhecimentos autênticos. O sentido e a

---

[38] A esse respeito, cf. acima § 26, pp. 71 e segs. Naturalmente, na fenomenologia se fundam, então, as chamadas ciências filosóficas específicas ali mencionadas.

legitimidade de todos os pontos de partida imediatos possíveis e de todos os passos imediatos dentro de um método possível entram na sua esfera de atuação. Assim, estão contidos na fenomenologia todos os conhecimentos eidéticos (cuja validez, portanto, é geral e incondicional) com os quais se dá resposta aos problemas radicais acerca da "possibilidade" de quaisquer presumíveis conhecimentos e ciências. Como fenomenologia aplicada, ela faz, portanto, a crítica que afere o valor último de toda ciência em sua especificidade de princípio e, com isso, realiza em particular a determinação última do sentido do "ser" dos objetos e a clarificação de princípio do método dessa ciência. Compreende-se, deste modo, que a fenomenologia é, por assim dizer, o anseio secreto de toda a filosofia moderna. Os esforços para chegar a ela ocorrem já na admiravelmente penetrante consideração fundamental de Descartes e depois novamente no psicologismo da escola lockiana, com Hume já quase adentrando seus domínios, embora com a vista ofuscada. O primeiro a enxergá-la mesmo foi Kant, cujas maiores intuições só nos serão de todo compreensíveis quando tivermos conseguido trazer à plena clareza de consciência aquilo que é peculiar ao domínio fenomenológico. Então se tornará evidente para nós que foi neste campo que Kant pousou o olhar de seu espírito, embora ainda não fosse capaz de se apropriar dele e de reconhecê-lo como campo de trabalho de uma ciência eidética própria e rigorosa. Assim, por exemplo, a dedução transcendental da primeira edição da *Crítica da razão pura* já se move propriamente em solo fenomenológico; Kant, porém, o interpretou equivocadamente como solo psicológico e, por isso, abriu novamente mão dele.

Com isso, entretanto, estamos adiantando futuras exposições (do terceiro livro deste trabalho). O que foi dito aqui, a título de antecipação, serve para justificar por que designamos como dogmático o complexo de ciências atingidas pela redução, contrapondo-o à fenomenologia, como ciência de uma dimensão totalmente outra. Em paralelo com isso, contrastamos ao mesmo tempo a *orientação dogmática* e a *orientação fenomenológica*, a orientação natural manifestamente se subordinando à orientação dogmática, como particularização dela.

Nota
A circunstância de que as exclusões fenomenológicas específicas por nós apresentadas sejam independentes da exclusão eidética da existência individual, sugere a questão de saber se também no âmbito daquelas exclusões não é possível uma ciência fática dos vividos transcendentalmente reduzidos. Como toda questão acerca de possibilidade de princípio, também esta só pode ser decidida no solo da fenomenologia eidética. Ela é respondida de

uma maneira pela qual se torna compreensível por que toda tentativa de começar ingenuamente por uma ciência fenomenológica de fatos, *antes* de levar a cabo a doutrina fenomenológica das essências, seria um *nonsense*. Pois se mostra que, *ao lado* das ciências de fatos extrafenomenológicas, não pode haver uma ciência de fatos fenomenológica que esteja em paralelo com elas e no mesmo plano que elas, e isso porque a aferição última do valor de todas as ciências de fatos leva a uma vinculação coerente dos nexos fenomenológicos fáticos correspondentes a todas elas, e motivados como possibilidades fáticas, unidade de vínculo esta que nada mais é que o campo da ciência fenomenológica dos fatos de que aqui se ressente a falta. Uma parte capital dessa ciência é, portanto, a "conversão fenomenológica" das ciências fáticas habituais, possibilitada pela fenomenologia eidética, restando apenas a questão de saber em que medida se poderia, a partir daí, fazer algo mais.

Terceira seção

A metodologia e a problemática da fenomenologia pura

Capítulo I
Considerações metodológicas preliminares

§ 63. A especial importância das considerações metodológicas para a fenomenologia

Se observamos as normas prescritas pelas reduções fenomenológicas, se colocamos todas as transcendências fora de circuito, exatamente como elas requerem, se, portanto, tomamos os vividos puramente em sua essência própria, então se abre para nós, segundo tudo o que foi apresentado, um campo de conhecimentos eidéticos. Depois de superadas todas as dificuldades iniciais, ele se apresenta como um campo por toda parte infinito. A diversidade das espécies e formas de vivido, com suas composições eidéticas reais e intencionais, é mesmo inesgotável e, por conseguinte, também o é a diversidade de nexos eidéticos nelas fundados e de verdades apoditicamente necessárias. Esse campo infinito do *a priori* da consciência, que jamais foi legitimado naquilo que lhe é próprio e, a bem dizer, não fora sequer visto, merece, pois, ser desbravado para que nele se possam colher frutos valiosos. Mas como encontrar o começo certo? Aqui, com efeito, a dificuldade é o começo, e a situação, incomum. O novo campo não se espraia ao nosso olhar com uma profusão de dados já destacados, que nos bastaria pegar nas mãos para estarmos seguros da possibilidade de torná-los objetos de uma ciência, não menos que do método pelo qual se deveria proceder.

É diferente do que ocorre quando, em investigação independente, tentamos levar ainda mais adiante o conhecimento dos dados da orientação natural, especialmente dos objetos da natureza que nos são bem familiares em suas propriedades, elementos e leis, em virtude da experiência constante deles e de séculos de exercício de pensamento. Neles, tudo o que é desconhecido é horizonte de algo conhecido. Todo empenho metodológico se prende ao já dado, todo aprimoramento do método, a um método já existente; trata-se, no geral, de mero desenvolvimento de métodos especiais, que se adaptam ao estilo já prefixado e estável de uma metodologia científica verificada e seguem esse estilo em suas descobertas.

Quão diferente é na fenomenologia! Não apenas porque ela precisa de um método *antes* mesmo de todo método de determinação das coisas, isto é, de um método para trazer à apreensão do olhar o campo de coisas da consciência transcendental pura; não apenas porque nela é preciso desviar laboriosamente o olhar dos dados naturais de que não se cessa de ter consciência, e que, portanto, estão por assim dizer entrelaçados àqueles novos dados que se intenta alcançar, e assim é sempre iminente o risco de confundir uns com os outros: falta também tudo aquilo de que podíamos tirar proveito na esfera dos dados naturais, a intimidade com eles graças ao treino da intuição, a vantagem de possuir uma herança teórica e métodos adequados às coisas. Falta também, obviamente, confiança na metodologia já desenvolvida, confiança que poderia se nutrir das muitas aplicações bem-sucedidas e verificadas nas ciências conhecidas e na práxis da vida.

A fenomenologia recém-surgida deve esperar, portanto, uma acolhida fundamentalmente cética. Ela não tem apenas de desenvolver o método de obter novas espécies de coisas para novas espécies de conhecimentos: ela tem de proporcionar a mais perfeita clareza sobre o sentido e a validez desse método, que a capacite a rechaçar todas as objeções sérias.

Acrescente-se que — e isso é muito mais importante, porque se refere a princípios — a fenomenologia tem por essência de reivindicar o direito de ser filosofia "primeira" e de oferecer os meios para toda crítica da razão que se possa almejar; e que, por isso, ela requer a mais completa ausência de pressupostos e absoluta evidência reflexiva sobre si mesma. Sua essência própria é a realização da mais perfeita clareza sobre sua própria essência e, com isso, também sobre os princípios de seu método.

Por essas razões, os cuidadosos esforços para chegar à evidência sobre os componentes fundamentais do método, ou seja, sobre aquilo que é metodologicamente determinante para a nova ciência, desde seu início e por todo o seu percurso, têm para a fenomenologia uma significação totalmente diferente daquela que esforços análogos poderiam ter para outras ciências.

§ 64. A autoexclusão de circuito do fenomenólogo

Mencione-se primeiramente uma dificuldade metódica que poderia impedir os primeiros passos.

Nós colocamos todo o mundo natural e todas as esferas eidéticas transcendentes fora de circuito e devemos, com isso, obter uma consciência "pura". Mas não acabamos de dizer, "*nós*" colocamos fora de circuito, será que nós, fenomenólogos, *podemos* colocar fora de jogo *a nós mesmos*, que também somos membros do mundo natural?

Logo nos convencemos de que não há aí dificuldade alguma, desde que não tenhamos deturpado o sentido deste "colocar fora de circuito". Podemos até continuar tranquilamente a falar como falamos enquanto homens naturais; pois, na condição de fenomenólogos, não devemos parar de ser homens naturais e de nos pôr enquanto tais no discurso. Mas entre as constatações que devem ser registradas no novo livro fundamental a ser escrito pela fenomenologia, prescrevemo-nos, como fazendo parte do método, a norma de redução fenomenológica, que vale para nossa *existência* empírica e que nos proíbe de registrar qualquer proposição que contenha, explícita ou implicitamente, tais teses naturais. Enquanto se trate de existência individual, o fenomenólogo não procede diferentemente de qualquer investigador eidético, por exemplo, o geômetra. Em seus tratados científicos, os geômetras não raro falam de si e de suas pesquisas; o sujeito que faz matemática, entretanto, não entra como parte no teor eidético das próprias proposições matemáticas.

§ 65. As remissões da fenomenologia a si mesma

Poderia mais uma vez causar perplexidade que na orientação fenomenológica direcionemos o olhar para alguns vividos puros, com o intuito de investigá-los, embora, tomados em pureza fenomenológica, os vividos dessa própria investigação, dessa orientação e direcionamento do olhar, devam ao mesmo tempo fazer parte do domínio do que deve ser investigado.

Tampouco isso é uma dificuldade. Exatamente o mesmo se dá na psicologia e, igualmente, na noética lógica. O próprio pensamento do psicólogo é algo psicológico, o pensamento do lógico, algo lógico, a saber, algo que está incluído no círculo das normas lógicas. Essa autorremissão só seria preocupante, caso o conhecimento de todas as outras coisas, nos referidos domínios de investigação, dependesse do conhecimento fenomenológico, psicológico e lógico do respectivo pensamento do respectivo pensador, o que seria uma pressuposição visivelmente absurda.

Em todas as disciplinas que remetem a si mesmas há, sem dúvida, certa dificuldade, já que para a primeira introdução, assim como para a primeira incursão investigativa nelas, é preciso operar com meios metódicos auxiliares, aos quais só posteriormente elas terão de dar forma científica definitiva. Sem considerações preliminares e preparatórias a respeito do objeto e do método, não se traça o esboço de nova ciência. Mas os conceitos e os demais elementos metódicos com que de início psicologia, fenomenologia etc. operam em tais trabalhos preparatórios são psicológicos, fenomenológicos etc., e só recebem seu cunho científico no sistema da ciência já fundada.

Neste aspecto, não há manifestamente sérias dificuldades que possam ser impeditivas à execução efetiva dessas ciências e, em particular, da fenomenologia. Ora, se esta quer ser mesmo uma ciência *no âmbito da mera intuição imediata*, uma ciência eidética puramente "*descritiva*", a generalidade de seu procedimento está previamente dada como por si mesma. Ela tem de pôr diante dos olhos, exemplarmente, puros eventos da consciência, tem de trazê-los à clareza mais completa, para, dentro dessa clareza, analisá-los e apreender intuitivamente a sua essência, tem de perseguir os nexos eidéticos evidentes, formular o intuído em expressões conceituais fiéis, cujo sentido só pode ser prescrito puramente por aquilo que foi intuído ou foi visto com evidência em sua generalidade. Se esse procedimento, corroborado ingenuamente, serve de início apenas para tomar conhecimento do novo domínio, para nele exercitar em geral a visão, a apreensão e a análise, e se familiarizar um pouco com seus dados, agora a reflexão científica sobre a essência do próprio procedimento, sobre a essência dos modos de doação nele atuantes, sobre essência, alcance e condições da clareza e evidência mais completas, bem como de expressões conceituais completamente fiéis e firmemente estabelecidas — e assim por diante — assume a função de uma fundação geral e logicamente rigorosa do método. Executada com consciência, ele assume então o caráter e a condição de método científico, o qual, se for o caso, permitirá que se exerça uma crítica delimitadora e aprimoradora na aplicação de normas metódicas rigorosamente formuladas. A remissão essencial da fenomenologia a si mesma se mostra em que aquilo que é considerado e constatado na reflexão metódica sob as designações "clareza", "evidência", "expressão" etc., faz parte, por sua vez, do próprio domínio fenomenológico, e em que todas as análises reflexivas são análises fenomenológicas de essência, e que as evidências metodológicas alcançadas respectivamente às suas constatações estão sob normas que elas formulam. Nas novas reflexões é preciso, portanto, poder sempre se convencer de que os estados-de-coisas expressos em enunciados metodológicos estão dados na mais completa clareza, de que os conceitos utilizados se ajustam real e fielmente ao dado.

O que foi dito vale manifestamente para todas as investigações metodológicas referentes à fenomenologia, por mais que possamos expandir seu âmbito, e assim se entende que todo este escrito, que pretende preparar o caminho para a fenomenologia, é, por seu conteúdo, fenomenologia do início ao fim.

§ 66. Expressão fiel de dados claros. Termos unívocos

Sigamos ainda um pouco mais as ideias metodológicas, da mais total generalidade, surgidas no parágrafo anterior. Na fenomenologia, que não pretende ser senão doutrina eidética no interior da intuição pura, efetuamos, portanto, visões de essência imediatas em dados exemplares da consciência transcendental pura e as fixamos *conceitualmente* ou terminologicamente. As palavras empregadas podem provir da linguagem comum, podem ser equívocas e vagas devido a seu sentido variável. Desde que sejam "coincidentes", no modo da expressão atual, com o intuitivamente dado, elas assumem um sentido determinado, atual enquanto seu sentido *hic et nunc* e claro; a partir daí elas podem ser fixadas cientificamente.

Por certo, nem tudo está feito com a mera aplicação da palavra fielmente ajustada à essência apreendida em intuição — mesmo quando se feito tudo o que é necessário no tocante à apreensão intuitiva da essência. Só é possível ciência onde os resultados do pensamento possam ser conservados na forma de saber e aplicados pelo pensamento posterior na forma de um sistema de enunciados, que são claros pelo seu sentido lógico, mas podem ser entendidos e até atualizados em juízos sem que haja clareza sobre as bases da representação e, portanto, sem evidência. Naturalmente, ciência ao mesmo tempo requer providências subjetivas e objetivas para que possam ser estabelecidas (inclusive intersubjetivamente) suas fundações adequadas e suas evidências atuais.

Ora, de tudo isso faz parte também que as mesmas palavras e proposições sejam univocamente ordenadas a certas essências intuitivamente apreensíveis, as quais constituem o "preenchimento de sentido" delas. Com base na intuição e no exercício de intuições individuais exemplares, elas são providas de significações distintas e unívocas ("riscando-se", por assim dizer, as outras significações habituais que se impõem conforme as circunstâncias), de tal modo que conservam seus conceitos-de-pensamento em todos os nexos possíveis do pensamento atual e perdem sua capacidade de se ajustar a outros dados intuitivos preenchidos por outras essências. Já que nas línguas de validez geral há boas razões para evitar ao máximo os termos técnicos estrangeiros, diante das equivocidades do uso comum das palavras é preciso cautela e exame reiterado para saber se aquilo que foi fixado num contexto anterior é empregado no novo contexto efetivamente com o mesmo sentido.

Aqui não é, todavia, o lugar de esmiuçar essas regras e outras semelhantes (por exemplo, aquelas que se referem à ciência como uma construção de elaboração intersubjetiva).

§ 67. Método de clarificação, "proximidade" e "distância" do dado

Do maior interesse para nós são as considerações metódicas que não se referem à expressão, mas às essências e nexos eidéticos a serem apreendidos e expressos por intermédio dela. Se o olhar investigador se direciona para vividos, eles se oferecem em geral num *vazio* e numa *vaga distância*, que os torna inutilizáveis tanto para uma constatação singular, quanto para uma constatação eidética. Isso se passaria de outra forma se, em vez de nos interessarmos por eles, nós nos interessássemos pelo modo como se dão e investigássemos a própria essência do vazio e da vagueza, os quais, por seu turno, surgem aqui não vagamente como dados, mas na mais plena clareza. Se, contudo, é o vagamente trazido à consciência que deve proporcionar as suas essências próprias, por exemplo, aquilo que vacila obscuramente na memória ou na fantasia, o que ele proporciona só pode ser algo imperfeito; isto é, onde as *intuições individuais* que estão na base da apreensão eidética são de um nível inferior de clareza, também as *apreensões eidéticas* o são, e correlativamente o *apreendido* é "*obscuro*" no seu sentido, ele tem suas turvações, suas imprecisões externas e internas. Será impossível decidir, ou possível "apenas grosso modo", se aquilo que é apreendido aqui e ali é o mesmo (isto é, a mesma essência) ou algo diferente; não se pode estabelecer de que componentes efetivamente consiste, e o que "são propriamente" os componentes que eventualmente já se mostram em vago relevo, que se indicam de modo vacilante.

Aquilo que a cada vez se vislumbra numa obscuridade fugidia, em maior ou menor distância intuitiva, deve, pois, *ser trazido* à proximidade normal, *à perfeita clareza*, a fim de que a ele se apliquem valiosas intuições eidéticas correspondentes, nas quais as essências e relações de essências buscadas ganhem a condição de dado pleno.

A apreensão de essência tem, por conseguinte, os seus *níveis de clareza* próprios, assim como o individual em vislumbre. Há, no entanto, para cada essência, assim como para o momento individual que lhe é correspondente, uma *proximidade*, por assim dizer, *absoluta*, na qual, considerando-se aquela série de níveis, ela é dada absolutamente, ou seja, é o *puro* dado de si mesma. O objeto não está em geral diante do olhar apenas como "ele mesmo" e como "dado" para a consciência, mas como *puro* dado de si, *inteiramente, como ele é em si mesmo*. Enquanto ainda permanecer um resto de obscuridade, ele sombreia momentos no dado "ele mesmo", que, com isso, não entram no círculo de luz do puro dado. No caso da *obscuridade total*, polo oposto da total clareza, absolutamente nada alcança a condição de dado, a consciência é uma consciência "*obscura*", *não mais intuitiva* e, estritamente, não mais "doadora" no sentido próprio da palavra. Temos, por isso, de dizer:

A *consciência doadora, no sentido forte*, coincide com a consciência *intuitiva, clara,* por contraposição à consciência *não intuitiva, obscura.* Da mesma maneira: há coincidência entre os níveis de *doação*, de *intuitividade*, de *clareza*. O limite mínimo é a obscuridade; o limite máximo é a clareza, a intuitividade, o dado, em sua plenitude.

O dado não deve, todavia, ser entendido aqui como dado originário e, portanto, como dado de percepção. Não identificamos o "*dado ele mesmo*" com o "*dado originariamente*", com o dado "em carne e osso". No sentido assinalado com precisão, "dado" e "dado ele mesmo" são um só, e o emprego da expressão pleonástica deve nos servir apenas para excluir o *dado no sentido mais lato*, segundo o qual por fim se diz de qualquer representado que ele está dado na representação (mas talvez "de modo vazio").

Nossas determinações valem ainda, como é visível sem maiores dificuldades, para *quaisquer intuições* ou para representações *vazias*, e, portanto, também valem *irrestritamente para as objetividades*, embora aqui só estejamos interessados nos modos de se dar dos vividos e de seus componentes fenomenológicos (reais e intencionais).

Com respeito a análises futuras, deve-se observar, porém, que o essencial nessa situação permanece mantido, quer o olhar do eu puro atravesse, quer não, o vivido de consciência em questão, ou, para dizer mais claramente, quer o eu puro "*se volte*" para um "dado" e eventualmente o "*apreenda*", quer não. Assim, por exemplo, "dado em forma perceptiva" — em vez de "percebido", no sentido próprio e normal da apreensão do ser desse dado — também pode querer dizer também "apto a ser percebido"; da mesma maneira, "dado em forma imaginária" não precisa significar "apreendido em imaginação" e assim em geral, como também em relação a todos os graus de clareza ou de obscuridade. Atente-se desde já para essa "aptidão a", que deverá ser discutida em pormenor mais tarde, mas observe-se ao mesmo tempo que, onde nada se acrescentar em contrário ou for óbvio pelo contexto, quando falamos em "dado" subentendemos a sua *apreensibilidade* e, no dado de essência, a sua apreensibilidade originária.

§ 68. Níveis autênticos e inautênticos de clareza. A essência da clarificação normal

É preciso, porém, dar prosseguimento a nossas descrições. Se falamos de níveis de doação ou de clareza, temos de distinguir os níveis *autênticos* de clareza, à série do quais se pode fazer seguir os *níveis de obscuridade*, dos *níveis inautênticos de clareza*, a saber, as *ampliações extensivas do âmbito da clareza*, com eventual aumento simultâneo da intensidade dela.

Um momento já dado, já efetivamente intuído, por exemplo, um som, uma cor, pode ser dado em maior ou menor clareza. Excluamos todas as apreensões que vão além do dado intuitivo. Temos então de lidar com gradações que se movem no âmbito em que o intuído é efetivamente intuível; a intuibilidade como tal admite, sob a designação de "clareza", diferenças contínuas de intensidade, que começam pelo zero e terminam num limite superior preciso. De certo modo, poder-se-ia dizer que os níveis inferiores apontam para este; intuindo uma cor num modo imperfeito de clareza, "visamos" a cor como é "em si mesma", justamente aquela que é dada em clareza perfeita. Não se deve, todavia, deixar enganar pela imagem do "apontar para" — como se uma coisa fosse signo de uma outra —, nem tampouco se deve falar aqui (lembremos uma observação já feita anteriormente)[39] de uma exibição do "em si mesmo" claro mediante o não claro, do mesmo modo que, por exemplo, uma qualidade da coisa é "exibida", isto é, perfilada na intuição por um momento sensível. *As diferenças nos graus de clareza são inteiramente específicas aos modos de doação.*

É muito diferente o que ocorre onde uma apreensão que vai *além* do dado intuitivo entremeia a apreensão intuitiva efetiva com apreensões vazias e então pode se tornar, a partir da representação vazia, como que gradativamente cada vez *mais* intuitiva ou, a partir do já intuído, cada vez mais representativamente vazia. A *clarificação* consiste, pois, aqui em dois processos que se vinculam um ao outro: nos *processos de tornar intuitivo* e nos processos de *intensificação da clareza do já intuído*.

Com isso, porém, está descrita a *essência da clarificação normal*. Pois a regra é que não há de antemão nenhuma intuição pura, nem puras representações vazias se convertem em intuições puras; ao contrário, onde for o caso, o papel capital dos níveis intermediários será desempenhado pelas *intuições impuras*, que trazem certos aspectos e momentos de seu objeto à intuição, enquanto meramente representam outros no vazio.

---

[39] Cf. acima § 44, p. 103.

§ 69. O método da apreensão eidética perfeitamente clara

A *apreensão perfeitamente clara* tem a vantagem de permitir, por essência, uma identificação e diferenciação, uma explicitação, referência etc. absolutamente indubitáveis e, portanto, a efetuação "evidente" de todos os atos "lógicos". Destes também fazem parte os *atos de apreensão eidética*, para cujos correlatos objetivos se transferem, como já se disse acima, as diferenças de clareza agora mais bem elucidadas, da mesma maneira que, por outro lado, os conhecimentos metodológicos que acabam de ser alcançados por nós se transferem para a obtenção do dado eidético perfeito.

O método, que é parte fundamental do método da ciência eidética, exige portanto em geral um procedimento paulatino. As intuições individuais que servem à apreensão eidética podem já ser claras o bastante para proporcionar a obtenção totalmente clara de uma generalidade de essência, a qual, no entanto, não vai tão longe quanto a intenção diretora; falta clareza do lado das determinações mais precisas das essências coimplicadas, e, portanto, é preciso fazer uma aproximação das individualidades exemplares ou providenciar outras mais adequadas, nas quais os traços individuais que se intenta confusa e obscuramente buscar possam ser ressaltados e então trazidos à condição de dado o mais claro.

Uma aproximação pode se efetuar em geral também *na esfera de obscuridade*. O obscuramente representado se aproxima de nós de uma maneira própria, bate por fim à porta da intuição, mas não precisa transpô-la por isso (e talvez não possa fazê-lo "em virtude de obstáculos psicológicos").

Deve-se mencionar, além disso, que *aquilo que é dado a cada momento é as mais das vezes rodeado por um halo de determinabilidade indeterminada*, cujo modo de aproximação se faz "*por etapas*", pela repartição em séries de representação: mais uma vez, primeiro na obscuridade e então de novo na esfera do dado, até que o intencionado entre no círculo de nítida luminosidade do dado perfeito.

Deve-se ainda chamar a atenção para o seguinte: *seria exagero dizer que toda evidência da apreensão eidética requeira que as individualidades subjacentes estejam plenamente clarificadas em sua concreção*. Para apreender distinções eidéticas mais gerais, como, por exemplo, a distinção entre cor e som, entre percepção e vontade, é suficiente que os exemplos tenham sido dados em nível mais baixo de clareza. É como se neles a máxima generalidade, o gênero (cor em geral, som em geral) já estivesse dado *plenamente*, mas ainda não a diferença. Esse modo de dizer pode causar perplexidade, mas eu não saberia como evitá-lo. É preciso presentificar essa situação em viva intuição.

§ 70. O papel da percepção no método da clarificação eidética. A posição privilegiada da imaginação livre

Realcemos ainda alguns traços particularmente importantes da apreensão de essência.

É da essência geral da apreensão eidética intuitiva imediata que ela possa ser efetuada (já assinalamos a importância disso)[40] com base na *mera presentificação* de individualidades exemplares. No entanto, como acabamos de mostrar, a presentificação, por exemplo, a imaginação pode ser tão perfeitamente clara que possibilita apreensões e evidências eidéticas perfeitas. Em geral, a *percepção doadora originária*, e em especial, naturalmente, a percepção externa, tem suas vantagens frente a todas as espécies de presentificação. Isso, porém, não apenas como ato empírico nas constatações de existência, que não entram em consideração aqui, mas como base para constatações fenomenológicas de essência. A percepção externa possui clareza perfeita para todos os momentos objetivos, que nela entram efetivamente como dados no modo da originariedade. Ela, no entanto, oferece também, com a eventual cooperação da reflexão a ela referida, individualizações claras e estáveis para análises eidéticas gerais de tipo fenomenológico ou até, mais especificamente, para análises de atos. A ira pode se esvair, pode mudar rapidamente de conteúdo pela reflexão. Também não está sempre apta a ser gerada por cômodos procedimentos experimentais, como a percepção. Estudá-la reflexivamente em sua originariedade significa estudar uma ira evanescente; o que de maneira alguma é algo sem importância, mas talvez não seja aquilo que deva ser estudado. A percepção externa, ao contrário, além de muito mais acessível, não se "esvai" pela reflexão, nós podemos estudar, no âmbito da originariedade, a sua essência geral e a essência de seus componentes e de seus correlatos eidéticos em geral, sem despender esforços especiais para o estabelecimento da clareza. Se se afirma que também as percepções possuem suas diferenças de clareza com respeito aos casos em que a percepção ocorre no escuro, em meio a uma névoa etc., não pretendemos entrar aqui em exames mais minuciosos para saber se essas diferenças poderiam ser equiparadas às diferenças há pouco discutidas. Basta que normalmente a percepção não esteja toldada pela névoa, e que sempre tenhamos uma percepção clara a nossa disposição, assim como é requerida.

---

[40] Cf. § 4, p. 38 e segs.

Ora, se as vantagens da originariedade fossem metodologicamente muito importantes, teríamos de fazer agora considerações sobre onde, como e em que amplitude ela é realizável nas diferentes espécies de vivido, que espécies de vivido se aproximam, neste aspecto, do domínio tão privilegiado da percepção sensível, e assim por diante. Podemos, no entanto, prescindir de tudo isso. Na fenomenologia, assim como em todas as ciências eidéticas, existem razões em virtude das quais as presentificações e, para ser mais exato, *as livres imaginações* conseguem *uma posição privilegiada em relação às percepções*, e isso *mesmo na própria fenomenologia das percepções, com exceção, naturalmente, da fenomenologia dos dados de sensação.*

Em seu pensamento investigativo, ao trabalhar com a figura ou com o modelo, o geômetra opera incomparavelmente mais na imaginação do que na percepção, o que vale também para o geômetra "puro", isto é, para aquele que renuncia ao método algébrico. Na imaginação, naturalmente, ele tem de se esforçar para obter intuições claras, esforço de que o desenho e o modelo o poupam. Mas no desenho e no modelo efetivos ele fica atado, ao passo que na imaginação ele tem a liberdade inigualável de reconfigurar como quiser as figuras fictícias, de percorrer as formas possíveis em contínuas modificações e, portanto, de gerar um sem-número de novas construções; uma liberdade que lhe franqueia acesso às imensidões das possibilidades eidéticas, com seus horizontes infinitos de conhecimentos de essência. Os desenhos, por isso, normalmente seguem as construções da imaginação e o pensamento eidético puro que se efetua com base nelas, e servem principalmente para fixar etapas do processo já concluído e, assim, torná-lo mais facilmente de novo presente. Também ali onde se "reflete" a respeito da figura, os novos processos de pensamento que se acrescentam são, em sua base sensível, processos imaginativos, cujos resultados fixam as novas linhas da figura.

Em suas linhas mais gerais, a questão não se apresenta de maneira diferente para o fenomenólogo, que tem de lidar com vividos reduzidos e com os correlatos que lhes são por essência pertencentes. Também há infinitas configurações fenomenológicas de essência. Também ele só pode fazer um uso moderado do recurso ao dado originário. Por certo, todos os principais tipos de percepção e presentificação estão ao seu livre dispor enquanto dados originários, isto é, como exemplificações perceptivas para uma fenomenologia da percepção, da imaginação, da recordação etc. Para a mais alta generalidade, ele tem ainda igualmente à disposição, na esfera da originariedade, exemplos para juízos, suposições, sentimentos, volições. Mas obviamente não dispõe de exemplos para todas as configurações particulares possíveis, tão pouco quanto o geômetra dispõe de desenhos e modelos para as infinitas espécies de corpos. Não obstante, a liberdade da investigação de essência também requer necessariamente aqui que se opere na imaginação.

Por outro lado, é natural que (novamente como na geometria, a qual não por acaso tem dado recentemente grande valor aos conjuntos de modelos etc.) a imaginação deva ser exercitada abundantemente na perfeita clarificação aqui exigida, na livre reconfiguração dos dados imaginados, embora antes também se deva fertilizá-la mediante observações o mais ricas e boas possível na intuição originária, ainda que essa fertilização naturalmente não signifique que a experiência como tal tenha uma função de fundamento de validez. Pode-se tirar extraordinário proveito daquilo que é apresentado pela história e, numa medida ainda maior, pela arte e especialmente pela poesia, que são produtos da imaginação, mas que, em termos de originalidade das novas configurações, de profusão em traços individuais, de continuidade da motivação, excedem bastante os resultados de nossa própria imaginação e, além disso, pela força sugestiva dos meios de apresentação artística, se transformam, com especial facilidade, em imaginações perfeitamente claras na apreensão compreensiva.

Assim, para quem gosta de expressões paradoxais e entende a plurivocidade do sentido, pode-se realmente dizer, com estrita verdade, que a *"ficção" constitui o elemento vital da fenomenologia, bem como de todas as ciências eidéticas*, que a ficção é a fonte da qual o conhecimento das "verdades eternas" tira seu alimento.[41]

§ 71. O problema da possibilidade de uma eidética descritiva dos vividos

No que precede já designamos mais de uma vez a fenomenologia abertamente como uma ciência descritiva. Então mais uma vez se coloca uma questão metódica fundamental e uma dificuldade para nós que estamos desejosos de penetrar no novo domínio. *É correto colocar a mera descrição como meta para a fenomenologia?* Uma *eidética descritiva* — isso não é, *em geral, um despropósito?*

Os motivos que levam a tais questões são bem patentes para todos nós. Quem entra na nova eidética de uma maneira, por assim dizer, tateante como

---

[41] Proposição que, recortada como citação, cairia como uma luva para o escárnio naturalista do modo de conhecimento eidético.

a nossa, perguntando que investigações são possíveis aqui, que saídas devem ser tomadas, que métodos seguidos, volta involuntariamente os olhos para as antigas disciplinas eidéticas, altamente desenvolvidas, isto é, para as disciplinas matemáticas, em especial, para a geometria e para a aritmética. No entanto, logo notamos que, em nosso caso, essas disciplinas não podem servir de guia, nelas as relações têm de se dar de maneira essencialmente outra. Para aquele que ainda não conheceu nenhum exemplo de autêntica análise fenomenológica, há aqui algum perigo de se enganar quanto à possibilidade de uma fenomenologia. Visto que as disciplinas matemáticas são as únicas que por ora podem defender de maneira eficaz a ideia de eidética científica, só de longe se pensa que ainda possam existir outras espécies de disciplinas eidéticas, não matemáticas, fundamentalmente distintas, em todo o seu tipo teórico, das disciplinas conhecidas. Se, portanto, alguém se deixa ganhar, por considerações gerais, para o postulado de uma eidética fenomenológica, a tentativa logo malograda de estabelecer uma matemática dos fenômenos poderá levá-lo a um abandono da ideia da fenomenologia. Mas é antes isso que seria um despropósito.

Tornemos claro para nós, sob o aspecto mais geral, em que consiste *a peculiaridade das disciplinas matemáticas, por oposição a uma doutrina eidética dos vividos*, e, com isso, quais são propriamente as metas e métodos inadequados por princípio à esfera dos vividos.

§ 72. Ciências de essência concretas, abstratas, "matemáticas"

Nosso ponto de partida será a distinção das essências e das ciências de essência em materiais e formais. Podemos pôr de lado as essências formais e, com elas, todo o complexo das disciplinas matemáticas formais, já que a fenomenologia pertence manifestamente às ciências eidéticas materiais. Se é que a analogia pode mesmo nos guiar no método, ela agirá com mais força se nos restringirmos às disciplinas matemáticas materiais, como, por exemplo, a geometria, para daí nos perguntarmos, de maneira mais específica, se a fenomenologia deve ou pode ser constituída como uma *"geometria" dos vividos*.

A fim de obter aqui a evidência desejada, é necessário ter diante dos olhos algumas determinações importantes a partir da teoria geral da ciência.[42]

---

[42] Para os desenvolvimentos seguintes, cf. o capítulo I da 1ª seção, especialmente §§ 12, 15 e 16.

Toda ciência teórica reúne uma totalidade idealmente fechada pela referência a um domínio do conhecimento, o qual, por sua vez, é determinado por um gênero superior. Só obtemos uma unidade radical pela remissão ao gênero pura e simplesmente supremo, portanto, à região respectiva e aos componentes regionais do gênero, isto é, aos gêneros supremos que se unem no gênero regional e eventualmente fundados uns nos outros. A construção dos gêneros concretos supremos (da região), a partir de gêneros mais altos, em parte disjuntivos, em parte fundados uns nos outros (e dessa maneira abrangendo uns aos outros) corresponde à construção dos concretos respectivos a partir de diferenças, em parte disjuntivas, em parte fundadas umas nas outras; por exemplo, a determinidade temporal, espacial ou material na coisa. A toda região corresponde uma ontologia regional com uma série de ciências autonomamente fechadas ou, eventualmente, ciências regionais que se respaldam umas às outras, correspondendo justamente aos gêneros mais altos, que têm sua unidade na região. Aos gêneros subordinados correspondem meras disciplinas ou as chamadas teorias, por exemplo, ao gênero "seção cônica", a disciplina das seções cônicas. Tal disciplina, como é compreensível, não tem total independência, uma vez que, em seus conhecimentos e fundações de conhecimento, ela terá naturalmente de contar com todo o fundamento dos conhecimentos eidéticos, que tem sua unidade no gênero supremo.

As *ciências* são *concretas* ou *abstratas*, conforme os gêneros supremos sejam gêneros regionais (concretos) ou meros componentes de tais gêneros. Essa separação corresponde manifestamente à separação entre gêneros concretos e abstratos em geral.[43] Por conseguinte, do domínio fazem parte, ora objetos concretos, como na eidética da natureza, ora objetos abstratos, como as formas espaciais, as formas temporais e do movimento. A referência eidética de todos os gêneros abstratos a gêneros concretos e, finalmente, a gêneros regionais dá a todas as disciplinas abstratas e a todas as ciências plenas referência eidética a disciplinas concretas, as disciplinas regionais.

Há, além disso, uma separação das ciências empíricas que corre em exato paralelo com a separação das ciências eidéticas. Temos, por exemplo, uma *única* ciência física da natureza e todas as ciências naturais individuais são, propriamente falando, meras disciplinas; a poderosa reserva, não apenas de leis eidéticas, mas também de leis empíricas, que faz parte da natureza física em geral, antes de toda repartição em esferas naturais, é o que lhes dá

---

[43] Cf. acima § 15, p. 53.

unidade. De resto, regiões diferentes também podem vir a ser vinculadas mediante regulamentações empíricas, como, por exemplo, a região do físico e a região do psíquico.

Ora, se olhamos para as ciências eidéticas conhecidas, salta à vista que seu procedimento *não é descritivo*, que a geometria, por exemplo, não apreende as diferenças eidéticas menores, isto é, as inúmeras formas espaciais que se desenham no espaço em intuições individuais, ela não as descreve e ordena numa classificação, como fazem as ciências naturais descritivas com respeito às configurações naturais empíricas. A geometria, ao contrário, fixa algumas poucas espécies de formações fundamentais, as ideias de corpo, superfície, ponto, ângulo etc., as mesmas que desempenham papel determinante nos "axiomas". Com ajuda dos axiomas, isto é, das leis eidéticas primitivas, ela está então em condição de derivar, de maneira puramente dedutiva, *todas* as formas "existentes" no espaço, isto é, as formas espaciais idealmente possíveis e todas as relações eidéticas a elas inerentes, na forma de conceitos que as determinam com exatidão e representam as essências que permanecem em geral estranhas a nossa intuição. A essência genérica do domínio geométrico é de tal espécie — isto é — a essência pura do espaço é tal, que a geometria pode estar plenamente certa de que, pelo seu método, dará efetivamente conta, com exatidão, de todas as possibilidades. Noutras palavras, a multiplicidade das configurações espaciais em geral tem uma notável propriedade lógica fundamental, que, para denominá-la, introduzimos o nome *multiplicidade "definida"* ou *multiplicidade "matemática, no sentido forte da palavra"*.

Ela se caracteriza por isto, que um *número finito de conceitos e proposições*, a serem extraídos respectivamente da essência de cada domínio, *determina completa e univocamente o conjunto de todas as configurações possíveis do domínio no modo da necessidade analítica pura*, de maneira, portanto, que *por princípio nada mais resta em aberto* nele.

Além disso, também podemos dizer: tal multiplicidade tem a propriedade distintiva de ser *"definível de maneira matematicamente exaustiva"*. A "definição" tem a ver com o sistema dos conceitos axiomáticos e axiomas, e o "matematicamente exaustivo", com o fato de as afirmações definidoras implicarem o máximo prejulgamento[44] concebível em relação à multiplicidade — nada mais permanece indeterminado.

---

[44] Em alemão "Präjudiz": termo jurídico que, como em português, designa a decisão de uma instância jurídica superior a ser seguida pelas demais instâncias. (NT)

Também se encontra um equivalente do conceito de multiplicidade definida nas seguintes proposições:

Qualquer que seja a sua forma lógica, toda proposição que possa ser construída a partir de conceitos axiomáticos mais elevados é, ou uma consequência lógico-formal pura dos axiomas, ou uma inconsequência, vale dizer, é uma consequência que contradiz formalmente os axiomas; de modo que então o oposto contraditório dela seria uma consequência lógico-formal dos axiomas. *Numa multiplicidade matemática definida, os conceitos "verdadeiro" e "consequência lógico-formal dos axiomas" são equivalentes* e, da mesma maneira, os conceitos "falso" e "inconsequência lógico-formal dos axiomas".

Eu também chamo de *sistema axiomático definido* um sistema de axiomas que, como foi mostrado, "defina exaustivamente" uma multiplicidade de maneira puramente analítica; toda disciplina dedutiva que se assente num tal sistema é uma *disciplina definida* ou uma disciplina matemática *no sentido forte da palavra*.

As definições subsistem em seu conjunto, se deixamos totalmente indeterminada a particularização material da multiplicidade, isto é, se procedemos à generalização formalizante. O sistema axiomático se transforma então num sistema de formas axiomáticas, a multiplicidade numa forma da multiplicidade, a disciplina referente à multiplicidade, numa forma da disciplina.[45]

§ 73. Aplicação ao problema da fenomenologia. Descrição e determinação exata

Ora, comparada à geometria, que representa uma matemática material em geral, como fica a *fenomenologia*? É claro que ela faz parte das disciplinas eidéticas concretas. O âmbito de sua abrangência é constituído

---

[45] A esse respeito, cf. *Investigações lógicas* I², §§ 69 e 70. — Os conceitos aqui introduzidos já me eram úteis no início dos anos 1890 (nas *Investigações para a teoria das disciplinas matemáticas formais*, pensadas como continuação à minha *Filosofia da aritmética*), principalmente com vistas a encontrar uma solução *de princípio* para o problema do número imaginário (cf. a curta indicação nas *Investigações lógicas* I¹, p. 250). Desde então, em aulas e estudos tive com frequência oportunidade de desenvolver, por vezes em todos os pormenores, os conceitos e teorias aqui referidos, e no semestre de inverno de 1900/01, tratei deles em duas conferências à Sociedade Matemática de Göttingen. Alguns aspectos desse círculo de ideias foram introduzidos na literatura, sem que se mencionasse a sua fonte. — Nenhum matemático precisará de mais esclarecimentos para perceber a proximidade do conceito de definitividade com o de "axioma de completude", introduzido por D. Hilbert para a fundamentação da aritmética.

por *essências de vivido*, que não são abstratos, mas concretos. Estes têm, como tais, diversos momentos abstratos, e a questão agora é: será que também aqui os gêneros supremos referentes a esses momentos abstratos constituem domínios para disciplinas definidas, para disciplinas "matemáticas" do tipo da geometria? Temos, pois, de buscar também aqui um sistema axiomático definido e erigir sobre ele teorias dedutivas? Melhor dizendo: temos, também aqui, de buscar "formações fundamentais" e deles derivar todas as outras configurações eidéticas do domínio pela construção de suas determinações de essência, isto é, dedutivamente, por aplicação consequente dos axiomas? Da essência dessa derivação faz parte, porém, o que é preciso levar em conta, uma determinação lógica mediata, cujos resultados não podem ser por princípio apreendidos em intuição imediata, mesmo quando sejam "desenhados na figura". Se a aplicamos de uma maneira correlativa, nossa questão também pode ser expressa nas seguintes palavras: o fluxo de consciência é uma multiplicidade matemática autêntica? Considerado em sua facticidade, tem ele semelhança com a natureza física, que deve ser caracterizada como uma multiplicidade concreta definida, se o ideal último que guia o físico for válido e tomado em seu conceito rigoroso?

É um problema epistemológico altamente significativo ter plena clareza sobre as questões de princípio aqui implicadas, isto é, após fixar o conceito de multiplicidade definida, examinar as condições necessárias que têm de ser satisfeitas por um domínio material determinado, caso deva corresponder a essa ideia. Uma condição para isso é a *exatidão na "formação conceitual"*, que de modo algum depende de nosso livre-arbítrio e de nossa arte lógica, mas pressupõe, no tocante aos conceitos axiomáticos pretendidos, que precisam ser atestáveis em intuição imediata, *exatidão na própria essência apreendida*. Em que medida, porém, essências "exatas" são encontráveis num domínio eidético, e se essências exatas podem estar na base de todas as essências apreendidas em intuição efetiva e, com isso, também na base de todos os componentes dessas essências, isso depende inteiramente da especificidade do domínio.

O problema que se acaba de mencionar está intimamente entrelaçado com os problemas fundamentais, ainda não solucionados, relativos a uma clarificação de princípio da relação entre "*descrição*", com seus "*conceitos descritivos*", e *determinação* "unívoca", "*exata*", com seus "*conceitos ideais*"; e, paralelamente, à clarificação da relação ainda pouco compreendida entre "ciências descritivas" e "explicativas". Uma tentativa neste sentido será apresentada na continuação destas investigações. Aqui não podemos deter por muito tempo o curso principal de nossas reflexões, e tampouco estamos suficientemente preparados para já agora tratar essas questões de maneira exaustiva. Basta indicar, na sequência, alguns pontos a ser tratados de maneira geral.

§ 74. Ciências descritivas e exatas

Comecemos nossas considerações pelo contraste entre geometria e ciência natural descritiva. O geômetra não se interessa pelas formas fáticas sensível-intuitivas, como o cientista natural descritivo. Ele não constrói, como este, *conceitos morfológicos* para tipos vagos de formas, que são apreendidos diretamente com base na intuição sensível e fixados conceitual ou terminologicamente de maneira vaga como eles. A *vagueza* dos conceitos, a circunstância de que têm esferas fluidas de aplicação, não é uma mácula que lhes deve ser impingida, pois, para a esfera de conhecimento a que servem, eles são pura e simplesmente imprescindíveis, ou melhor, são os únicos que nela se justificam. Se é preciso trazer à expressão conceitual adequada os dados materiais intuitivos em seus caracteres eidéticos intuitivamente dados, isso significa tomá-los tais como se dão. E eles não se dão justamente senão como dados fluidos, e essências típicas neles só podem ser trazidas à apreensão na intuição eidética que os analisa imediatamente. A mais perfeita geometria e o mais perfeito domínio prático dela não podem ajudar o cientista natural descritivo a trazer justamente à expressão (em conceitos geométricos exatos) aquilo que ele exprime de maneira simples, compreensível e plenamente adequada com as palavras "denteado", "chanfrado", "lenticular", "umbeliforme" etc. — meros conceitos que são *essencialmente e não casualmente inexatos* e, por isso, também não matemáticos.

Os conceitos geométricos são "*conceitos ideais*", eles exprimem algo que não se pode "ver"; sua "origem" e, com isso, também seu conteúdo é essencialmente diferente da origem e do conteúdo dos *conceitos de descrição*, como conceitos que exprimem imediatamente essências tiradas da simples intuição e não "ideais". Conceitos exatos têm seus correlatos em essências que possuem o caráter de *"ideias" no sentido kantiano*. A essas ideias ou essências ideais se contrapõem as *essências morfológicas*, como correlatos dos conceitos descritivos.

Aquela ideação que estabelece as essências ideais como *"limites" ideais*, não encontráveis por princípio em nenhuma intuição sensível e dos quais as essências morfológicas se "aproximam" em maior ou menor medida sem jamais alcançá-los, é algo fundamental e essencialmente diferente da apreensão de essência mediante simples "abstração", na qual um "momento" realçado na região das essências é realçado como um algo vago por princípio, como um algo típico. A *estabilidade* e *pura diferenciabilidade dos conceitos de gênero* ou das essências genéricas, cujo campo de abrangência é aquilo que é fluido, não pode ser confundida com a *exatidão dos conceitos ideais,* e dos gêneros, cujo campo de abrangência é sempre o ideal. É preciso, além disso, ver com clareza que, embora elas tenham ligação, as *ciências exatas* e as *ciências puramente descritivas* jamais podem substituir umas às outras, e que, por maior que seja o desenvolvimento da ciência exata, isto é, da ciência que opera com substruções ideais, ele não pode solucionar os problemas originais e legítimos da pura descrição.

§ 75. A fenomenologia como doutrina eidética descritiva dos vividos puros

No que concerne à fenomenologia, ela quer ser uma doutrina eidética *descritiva* dos vividos transcendentais puros em orientação fenomenológica, e como toda disciplina descritiva, que não opera por substrução nem por idealização, ela tem sua legitimidade em si. O que quer que possa ser eideticamente apreendido nos vividos reduzidos em intuição pura — quer como componente real, quer como correlato intencional — será próprio a ela, e tal é para ela uma grande fonte de conhecimentos absolutos.

Vejamos, porém, um pouco mais de perto, em que medida se podem estabelecer no campo fenomenológico, com seus inúmeros concretos eidéticos, descrições efetivamente científicas, e o que estas são capazes de produzir.

A consciência tem em geral a peculiaridade de ser um flutuar que transcorre em diferentes dimensões, de modo que não se pode falar de uma fixação conceitual exata de quaisquer concretos eidéticos e de todos os momentos que os constituem imediatamente. Tomemos por exemplo um vivido do gênero "imaginação de coisa", tal como nos é dado, quer na percepção fenomenológico-imanente, que em outra intuição (sempre reduzida). Então o fenomenologicamente singular (a singularidade eidética) é esta imaginação de coisa, em toda a plenitude de sua concreção, exatamente como ela passa flutuando no fluxo de vivido, exatamente na determinidade e indeterminidade com a qual a sua coisa é trazida à aparição, ora por estes, ora por aqueles aspectos, exatamente na mesma distinção ou turvação, na clareza oscilante e obscuridade intermitente etc., que lhe são próprias. A fenomenologia deixa de lado *apenas a individuação,* mas eleva todo o conteúdo eidético, na plenitude de sua concreção, à consciência eidética e o toma como essência ideal-idêntica, que, como toda essência, não poderia se individuar somente *hic et nunc*, mas em inúmeros exemplares. Vê-se, sem maiores dificuldades, que uma *fixação* conceitual e terminológica deste e de todo *concreto* fluido como ele é impensável, e o mesmo vale para cada uma de suas partes imediatas, não menos fluidas, e cada um de seus momentos abstratos.

Ora, se em nossa esfera descritiva não se pode falar de uma determinação unívoca das *singularidades eidéticas*, tudo se passa de modo diferente com as essências de *nível mais alto de especialidade*. Estas se abrem para uma diferenciação estável, uma conservação identificadora e uma apreensão conceitual rigorosa, bem como para a análise das essências que a compõem, e, por conseguinte, no caso delas faz todo o sentido propor as tarefas de uma descrição científica abrangente.

É assim que descrevemos e, com isso, determinamos em conceitos *rigorosos* a essência genérica da percepção em geral ou de suas espécies subordinadas, como a percepção da coisa física, dos seres animais etc.; da mesma maneira, determinamos a essência genérica da recordação, da empatia, da volição em geral etc. Antes destas, porém, estão as *generalidades supremas*: vivido em geral, *cogitatio* em geral, que já possibilitam descrições eidéticas abrangentes. Está manifestamente contido na natureza da apreensão geral de essência, da análise, da descrição, que as operações nos níveis superiores não tenham nenhum tipo de dependência para com as operações dos níveis inferiores, de modo que fosse metodologicamente necessário, por exemplo, um procedimento indutivo sistemático, uma elevação paulatina nos graus da generalidade.

Acrescente-se ainda aqui uma consequência. Pelo que foi exposto, teorizações dedutivas estão excluídas da fenomenologia. *Inferências mediadas* não lhe são terminantemente proibidas; mas como todos os seus conhecimentos devem ser descritivos, puramente ajustados à esfera imanente, as inferências e todo tipo de procedimento não intuitivo só têm a importância metódica de nos levar até as coisas que uma posterior visão direta da essência tem de trazer à condição de dado. Analogias que ocorram podem, antes da intuição efetiva, sugerir conjecturas acerca de nexos eidéticos, e inferências que levem a investigação adiante podem ser feitas a partir delas: mas, ao fim e ao cabo, as conjecturas têm de ser ratificadas pela visão efetiva dos nexos eidéticos. Enquanto isso não acontece, não temos resultado fenomenológico algum.

Com isso, sem dúvida, não se responde a questão que se impõe aqui, de saber se no domínio eidético dos fenômenos reduzidos (quer em seu todo, quer em alguma de suas partes) não pode haver também, *ao lado* do procedimento descritivo, um procedimento idealizante que substitui os dados intuitivos por ideais puros e rigorosos, os quais poderiam então servir como instrumentos fundamentais de uma *mathesis* dos vividos — enquanto contrapartida da fenomenologia *descritiva*.

Por mais que as investigações que acabam de ser feitas deixem questões em aberto, elas nos auxiliaram sobremaneira, e não apenas por colocar no nosso campo visual uma série de problemas importantes. Para nós agora está inteiramente claro que, com o procedimento analógico, nada se pode obter para a fundação da fenomenologia. É apenas preconceito que induz em erro achar que a metodologia das ciências *a priori* dadas historicamente, que são inteiramente ciências ideais *exatas*, tenha de ser, sem mais, nem menos, modelo para cada nova ciência e, mais ainda, para nossa fenomenologia transcendental — como se pudesse haver somente ciências eidéticas de um único tipo metódico, o da "exatidão". A fenomenologia transcendental, como ciência de essências descritiva, pertence, porém, a uma *classe fundamental de ciências eidéticas totalmente diferente* das ciências matemáticas.

Capítulo II
Estruturas gerais da consciência pura

§ 76. O tema das próximas investigações

Mediante a redução fenomenológica abrira-se para nós o reino da consciência transcendental, enquanto ser "absoluto" num determinado sentido. Ela é a protocategoria do ser em geral (ou, no nosso linguajar, a proto-região), na qual radicam todas as outras regiões do ser, à qual estas estão referidas por sua *essência*, e da qual, portanto, todas são por essência dependentes. A doutrina das categorias tem de partir obrigatoriamente desta que é a mais radical de todas as diferenciações ontológicas — o ser *como consciência* e o ser como ser "transcendente", que se "*anuncia*" na consciência — e que, como se vê com clareza, só pode ser obtida e apreciada em sua pureza pelo método da redução transcendental. Na relação eidética entre ser *transcendental* e ser *transcendente* se fundam as relações por nós já reiteradamente tratadas, mas que posteriormente devem ser ainda investigadas mais a fundo, entre fenomenologia e todas as outras ciências, relações que incluem em seu sentido que o domínio da fenomenologia se estende, de uma maneira certa e digna de atenção, a todas as outras ciências, as quais, todavia, ela põe fora de circuito. *A exclusão de circuito tem ao mesmo tempo o caráter de uma mudança de valor dos sinais, e, com esta, aquilo que teve seu valor invertido se insere de novo na esfera fenomenológica.* Dito de maneira figurada: o que se põe entre parênteses não é apagado do quadro fenomenológico, mas justamente apenas posto entre parênteses e, com isso, marcado com um índice. Com esse índice, porém, ele está incluído no tema principal da investigação.

É absolutamente necessário entender essa situação desde o fundamento, com todos os diferentes pontos de vista que lhe são próprios. Dela faz parte, por exemplo, que a natureza física seja colocada fora de circuito, embora não haja apenas uma fenomenologia da consciência científico-natural, do lado da experiência e do pensamento científico-natural, mas também uma fenomenologia da própria natureza, como correlato da consciência científico-natural. Da mesma maneira, embora psicologia e ciências do espírito sejam atingidas pela exclusão de circuito, há uma fenomenologia do ser humano, de sua personalidade, de suas características pessoais e de seu curso (humano) de consciência; há, além disso, uma fenomenologia do espírito social, das configurações sociais, das formas da civilização etc. Desde que entra como dado para a consciência, todo transcendente não é objeto de investigação fenomenológica somente pelo aspecto da *consciência* que se tem dele, por exemplo, pelos diferentes modos de consciência nos quais ele vem, como ele mesmo, à doação, mas também, embora de maneira essencialmente ligada a isso, na condição de dado e de incluído nos dados.

Há, desta maneira, vastos domínios da investigação fenomenológica para os quais não estamos absolutamente preparados se partimos da ideia de vivido — especialmente se começamos, como todos nós, pela orientação psicológica e se nos deixamos levar primeiro pelo conceito de vivido da psicologia de nossa época —, domínios que, sob a influência de obstáculos internos, se estará de início pouco disposto a reconhecer como fenomenológicos. Essa inclusão do que fora posto entre parênteses resulta, para a psicologia e para a ciência do espírito, em situações muito próprias e que dão margem a erros. A fim de indicá-lo apenas no que concerne à psicologia, constatamos que a consciência, como dado da experiência psicológica, isto é, como consciência humana ou animal, é objeto da psicologia: na investigação científica empírica é objeto da psicologia empírica, na investigação científica de essências, da psicologia eidética. Por outro lado, com a devida modificação introduzida pelos parênteses, o mundo inteiro, com seus indivíduos psíquicos e com os vividos psíquicos deles, faz parte da fenomenologia: tudo isso como correlato da consciência absoluta. Nela, portanto, a consciência surge em diferentes modos de apreensão e em diferentes nexos, e diferentes no interior da própria fenomenologia; ou seja, na própria fenomenologia, a consciência surge, ora como consciência absoluta, ora, no correlato, como consciência psicológica, inserida agora no mundo natural — que teve, de certa maneira, o seu valor trocado, mas não perdeu o próprio conteúdo, enquanto consciência. Estes são encadeamentos difíceis e extraordinariamente importantes. Deles também depende que toda constatação fenomenológica acerca da consciência absoluta possa ser reinterpretada numa constatação eidético-psicológica (que, num exame rigoroso, de modo algum é uma constatação fenomenológica), o modo de consideração fenomenológico sendo, porém, o mais abrangente e, enquanto absoluto, o mais radical de todos. Ver tudo isso com clareza e trazer posteriormente à mais translúcida clareza as relações de essência entre fenomenologia pura, psicologia eidética e psicologia empírica ou ciência do espírito, é de grande relevância para as disciplinas aqui envolvidas e para a filosofia.

Em especial, a psicologia, que em nossa época busca avançar com todas as suas forças, só pode ganhar a fundação radical que ainda lhe falta, caso venha dispor de amplas evidências sobre os nexos eidéticos aqui apontados.

As indicações que acabam de ser dadas nos fazem sentir o quão distantes ainda estamos de entender a fenomenologia. Aprendemos a nos exercitar na orientação fenomenológica, pusemos de lado uma série de dificuldades metodológicas que podiam induzir em erro e defendemos a legitimidade de uma descrição pura: o campo de investigação está livre. Ainda não sabemos, todavia, *quais* são os grandes temas que nele encontraremos ou, para ser mais preciso, *que direções fundamentais da descrição são prescritas pelo padrão eidético mais geral dos vividos*. Para ganhar clareza sobre essas relações, tentaremos caracterizar nos próximos capítulos justamente esse tipo eidético mais geral, ao menos em alguns de seus traços especialmente importantes.

Com essas novas considerações, não abandonamos propriamente os problemas de método. As discussões metodológicas anteriores eram determinadas por evidências, as mais gerais, acerca da essência da esfera fenomenológica. É óbvio que um conhecimento aprofundado dela — não em seus aspectos individuais, mas nos seus aspectos gerais e decisivos — também tem de nos munir de normas metodológicas fecundas, que deverão ser seguidas por todos os métodos especiais. O método não é algo que se traz ou deva trazer de fora para dentro de um domínio. A lógica formal ou a noética não dá o método, mas a *forma* de método possível, e por mais útil que o conhecimento da forma possa ser no aspecto metodológico, um método *determinado* — não segundo a mera particularidade técnica, mas segundo o tipo metódico geral — é uma norma que provém do padrão regional fundamental do domínio e de suas estruturas gerais e, portanto, é essencialmente dependente, em sua apreensão cognitiva, do conhecimento dessas estruturas.

§ 77. A reflexão como peculiaridade fundamental da esfera dos vividos. Estudos na reflexão

Entre as peculiaridades eidéticas mais gerais da pura esfera de vivido, trataremos em primeiro lugar da *reflexão*. Faremos isso em virtude de sua função metodológica *universal*: o método fenomenológico se move inteiramente em atos da reflexão. Pode-se, no entanto, levantar dificuldades céticas quanto à capacidade operatória da reflexão e, por conseguinte, quanto à possibilidade de uma fenomenologia em geral, dificuldades para as quais desejamos primeiro apresentar uma solução cabal.

Nas considerações preliminares já tivemos de falar da reflexão.[46] Efetuando rigorosamente a redução fenomenológica, podemos agora retomar o que ali se mostrou, antes de termos pisado o solo fenomenológico, já que aquelas constatações diziam meramente respeito a algo de essencialmente próprio aos vividos, algo que, portanto, como sabemos, só permanece como posse segura para nós se transcendentalmente purificado em sua apreensão. Recapitularemos primeiro o já sabido e, em seguida, procuraremos entrar mais fundo nas questões, bem como na espécie de estudos fenomenológicos possibilitados e exigidos pela reflexão.

Todo eu vive seus vividos, e nestes está realmente e intencionalmente incluída uma variedade de coisas. Ele os vive, o que não quer dizer que os tenha "sob o olhar", a eles e àquilo que está incluso neles, nem que os apreenda no modo da experiência imanente ou de uma intuição e representação imanente qualquer. Todo vivido que não se tem "sob o olhar" pode, por possibilidade ideal, passar a ser "notado", uma reflexão se dirige a ele, ele se torna então objeto *para* o eu. Igualmente assim se passa com os possíveis olhares do eu para os componentes do vivido e para suas intencionalidades (para aquilo *de que* elas eventualmente são consciência). As reflexões são, mais uma vez, vividos e podem, como tais, tornar-se substrato de novas reflexões e assim *in infinitum*, em generalidade de princípio.

Ao surgir de novo ao olhar reflexionante, o vivido efetivamente vivido a cada momento se dá *como* efetivamente vivido, como sendo "agora"; mas não apenas isso, ele se dá também como *tendo sido* há pouco, e porque não era notado, ele se dá justamente como tal, como tendo sido, mas de maneira irrefletida. Na orientação natural é por si mesmo patente para nós, sem que pensemos a respeito, que os vividos não existem apenas quando estamos voltados para eles e os apreendemos em experiência imanente; que eles existiram efetivamente, e foram de fato efetivamente vividos por nós, se na reflexão imanente, no interior da *retenção* (da recordação "primária"), "ainda" se tem "consciência" deles como tendo sido "há pouco".

Estamos, além disso, convencidos de que com base na recordação rememorativa, e "nela" mesma, a reflexão também nos informa sobre vividos anteriores, que foram presentes "naquele momento", vividos que naquele momento poderiam ser perceptíveis, embora não percebidos, de modo imanente. O mesmo vale, segundo a visão natural-ingênua, para a *recordação prospectiva*,[47] para a expectativa antecipatória. Aqui, o que antes de

---

[46] Cf. acima, § 38, p. 92, e § 45, p. 106.

tudo está em questão é a "*protenção*" imediata (como poderíamos dizer), que é a contrapartida exata da retenção imediata; a seguir, vem a recordação prospectiva, que, presentificando de maneira inteiramente outra, é *re*produtiva em sentido mais próprio, é contrapartida da *re*memoração. Neste caso, aquilo que se espera intuitivamente, aquilo de que se tem consciência por antecipação como "ocorrendo no futuro", possui ao mesmo tempo, graças à reflexão possível "na" recordação prospectiva, a significação de algo que será percebido, da mesma maneira que o rememorado tem a significação de um já percebido. Também na recordação prospectiva, nós podemos, portanto, refletir e nos conscientizar de vividos próprios, para os quais nela não estamos orientados, como pertencendo ao recordado prospectivamente enquanto tal: é assim que sempre procedemos ao dizer que *vamos ver* o que irá acontecer, onde o olhar reflexivo se volta para o vivido perceptivo "por vir".

Podemos tornar tudo isso claro para nós e podemos continuar perseguindo seus encadeamentos ulteriores estando em orientação natural, por exemplo, na condição de psicólogos.

Ora, se efetuamos a redução fenomenológica, essas constatações (colocadas entre parênteses) se convertem em casos exemplares de generalidades de essência, de que podemos lançar mão e estudar sistematicamente no âmbito da intuição pura. Coloquemo-nos, por exemplo, em intuição viva (que também pode ser uma imaginação), na efetuação de um ato qualquer, de alegria com o fato de nossos pensamentos teóricos terem transcorrido de maneira livre e fecunda. Efetuamos todas as reduções e vemos o que está contido na essência pura das coisas fenomenológicas. Antes de mais nada, vemos, pois, um estar-voltado para os pensamentos em seu transcurso. Continuamos desenvolvendo o fenômeno exemplar. Durante o feliz transcurso, um olhar reflexivo se volta para a alegria. Ela se torna vivido notado e percebido de maneira imanente, que flutua e se esvai deste ou daquele jeito ao olhar da reflexão. O transcurso dos pensamentos perde sua liberdade, dele só há consciência numa maneira modificada, e a alegria intrínseca ao seu desenvolvimento é atingida em sua essência — o que também pode ser constatado, mas para tanto temos de efetuar novas mudanças do olhar. Deixemos essas mudanças fora de jogo agora, e atentemos para o seguinte.

---

[47] O estranhamento ("recordação prospectiva") é menor no original, pois "Erinnerung" (recordação, lembrança) em alemão significa literalmente "innewerden", isto é, ter consciência, perceber, reconhecer, onde "inne" indica movimento para dentro, algo que se conserva ainda no português "recordação" (de "coração"). (NT)

A primeira reflexão sobre a alegria a encontra como atualmente presente, *mas não como se iniciando justamente agora*. Ela está ali como *per*durando, como já vivida antes e apenas não apreendida pelo olhar. Ou seja, subsiste evidentemente a possibilidade de seguir a duração passada e o modo em que a alegria se deu, de atentar para o trecho anterior em que transcorreram os pensamentos teóricos, mas também para o olhar que anteriormente se voltava para ele; subsiste evidentemente, por outro lado, a possibilidade de atentar para o fato de que a alegria está voltada para ele e de apreender, por contraste, a ausência de um olhar voltado para a alegria no fenômeno transcorrido. No que se refere, porém, à alegria posteriormente tornada objeto, temos também a possibilidade de efetuar reflexão sobre a reflexão que a objetiva, e de clarificar assim mais eficientemente a diferença entre a alegria vivida, porém não notada, e a alegria *notada*; o mesmo vale para as modificações introduzidas pelos atos de apreender, explicitar etc., que se instauram com a mudança do olhar.

Podemos considerar tudo isso em orientação fenomenológica, e *eideticamente*, quer em generalidade mais alta, quer segundo aquilo que se pode por essência constatar para espécies particulares de vivido. Todo o fluxo de vividos, com seus vividos no modo da consciência irrefletida, pode ser assim submetido a um estudo de essência científico, que busca completude científica, e isso com respeito também a todas as possibilidades de momentos "*intencionais*" de vivido neles contidos e, portanto, também especialmente com respeito aos vividos neles trazidos à consciência em eventual modificação e *seus intentionalia*. Conhecemos exemplo deste último aspecto na forma das modificações de vivido intencionalmente contidas em todas as presentificações, e que "nelas" foram encontradas mediante reflexões: como o "ter sido percebido", contido em cada recordação, e o que "será percebido", contido em cada expectativa.

O estudo do fluxo de vivido se efetua, por seu turno, em diversos atos reflexivos construídos de maneira peculiar, os quais entram eles mesmos novamente no fluxo de vivido e podem e devem se tornar, em reflexões correspondentes de níveis mais altos, objetos de análises fenomenológicas. Pois essas análises são fundadoras para uma fenomenologia geral e para a evidência metodológica que lhe é inteiramente imprescindível. O mesmo vale manifestamente para a psicologia. Quando se fala vagamente de estudo dos vividos na reflexão ou na recordação — que de hábito é identificada àquela —, tudo ainda resta por fazer, sem mencionar muitas coisas falsas que costumam se misturar aqui (justamente porque falta uma análise eidética séria), como, por exemplo, que não pode existir algo como percepção e observação imanente em geral.

Entremos um pouco mais nessas questões.

§ 78. O estudo fenomenológico das reflexões acerca de vividos

Reflexão, pelo que acaba de ser apresentado, é uma designação para atos nos quais o fluxo de vividos é apreensível e analisável de maneira evidente, com todos seus diversos eventos (momentos de vivido, *intentionalia*). Ela é a designação, também poderíamos exprimi-lo assim, do método da consciência para o conhecimento da consciência em geral. Justamente nesse método, ela mesma se torna, porém, objeto de estudos possíveis: reflexão é também a designação de espécies essencialmente conexas de vividos, portanto, o tema de um capítulo principal da fenomenologia. Distinguir as diferentes "reflexões" e analisá-las integralmente em ordem sistemática é a tarefa de tal capítulo.

Antes de tudo é preciso ter claro que *toda e qualquer "reflexão"* possui o caráter de uma *modificação de consciência*, mais exatamente, de uma tal que pode ser experimentada em princípio por *toda consciência*.

Deve-se falar aqui de modificação, uma vez que toda reflexão provém por essência de mudança de orientação, mediante a qual um vivido previamente dado, por exemplo, um *datum* de vivido (irrefletido) sofre certa transformação, passando justamente para o modo da consciência refletida (ou do consciente). O vivido previamente dado pode já ele mesmo possuir o caráter de uma consciência refletida de algo, de maneira que a modificação é modificação de um nível mais alto; no final, porém, voltamos a vividos absolutamente irrefletidos e a seus *dabilia* reais ou intencionais. Ora, por lei de essência, *todo* vivido pode passar por modificações reflexivas, e em diferentes direções, que ainda conheceremos com mais exatidão.

A significação metodológica fundamental do estudo eidético das reflexões para a fenomenologia, não menos que para a psicologia, se mostra em que os modos de apreensão eidética imanente e, por outro lado, os de experiência imanente, estão todos sob o conceito de reflexão. Assim, por exemplo, a percepção imanente é, com efeito, uma reflexão, já que pressupõe uma mudança de olhar de algo dado num momento da consciência para a consciência desse algo. Da mesma maneira, como mencionamos (no parágrafo anterior) ao discutir aquilo que aparece como óbvio para a orientação natural, toda recordação não permite apenas uma mudança reflexiva do olhar para si mesma, mas também a reflexão peculiar "na" recordação. Por exemplo, ao recordar o decorrer de uma peça musical, esta vem primeiro irrefletidamente à consciência no modo do "passado". Faz parte, no entanto, da *essência* de algo assim conscientizado a possibilidade de refletir sobre o seu ter-sido-percebido. Igualmente para a expectativa, para a consciência que olha na outra direção, na direção daquilo que "virá", subsiste a possibilidade de essência de desviar o olhar disso que virá para o seu será-percebido. O que há nesses nexos eidéticos é que as proposições "eu me recordo de A" e "eu percebi", "eu antevejo A" e "eu perceberei A", são *a priori* e imediatamente equivalentes; mas apenas equivalentes, pois o sentido é diverso.

Aqui a tarefa fenomenológica consiste em investigar sistematicamente todas as modificações de vivido que estão sob a designação de reflexão, junto com todas as modificações com as quais estão em relação de essência, e que as *pressupõem*. Esse último aspecto diz respeito à totalidade de modificações eidéticas por que *todo* vivido tem de passar durante seu transcurso originário, e, além disso, às diferentes espécies de variações que podem ser idealmente pensadas no modo de "operações" efetuadas em cada vivido.

Todo vivido é em si mesmo um fluxo do devir, ele é o que é pela *geração originária* de um tipo eidético inalterável: um fluxo constante de retenções e protenções mediado por uma fase ela mesma fluida da originariedade, na qual se toma consciência do agora vivo do vivido, em contraposição ao seu "antes" e ao seu "depois". Todo vivido tem, por outro lado, seus paralelos em diferentes formas de reprodução, que podem ser vistas como transformações ideais "operatórias" do vivido original: todo vivido tem sua contrapartida "exatamente correspondente" e, no entanto, inteiramente modificada numa recordação rememorativa e também numa possível recordação prospectiva, numa mera imaginação possível e, novamente, nas iterações dessas variações.

Naturalmente, pensamos todos os vividos em paralelo, como sendo de uma composição eidética comum: os vividos paralelos devem, portanto, ter consciência das mesmas objetividades intencionais, e devem ter consciência delas em modos idênticos de doação, dentro do conjunto daqueles que, em outros aspectos, podem apresentar possível variação.

Uma vez que as modificações submetidas ao olhar pertencem a *cada* vivido como variações ideais possíveis, caracterizando, portanto, operações de certo modo ideais que podem ser pensadas como efetuadas em cada uma delas, as modificações são reiteráveis *in infinitum* e também podem ser efetuadas em vividos modificados. Partindo, inversamente, de cada vivido já caracterizado por tal modificação e então sempre caracterizado *em si mesmo* como tal, seremos reconduzidos a certos protovividos, a "impressões", que exibem os vividos *absolutamente originários* no sentido fenomenológico. Assim, *percepções* de coisas são vividos originários em relação a todas as recordações, presentificações de imaginação etc. Elas são tão originárias quanto o possam ser vividos concretos em geral. Pois, observando bem, elas têm em sua concreção apenas *uma única fase absolutamente originária*, embora esta também sempre flua continuamente: o momento do *agora* vivo.

Podemos referir primariamente essas modificações aos vividos atuais da consciência irrefletida, pois se pode logo ver que todas as modificações por reflexão consciente precisam *eo ipso* participar dessas modificações primárias, uma vez que elas, como *reflexões* sobre vividos e consideradas em sua plena concreção, são elas mesmas vividos em consciência irrefletida, aceitando, como tais, todas as modificações. Ora, a própria reflexão é seguramente uma nova espécie de modificação geral — o *direcionamento* do eu para seus vividos e, junto com ele, a efetuação de atos do *cogito* (em especial, atos da camada mais baixa, fundamental, a das representações puras e simples), "nos" quais o eu se direciona para seus *vividos*; ora, é justamente esse entrelaçamento da reflexão com apreensões ou assimilações intuitivas ou vazias que condiciona, no estudo da modificação reflexiva, o entrelaçamento necessário dela com o estudo das modificações acima indicadas.

Unicamente por atos de *experiência* reflexivos sabemos algo do fluxo de vividos e de sua necessária referência ao eu puro; portanto, unicamente por eles sabemos que o fluxo de vividos é um campo de livre efetuação de cogitações de um único e mesmo eu; que todos os vividos do fluxo são vividos dele, justamente porque ele pode olhar para eles ou, "por intermédio deles", para algo estranho ao eu. Convencemo-nos de que essas experiências conservam sentido e legitimidade também enquanto experiências *reduzidas*, e apreendemos a *legitimidade* de experiências dessa espécie em generalidade de essência, da mesma maneira que, paralelamente a isso, apreendemos a legitimidade de *visões de essência* referidas a vivido em geral.

É assim que apreendemos, por exemplo, a *legitimidade absoluta* da reflexão *perceptiva* imanente, isto é, da percepção imanente pura e simples, e apreendemos essa sua legitimidade naquilo que faz dela, em seu decurso, um dado originário efetivo; da mesma maneira, apreendemos a *legitimidade absoluta da retenção imanente* no que concerne àquilo que nela vem à consciência com o caráter do "ainda" vivo e do que foi "há pouco", mas isso, sem dúvida, somente até onde vai o conteúdo do que é assim caracterizado. Ou seja, enquanto foi, por exemplo, percepção de um som e não de uma cor. De modo semelhante apreendemos a legitimidade *relativa* da recordação rememorativa imanente, que só vai até onde o conteúdo dessa recordação, individualmente considerada, mostra autêntico caráter de recordação rememorativa (o que de modo algum acontece em geral com qualquer momento daquilo que é recordado), uma legitimidade que se apresenta exatamente assim em *toda* recordação rememorativa. Mas trata-se, sem dúvida, de uma legitimidade meramente "relativa", um tal que pode ser sobrepujada, embora permaneça, por isso, legítima. E assim por diante.

Temos, portanto, na mais perfeita clareza e na consciência de sua validez incondicional, a evidência seguinte: seria contrassenso achar que os vividos só estejam assegurados em termos cognitivos caso sejam dados na consciência reflexiva de percepção imanente, ou mesmo que só estejam assegurados no agora atual de cada momento; seria um despropósito pôr em dúvida o "ser passado" daquilo que "ainda" se mostra para consciência (na retenção imediata) quando o olhar se volta para trás, ou então objetar que, ao fim e ao cabo, os vividos que entram no foco de visão se transformam, por isso mesmo, em algo *toto coelo* distinto etc. Aqui é preciso não se deixar confundir por argumentos que, a despeito de toda a precisão formal, não escondem o seu total desajuste com as fontes originais de validez, a intuição pura; é preciso manter-se fiel ao "princípio de todos os princípios", segundo o qual clareza perfeita é a medida da verdade, e segundo o qual enunciados que dão expressão fiel a seus dados não têm nada a temer da parte dos argumentos, por mais belos que estes sejam.

§ 79. Excurso crítico. A fenomenologia e as dificuldades da "auto-observação"

Pelas últimas exposições se vê que a fenomenologia não é atingida pelo ceticismo metodológico que tão frequentemente levou, no caso paralelo da psicologia empírica, à negação ou à restrição inadequada do valor da experiência interna. Apesar disso, recentemente J. Watt[48] acreditou poder defender novamente esse ceticismo em relação à fenomenologia, embora ele certamente não tenha apreendido o sentido peculiar da fenomenologia pura que as *Investigações lógicas* tentaram introduzir, e não tenha visto a diferença da situação puramente fenomenológica em relação à situação empírico-psicológica. Por mais que as dificuldades em ambos os casos sejam similares, há, no

---

[48] Cf. o Comunicado geral II: "Sobre as novas investigações acerca da memória e da psicologia da associação no ano de 1905", no *Archiv fur die gesamte Psychologie*, vol. IX (1907). — J. Watt discute exclusivamente com Th. Lipps. Embora meu nome não seja mencionado, creio poder considerar que sua crítica também é endereçada a mim, já que grande parte de suas exposições poderia se referir tanto a minhas *Investigações lógicas* (1900-1901), como aos escritos, publicados depois, de Th. Lipps.

entanto, uma diferença, que reside, num caso, em perguntar pelo alcance e valor cognitivo de princípio das constatações de *existência*, que exprimem os dados de nossas experiências internas (humanas), isto é, em colocar a questão do método psicológico; no outro caso, o que está em questão é o método fenomenológico, e se pergunta pela possibilidade e alcance de princípio de constatações de *essência*, que devem se referir, com base na pura reflexão, a vividos enquanto tais, segundo suas próprias essências livres da apercepção natural. Não obstante, subsistem relações internas e até, numa medida considerável, congruências entre ambas, que justificam nosso posicionamento em relação às objeções de Watts, especialmente em relação a frases dignas de nota, como as seguintes:

"É quase impossível fazer suposições sobre como se chega ao conhecimento do vivido imediato. Pois ele não é nem conhecimento, nem objeto do conhecimento, mas algo outro. Não se pode ver como se passa para o papel um relato sobre vivido do vivido, mesmo quando ele existe". "Como quer que seja, esta é a questão última do problema fundamental da auto-observação". "Hoje em dia se designa essa descrição absoluta como fenomenologia".[49]

Referindo-se às exposições de Th. Lipps, Watt diz então: "À efetividade *sabida* dos objetos da auto-observação se contrapõe a efetividade do eu presente e dos vividos presentes da consciência. Essa efetividade é vivida, quer dizer, meramente vivida, não 'sabida', isto é, apreendida reflexivamente.[50] Com isso, ela é justamente efetividade absoluta". "Pode-se ter uma opinião bem diferente", acrescenta ele, por sua vez, "a respeito do que se pode fazer com essa efetividade absoluta... Trata-se, também aí, certamente apenas de resultados da auto-observação. Ora, se esta é sempre observação que olha para trás, sempre um saber de vividos já *tidos* como objetos, como se devem estatuir estados dos quais não se pode ter saber algum, de que se tem apenas consciência? A importância de toda a discussão gira justamente sobre isso, a saber, sobre como derivar o conceito do vivido imediato, que não é saber algum. A observação tem de ser possível. Vivenciar é, enfim, próprio de cada um. Só que ele não *sabe* disso. E mesmo se soubesse, como poderia saber que seu vivido é efetivamente absoluto, tal como ele o imagina? De que cabeça a fenomenologia pode saltar pronta para a vida? Uma fenomenologia é possível e em que sentido? Todas essas questões são incontornáveis. Uma discussão sobre a questão da auto-observação a partir

---

[49] Idem, p. 5.
[50] Colchetes de Husserl. (NT)

da psicologia experimental talvez venha a lançar nova luz sobre esse domínio. Pois o problema da fenomenologia é o mesmo com que a psicologia experimental também necessariamente se confronta. Também a sua resposta a essa questão talvez deva ser mais cuidadosa, já que lhe falta o fervor do descobridor da fenomenologia. De qualquer modo, em si mesma, a resposta a ela depende mais de um método indutivo".[51]

Nessa pia fé na onipotência do método indutivo, que se exprime nessas últimas linhas (e na qual Watt dificilmente poderia perseverar, caso meditasse sobre as condições de possibilidade desse método), o que surpreende é, sem dúvida, a confissão "de que uma psicologia funcional operando por decomposição jamais poderá explicar o fato do saber".[52]

Diante de declarações como estas, características da psicologia atual, nós teríamos em primeiro lugar — justamente porque elas visam a psicologia — de fazer valer a separação anteriormente estabelecida entre questão psicológica e questão fenomenológica, e frisar, neste sentido, que a doutrina fenomenológica das essências tem tão pouco por que se interessar pelos métodos mediante os quais o fenomenólogo poderia se assegurar da *existência* daqueles vividos que lhe servem de base em suas constatações fenomenológicas, quanto a geometria tem de se interessar pela maneira como deve assegurar metodicamente a existência das figuras na lousa ou dos modelos no armário. Geometria e fenomenologia, como ciências da essência pura, não conhecem constatações sobre existência real. A isso se liga justamente que ficções claras não lhes oferecem apenas bons embasamentos, mas, numa grande medida, oferece embasamentos melhores do que dados de percepção e experiência atuais.[53]

Ora, se tampouco a fenomenologia tem de fazer constatações de existência acerca de seus vividos, isto é, "experiências" e "observações" no sentido natural, naquele segundo o qual uma ciência de fatos tem de se apoiar nelas, ela faz constatações de essência, como condição de princípio de sua possibilidade, acerca de vividos irrefletidos. Mas ela as faz graças à reflexão, mais precisamente, graças à intuição eidética reflexiva. As dificuldades de ordem cética com relação à auto-observação também devem, por conseguinte, ser levadas em conta no caso da fenomenologia, e isso porque, como é patente, essas dificuldades podem ser transferidas da reflexão que opera em experiência imanente para toda reflexão em geral.

---

[51] Idem, p. 7.
[52] Idem, p. 12.
[53] Cf. acima § 70, pp. 152 e segs.

De fato, o que seria da fenomenologia se "não se pode ver como se passa para o papel um relato sobre vivido de vivido, mesmo quando ele existe"? O que seria dela se pudesse fazer enunciados sobre as essências de vividos "sabidos", refletidos, mas não sobre essências de vividos puros e simples? O que seria dela, se "é quase impossível fazer suposições sobre como se chega ao conhecimento do vivido imediato" — ou ao conhecimento da sua essência? Admita-se que o fenomenólogo não precise efetuar constatações de existência acerca dos vividos que vislumbra como exemplares para suas ideações. Como quer que seja, poder-se-ia objetar que, em suas ideações, ele apreende apenas ideias daquilo que tem diante dos olhos justamente no exemplo. Tão logo seu olhar se volta para o vivido, este se torna aquilo como o qual ele agora se oferece; tão logo desvia seu olhar, ele se torna algo outro. A essência apreendida é apenas essência do vivido refletido, e a opinião de que se podem obter conhecimentos absolutamente válidos por reflexão, conhecimentos que têm validez para vividos em geral, quer refletidos, quer irrefletidos, é totalmente infundada. "Como se devem estatuir estados", mesmo que como possibilidades de essência, "dos quais não se pode ter saber algum?"

Isso diz manifestamente respeito a toda espécie de reflexão, embora na fenomenologia cada uma delas pretenda valer como fonte de conhecimentos absolutos. Vislumbro uma coisa na imaginação, por exemplo, um centauro. Creio saber que ele se exibe em certos "modos de aparição", em certos "perfis de sensação", apreensões etc. Creio ter dele uma visão de *essência* pelo seguinte: um tal objeto só *pode* ser intuído em tais modos de aparição, somente mediante tais funções de perfil e o que mais possa desempenhar um papel aqui. Ao ter, porém, o centauro diante dos olhos, eu não tenho diante deles os seus modos de aparição, os dados em perfil, as apreensões, e ao apreender sua essência, não apreendo a estes e à essência deles. Para isso, é preciso certas mudanças reflexivas do olhar, que, no entanto, põem todo o vivido em fluxo e o modificam; e assim tenho, na nova ideação, algo novo diante dos olhos e não posso afirmar que obtive os componentes eidéticos do vivido irrefletido. Não posso afirmar que faz parte da essência de uma coisa como tal exibir-se em "aparições" da maneira que foi indicada, isto é, mediante dados de sensação que se perfilam, os quais, por sua vez, passam por apreensões etc.

A dificuldade atinge manifestamente também as análises da consciência, no que tange ao "sentido" dos vividos intencionais, a tudo aquilo que pertence ao visado, ao intencional-objetivo como tal, ao sentido de uma proposição etc. Pois também estas são análises no interior de reflexões com direções peculiares. Watt mesmo chega até a dizer: "A psicologia tem de ter claro que com a auto-observação se altera a referência objetiva dos vividos a descrever. Talvez essa alteração tenha uma importância muito maior do que se tende a crer".[54] Se Watt tem razão, então nós afirmaríamos mais do que devíamos ao constatar, na auto-observação, que há pouco estávamos atentos a este livro aqui, e que ainda o estamos. Isso valia, em todo caso, antes da reflexão. Esta, no entanto, altera o "vivido" de atenção "a ser descrito", e o altera (segundo Watt) no tocante à referência objetiva.

Todo autêntico ceticismo, qualquer que seja a sua espécie e orientação, se mostra pelo seguinte contrassenso de princípio: nas suas argumentações ele pressupõe implicitamente, como condições de possibilidade de sua validez, justo aquilo que ele nega em suas teses. Não há dificuldade em se convencer de que essa característica também afeta as argumentações aqui discutidas. Mesmo aquele que se limita a dizer: eu duvido da importância cognitiva da reflexão, afirma um contrassenso. Pois ele reflete ao enunciar sua dúvida, e propor esse enunciado como válido pressupõe que a reflexão *tenha* efetiva e indubitavelmente (isto é, para os casos presentes) o valor cognitivo que se põe em dúvida, que ela *não* altera a referência objetiva, e que o vivido irrefletido *não* perde sua essência ao passar para a reflexão.

Mais ainda: nessas argumentações, fala-se constantemente da reflexão como um fato, e daquilo que é ou poderia ser acarretado por ela; portanto, mais uma vez se fala naturalmente também dos vividos "inconscientes", irrefletidos, como fatos, isto é, como aqueles de que surgem os vividos refletidos. Logo, constantemente se pressupõe um *saber* desses vividos irrefletidos, entre os quais se encontram reflexões irrefletidas, ao mesmo tempo em que se questiona a possibilidade de tal saber. Isso ocorre quando se duvida da possibilidade de constatar *o que quer que seja* sobre o conteúdo do vivido irrefletido e sobre a operação de reflexão: até onde esta altera o vivido original e se, por assim dizer, não o falseia a ponto de torná-lo um vivido totalmente outro.

É claro, porém, que se essa dúvida e a possibilidade nela inserida se justificassem, não restaria o menor fundamento de legitimação para a certeza de que há e pode haver em geral um vivido irrefletido e uma reflexão. É claro, ademais, que, sendo a pressuposição constante, isso só pode ser sabido por reflexão, e só pode ser fundamentado como saber imediato por intuição reflexiva doadora. O mesmo se dá com a afirmação de efetividade ou possibilidade das modificações acrescentadas por reflexão. Mas se isso *é* dado por intuição, então ele é dado num conteúdo intuitivo e, portanto,

---

[54] Watt, *op. cit.*, p. 12.

é contrassenso afirmar que não há nada de cognoscível aqui, nada que se refira ao conteúdo do vivido irrefletido e da espécie de modificações por que ele passa.

É o que basta para tornar nítido o contrassenso. Aqui como em toda parte, o ceticismo perde sua força quando se deixam de lado as argumentações verbais e se retorna à intuição de essência, à intuição doadora original e a sua própria legitimidade original. Tudo depende, sem dúvida, de que também se efetue efetivamente essa intuição e de que se seja capaz de colocar o ponto questionável sob a luz da autêntica clareza eidética ou de que se empreendam exposições como as que tentamos fazer no parágrafo anterior, de forma tão intuitiva quanto aquela com que foram efetuadas e apresentadas.

Os fenômenos da reflexão são, com efeito, uma esfera de dados puros e, sob certas circunstâncias, perfeitamente claros. Neles se tem uma *evidência eidética* sempre atingível, porque imediata: a partir do dado objetivo como tal, é possível reflexão sobre a consciência doadora e seu sujeito; a partir do percebido, daquilo que está "aí" em carne e osso, é possível reflexão sobre o perceber; a partir do recordado, a partir de seu "vislumbre" como tal, como "tendo sido", é possível reflexão sobre o recordar; a partir do enunciado, no transcurso de seu ser dado, é possível reflexão sobre o enunciar etc.; em todas essas operações o perceber, como percepção justamente deste percebido, a consciência, como consciência deste algo de que se é consciente em tal momento, é o que entra como dado. É evidente que, por essência — portanto, não apenas por fundamentos meramente contingentes, como que meramente "para nós" e nossa "constituição psicofísica" contingente —, algo como consciência e conteúdo de consciência (no sentido real ou intencional) só pode ser conhecido por reflexão. Logo, até Deus está sujeito a essa necessidade absoluta e evidente, assim como à evidência de que $2 + 1 = 1 + 2$. Também ele só poderia alcançar conhecimento de sua consciência e de seu conteúdo reflexivamente.[55]

Com isso se afirma, ao mesmo tempo, que a reflexão não pode estar enredada em nenhum conflito antinômico com o ideal de conhecimento perfeito. Cada espécie de ser, já tivemos de frisá-lo mais de uma vez, tem por essência *seus* modos de doação e, portanto, suas formas de método de conhecimento. É contrassenso tratar como defeitos suas peculiaridades essências e contá-las entre os defeitos contingentes, fáticos, intrínsecos ao "nosso conhecimento

---

[55] Não levaremos aqui a discussão para os domínios da teologia: a ideia de Deus é um conceito-limite necessário em considerações gnosiológicas e até um índice indispensável para a construção de certos conceitos-limite, que mesmo o ateu não pode dispensar quando filosofa.

humano". Uma outra questão, mas igualmente a ser considerada em evidência eidética, é a do possível "alcance" do conhecimento a ser investigado, isto é, a questão de saber como devemos nos precaver de enunciados que vão além do realmente dado a cada momento e do eideticamente apreensível; uma outra questão ainda é a do método *empírico*: como nós, seres humanos, devemos proceder sob certas circunstâncias psicofísicas dadas, por exemplo, como psicólogos, a fim de emprestarmos uma dignidade mais alta possível a nossos conhecimentos humanos.

É preciso, de resto, frisar que nosso reiterado recurso à clareza intuitiva (evidência, isto é, intuição) não é, aqui como em parte alguma, uma mera frase, mas exprime, no sentido da seção introdutória, o recuo àquilo que há de último em todo conhecimento, exatamente como se fala de evidência nos axiomas lógicos e aritméticos mais primitivos.[56] Quem, contudo, aprendeu a captar com evidência aquilo que é dado na esfera da consciência só poderá ler com espanto frases como a já citada: "É quase impossível fazer suposições sobre como se chega ao conhecimento do vivido imediato"; disso só se pode concluir o quanto a análise imanente de essência ainda é estranha para a moderna psicologia, embora constitua o único método possível para a fixação dos conceitos que devem ter função determinante em toda descrição psicológica imanente.[57,58]

---

[56] Com o livro já na fase de, impressão, leio, no recém-publicado *Teoria do conhecimento em bases psicofisiológicas e físicas* de Th. Ziehen uma declaração característica sobre "aquilo que se chama de intuição ou evidência, que deve ser colocada sob suspeita... e que tem duas propriedades principais: em primeiro lugar, ela muda de filósofo para filósofo, ou de escola filosófica para escola filosófica, e em segundo lugar ela gosta de se apresentar quando o autor expõe *justamente um ponto bastante duvidoso de sua doutrina, e um blefe deve então evitar que sejamos tomados de dúvidas*". Essa crítica, como se depreende pelo contexto, se endereça à doutrina desenvolvida nas *Investigações lógicas* acerca dos "objetos" ou "essências gerais" e da intuição de essência. É assim que se lê ainda em Ziehen: "A fim de distinguir esses conceitos supra-empíricos da massa comum dos conceitos habituais, com frequência se lhes atribui ainda uma generalidade peculiar, uma exatidão absoluta etc. Tenho tudo isso por presunção humana" (idem, p. 413). Não menos característico dessa teoria do conhecimento é a declaração (embora universalmente válida no sentido do autor) referente à apreensão intuitiva do eu, p. 441: "Eu só poderia imaginar uma autentificação para uma tal intuição primária, se houvesse concordância de todos os indivíduos sensíveis e pensantes na constatação dessa intuição". — Não se pode naturalmente negar que com frequência se cometem excessos apelando à "intuição". A questão é apenas se esses excessos cometidos apelando à *suposta* intuição podem ser descobertos de outro modo que por intuição *efetiva*. Também na esfera da experiência se cometem muitos excessos apelando para a experiência, e seria ruim se por isso se quisesse designar a experiência em geral como "blefe" e se se quisesse fazer a sua "autentificação" depender da "concordância de todos os indivíduos sensíveis e pensantes na constatação dessa experiência". A esse respeito, cf. o capítulo II da primeira seção deste escrito.

Nos problemas da reflexão aqui tratados, o nexo íntimo de fenomenologia e psicologia torna-se particularmente sensível. Toda descrição eidética referente a espécies de vivido exprime normas incondicionalmente válidas para existência empírica possível. Naturalmente, isso também diz respeito em particular a todas as espécies de vivido que são constitutivas para o método psicológico, valendo igualmente para todos os modos da experiência interna. Ou seja, a fenomenologia é a instância suprema para as questões metodológicas fundamentais da psicologia. Aquilo que ela constatou de maneira geral, tem de ser reconhecido e, se for o caso, exigido pelo psicólogo como condição de possibilidade de todo o seu método posterior. O que conflita com isso, caracteriza o *contrassenso psicológico de princípio*, exatamente como na esfera física todo conflito com as verdades geométricas e com as verdades da ontologia da natureza em geral é característico do *contrassenso de princípio em ciência natural*.

Um tal contrassenso de princípio se exprime, por conseguinte, na esperança de superar as dificuldades céticas quanto à possibilidade da auto-observação valendo-se da *indução psicológica* na psicologia experimental. O procedimento é de novo o mesmo com que se quer superar um ceticismo análogo no domínio do conhecimento físico natural: se, no fim das contas, toda percepção externa engana (já que realmente toda percepção, tomada individualmente, pode enganar), isso poderia ser superado pela física experimental, que pressupõe, a cada passo, a legitimação da percepção externa.

Quanto ao mais, o que se disse aqui em geral deve ganhar em força com todo o restante, em particular com as explicações sobre a amplitude das evidências eidéticas reflexivas. Também as relações, tocadas de leve aqui, entre fenomenologia (ou psicologia eidética, que por ora ainda não foi separada dela e, em todo caso, está intimamente ligada a ela) e psicologia experimental científica devem ser submetidas, com todos os seus problemas profundos, a uma clarificação no segundo livro deste escrito. Estou seguro de que,

---

[57] Cf. meu artigo em *Logos*, vol. I, pp. 302-322.
[58] Dois artigos que me chegaram igualmente durante a impressão deste livro, o de A. Messer e de J. Cohn (no primeiro volume dos *Jahrbucher der Philosophie*, editados por Frischeisen-Köhler), mostram mais uma vez o quão pouco mesmo investigadores profundos conseguem se livrar do fascínio dos preconceitos dominantes e, apesar de toda simpatia pelos esforços fenomenológicos, não conseguem apreender a especificidade da fenomenologia como uma "*doutrina da essência*". Ambos, especialmente Messer (também em suas declarações críticas anteriores no *Archiv fur d. ges. Psychol.*, XXII), entenderam mal o *sentido* de minhas exposições, tanto assim que as doutrinas ali combatidas como sendo minhas *de maneira alguma* são *as minhas*. Tenho esperança de que as exposições mais detalhadas do presente trabalho possam impedir novos equívocos dessa natureza.

em tempo não muito remoto, se tornará bem comum a convicção de que a fenomenologia (ou a psicologia eidética) é a ciência metodologicamente fundante para a psicologia empírica, no mesmo sentido em que as disciplinas matemáticas materiais (por exemplo, a geometria e a foronomia) são fundantes para a física.

Em meu entender, a antiga doutrina ontológica *segundo a qual o conhecimento das "possibilidades" tem de preceder o conhecimento das efetividades* é uma grande verdade, desde que bem entendida e aproveitada de maneira correta.

§ 80. A relação dos vividos com o eu puro

Entre as peculiaridades eidéticas gerais do domínio transcendental purificado dos vividos, o primeiro lugar cabe propriamente à relação de cada vivido ao eu "puro". Todo "*cogito*", todo ato num sentido eminente é caracterizado como ato do eu, ele "provém do eu", "vive atualmente" nele. Já falamos a esse respeito e lembramos em poucas frases o que antes foi apresentado.

Na observação, *eu* percebo algo; da mesma maneira, *eu* frequentemente "me ocupo" de algo na recordação; como que observando,[59] *eu* sigo na imaginação fictícia o que se passa no mundo imaginado. Ou reflito, faço inferências; retiro um juízo ou até me "abstenho" em geral de julgar. Tenho uma sensação de prazer ou desprazer, alegro-me ou fico entristecido, eu desejo ou quero e faço; ou também "me abstenho" da alegria, do desejo, da volição e da ação. Estou em todos esses atos, *atualmente* neles. Por reflexão eu me apreendo neles como ser humano.

Se, no entanto, efetuo a εποχη fenomenológica, também o "eu, ser humano" é excluído do circuito, assim como todo o mundo da tese natural, restando então o puro vivido de ato com sua essência própria. Mas vejo também que a apreensão dele como vivido humano, abstraindo-se de toda tese de existência, introduz no circuito tudo aquilo que não precisa necessariamente estar nele, e que, por outro lado, nenhuma exclusão de circuito pode suprimir a forma do "*cogito*" e eliminar o "puro" sujeito do ato: o "estar direcionado para", o "estar ocupado com", o "posicionar-se em relação a", o "experimentar", o "sofrer de" esconde *necessariamente* em sua essência que

---

[59] O original traz "*quasi* beobachtend". (NT)

cada um deles é justamente um raio "a partir do eu" ou, na direção inversa, "em direção ao eu" — e esse eu é o eu *puro*, ao qual a redução não pode causar dano algum.

Falamos até aqui de vividos do tipo particular "*cogito*". Os demais vividos, que constituem o meio geral para a atualidade do eu, carecem sem dúvida da referência eminente ao eu, da qual acabamos de falar. E, no entanto, também eles têm sua participação no eu puro, e este, neles. Eles lhe "pertencem" como "seus", são "seu" fundo de consciência, *seu* campo de liberdade.

Nesses entrelaçamentos peculiares com todos os seus "vividos", o eu que vivencia não é, todavia, nada que possa ser tomado *por si* e que possa se tornar um objeto *próprio* de investigação. Fazendo-se abstração de seus "modos de relação" ou "modos de proceder", ele é totalmente vazio de componentes de essência, ele não tem absolutamente nenhum conteúdo explicável, é em si e por si indescritível: é eu puro e nada mais.

É por isso, no entanto, que ele dá ensejo a uma multiplicidade de descrições importantes a propósito justamente dos modos particulares *como* ele é eu que vive em cada uma das espécies ou modos de vivido. Com isso, diferenciam-se sem cessar — apesar da necessária referência recíproca — o *vivido ele mesmo* e o *eu puro* do vivido. E ainda: o *puramente subjetivo dos modos de vivido* e o *conteúdo restante do vivido, que vira, por assim dizer, as costas para o eu*. Subsiste, pois, certa dubiedade extraordinariamente importante na essência da esfera de vividos, a partir da qual também podemos dizer que nos vividos se pode distinguir um lado de *orientação subjetiva* e um outro de *orientação objetiva*: é preciso não entender incorretamente essa maneira de se exprimir, como se ensinássemos que o eventual "objeto" do vivido fosse nele algo análogo ao eu puro. Não obstante, esse modo de expressão se justificará. E acrescentamos desde já que a essa dubiedade corresponde, ao menos em trechos consideráveis, uma divisão das investigações (ainda que não uma separação efetiva), pela qual umas estarão orientadas para a subjetividade pura, enquanto outras estarão orientadas para aquilo que faz parte da "constituição" da objetividade *para* a subjetividade. Teremos muito o que falar a respeito da "referência intencional" dos vividos (ou do puro eu que vivencia) a objetos e a respeito de muitos componentes de vivido e "correlatos intencionais" a eles conexos. Isso pode, no entanto, ser examinado e descrito analítica ou sinteticamente em investigações abrangentes que não precisam se ocupar de maneira mais aprofundada do eu puro e seus modos de participação ali. É natural que com frequência se terá de tratar dele, uma vez que está sempre necessariamente ali.

As meditações a que pensamos dar prosseguimento nesta seção se voltam principalmente para a orientação objetiva, como aquela que se apresenta por primeiro quando se deixa a orientação natural. Os problemas indicados nos parágrafos introdutórios desta seção já fazem remissão a ela.

§ 81. O tempo fenomenológico e a consciência do tempo

O tempo fenomenológico, como peculiaridade geral de todos os vividos, requer uma discussão específica.

Deve-se observar bem a diferença entre esse *tempo fenomenológico*, essa forma de unidade de todos os vividos *num* fluxo de vivido (o de *um* eu puro) e o *tempo "objetivo"*, isto é, *cósmico*.

Pela redução fenomenológica, a consciência não perdeu apenas seu "vínculo" aperceptivo (o que naturalmente é uma imagem) com a realidade material e sua inclusão, mesmo que secundária, no espaço, mas também sua inserção no tempo cósmico. Aquele tempo inerente por essência ao vivido como tal, com os seus modos de doação do agora, do antes, do depois, e do simultâneo e do subsequente etc., modalmente determinados por eles, não pode ser e não é medido em geral pela posição do Sol, pelo relógio, nem por meio físico algum.

De certa maneira, o tempo cósmico está para o tempo fenomenológico assim como, analogamente, a "extensão" pertencente à *essência* imanente de um conteúdo concreto da sensação (por exemplo, de algo visual no campo dos dados de sensação visual) está para a "extensão" espacial objetiva, isto é, a extensão do objeto físico que aparece visualmente "em perfil" nesse *datum* de sensação. Assim como seria contrassenso colocar sob o mesmo gênero eidético um momento da sensação, como cor ou extensão, junto com o momento material que se perfila através deles, como cor e extensão da coisa, assim também com respeito à temporalidade fenomenológica e à temporalidade cósmica. No vivido e em seus momentos de vivido, o tempo transcendente pode se exibir por aparições, mas de resto não há, por princípio, sentido algum em supor semelhança de imagem entre o que se exibe e o exibido, semelhança que como tal pressuporia unidade de essência.

Quanto ao mais, não se deve dizer que a maneira como o tempo cósmico se anuncia no tempo fenomenológico é exatamente a mesma que aquela na qual outros momentos de essência material do mundo se exibem fenomenologicamente. Seguramente, a exibição de cores e demais qualidades sensíveis da coisa (nos dados sensíveis correspondentes dos campos de sensação) é essencialmente de outra espécie, e também de outra espécie é o perfilar-se de formas materiais espaciais nas formas da extensão, no interior dos dados sensíveis. Mas, no que se mostrou acima, subsistem por toda parte aspectos comuns.

O tempo, aliás, como ressaltará das investigações vindouras, é uma designação para uma *esfera* totalmente *fechada de problemas*, e de excepcional dificuldade. Será mostrado que nossa exposição de certo modo guardou até agora silêncio sobre toda uma dimensão, e teve necessariamente de guardá-lo, para evitar que se fizesse confusão entre aquilo que só é primeiramente visível na orientação fenomenológica e aquilo que, sem levar em conta a nova dimensão, constitui um domínio fechado de investigações. O "absoluto" transcendental, que nos preparamos por meio das reduções, não é, na verdade, o termo último, ele é algo que se constitui a si mesmo, em certo sentido profundo e inteiramente próprio, e que tem suas fontes originais num absoluto último e verdadeiro.

Por sorte, nas nossas análises preparatórias podemos deixar fora de jogo os enigmas da consciência do tempo,[60] sem ameaçar o rigor delas. Só agora voltamos a tocar nela nas proposições seguintes:

A propriedade eidética que a designação "temporalidade" exprime para vividos não assinala somente algo inerente em geral a todo vivido individual, mas uma *forma necessária de vinculação entre vividos*. Todo vivido efetivo (efetuamos essa evidência com base em intuição clara de uma efetividade de vivido) é necessariamente um vivido que perdura; e com essa duração ele se ordena num contínuo infindo de durações — num contínuo *preenchido*. O vivido tem um horizonte temporal preenchido infinitamente em todos os seus lados. Isso significa ao mesmo tempo: ele pertence a um *único* infinito "*fluxo de vivido*". Todo vivido individual, por exemplo, um vivido de alegria, pode tanto ter um começo como um fim e, assim, pode encerrar sua duração. O fluxo de vivido, no entanto, não pode começar nem findar. Todo vivido, como ser temporal, é vivido de seu eu puro. Dele faz necessariamente parte a possibilidade (que, como sabemos, não é uma possibilidade lógica vazia) de que o eu dirija o puro olhar do eu para esse vivido e o apreenda como realmente existente, ou como tendo duração no tempo fenomenológico.

---

[60] Os esforços, por tanto tempo inúteis, do autor a esse respeito chegaram ao essencial a um fecho no ano de 1905, e seus resultados foram comunicados em preleções na universidade de Göttingen.

Por outro lado, também faz parte da essência dessa situação a *possibilidade* de que o eu dirija o olhar para o *modo de doação* temporal e reconheça com evidência (como nós todos obtemos efetivamente essa evidência revivendo o que é descrito na intuição) que nenhum vivido duradouro é possível a não ser que se constitua num fluxo contínuo de modos de doação, como unidade do processo ou da duração; além disso, esse modo pelo qual o próprio vivido temporal se dá é novamente um vivido, embora de espécie e dimensão novas. Por exemplo, a alegria que começa e termina, e dura nesse ínterim, eu posso tê-la primeiro diante do olhar puro, eu vou junto com suas fases temporais. Também posso, no entanto, prestar atenção no modo como ela se dá: no modo como se dá este "agora" e que a este agora, como de princípio a qualquer agora, se acrescenta em continuidade necessária um novo e sempre mais um novo agora, e que, juntamente com isso, todo agora atual se transforma num "ainda há pouco", este "ainda há pouco" por sua vez e continuamente em novos "ainda há pouco" de "ainda há pouco" etc. E assim para todo agora novamente acrescentado.

O *agora* atual é necessariamente e permanece algo pontual, uma *forma que persiste para sempre nova matéria*. O mesmo se passa com a continuidade do "*ainda há pouco*"; ele é uma *continuidade de formas* de sempre novo conteúdo. Isso quer dizer ao mesmo tempo o seguinte: o vivido duradouro de alegria é dado "à consciência" num contínuo de consciência da *forma* constante; há uma fase "impressão", como fase-limite de uma continuidade de retenções, as quais, no entanto, não se situam no mesmo ponto, mas *devem ser referidas umas às outras numa continuidade intencional* — elas são uma fusão contínua de retenções de retenções. A forma sempre recebe novo conteúdo, portanto a cada impressão na qual o vivido-agora é dado "se acopla" uma nova impressão correspondendo a um novo ponto contínuo da duração; continuamente a impressão se altera em retenção, esta continuamente se altera em retenção modificada etc.

Mas a isso vem se juntar a direção oposta das alterações contínuas: ao antes, corresponde o depois, ao contínuo das retenções, o contínuo das protenções.

§ 82. Continuação. O triplo horizonte do vivido, ao mesmo tempo como horizonte da reflexão sobre o vivido

Reconhecemos, porém, mais coisas ali. *Todo* agora de vivido, mesmo o da fase inicial de um vivido que acaba de surgir, tem necessariamente *seu horizonte do antes*. Mas este não pode ser, por princípio, um antes vazio, uma forma vazia sem conteúdo, um *nonsense*. Ele tem necessariamente a significação de um agora passado, que capta nessa forma um algo passado, um *vivido* passado. Todo vivido recém-iniciado é necessariamente antecedido no tempo por vividos, o passado de vividos está continuamente preenchido. Todo agora de vivido tem, no entanto, também seu necessário *horizonte do depois*, e tampouco este é um horizonte vazio; todo agora de vivido, mesmo que seja o da fase final de duração de um vivido que cessa, se altera necessariamente num novo agora, e este é necessariamente um agora preenchido.

A esse respeito, pode-se dizer também: à consciência do agora se acrescenta necessariamente a consciência do passado recente, que é, ela mesma, novamente um agora. *Vivido algum pode cessar sem consciência do cessar e do ter cessado*, e este é um novo agora preenchido. O fluxo de vividos é uma unidade infinita, e a *forma do fluxo* é uma forma *que abrange necessariamente todos os vividos de um eu puro* — com diversos sistemas de formas.

Reservaremos para exposições futuras já anunciadas o desenvolvimento pormenorizado dessas evidências e a demonstração de suas grandes consequências metafísicas.

A peculiaridade geral dos vividos, tratada acima, enquanto dados possíveis da percepção reflexiva (imanente), é componente de uma peculiaridade ainda mais abrangente, que se exprime na *lei de essência* segundo a qual todo vivido está num nexo de vividos essencialmente fechado em si não apenas do ponto-de-vista da *sequência* temporal, mas também do ponto-de-vista da *simultaneidade*. Isso quer dizer que todo *agora* de vivido possui um horizonte de vividos que também têm justamente a forma originária do "agora", e como tais constituem um único horizonte de originariedade do eu puro, o seu *agora* de consciência completo e originário.

Esse horizonte passa como uma unidade aos modos do passado. Na condição de agora modificado, todo antes implica para cada vivido captado pelo olhar, de que ele é o antes, um horizonte infindo, que abrange tudo o que faz parte do mesmo agora modificado, em suma, seu horizonte do "tendo sido simultaneamente". As descrições dadas antes devem, pois, ser completadas por uma nova dimensão, e só quando o fizermos, possuiremos o campo *inteiro* do tempo fenomenológico do eu puro, que ele pode medir de um extremo a outro a partir de qualquer um de "seus" vividos, segundo as *três* dimensões do antes, do depois e do simultâneo; ou só então possuiremos o *fluxo inteiro* das unidades temporais de vivido, fluxo que é, *por sua essência, uma unidade* e rigorosamente fechado em si.

Um único eu puro e *um único* fluxo de vividos preenchido em todas as três dimensões, essencialmente conexo nesse preenchimento e requerendo de si mesmo continuidade de conteúdo — são correlatos necessários.

§ 83. Apreensão do fluxo de vividos em sua unidade como "ideia"

Com essa *forma prototípica da consciência* está, por lei eidética, relacionado o seguinte.

Se o olhar do eu puro atinge um vivido qualquer em reflexão, e em apreensão perceptiva, subsiste a possibilidade *a priori* de dirigir o olhar para outros vividos, *até onde* haja nexo entre eles. Por princípio, entretanto, *todo* esse nexo *jamais* é algo dado ou a ser dado por um único olhar puro. Não obstante, ele também é de *certo* modo apreensível intuitivamente, embora num modo totalmente outro por princípio, ou seja, no modo *da ausência de limites na progressão das intuições imanentes*, na progressão do vivido fixado até novos vividos de seu horizonte de vividos, da fixação destes até fixação de seu horizonte etc. A expressão "*horizonte de vividos*", porém, não significa aqui apenas o horizonte da temporalidade fenomenológica em suas três dimensões descritas, mas diferenças entre *novas espécies* de modos de doação. Sendo assim, um vivido que se tornou objeto de um olhar do eu, que tem, portanto, o modo do "notado", possui o seu horizonte de vividos não notados; um apreendido no modo da "atenção", e eventualmente em clareza crescente, possui um horizonte com um fundo de inatenção, com relativas diferenças de clareza e obscuridade, assim como de realce. Aqui radicam possibilidades eidéticas: trazer o não notado ao olhar puro, fazer do observado de passagem um observado primário, dar realce ao não realçado, dar clareza e sempre mais clareza ao obscuro.[61]

Na progressão contínua de apreensão em apreensão aprendemos de certo modo, eu disse, também o *fluxo de vivido como unidade*. Nós não o apreendemos como um vivido singular, mas ao modo de uma *ideia no sentido kantiano*. Ele não é algo posto e afirmado a esmo, mas um dado absoluto e indubitável — num sentido amplo correspondente da palavra "dado". Essa indubitabilidade, embora também fundada em intuição, tem uma fonte inteiramente diferente daquela que existe para o ser dos vividos, e que, portanto, entra na condição de dado puro em percepção imanente. O que é justamente o peculiar da ideação na visão da "ideia" kantiana, que não perde, por isso, a sua evidência, é que a determinação adequada de seu conteúdo, aqui do fluxo de vivido, é inatingível. Vemos desde logo que faz parte do fluxo

---

[61] "Horizonte", portanto, é usado aqui da mesma maneira que, no § 35, p. 86, se fala de um "halo" e de um "fundo".

de vivido e de seus componentes como tais uma série de modos de doação diferençáveis, cuja investigação sistemática terá de constituir uma das tarefas principais da fenomenologia geral.

Também podemos extrair de nossas considerações a proposição eideticamente válida e evidente segundo a qual *nenhum vivido concreto pode ser considerado como algo independente em sentido pleno*. Todo vivido "carece de complemento", o que não deve ser entendido com referência a um nexo arbitrário, mas a um nexo que se impõe por sua espécie e forma.

Se, por exemplo, consideramos alguma percepção externa, digamos esta determinada percepção de casa tomada em sua plenitude concreta, então dela faz parte, como elemento determinante necessário, o meio circundante do vivido, mas ele é, sem dúvida, um elemento determinante de uma espécie própria, necessária e, no entanto, "*extraessencial*", ou seja, é um tal que sua alteração em nada altera o conteúdo eidético *próprio* do vivido. *A percepção mesma, portanto, se altera conforme a alteração da determinação do meio circundante*, ao passo que a diferença última, o que é intrinsecamente próprio ao gênero "percepção", pode ser pensado como idêntico.

É impossível, por princípio, que duas percepções idênticas por essência naquilo que lhes é próprio também o sejam no que respeita à determinação de seu meio circundante, pois elas seriam individualmente *uma* percepção *só*.

Como quer que seja, pode-se trazer isso à evidência no caso de duas percepções e, assim, de dois vividos em geral que pertençam a *um* único fluxo de vivido. Todo vivido influencia o halo (claro ou obscuro) dos outros vividos.

Um exame mais detido mostraria, além disso, que dois *fluxos de vividos* (esferas de consciência para dois eus puros) *de idêntico conteúdo eidético são impensáveis*, como também que, o que já se pode ver pelo que se disse antes, nenhum vivido *completamente determinado* de um jamais poderia pertencer a outro; somente vividos de idêntica conformação interna lhes podem ser comuns (embora não individualmente idênticos em comum), mas nunca dois vividos que, ademais, tenham um "halo" absolutamente igual.

§ 84. A intencionalidade como tema fenomenológico capital

Passamos agora a uma peculiaridade dos vividos que pode ser designada até como o tema geral da fenomenologia orientada "objetivamente", a intencionalidade. Ela é uma peculiaridade da essência da esfera de vividos em geral, visto que de alguma maneira todos os vividos participam da intencionalidade, mesmo que não possamos dizer que todo *vivido* tenha intencionalidade no mesmo sentido que podemos dizer, por exemplo, que é temporal todo vivido captado como objeto pelo olhar de uma reflexão possível, mesmo sendo um momento de vivido abstrato. A intencionalidade é aquilo que caracteriza a *consciência* no sentido forte, e que justifica ao mesmo tempo designar todo o fluxo de vivido como fluxo de consciência e como unidade de uma *única* consciência.

Nas análises eidéticas preparatórias da segunda seção, que tratavam da consciência em geral (quando ainda estávamos diante da porta de entrada da fenomenologia, e especialmente com o fim de alcançá-la pelo método da redução), tivemos já de elaborar uma série de determinações as mais gerais sobre a intencionalidade e sobre a primazia "ato", da "cogitatio".[62] Fizemos uso delas mais adiante, e era lícito fazê-lo, embora as análises iniciais ainda não tivessem sido efetuadas segundo a norma expressa da redução fenomenológica. Pois elas concerniam à essência pura própria dos vividos e, consequentemente, não podiam ser atingidas pela exclusão que colocou a apercepção psicológica e a posição do ser fora de circuito. Já que agora se trata de discutir a *intencionalidade enquanto designação abrangente de estruturas fenomenológicas inteiras* e de delinear a problemática referindo-nos essencialmente a essas estruturas (até onde isso é possível numa introdução geral), recapitulemos o que foi pensado anteriormente, mas configurando-o em vista de nosso escopo atual, que é essencialmente outro.

Por intencionalidade entendíamos aquela propriedade dos vividos de "ser consciência *de* algo". Essa prodigiosa propriedade, da qual derivam todos os enigmas da teoria da razão e da metafísica, nos apareceu primeiro no *cogito* explícito: perceber é percepção de algo, por exemplo, de uma coisa; julgar é julgar um estado de coisas; valorar é valorar uma relação de valor; desejar, uma relação de desejo etc. O agir se volta para a ação, o fazer para o feito, amar para o amado, alegrar-se para o que alegra etc. Em cada *cogito* atual, um "olhar" cujo raio parte do eu puro se dirige ao "objeto" do respectivo correlato de consciência, à coisa, ao estado de coisas etc., e efetua um tipo bem distinto de consciência *deles*. A reflexão fenomenológica ensinou, porém, que, embora contenha intencionalidade, não é em todo vivido que se pode encontrar essa mudança representativa, pensante, valorativa... do eu, esse "ter de lidar *atual* com o objeto correlato", "esse estar *atualmente* direcionado para ele" (ou também a partir dele — e, no entanto, de olho nele). Assim, é claro, por exemplo, que o fundo objetivo a partir do qual o objeto

---

[62] Cf. acima §§ 36-38, pp. 89-92.

cogitativamente percebido se realça, pela distinção que recebe da mudança do eu, é efetivamente um fundo *objetivo* no vivido. Ou seja, enquanto estamos agora voltados para o objeto puro no modo "cogito", "aparecem" diversos objetos dos quais estamos intuitivamente "conscientes", e que confluem para a unidade intuitiva de um campo de objetos da consciência. Ele é um *campo potencial de percepção*, no sentido de que uma percepção particular (um *cogito* que percebe) pode se voltar para aquilo que assim aparece, mas não como se os perfis sensíveis existentes no vivido, por exemplo, os perfis visuais espalhados pela unidade do campo de sensação visual, não dispusessem de apreensão objetiva, e as aparições intuitivas dos objetos só se constituíssem com a mudança do olhar para elas.

Também entram aqui os vividos do fundo de atualidade, como o prazer, o juízo, a vontade *"incipientes"* etc., que se encontram em diferentes graus de distanciamento ou, como também podemos dizer, de *distância* ou de *proximidade do eu*, já que o ponto de referência é o eu puro atual, que vive em cada uma das *cogitationes*. Um sentimento de prazer, um querer, um julgar etc. podem ser *"efetuados"* no sentido específico, a saber, pelo eu que "se empenha ativamente" nessa efetuação (ou que, como na "efetuação" da tristeza, "sofre" atualmente); tais modos de consciência já podem, todavia, *"ser incipientes"*, já podem assomar ao "fundo", sem ser "efetuados". Ainda assim, tais inatualidades já são, por sua própria essência, "consciência de algo". Por conseguinte, não incluíamos na essência da intencionalidade aquilo que é específico do *cogito*, o "olhar para" ou a mudança do eu (o qual, aliás, ainda precisa ser entendido e fenomenologicamente investigado de diversas maneiras);[63] ao contrário, esse aspecto cogitativo era tido por nós como uma modalidade particular daquela generalidade que chamamos intencionalidade.

Nota à terminologia

Nas *Investigações lógicas*, essa mesma generalidade é designada como "caráter de ato", e todo vivido concreto desse caráter, como "ato". Os constantes mal-entendidos a que esse conceito de ato deu margem me levam (aqui como em meus cursos de já uma série de anos) a circunscrever com mais cuidado a terminologia e a não mais empregar sem precaução, como equivalentes, as expressões "ato" e "vivido intencional". Na sequência se verificará que meu primitivo conceito de ato é absolutamente indispensável, sendo, todavia, preciso fazer constantemente justiça à diferença modal entre atos efetuados e não efetuados.

---

[63] Cf. acima § 37, pp. 90 e segs.

Onde não houver nenhum acréscimo e se falar apenas de atos, deve-se entender exclusivamente os atos propriamente ditos, os atos atuais, por assim dizer, os atos efetuados.

De resto, deve-se observar, com toda a generalidade, que nos inícios da fenomenologia todos os conceitos ou termos têm de estar de certo modo em fluxo, sempre a ponto de se diferenciar conforme os progressos da análise da consciência e o conhecimento de novas camadas fenomenológicas, no interior daquilo que de início é intuído numa unidade inseparada. Todos os termos elegidos têm suas tendências de encadeamento, eles apontam para direções de relações, a partir das quais posteriormente com frequência se constata que não possuem sua fonte numa *única* camada de essência; donde resulta, ao mesmo tempo, que é melhor restringir ou então modificar a terminologia. Só se pode, pois, contar com terminologias definitivas num estágio bastante avançado do desenvolvimento da ciência. É um engano e, no fundo, um despropósito aplicar, em exposições científicas que começam a prosperar, padrões formais de uma lógica terminológica externa e exigir, em seus inícios, uma terminologia como aquela em que só mais tarde se fixarão os resultados conclusivos de grandes desenvolvimentos científicos. No começo, qualquer expressão é boa, especialmente a expressão figurada, escolhida com adequação, capaz de conduzir nosso olhar para um evento fenomenológico claramente apreensível. A clareza não exclui certo halo de indeterminidade. A tarefa a ser então empreendida é a maior determinação ou clarificação desse halo, assim como, por outro lado, a análise interna, o desmembramento dele em seus componentes ou camadas, a ser efetuado através de comparações ou mudança dos encadeamentos. Os que não se contentam com as amostras intuitivas apresentadas, exigindo "definições" como nas ciências "exatas", ou que crêem que podem fazer o que bem entendem com conceitos fenomenológicos supostamente firmes, obtidos numas poucas grosseiras análises de exemplos, e que com isso estão promovendo a fenomenologia, estes são ainda tão iniciantes, que não captaram a essência da fenomenologia e o método de princípio por ela exigido.

O que foi dito não vale menos para a fenomenologia psicológica de orientação empírica, entendida no sentido de uma descrição dos fenômenos psicológicos que se atém ao âmbito do essencial-imanente.

Da maneira indeterminada em que o tomamos, o conceito de intencionalidade é um conceito inicial e fundamental, totalmente indispensável no começo da fenomenologia. Por mais que a generalidade que ele designa seja ainda algo vago antes de investigação mais minuciosa; por mais que surja numa grande diversidade de configurações essencialmente diferentes; por mais difícil que seja de constatar, em análise rigorosa e clara, o que propriamente constitui a essência pura da intencionalidade, que componentes das configurações concretas ela propriamente comporta em si, e quais lhes são intrinsecamente alheias —, os vividos são considerados sob um ponto de vista determinado e altamente importante quando os reconhecemos como intencionais e quando, a seu respeito, enunciamos que são consciência de algo. Nessa enunciação é indiferente para nós se se trata de vividos concretos ou de camadas abstratas de vivido: pois também estas podem apresentar a peculiaridade aqui em questão.

§ 85. Υλη sensual, μορφη intencional

Já indicamos acima (quando designamos o fluxo de vivido como uma unidade da consciência), que a intencionalidade, abstraindo-se de suas formas e níveis repletos de enigmas, também se assemelha a um meio universal que, por fim, abriga em si todos os vividos, mesmo os não caracterizados como intencionais. Contudo, no nível de consideração ao qual nos ateremos até indicação em contrário, no qual nos absteremos de descer às escuras profundezas da consciência última, constitutiva de toda temporalidade dos vividos, e no qual, ao contrário, tomaremos os vividos tais como se mostram na reflexão imanente, como unidades de eventos temporais, temos de fazer, por princípio, a seguinte distinção:

1. todos os vividos que foram designados como "conteúdos primários" nas *Investigações lógicas*;[64]
2. os vividos ou momentos de vivido que abrigam em si o específico da intencionalidade.

Dos primeiros fazem parte certos vividos "sensuais", unificados no gênero superior "conteúdos de sensação", tais como dados de cor, de tato, de som e semelhantes, que não mais confundiremos com momentos de aparição das coisas, como coloração, aspereza etc., os quais antes se "exibem" no vivido por meio daquelas. Assim são também as sensações de prazer, de dor, de cócegas etc. e também momentos sensuais da esfera dos "impulsos". Encontramos tais dados concretos de vivido como componentes de vividos concretos mais abrangentes, que são intencionais no todo, e intencionais de modo a haver, sobre aqueles momentos sensuais, uma camada que por assim

---

[64] *Investigações lógicas* II, 6ª Investigação, § 58, p. 652; o conceito de conteúdo primário já se encontra, aliás, em minha *Filosofia da aritmética*, 1891, pp. 72 e segs.

dizer os anima, lhes *dá sentido* (ou que implica essencialmente doação de sentido), uma camada por meio da qual o próprio vivido intencional concreto se realiza, a partir do *sensual, que nada tem de intencionalidade em si*.

Não é lugar aqui de decidir se, no seu fluxo, tais vividos sensuais comportam em toda parte e necessariamente alguma "apreensão vivificante" (com todos aqueles caracteres que esta por sua vez implica e possibilita) ou, como também dizemos, se elas sempre se encontram em *funções intencionais*. Por outro lado, também podemos deixar ainda em aberto se os caracteres que produzem essencialmente a intencionalidade podem ter concreção sem base sensual.

Como quer que seja, em todo o domínio fenomenológico (em todo ele — no interior do nível, a ser constantemente mantido, da temporalidade constituída), um papel dominante é desempenhado pela notável duplicidade e unidade da υλη *sensual e da* μορφη *intencional*. Com efeito, esses conceitos de matéria e forma se impõem a nós quando nos presentificamos quaisquer intuições claras ou valorações claramente efetuadas, atos de prazer, volições etc. Os vividos intencionais estão ali como unidades mediante doação de sentido (num sentido bastante ampliado). Dados sensíveis se dão como matéria para formações intencionais ou doações de sentido de diferentes níveis, simples ou fundados de maneira própria, tais como ainda os discutiremos mais detidamente. A doutrina dos "correlatos" ainda confirmará, por um outro lado, a adequação desse modo de falar. No tocante às possibilidades acima deixadas em aberto, elas deveriam, pois, ser designadas *matérias sem forma* e *formas sem matéria*.

Com respeito à terminologia, é preciso fazer o seguinte acréscimo. A expressão "conteúdo primário" já não nos parece suficiente como designação. Por outro lado, a expressão "vivido sensível" é inaplicável ao mesmo conceito, e tal impedimento se deve a locuções gerais como percepções sensíveis, intuições sensíveis, alegria sensível etc., nas quais o que se designa como sensíveis não são meros vividos hiléticos, mas vividos intencionais; e, manifestamente, falar de "meros" ou "puros" vividos sensíveis não melhoraria em nada a dificuldade em virtude de suas novas equivocidades. A estas se acrescentam as equivocidades próprias inerentes à palavra "sensível", e que são conservadas na redução fenomenológica. Tirante o duplo sentido que aparece no contraste entre "doador de sentido" e "sensível", e que, por mais que ocasionalmente estorve, já quase não pode ser evitado, ainda se deveria mencionar o seguinte: sensibilidade, num sentido mais estrito, designa o resíduo fenomenológico daquilo que é mediado pelos "sentidos" na percepção externa normal. Depois da redução se mostra um parentesco de essência entre os respectivos dados "sensíveis" das intuições externas, e a ele corresponde uma essência genérica própria ou um conceito fundamental da fenomenologia. Num sentido mais amplo, mas uno por essência, sensibilidade abarca, porém, os sentimentos e impulsos sensíveis, que têm sua própria unidade genérica e, por outro lado, também um parentesco de essência, de tipo geral, com aquelas sensibilidades em sentido mais estrito — tudo isso deixando de lado a comunidade que é, além disso, expressa pelo conceito *funcional* de *húle*. Esses dois aspectos forçaram a antiga transposição do sentido original mais restrito de sensibilidade para a esfera da afetividade e da vontade, isto é, para os vividos intencionais nos quais dados sensíveis das esferas assinaladas aparecem como "materiais" funcionais. Como quer que seja, precisamos, portanto, de um termo novo que exprima todo o grupo mediante a unidade da função e pelo contraste com os caracteres formantes, e escolhemos, por isso, a expressão *dados hiléticos* ou *materiais*, mas também pura e simplesmente *materiais*. Onde for preciso despertar a lembrança das expressões antigas, inevitáveis a sua maneira, diremos matérias *sensuais*, mas também *sensíveis*.

Aquilo que forma as matérias para vividos intencionais e introduz a especificidade da intencionalidade é exatamente o mesmo que dá o sentido específico àquela maneira de falar acerca da consciência, segundo a qual ela aponta *eo ipso* para algo de que ela é consciência. Ora, uma vez que é totalmente impraticável falar de momentos de consciência, de consciencialidades e construções semelhantes, assim como de momentos intencionais, devido a diversas equivocidades que se tornarão posteriormente claras, introduzimos o termo *momento noético* ou, para ser mais breve, *noese*. Essas noeses constituem o específico do *noûs*, no *sentido mais amplo* da palavra, que nos remete, segundo todas as suas formas atuais de vida, a *cogitationes* e a vividos intencionais em geral e, assim, abrange tudo aquilo (e no essencial somente aquilo) que é *pressuposição eidética da ideia de forma*.[65] Ao mesmo tempo não nos é inconveniente que a palavra *noûs* lembre uma de suas significações eminentes, a saber, a de "*sentido*", pois embora a "doação de sentido" que se efetua nos momentos noéticos abranja diversos aspectos, somente como fundamento ela é uma "doação de sentido" que se prende ao conceito forte de sentido.

---

[65] Na edição Biemel da *Husserliana*, em vez de "forma" se lê: "norma". (NT)

Também haveria bom motivo para designar esse lado noético dos vividos como lado *psíquico*. Pois, ao falar de psique e de psíquico, os psicólogos filosóficos voltavam com predileção o olhar para aquilo que é introduzido pela intencionalidade, enquanto os momentos sensíveis eram atribuídos ao corpo e a suas atividades sensíveis. A mais nova marca dessa tendência antiga se encontra na separação que Brentano faz entre "fenômenos psíquicos" e "fenômenos físicos". Ela é especialmente significativa, porque abriu caminho para o desenvolvimento da fenomenologia — embora Brentano mesmo tenha permanecido ainda longe do solo fenomenológico e, com sua separação, ele não tenha encontrado o que propriamente procurava: a saber, a separação do domínio da experiência das ciências naturais físicas e da psicologia. O que particularmente nos interessa nisso é o seguinte: Brentano de fato ainda não encontrou o conceito do momento material — e isso porque não fez jus à separação de princípio entre "fenômenos físicos", como momentos materiais (dados de sensação), e "fenômenos psíquicos", como momentos objetivos (cor, forma da coisa etc.) que aparecem na apreensão noética dos primeiros —, mas, por outro lado, ele mostrou que o conceito de "fenômeno psíquico" se caracterizaria, em suas determinações demarcadoras, pela especificidade da intencionalidade. Justamente por isso foi ele que introduziu no campo de visão de nossa época o "psíquico" com aquele sentido eminente que já tinha certo peso, mas ainda nenhum relevo na significação histórica da palavra.

O que fala, porém, contra o uso da palavra como equivalente de intencionalidade é a circunstância de que indubitavelmente não dá para designar de igual maneira o psíquico neste sentido e o psíquico no sentido do psicológico (daquilo, portanto, que é o objeto próprio da psicologia). Além disso, temos também, quanto a esse último conceito, um indesejado duplo sentido, que tem sua origem na conhecida tendência da "psicologia sem alma". A esta se deve que, sob o título de psíquico — especialmente do psíquico atual, em contraposição às "disposições psíquicas" correspondentes —, se pense com predileção nos vividos na unidade do fluxo de vivido empiricamente posto. Só que é inevitável designar os suportes reais desse psíquico, os seres animais, por exemplo, suas "almas" e suas propriedades anímicas reais, também como psíquicos ou como objetos da psicologia. A "psicologia sem alma" confunde, como nos quer parecer, a exclusão de circuito da entidade "alma", no sentido de alguma nebulosa metafísica da alma, com a exclusão da alma em geral, isto é, da realidade psíquica dada facticamente na empiria, cujos estados são os vividos. Essa realidade não é de modo algum o mero fluxo de vivido, ligado ao corpo e regulado empiricamente de certas maneiras, de cujas regulações os conceitos de disposição são meros índices. Mas, como sempre, as plurivocidades existentes e, sobretudo, a circunstância de que os conceitos predominantes do psíquico não se referem ao especificamente intencional, tornam a palavra inutilizável para nós.

Persistimos, pois, na palavra "*noético*" e afirmamos:

O fluxo do ser fenomenológico tem uma camada material e uma camada noética.

Considerações e análises fenomenológicas, que se referem especialmente ao material, podem ser chamadas de *hilético-fenomenológicas*, assim como, do outro lado, as referentes aos momentos noéticos podem ser chamadas de "noético-fenomenológicas". As análises incomparavelmente mais importantes e ricas se encontram do lado do noético.

§ 86. Os problemas funcionais

Os maiores problemas, todavia, são os problemas funcionais, isto é, os problemas da "*constituição das objetividades da consciência*". Eles dizem respeito ao modo como, em relação, por exemplo, à natureza, as noeses, animando o material e entrelaçando-se em contínuos e sínteses da multiplicidade na unidade, produzem consciência de algo, de tal modo que a unidade objetiva da objetividade possa se "anunciar", se "atestar" com coerência ali e ser determinada "racionalmente".

"*Função*" neste sentido (totalmente diverso do sentido da matemática) é algo bem singular, fundado na essência pura das noeses. Consciência é precisamente consciência "de" algo, é de sua essência abrigar em si o "sentido", a quinta-essência, por assim dizer, de "alma", de "espírito", de "razão". Consciência não é uma designação para "complexos psíquicos", para uma fusão de "conteúdos", para "feixes" ou fluxos de "sensações", que, sendo em si sem sentido, tampouco poderiam proporcionar algum numa mistura qualquer, mas é "consciência" de uma ponta a outra, fonte de toda razão e desrazão, de toda legitimidade e ilegitimidade, de toda realidade e ficção, de todo valor e não valor, de toda ação e inação. Consciência, pois, é *toto coelo* diferente daquilo que só o sensualismo quer ver, da matéria de fato em si sem sentido, irracional — mas, sem dúvida, acessível à racionalização. Logo aprenderemos a entender ainda melhor o que significa essa racionalização.

O ponto de vista da função é o ponto de vista central da fenomenologia, as investigações que partem dela abrangem quase toda a esfera fenomenológica, e por fim *todas* as análises fenomenológicas estão de algum modo a seu serviço como componentes ou níveis inferiores. A análise e comparação, a descrição e classificação que se atêm aos vividos individuais, são substituídas pela consideração das singularidades sob o ponto-de-vista "teleológico" de sua função, que consiste em tornar possível a "unidade sintética". A observação se volta para as multiplicidades de consciência que são, por assim dizer, eideticamente *prescritas* pelos próprios vividos, por suas doações de sentido, por suas noeses em geral, e por assim dizer extraídas destas: assim, por exemplo, na esfera empírica e do pensamento empírico, ela se volta para os multiformes contínuos de consciência e para os vínculos afastados de vividos da consciência, que são vinculados em si por homogeneidade de sentido, pela consciência unitária abrangente *de* um só e mesmo algo objetivo, que aparece ora desta, ora daquela maneira, que se dá intuitivamente ou se determina pelo pensar. Ela procura investigar como o idêntico, como unidades objetivas de toda espécie, não realmente imanentes, "chegam à consciência", como são "visadas", como fazem parte da identidade do visado configurações de consciência de estrutura bem diversa, que, no entanto, são requeridas por essência, e como essas configurações poderiam ser descritas de modo metodicamente rigoroso. Ela procura investigar ainda, obedecendo à dupla designação "razão" e "desrazão", como se pode e deve dar na consciência a "atestação" ou a "recusa" da unidade da objetividade de cada região e categoria objetivas, como esta unidade pode e deve ser determinada nas formas da consciência pensante, como pode ser determinada "mais de perto" ou "de outro modo", ou até ser rejeitada como "ilusão nula". A isso estão ligadas as distinções que se fazem sob designações triviais e, no entanto, bastante enigmáticas como "efetividade" e "aparência", realidade "verdadeira", "realidade aparente", valores "verdadeiros", "aparência" e "não valor" etc., cujo esclarecimento fenomenológico entra aqui.

É preciso, pois, investigar, na generalidade mais abrangente, como unidades objetivas de cada região e categoria se "constituem para a consciência". É preciso mostrar, sistematicamente, como são prescritos, pela *essência* delas, todos os nexos de consciência efetiva e possível delas — precisamente como possibilidades de essência — tais como: intuições intencionalmente referidas a elas de modo simples ou fundado, configurações de pensamento de nível superior ou inferior, confusas ou claras, expressas ou não expressas, pré-científicas ou científicas, até chegar às configurações mais altas da ciência teórica rigorosa. É preciso estudar sistematicamente e tornar evidente, em generalidade eidética, todas as espécies fundamentais de consciência possível e as alterações que delas fazem essencialmente parte, as fusões, as sínteses; é preciso estudar como prescrevem, mediante sua essência *própria*, todas as possibilidades (e impossibilidades) de ser, como por leis de essência absolutamente firmes o objeto existente é correlato de nexos de consciência de conteúdo eidético bem determinado, assim como, inversamente, o ser de nexos de tal espécie é equivalente ao objeto existente; e isso sempre com referência a todas as regiões de ser e a todos os níveis de generalidade, descendo até a concreção do ser.

Em sua orientação puramente eidética, que põe todo tipo de transcendência "fora de circuito", a fenomenologia chega, em seu próprio solo de consciência pura, a todo esse complexo de *problemas transcendentais no sentido específico* e merece, *por isso*, o nome de *fenomenologia transcendental*. Em seu próprio solo ela tem de chegar a considerar os vividos não como coisas mortas quaisquer, como "complexos de conteúdo" que meramente são, porém nada significam, nada visam, segundo seus elementos, formas complexas, classes e subclasses, mas tem de dar conta de uma *espécie própria, por princípio, de problemática*, que os apresenta como *vividos intencionais* e, *puramente por sua essência eidética*, como "consciência de".

Naturalmente, a *hilética pura* se subordina à fenomenologia da consciência transcendental. Ela tem, de resto, o caráter de uma disciplina fechada em si, tem, como tal, o seu valor em si, mas, por outro lado, recebe sua significação do ponto de vista funcional por proporcionar possíveis tramas no tecido intencional, possíveis matérias para formações intencionais. Não só quanto à dificuldade, mas também quanto à hierarquia de problemas relativos à ideia de um conhecimento absoluto, ela está manifestamente bem abaixo da fenomenologia noética e funcional (ambas as quais, aliás, não podem ser propriamente separadas).

Passamos agora a desenvolvimentos mais detalhados numa sequência de capítulos.

Nota

Em seus importantes trabalhos da Academia de Berlim,[66] Stumpf usa a palavra "função" em vínculo com "função psíquica" e em contraposição àquilo que chama de "aparição". Ele pensa essa divisão como uma divisão psicológica e coincide então com nossa oposição entre "atos" e "conteúdos primários" (só que justamente aplicada ao psicológico). É preciso levar em conta que os termos em questão têm em nossas exposições uma significação completamente outra que no respeitado pesquisador. A leitores superficiais

---

[66] C. Stumpf, "Aparências e funções psíquicas" (p. 4 e segs.) e "Para a divisão das ciências", ambos nos *Abh. der Kgl. Preuß. Akademie d. Wissensch,* 1906.

dos escritos de ambos já diversas vezes confundiram o conceito de fenomenologia de Stumpf (como doutrina das "aparições") com o nosso. A fenomenologia de Stumpf corresponderia àquilo que acima se delimitou como sendo a hilética, com a diferença de que nossa delimitação é essencialmente condicionada, no sentido metódico, pelo âmbito de abrangência da fenomenologia transcendental. A ideia de hilética, por outro lado, é *eo ipso* transferida da fenomenologia para o solo de uma psicologia eidética, na qual se inseriria, em nossa concepção, a "fenomenologia" de Stumpf.

Capítulo III
Noese e noema

§ 87. Observações preliminares

A peculiaridade do vivido intencional é facilmente designada em sua generalidade; todos nós entendemos a expressão "consciência de algo", particularmente em exemplificações, quaisquer que elas sejam. Tanto mais difícil, porém, é apreender pura e corretamente as peculiaridades fenomenológicas de essência a ela correspondentes. Que essa designação delimite um grande campo de laboriosas constatações, e constatações eidéticas, isso ainda parece ser algo estranho à maioria dos filósofos e psicólogos (a julgar pela literatura). Pois tudo ainda resta por fazer mesmo depois que se diz e vê com clareza que todo representar se refere ao representado, todo julgar ao julgado etc. Ou depois que, apontando para lógica, doutrina do conhecimento e ética, se *assinala* que as muitas evidências destas pertencem à essência da intencionalidade. Esta é, ao mesmo tempo, uma maneira bem simples de se valer da doutrina fenomenológica das essências como se fosse algo antiquíssimo, como se fosse um nome novo para a velha lógica e para as disciplinas que de algum modo podem ser a ela equiparadas. Pois, sem ter apreendido o que é próprio à orientação transcendental e ter efetivamente conquistado o solo fenomenológico puro, se pode certamente empregar a palavra "fenomenologia", só que não se possui a coisa. Além do mais, a mera mudança de orientação ou a mera execução da redução fenomenológica não bastam para fazer da lógica pura algo como uma fenomenologia. Pois não é fácil, de modo algum, determinar em que medida há algo de efetivamente fenomenológico expresso nas proposições lógicas e, da mesma maneira, nas proposições puramente ontológicas, nas proposições puramente éticas e em quaisquer outras proposições *a priori* que se possam citar, nem a que camadas fenomenológicas ele pode a cada momento pertencer. Ao contrário, aqui estão guardados os problemas mais difíceis, cujo sentido permanece naturalmente oculto a todos os que ainda não tenham nenhuma noção das distinções fundamentais decisivas. Com efeito, longo e espinhoso é o caminho (se me é permitido um juízo de experiência própria) que vai das evidências lógicas puras, de evidências da teoria da significação, de evidências ontológicas e noéticas, assim como da epistemologia normativa e psicológica habituais, até a apreensão dos dados psicológico-imanentes no sentido autêntico e, daí, à apreensão dos dados fenomenológicos, e, finalmente, até todos aqueles nexos eidéticos que tornam inteligíveis para nós as relações transcendentais *a priori*. O mesmo vale, onde quer que iniciemos, para o caminho que vai das evidências objetivas para as correspondentes evidências fenomenológicas essenciais.

"Consciência de algo" é, pois, algo bastante óbvio e, não obstante, ela é ao mesmo tempo altamente ininteligível. Os caminhos labirínticos a que levam as primeiras reflexões produzem facilmente um ceticismo que nega toda a esfera de problemas incômodos. Não são poucos os que se fecham as portas simplesmente por não poderem vencer as dificuldades de apreender o vivido intencional, por exemplo, o vivido de percepção, com a essência que lhe é própria como tal. Vivendo na percepção, considerando o percebido e teoricamente voltados para ele, eles não conseguem dirigir o olhar para o perceber ou para as propriedades dos *modos* em que o percebido se dá, não conseguem tomar aquilo que se oferece na análise eidética imanente assim como ele se dá. Se se alcançou a orientação adequada e se ela está consolidada pelo exercício, mas, sobretudo, se se teve coragem de seguir os claros dados eidéticos, em radical ausência de preconceito e sem preocupação com teorias correntes, que são fruto do aprendizado, então logo aparecerão resultados firmemente estabelecidos e iguais para todos os que se orientaram da mesma maneira: logo aparecerão firmes possibilidades de transmitir a outros aquilo que foi visto por nós, de examinar as descrições deles, de chamar atenção para a interferência de intenções verbais vazias, que não foram notadas, e de tornar reconhecíveis, pela aferição na intuição, os erros a ser eliminados, erros que são possíveis aqui como em qualquer esfera de validez. Mas passemos às questões.

§ 88. Componentes reais e intencionais do vivido. O noema

Se, como nas presentes reflexões, buscamos distinções as mais gerais, que são, por assim dizer, apreensíveis logo no limiar da fenomenologia e determinantes para todo o procedimento metódico, desde logo deparamos com uma distinção inteiramente fundamental para a intencionalidade, qual seja, a distinção entre *componentes próprios* dos vividos intencionais e seus *correlatos intencionais*, ou os componentes destes. Já tocamos nessa distinção nas ponderações eidéticas preliminares da segunda seção.[67] Na passagem da orientação natural para a orientação fenomenológica, ela nos ajudou a tornar claro o ser próprio da esfera fenomenológica. Ali, contudo, não se podia afirmar que ela ganha uma significação radical no interior dessa esfera, no âmbito, portanto, da redução transcendental, que condiciona toda a problemática da fenomenologia. Temos, pois, de distinguir, por um lado, as partes e momentos que encontramos mediante uma *análise real* do vivido, onde tratamos o vivido como outro objeto qualquer, perguntando por suas partes ou momentos dependentes, que o constroem realmente. Por outro lado, no entanto, o vivido intencional é consciência de algo, e o é por sua essência, por exemplo, como recordação, como juízo, como vontade etc.; e assim podemos perguntar o que se pode enunciar essencialmente sobre esse "de algo".

Graças a seus momentos noéticos, todo vivido intencional é justamente vivido noético; é da essência dele guardar em si algo como um "sentido" e, eventualmente, um sentido múltiplo, é de sua essência efetuar, com base nessas doações de sentido e junto com elas, outras operações que se tornam justamente "plenas de sentido" por intermédio delas. São exemplos de tais momentos noéticos: os direcionamentos do olhar do eu puro para o objeto "visado" por ele em virtude da doação de sentido, para aquele objeto que "não lhe sai do sentido";[68] a apreensão e conservação desse objeto, enquanto o olhar se dirige para outros objetos que entram no "visado"; as operações de explicitar, relacionar, abarcar, e de diversas tomadas de posição como crer, supor, valorar etc. Tudo isso pode ser encontrado nos respectivos vividos, mesmo que sejam construídos de modo diferente e sejam em si variáveis. Conquanto essa série de momentos exemplares aponte para componentes reais dos vividos, ela também aponta para *componentes não reais*, a saber, mediante aquilo que se encontra sob a designação de "sentido".

Aos múltiplos dados do conteúdo real, noético, corresponde uma multiplicidade de dados, mostráveis em intuição pura efetiva, num "*conteúdo noemático*" correlativo ou, resumidamente, no "noema" — termos que usaremos constantemente a partir de agora.

---

[67] Cf. § 41, pp. 73 e segs.
[68] "Para aquele objeto que 'não lhe sai do sentido'": Husserl coloca aqui entre aspas as palavras *im Sinne liegt*, expressão idiomática cujo sentido aproximado é "algo não me sai do pensamento", "penso sempre em algo". Literalmente, porém, a expressão quer dizer aquele objeto "contido no sentido". (NT)

A percepção, por exemplo, tem o seu noema, tem, no nível mais baixo, o seu sentido perceptivo,[69] isto é, o *percebido como tal*. Da mesma maneira, cada recordação tem o seu *recordado como tal*, justamente como seu, precisamente como aquilo que nela é "visado", aquilo de que nela se é "consciente"; o julgar tem, por sua vez, o *julgado enquanto tal*, o prazer, aquilo que apraz enquanto tal etc. Em tudo é preciso tomar o correlato noemático, que aqui se chama "sentido" (em significação bem ampliada), *exatamente assim como ele está contido de maneira "imanente" no vivido de percepção, de julgamento, de prazer etc., isto é, tal como nos é oferecido por ele, se interrogamos puramente esse vivido mesmo.*

A maneira como entendemos tudo isso será trazida à plena clareza mediante uma análise exemplar (que pretendemos efetuar em intuição pura).

Suponhamos que estejamos olhando com satisfação para uma macieira em flor num jardim, para o gramado com seu verde vicejante etc. Manifestamente, a percepção e a satisfação que a acompanha não são o imediatamente percebido e aprazível. Na orientação natural, a macieira é para nós um existente na efetividade espacial transcendente, e a percepção, assim como a satisfação, um estado psíquico pertencente a nós homens reais. Entre um real e outro, entre o homem real ou percepção real e a macieira real, subsistem relações reais. Em certos casos, se diz o seguinte acerca de tal situação de vivido: a percepção é "mera alucinação", o percebido, essa macieira que está diante de nós não existe na realidade "efetiva". A relação real antes visada como subsistindo realmente é agora interrompida. Resta apenas a percepção, não existindo nada de *efetivo* ali ao qual ela se refira.

Passemos agora à orientação fenomenológica. O mundo transcendente ganha seus "parênteses", praticamos εποχη em relação a seu ser efetivo. Perguntamos então o que se deve encontrar por essência no complexo de vividos noéticos daquela percepção e daquela apreciação prazerosa. A subsistência efetiva da relação real entre percepção e percebido é posta fora de circuito, junto com todo o mundo físico e psíquico; e, no entanto, resta manifestamente uma relação entre percepção e percebido (assim como entre prazer e aquilo que apraz), uma relação que entra na condição de dado eidético em "pura imanência", a saber, puramente com base no vivido de percepção e de prazer fenomenologicamente reduzido, tal como se insere no

---

[69] Sobre o "sentido que preenche", cf. *Investigações lógicas* II¹, Primeira Investigação, § 14, p. 50 (além disso, Sexta Investigação, § 55, p. 642, sobre o "sentido de percepção"); para o que se segue, cf. a Quinta Investigação, § 20 sobre a "matéria" de um ato; e igualmente, Sexta Investigação, §§ 25 a 29 e *passim*.

fluxo transcendental de vividos. É justamente essa situação, a situação fenomenológica pura, que agora deve nos ocupar. Pode ser que a fenomenologia tenha algo, e talvez muito, a dizer a respeito das alucinações, das ilusões e, em geral, das percepções enganosas: é evidente, porém, que, assumindo o papel que desempenham na orientação natural, estas estão sujeitas à exclusão fenomenológica de circuito. Aqui nós não temos de interrogar a percepção, nem tampouco uma progressão qualquer do encadeamento perceptivo (como se considerássemos *ambulando*[70] a árvore em flor) com questões do tipo: há algo "na" efetividade que lhe corresponda? Essa efetividade tética não existe judicativamente para nós. Todavia, tudo permanece, por assim dizer, como antes. Também o vivido perceptivo fenomenologicamente reduzido é percepção *desta* "macieira em flor, neste jardim etc.", e a satisfação fenomenologicamente reduzida é igualmente satisfação com eles mesmos. A árvore não sofreu a mais leve nuance em nenhum de seus momentos, qualidades, caracteres, *com os quais ela aparecia naquela percepção, com os quais era "bela", "estimulante" "naquela" satisfação* etc.

Em nossa orientação fenomenológica, podemos e devemos pôr a seguinte questão de essência: *o que é o "percebido como tal", que momentos eidéticos ele abriga em si mesmo enquanto este noema de percepção*. Obtemos a resposta nos entregando puramente ao *dado* eidético, podemos descrever fielmente, em perfeita evidência, "aquilo que aparece como tal". Uma outra expressão para isso é: "descrever a percepção em enfoque noemático".

§ 89. Enunciados noemáticos e enunciados de efetividade. O noema na esfera psicológica

É claro que, embora possam soar iguais aos enunciados de efetividade, todos *esses* enunciados descritivos passaram por uma modificação *radical* de sentido; assim como, embora se dê como "exatamente o mesmo", aquilo que se descreve é radicalmente outro, em virtude, por assim dizer, de uma mudança do valor dos sinais. "Na" redução fenomenológica (no vivido fenomenológico puro) descobrimos, como insuprimivelmente intrínseco à essência dela, o percebido como tal, a ser expresso como "coisa material", "planta", "árvore", "em flor" etc. As *aspas* são, manifestamente, significativas, elas exprimem aquela mudança de sinal, a correspondente modificação radical do significado

---

[70] "Dando a volta ao redor", em latim no original. (NT)

das palavras. A árvore *pura e simples*, a coisa na natureza, é tudo menos esse *percebido de árvore como tal*, que, como sentido perceptivo, pertence inseparavelmente à percepção. A árvore pura e simples pode pegar fogo, pode ser dissolvida em seus elementos químicos etc. Mas o sentido — o sentido *desta* percepção, que é algo necessariamente inerente à essência dela — não pode pegar fogo, não possui elementos químicos, nem forças, nem qualidades reais.

Tudo o que é peculiar ao vivido, de maneira puramente imanente e reduzida, tudo o que o pensamento não pode retirar dele, tal como é em si, e que na orientação eidética passa *eo ipso* para o *eidos*, está separado de toda natureza e de toda física, não menos que de toda psicologia, por abismos — e mesmo essa imagem, por ser naturalista, não é forte o bastante para indicar a diferença.

O sentido perceptivo *também* faz obviamente parte da percepção fenomenologicamente não reduzida (da percepção no sentido da psicologia). Aqui, portanto, se pode ao mesmo tempo esclarecer como a redução fenomenológica pode passar a ter para o psicólogo a útil função metódica de fixar o sentido noemático em sua nítida diferença com o objeto e de reconhecer algo que pertence indissociavelmente à essência psicológica do vivido intencional — ali apreendida realmente.

Em ambos os casos, tanto na orientação psicológica quanto na fenomenológica, é preciso ter nitidamente diante dos olhos que o "percebido", enquanto sentido, não encerra nada em si (portanto, nada tampouco lhe pode ser imputado com base em "conhecimentos indiretos") além daquilo que, no caso dado, "aparece efetivamente" na aparição perceptiva, e aparece exatamente no modo, na maneira de se dar pela qual justamente se tem consciência dele na percepção. Uma *reflexão de tipo próprio* sempre pode se dirigir a esse sentido imanente à percepção, e o juízo fenomenológico tem de se ajustar, em expressão fiel, somente àquilo que nela é apreendido.

§ 90. O "sentido noemático" e a distinção entre "objetos imanentes" e "objetos efetivos"

Tal como a percepção, *todo* vivido intencional possui — é justamente isto que constitui o ponto fundamental da intencionalidade — seu "objeto intencional", isto é, seu sentido objetivo. Tão-somente noutras palavras: ter sentido ou "estar com o sentido voltado para"[71] algo é o caráter fundamental

---

[71] Em alemão: Etwas "im Sinne zu haben". A expressão significa "ter a intenção de fazer algo", "planejar alguma coisa". (NT)

de toda consciência, que, por isso, não é apenas vivido, mas também vivido que tem sentido, vivido "noético".

Sem dúvida, aquilo que em nossa análise dos exemplos ganhou relevo como "sentido" não esgota o noema pleno; em consonância com isso, o lado noético do vivido intencional não consiste meramente no momento da "doação de sentido" propriamente dita, da qual o "sentido" faz especialmente parte como correlato. Em breve se mostrará que o noema pleno consiste num complexo de momentos noemáticos, que neste o momento específico do sentido constitui somente uma espécie de *camada nuclear* necessária, na qual estão essencialmente fundados outros momentos, aos quais somente por isso, embora por extensão de sentido, seria lícito chamarmos igualmente de momentos do sentido.

Mas permaneçamos primeiro naquilo unicamente que se mostrou com clareza. O vivido intencional, como mostramos, é indubitavelmente de tal espécie, que, em posicionamento adequado do olhar, se lhe pode extrair um "sentido". Não podia permanecer oculta a situação que define para nós esse sentido, qual seja, a circunstância de que a não existência (ou a convicção de não existência) do objeto puro e simples, representado ou pensado, não pode subtrair o representado como tal à respectiva representação (e, assim, em geral a cada vivido intencional), e, portanto, é preciso fazer distinção entre esses dois. Sendo assim tão patente, essa distinção tinha de deixar seus traços na literatura. De fato, é a ela que remete a distinção escolástica entre *objeto "mental", "intencional" ou "imanente"*, de um lado, e *objeto "efetivo"*, de outro. Não obstante, da primeira apreensão de uma distinção de consciência até sua acertada fixação fenomenologicamente pura e sua correta apreciação, vai um grande passo — e justamente esse passo decisivo para uma fenomenologia coerente, fecunda, não foi dado. O decisivo está, sobretudo, na descrição absolutamente fiel do que é efetivamente encontrado na pureza fenomenológica, e no afastamento de toda as interpretações que transcendam o dado. Aqui as denominações já revelam interpretações confessas e, com frequência, bastante falsas. Tais interpretações se denunciam aqui em expressões como objeto "mental", "imanente", e são, no mínimo, favorecidas pela expressão "objeto intencional".

É bem fácil dizer então que a intenção é dada no vivido, junto com seu objeto intencional, que, como tal, faria parte inseparável dele, e, portanto, residiria *realmente* nele. Ele seria e permaneceria o objeto visado, representado dela etc., tanto faz se o "objeto efetivo" correspondente exista ou não na efetividade, tenha sido destruído nesse meio tempo etc.

Se, no entanto, tentamos separar *desta* maneira o objeto efetivo (no caso da percepção externa, a coisa natural percebida) do objeto intencional, inserindo realmente esse último, enquanto objeto "imanente", na percepção, no vivido, então caímos na dificuldade seguinte: deve haver *duas* realidades contrapondo-se uma à outra, quando, no entanto, só *uma* é encontrável e possível. Eu percebo a coisa, o objeto natural, a árvore ali no jardim; isso, e nada mais, é o objeto efetivo da "intenção" perceptiva. Uma segunda árvore imanente ou mesmo uma "imagem interna" da árvore efetiva, que está ali fora diante de mim, não é dada de modo algum, e supô-lo hipoteticamente só leva a contrassenso. A cópia, como componente real da percepção psicológica real, seria novamente algo real — um real que *operaria* como imagem para outro real. Disso, porém, ela só seria capaz em virtude de uma consciência de cópia, na qual primeiro aparece algo — pelo que teríamos uma primeira intencionalidade — e este operaria de novo para a consciência como "objeto-imagem" para um outro — sendo para tanto necessário uma segunda intencionalidade fundada na primeira. É não menos evidente, todavia, que cada um desses modos de consciência já exige individualmente a diferenciação entre objeto imanente e objeto efetivo, envolvendo, portanto, em si o mesmo problema que deveria ser solucionado pela construção. Como se isso não bastasse, a construção que se faz para a percepção está sujeita à objeção anteriormente discutida por nós:[72] atribuir funções de cópia à percepção de coisa física significa atribuir-lhe sub-repticiamente uma consciência de imagem que, em termos descritivos, possui uma constituição essencialmente outra. Mas o principal aqui é que atribuir função de cópia à percepção e, consequentemente, a todo vivido intencional implica inevitavelmente (como já é evidente por nossa crítica) um regresso infinito.

Diante de tais desvios, temos de nos ater ao dado no vivido puro e tomá-lo, no âmbito da clareza, exatamente como ele se dá. É preciso então colocar o objeto "efetivo" "entre parênteses". Reflitamos sobre o que isso quer dizer: se começamos como homens em orientação natural, o objeto real é a coisa lá fora. Nós a vemos, estamos diante dela, temos os olhos fixamente voltados para ela, e qual a encontramos ali como o que "está diante de" nós no espaço, tal a descrevemos e fazemos enunciados a seu respeito.

É assim também que tomamos uma posição valorativa em relação a ela: isso que vemos estar diante de nós no espaço nos apraz ou nos determina à ação; aquilo que se dá ali, nós o apreendemos, elaboramos etc. Se agora efetuamos a redução fenomenológica, toda posição transcendente, principalmente a que está contida na própria percepção, recebe os parênteses que a excluem do circuito, e eles se estendem também a todos os atos nela

---

[72] Cf. acima § 43, pp. 102 e segs.

fundados, a todo juízo de percepção, a toda posição de valor nela fundada e ao eventual juízo de valor etc. Isso implica o seguinte: nós só admitimos observação, descrição dessas percepções, desses juízos etc., enquanto essencialidades que eles são em si mesmos, só admitimos a constatação do que quer que seja dado com evidência quanto a eles ou neles; mas não permitimos nenhum juízo que faça uso da tese da "coisa real", tampouco como da tese de toda a natureza "transcendente", nem um juízo que "compartilhe" dessa tese. Como fenomenólogos, abstemo-nos de todas essas posições. Nós não as jogamos fora, quando não nos situamos "no terreno delas", quando não "compartilhamos delas". Elas estão ali, também fazem essencialmente parte do fenômeno. Ao contrário, nós as consideramos; em vez de compartilhar delas, nós as transformamos em objetos, as tomamos como componentes do fenômeno, e a tese da percepção justamente como um desses componentes.

E assim perguntamos em geral, guardando o sentido claro dessas exclusões de circuito, o que "está contido" de maneira evidente em todo o fenômeno "reduzido". Ora, o que há na percepção é justamente que ela tem o seu sentido noemático, o seu "percebido como tal", "aquela árvore em flor ali no espaço" — tudo isso entendido entre aspas —, ou seja, o *correlato* inerente à essência da percepção fenomenologicamente reduzida. Dito de maneira figurada: o "pôr entre parênteses" por que passa a percepção impede todo juízo sobre a efetividade percebida (isto é, todo juízo fundado na percepção não modificada, que, portanto, acolhe a tese desta em si). Ela não impede, porém, que a percepção seja consciência *de* uma efetividade (de que agora apenas não se permite seja "efetuada" a tese); e não impede nenhuma descrição dessa "efetividade como tal" que aparece para a percepção com os modos particulares em que se é consciente dela, por exemplo, justamente como efetividade percebida, embora "por um de seus lados", nesta ou naquela orientação etc. Com minucioso cuidado temos agora de prestar atenção a fim de não incluirmos no vivido nada além do que esteja efetivamente encerrado na essência dele, e a fim de o "incluirmos" exatamente assim como está "incluso" nele.

§ 91. Transposição para a esfera mais ampla da intencionalidade

O que até aqui foi apresentado mais minuciosamente privilegiando-se a percepção, vale efetivamente para *todas as espécies de vivido intencional*. Depois da redução, encontramos na recordação o recordado como tal, na expectativa, o esperado como tal, na imaginação fictícia, o imaginado como tal.

Em cada um desses vividos "reside" um sentido noemático, e por mais que este seja aparentado em vividos distintos, por mais que eventualmente, por um componente de seu núcleo, ele possa ser igual por essência, mesmo assim ele é de uma espécie distinta em vividos de distinta espécie, aquilo que eventualmente lhe é comum com outros é, no mínimo, caracterizado de modo diferente, e o é necessariamente. Em todos os casos, pode-se tratar de uma árvore em flor, e em todos eles essa árvore pode aparecer de tal maneira, que a descrição fiel do que aparece como tal se dê necessariamente com as mesmas expressões. Todavia, os correlatos noemáticos são, por isso, essencialmente distintos para percepção, imaginação, presentificação em imagem, recordação etc. O que aparece é caracterizado, ora como "efetividade em carne e osso", ora como ficto, ora como presentificação de recordação etc.

Estes são caracteres que *encontramos* no percebido, no imaginado, no recordado etc., como tais — no *sentido da percepção*, no *sentido da imaginação*, no *sentido da recordação* —, como algo que lhes é inseparável e *lhes pertence necessariamente, em correlação com as respectivas espécies de vividos noéticos*.

Onde cumpre descrever os correlatos intencionais de modo fiel e completo, ali nós teremos, portanto, de apreender também, e de fixar em conceitos rigorosos, todos esses caracteres, que jamais são contingentes, mas regulados por leis de essência.

Notamos com isso que, no interior do noema *pleno* (como, de fato, o havíamos previamente anunciado), nós temos de separar *camadas essenciais diferentes*, que se agrupam em torno de um *"núcleo" central*, em torno do puro *"sentido objetivo"* — em torno daquilo que em qualquer parte de nossos exemplos podia ser descrito com puras expressões objetivas e idênticas, porque podia haver um algo idêntico nos vividos paralelos de espécie distinta. Vemos ao mesmo tempo que paralelamente, se retirarmos de novo os parênteses em que foram colocadas as teses, terão de ser distinguíveis, em correspondência com os diferentes conceitos de sentido, diferentes conceitos de *objetividades não modificadas*, das quais o "objeto puro e simples", isto é, o idêntico, que ora é percebido, ora é diretamente presentificado, ora exibido em imagem numa pintura etc., indica apenas um *único* conceito central. Entretanto, essa indicação deve nos bastar por ora.

Olhemos ainda um pouco mais para a esfera da consciência e tentemos conhecer as estruturas noético-noemáticas nos principais modos da consciência. Ao mesmo tempo, nós gradativamente nos asseguraremos, por comprovação efetiva, da validez *integral* da correlação fundamental entre noese e noema.

§ 92. As mudanças atencionais do ponto de vista noético e noemático

Em nossos capítulos preparatórios, já falamos por diversas vezes de mudanças da consciência de um tipo que merece atenção, pois elas atravessam todas as outras espécies de eventos intencionais e constituem, assim, uma estrutura geral da consciência, que tem sua dimensão própria: falamos metaforicamente de "olhar espiritual" ou de "raio de visão" do eu puro, de direcionamentos e desvios do olhar. Os fenômenos que entram nesta classe ganharam para nós um contorno unificado, perfeitamente claro e nítido. Sempre que se fala de "atenção", eles desempenham o papel principal, sem que se separem fenomenologicamente dos outros fenômenos e, em combinação com estes, são designados como modos da atenção. De nossa parte, pretendemos conservar a palavra e falar, além disso, de *mudanças atencionais*, embora exclusivamente em referência aos eventos nitidamente separados por nós, assim como em referência aos grupos de mudanças fenomenais a eles atinentes, que deverão ser descritos ainda mais detalhadamente na sequência.

Trata-se aqui de uma série de mudanças idealmente possíveis, que já pressupõem um núcleo noético e momentos característicos, de gênero distinto, necessariamente relacionados a ele, que por si mesmas não alteram as respectivas operações noemáticas, e que, no entanto, exibem alterações em *todo* o vivido, tanto pelo seu lado noético, quanto pelo seu lado noemático. O raio de visão do eu puro atravessa, ora esta, ora aquela camada noética, ou (como, por exemplo, em recordações dentro de recordações), ora este, ora aquele nível de encaixe entre elas, ora diretamente, ora refletindo. No interior de todo o campo dado de noeses potenciais ou de objetos noéticos, nós olhamos ora para um todo, a árvore, por exemplo, que está presente na percepção, ora para esta ou aquela parte e momento dele; e então, novamente, para uma coisa próxima ou para um nexo ou evento de múltiplas formas. Subitamente voltamos o olhar para um objeto que nos "vem" à lembrança: em vez de passar pela noese de percepção, que constitui para nós, de maneira contínua e unificada, embora multiplamente composta, o mundo de coisas em sua constante aparição, o olhar atravessa uma noese de recordação para entrar num mundo de recordação, passeia por ele, passa a outros níveis de recordação ou a mundos da imaginação etc.

Permaneçamos, para simplificar, numa *única* camada intencional, no mundo da percepção, que está aí em sua pura e simples certeza. Fixemos na ideia, respectivamente o seu conteúdo noemático, uma coisa ou um evento material de que se tem consciência perceptiva, tal como fixamos, segundo a essência imanente plena, toda a consciência concreta dele no intervalo correspondente da duração fenomenológica. Também faz parte dessa ideia que, em seu deslocamento *determinado,* haja fixação do raio de atenção. Pois este também é um momento do vivido. Fica então evidente que são possíveis modos de alteração do vivido fixado, aos quais designamos justamente como "meras alterações na repartição da atenção e seus modos". É claro que, se a composição *noemática* do vivido permanecer a mesma, em toda parte isso significará: é a mesma objetividade que continua a ser caracterizada como existindo em carne e osso, é a mesma que se exibe nos mesmos modos de aparição, nas mesmas orientações; é de tal ou tal composição do conteúdo dela que se tem consciência nos mesmos modos de indicação indeterminada e de copresentificação não intuitiva. Afirmamos que, destacando e comparando composições noemáticas paralelos, a alteração consiste *meramente* em que se "privilegia" ora este, ora aquele momento objetivo, neste ou naquele caso de comparação, ou em que uma só e mesma coisa é, ora "notada primariamente", ora apenas secundariamente, ou apenas "há pouco notada concomitantemente", quando não "inteiramente não notada", embora continue sempre a aparecer. Há justamente diferentes modos especiais da atenção como tal. O grupo dos *modos da atualidade* se separa do modo da *inatualidade* e daquilo que chamamos pura e simplesmente de inatenção, quando a consciência tem, por assim dizer, o seu objeto de modo inerte.

 É claro, por outro lado, que essas modificações não são apenas modificações do vivido mesmo, em sua composição noética, mas também atingem os seus *noemas,* e que elas apresentam um gênero próprio de caracterizações do lado noemático — sem prejuízo do núcleo noemático idêntico. Costuma-se comparar a atenção a uma luz que ilumina. Aquilo que se nota, no sentido específico, encontra-se num cone de luz mais ou menos iluminado, mas ele também pode recuar para a penumbra ou para a escuridão total. Mesmo que essa imagem seja insuficiente para marcar distintivamente todos os modos a ser fenomenologicamente fixados, ela é, no entanto, bastante significativa para indicar alterações naquilo que aparece enquanto tal. A oscilação da luminosidade não altera aquilo que aparece em sua própria composição de *sentido,* mas clareza e obscuridade modificam os seus modos de aparecer, elas já se encontram na orientação do olhar para o objeto noemático, e devem ser descritas.

 Manifestamente as modificações no noema não são tais como se meros anexos exteriores fossem acrescentados àquilo que permanece idêntico; ao contrário, os noemas concretos mudam por completo, pois se trata de modulações necessárias da maneira pela qual o idêntico se dá.

Examinando, porém, mais de perto, o que ocorre não é que *todo* o conteúdo noemático caracterizado num respectivo modo de atenção (*o núcleo atencional*, por assim dizer) deve se manter constante em face das modificações atencionais, quaisquer que elas sejam. Vendo pelo lado noético, o que se mostra, ao contrário, é que certas noeses são condicionadas, quer necessariamente, quer em suas possibilidades determinadas, por modos da atenção e, particularmente, pela atenção positiva, no sentido eminente da palavra. Todas as "efetuações de ato", as "tomadas atuais de posição", por exemplo, "efetuar" uma decisão numa questão duvidosa, "efetuar" uma recusa, a posição de algo como sujeito e a atribuição de um predicado, uma valoração ou uma valoração "por causa de um outro", uma escolha etc. — tudo isso pressupõe atenção positiva àquilo em relação ao qual o eu se posiciona. Isso, porém, não altera em nada o fato de que essa função do olhar que se desloca, que se amplia ou retrai respectivamente a seu campo de expansão, significa uma *dimensão específica das modificações noéticas e noemáticas correlativas*, a investigação eidética sistemática das quais é uma das tarefas fundamentais da fenomenologia geral.

Em seus modos de atualidade, as configurações atencionais possuem eminentemente o *caráter da subjetividade*, e este também é então passado a todas funções modalizadas por esses modos ou que os pressupõem devido a seu tipo. O raio de atenção se dá como partindo do eu e terminando no objeto, orientando-se na sua direção ou dele se afastando. O raio de atenção não se separa do eu, mas ele mesmo é e permanece raio do eu. O "objeto" é atingido, é alvo, posto somente em referência ao eu (e por ele mesmo), mas ele mesmo não é "subjetivo". Uma tomada de posição que comporta em si o raio de atenção do eu é, por isso, ato do próprio eu, o eu age ou sofre, é livre ou condicionado. O eu, também podemos assim nos exprimir, "vive" em atos como estes. Essa vida não significa o ser de certos "conteúdos" num fluxo de conteúdo, mas uma multiplicidade de modos, passíveis de descrição, pelos quais o eu puro, como o "ser livre" que ele é, vive em certos vividos intencionais que possuem o modo geral do *cogito*. A expressão "ser livre" não significa, porém, nada mais que modos de vida tais como sair-livremente-de-si-mesmo ou voltar-a-si-mesmo, agir espontâneo, experimentar algo sobre os objetos etc. O que ocorre no fluxo de vividos, fora do raio de atenção do eu ou do *cogito*, se caracteriza de maneira essencialmente outra, está fora da atualidade do eu e, no entanto, como já antes indicamos, é algo que pertence ao eu, porque é o campo da potencialidade para os atos livres do eu.

É o que basta para a caracterização geral dos temas noético-noemáticos que têm de ser tratados com profundidade sistemática na fenomenologia da atenção.[73]

§ 93. Passagem para as estruturas noético-noemáticas da esfera superior da consciência

Pretendemos, na próxima sequência de considerações, examinar estruturas da esfera "superior" da consciência, *nas quais diversas noeses estão estruturadas umas sobre as outras na unidade de um vivido concreto*, e nas quais, por conseguinte, estão igualmente fundados os *correlatos noemáticos*. Pois *não há momento noético algum sem um momento noemático que lhe pertença especificamente*, é o que reza a lei eidética que pode ser comprovada onde quer que seja.

Também nas noeses de nível mais alto — tomadas em sua completude concreta — aparece na composição noemática um núcleo central que se impõe primeiro de maneira predominante, a "suposta objetividade como tal", a objetividade entre aspas, como o exige a redução fenomenológica. Também ali esse noema central tem de ser captado precisamente na mesma composição objetiva modificada em que é noema, em que é algo tornado consciente como tal. Em seguida, também se vê aqui que essa *objetividade de nova espécie* — pois o próprio objeto, tomado em sua modificação, se torna, sob a designação de "sentido", novamente um algo objetivo, embora de uma dignidade própria, tal como quando, por exemplo, procedemos a uma investigação científica sobre ele — tem seus modos de doação, seus "caracteres", seus diferentes modos, junto com os quais se é consciente dela no noema pleno do respectivo vivido noético ou da respectiva conformação de vivido. Naturalmente, também aqui, a todas as separações no noema, têm de corresponder separações paralelas na objetividade não modificada.

---

[73] A atenção é um dos temas capitais da psicologia moderna. Em parte alguma o caráter predominantemente sensualista desta última se mostra de modo mais patente que no tratamento desse tema, pois o nexo de essência entre atenção e intencionalidade — o fato fundamental de que atenção nada mais é em geral que uma espécie fundamental das modificações *intencionais* — jamais foi, tanto quanto sei, ressaltado antes. Desde a publicação das *Investigações lógicas* (vejam-se ali as exposições do vol. II, Segunda Investigação, §§ 22 e segs., pp. 159-165, e Quinta Investigação, § 19, p. 385), comenta-se, sem dúvida, aqui e ali sobre certo nexo entre atenção e "consciência do objeto", mas, tirante umas poucas exceções (lembro aqui os escritos de Th. Lipps e de A Pfänder), fala-se de uma maneira que se sente que não se entendeu tratar-se aqui do *começo* radical e primeiro da doutrina da atenção, e que a investigação deverá seguir no âmbito da intencionalidade, não desde já como investigação empírica, mas, *antes de tudo*, como investigação eidética.

Cabe, além disso, a um estudo fenomenológico mais pormenorizado constatar, nas particularizações variáveis de um tipo estável de noemas (por exemplo, a percepção), o que nelas é exigido, nos termos da lei eidética, pelo próprio tipo, e o que é exigido pelas particularizações diferenciadoras. Mas a exigência vale de uma ponta a outra, não há contingência na esfera da essência, tudo está ligado por relações eidéticas, em particular a noese e o noema.

§ 94. Noese e noema no domínio do juízo

Tomemos o *juízo predicativo* como exemplo dessa esfera de essências fundadas. O noema do *julgar*, isto é, do vivido concreto do juízo, é o "julgado como tal", mas este nada mais é ou, pelo menos, não é, em seu núcleo principal, nada mais que aquilo que de costume chamamos simplesmente de *juízo*.

Para apreender o noema pleno é preciso tomá-lo aqui efetivamente na plena concreção noemática em que ele vem à consciência nos juízos concretos. O "julgado" não pode ser confundido com aquilo que se julga. Se o julgar se constrói com base num perceber ou noutro representar "posicional" puro e simples, o noema do representar entra na plena concreção do julgar (assim como a noese representativa se torna componente essencial da noese concreta dele) e nele assume certas formas. O representado (como tal) toma a forma do sujeito ou do objeto apofântico etc. Para simplificar, façamos abstração aqui da camada superior da "expressão" verbal. Esses "objetos sobre os quais" se faz o juízo, em particular os objetos-sujeito, são os objetos *julgados*. O todo formado a partir deles, o *conjunto do "o quê" julgado*, tomado, além disso, exatamente assim, na *caracterização*, no *modo de doação* em que se é "consciente" dele no vivido, constitui o correlato noemático pleno, o "*sentido*" (entendido da maneira *mais ampla*) do vivido de juízo. Dito de modo mais incisivo, ele é o "sentido encontrado no 'como' de seu modo de doação", desde que este possa ser encontrado como um caráter nele.

Não se deve, todavia, negligenciar aí a redução fenomenológica, que exige que "coloquemos entre parênteses" a emissão do juízo, caso queiramos obter o noema puro de nosso vivido de juízo. Se a colocamos entre parênteses, então estarão um diante do outro, em pureza fenomenológica, a essência concreta plena do vivido de juízo ou, como a exprimimos agora, a noese do juízo concretamente apreendida como essência, *e o respectivo* noema do juízo, *necessariamente unido a ela, isto é, o "juízo emitido" enquanto eidos, e também este em pureza fenomenológica.*

Tudo isso deixará os psicólogos perplexos, pois não têm tendência a distinguir o julgar como vivido empírico e o juízo como "ideia", como essência. Tal distinção já não carece para nós de fundação. Contudo, mesmo aquele que a aceita, fica desconcertado. Pois dele se exige reconhecer que não basta apenas fazer essa distinção, que é preciso fixar, por dois lados diferentes, muitas ideias contidas na essência da intencionalidade de juízo. Tem-se de reconhecer, sobretudo, que aqui, como em todos os vividos intencionais, é preciso distinguir dois lados por princípio, a noese e o noema.

Cabe fazer aqui uma observação crítica a respeito dos conceitos de essência "intencional" e de essência "cognitiva", corretamente estabelecidos nas *Investigações lógicas*,[74] mas ainda suscetíveis de uma segunda interpretação, porquanto podem ser entendidos, por princípio, como expressões não apenas de essências noéticas, mas também de essências noemáticas, e a apreensão noética, da maneira unilateral como foi ali desenvolvida, justamente não é a que deve ser levada em conta na concepção do conceito lógico puro de juízo (isto é, do conceito que a lógica pura exige no sentido da *mathesis* pura, em oposição ao conceito noético de juízo da noética lógica normativa). A diferença entre emitir um juízo e juízo emitido, que já se verifica no linguajar comum, pode apontar na direção correta, a saber, ao vivido de juízo é correlativamente inerente o juízo pura e simplesmente como noema.

É justamente este último que deveria ser entendido como "juízo" ou como proposição no sentido lógico puro — não fosse o fato de a lógica pura não se interessar pelo noema em sua composição plena, mas enquanto é pensado como exclusivamente determinado por uma essência mais estrita, da qual as *Investigações lógicas* indicaram o caminho de determinação mais precisa ao tentar fazer aquela separação acima mencionada. Se quisermos obter o noema pleno partindo de um determinado vivido de juízo, teremos, como se disse antes, de tomar "o" juízo precisamente como vem à consciência nesse mesmo vivido, ao passo que nas considerações lógico-formais a identidade "do" juízo vai muito além. Um juízo evidente S é P e "o mesmo" juízo cego são noematicamente diferentes, mas idênticos por um núcleo de sentido, o único que é determinante para a consideração lógico-formal. Esta é uma diferença semelhante à já assinalada entre noema de uma percepção e noema de uma presentificação que lhe é paralela, que representa o mesmo objeto num conteúdo de determinação exatamente igual, numa mesma caracterização (como tendo "existência certa", "existência duvidosa" etc.). Os atos são de espécies diferentes, e no mais ainda resta um grande espaço de jogo para diferenças fenomenológicas — mas o "o quê" noemático é idêntico. Acrescentemos ainda que em contraposição à ideia de juízo que acaba de ser caracterizada, e que constitui o conceito fundamental

---

[74] Cf. *Investigações lógicas* II¹, V Investigação, § 21, pp. 321 e segs.

da lógica formal (da disciplina da *mathesis universalis* referente a significações predicativas), encontra-se a ideia noética "juízo" correlativamente num segundo sentido, isto é, entendida como julgar em geral, em generalidade eidética e puramente determinada pela forma. Este é o conceito fundamental da doutrina noética formal de legitimação do julgar.[75]

Tudo isso que acabamos de desenvolver vale também para outros vividos noéticos, por exemplo, obviamente, para todos os que são por essência aparentados aos juízos enquanto certezas predicativas, tais como: conjecturas, suposições, dúvidas e também as negativas correspondentes; neste caso, a concordância pode ir até onde, no noema, apareça um conteúdo de sentido por toda parte idêntico, embora provido de "caracterizações" diferentes. O mesmo "S é P", como núcleo noemático, pode ser "conteúdo" de uma certeza, de uma conjectura ou suposição possível etc. No noema, o "S é P" não está sozinho, mas, tão logo o pensar o retira dali como conteúdo, ele já é algo dependente; a cada momento se tem consciência dele em caracterizações variáveis, imprescindíveis ao noema pleno: dele se tem consciência com o caráter do "certo" ou do "possível", do "verossímil", do "nulo" etc., caracteres que recebem, todos eles, as aspas modificadoras e, como correlatos, estão especialmente ordenados aos momentos noéticos do vivido, como o considerar possível, o considerar verossímil, o considerar nulo etc.

Com isso se separam, como logo se vê, dois conceitos fundamentais de "conteúdo de juízo" e, igualmente, de conteúdo de suposição, de questionamento etc. Não raro os lógicos se utilizam de tal modo a expressão

---

[75] No que concerne ao conceito bolzaniano de "julgar em si", de "proposição em si", a partir de suas exposições da *Doutrina da ciência*, pode-se ver que Bolzano não chegou à clareza sobre o sentido próprio de sua concepção inovadora. Bolzano jamais viu que há aqui *duas* interpretações em princípio possíveis, ambas as quais poderiam ser designadas como "juízo em si": o específico do vivido de juízo (a ideia *noética*) e a ideia *noemática* a ela correlativa. Suas descrições e elucidações são ambíguas. O que ele tem ante os olhos, como matemático voltado para a objetividade — embora uma inflexão ocasional pareça dizer o contrário (cf. *op. cit.* I, p. 86, onde ele cita com aprovação a teoria do pensamento de Mehmel) — é o conceito noemático. Ele o tem perante os olhos exatamente como o aritmético tem ao número — ele está orientado para operações numéricas, não para problemas fenomenológicos da relação de número e consciência de número. Tanto aqui, na esfera lógica, quanto em geral, a fenomenologia era *algo totalmente estranho* ao grande lógico. Isso ficará claro para qualquer um que tiver efetivamente estudado a *Doutrina da ciência* de Bolzano, agora infelizmente rara de se encontrar, e que não se incline a confundir qualquer elaboração de conceitos eidéticos fundamentais — operação fenomenologicamente ingênua — com uma elaboração fenomenológica. Neste caso, seria preciso ser bem consequente e dar a designação de fenomenólogo a qualquer matemático que tenha criado conceitos, por exemplo, a um G. Cantor, por sua genial concepção dos conceitos fundamentais da teoria dos grupos, e de igual maneira, finalmente, ao desconhecido criador dos conceitos fundamentais da geometria na remota Antiguidade.

"conteúdo de juízo", que manifestamente se visa (embora sem a tão necessária distinção) o conceito noético ou o conceito noemático-lógico de juízo, ambos os conceitos que caracterizamos antes. Correm em paralelo com eles, obviamente sem jamais coincidir com eles e entre si, os pares conceituais correspondentes nas suposições, nas perguntas, nas dúvidas etc. Aqui, se mostra, no entanto, um segundo sentido de conteúdo de juízo — um "conteúdo" idêntico que o juízo pode ter em comum com uma suposição (ou com um supor), com uma questão (ou com um questionar) e com outros noemas de ato ou noeses.

§ 95. Distinções análogas na esfera da afetividade e da vontade

Desenvolvimentos análogos servem, como é fácil de se convencer, para a esfera da afetividade e da vontade, para os vividos de prazer e desprazer, de valoração, qualquer que seja o seu sentido, de desejo, de decisão, de ação; todos estes são vividos que contêm diversas e, com frequência, múltiplas estratificações intencionais, noéticas e, por conseguinte, também noemáticas.

Para dizer de maneira geral, nelas as estratificações são tais que as camadas superiores do todo do fenômeno podem desaparecer, sem que o restante cesse de ser um vivido intencional concreto e completo, e são tais que também, inversamente, um vivido concreto pode acolher toda uma nova camada noética; como quando, por exemplo, um momento concreto dependente de "valoração" se sobrepõe a uma representação concreta ou, inversamente, de novo desaparece.

Se desta maneira um perceber, um imaginar, um julgar etc. fundam uma camada de valoração que os encobre por inteiro, temos então, no todo da fundação, designado, de acordo com seu sentido mais alto, como vivido concreto de valoração, diferentes noematas ou sentidos. Enquanto sentido, o percebido como tal pertence especialmente ao perceber, mas ele penetra também no sentido da valoração concreta, fundando-lhe o sentido. Temos, por conseguinte, de fazer distinção entre, de um lado, os objetos, coisas, propriedades, estados-de-coisas, que se encontram na valoração como valores, isto é, os noematas correspondentes às representações, juízos etc., que fundam a consciência de valor, e, por outro lado, os próprios objetos-valor, os próprios estados-de-valor ou as modificações noemáticas a eles correspondentes, e então, em geral, os noemas completos pertencentes à consciência de valor concreta.

A título de elucidação, observe-se em primeiro lugar que, para maior distinção, fazemos bem em introduzir (aqui como em todos os casos análogos) termos relativos diferenciadores a fim de manter mais bem separados o objeto valioso e o objeto-valor, o estado de coisas valioso e o estado-de-valor, a propriedade valiosa e a propriedade-valor (que ainda pode ela mesma ter um duplo sentido). Falamos da mera "coisa" que é valiosa, tem caráter de valor, tem valência; em contraposição a ela, falamos dos próprios valores concretos ou da objetividade-valor. Igualmente, de maneira paralela, falamos do mero estado de coisas ou situação das coisas e do estado ou situação-de-valor, na qual o valorar tem por base uma consciência do estado de coisas. A objetividade-valor implica a sua coisa, ela introduz, como nova camada objetiva, a valência. O estado-de--valor abriga em si o mero estado de coisas a ele atinente; a propriedade-valor abriga igualmente a propriedade da coisa e, além dela, a valência.

Afora isso, aqui também se deve distinguir entre objetividade-valor pura e simples e a objetividade-valor entre aspas, que está contida no noema. Assim como o percebido enquanto tal está contraposto ao perceber num sentido que exclui a pergunta pelo ser verdadeiro do percebido, assim também o valorado como tal está contraposto ao valorar, e mais uma vez de tal modo que o ser do valor (da coisa valorada e do verdadeiro ser de seu valor) permanece fora de questão. Todas as posições atuais estão postas fora de circuito para a apreensão do noema. E mais uma vez é preciso notar que do "sentido" pleno do valorar faz parte o "o quê" dele, com toda a plenitude em que se tem consciência dele no vivido valorativo correspondente, e que a objetividade-valor entre parênteses não é, sem mais nem menos, o noema pleno.

As distinções que foram efetuadas também podem ser feitas na esfera da vontade.

Temos, de um lado, o decidir, que efetuamos a cada momento, junto com todos os vividos que ele requer como sua sustentação, e que ele, tomado em sua concreção, encerra em si. Dele fazem parte diversos momentos noéticos. Na base das posições de vontade estão posições valorativas, posições de coisa etc. Do outro lado, encontramos a decisão, como uma espécie própria de objetividade pertencente especificamente ao domínio da vontade, e ela está manifestamente fundada em outras objetividades noemáticas semelhantes. Se, como fenomenólogos, excluímos de circuito todas as nossas posições, resta mais uma vez, para o fenômeno da vontade, como vivido intencional fenomenologicamente puro, "o desejado como tal", como noema próprio ao querer: resta o "visado pelo querer", e exatamente como é o "visado" nesse querer (nessa essência plena), junto com tudo o que se quer e "a partir do qual" se quer.

Acabamos de dizer "visado". Essa palavra se impõe aqui em geral, assim como as palavras "sentido" e "significação". Ao visar ou intencionar corresponde então o visado, ao significar, o significado. Todas essas palavras estão, entretanto, carregadas de tantas equivocidades causadas por transferência de sentido — e não menos também de equivocidades que provêm do deslizamento pelas camadas correlativas, cuja separação científica deve ser levada rigorosamente a termo —, que cabe a maior precaução em relação a elas. Nossas considerações se movem agora no âmbito mais amplo do gênero eidético "vivido intencional". Contudo, ao falar em "visar", normalmente se fica limitado a esferas mais restritas, as quais, porém, operam ao mesmo tempo como camadas inferiores dos fenômenos das camadas restantes. Como termo, essa palavra (e as expressões a ela aparentadas) só pode ser levada em conta para essas esferas mais restritas. Para as generalidades, nossos novos termos e as análises de exemplos que os acompanham nos serão certamente de mais serventia.

§ 96. Passagem aos outros capítulos. Observações finais

A elaboração geral da distinção entre noese (isto é, o vivido intencional concreto e completo, assinalado com ênfase em seus componentes noéticos) e noema exigiu muito cuidado de nossa parte, porque apreendê-la e dominá-la é da maior importância para a fenomenologia e diretamente decisivo para sua correta fundação. No primeiro instante, parece tratar-se de algo óbvio. Toda consciência é consciência de algo, e os modos de consciência são bastante distintos. Ao dela nos aproximarmos, sentimos, contudo, as maiores dificuldades. Estas dizem respeito à compreensão dos modos de ser do noema, à maneira como ele deve "estar contido" no vivido, à maneira como deve haver "consciência" dele no vivido. Elas dizem muito particularmente respeito à pura separação entre aquilo que, à maneira dos componentes reais, é da ordem do próprio vivido e aquilo que é da ordem do noema, daquilo que deve ser atribuído como próprio a este. Também a articulação correta do paralelismo entre noese e noema ainda trará bastante dificuldade. Mesmo que já tenhamos tido êxito em efetuar o principal das distinções aqui cabíveis no caso das representações e dos juízos, nos quais elas se mostram por primeiro e para os quais a lógica contribui com valiosos trabalhos preliminares, embora longe de satisfatórios, mesmo assim custará algum esforço e autossuperação para não apenas postular e afirmar distinções paralelas nos atos de afetividade, mas também trazê-las efetivamente à condição de dado claro.

No contexto de nossas meditações meramente preparatórias, não pode ser nossa tarefa desenvolver sistematicamente partes da fenomenologia. Nossas metas exigem, contudo, que entremos nas coisas mais profundamente do que foi feito até agora e delineemos os começos dessas investigações. Isso é necessário para que as estruturas noético-noemáticas sejam trazidas a uma claridade que permita tornar compreensível a sua importância para a problemática e para o método da fenomenologia. Uma representação que mostre, com toda a riqueza, a fecundidade da fenomenologia, a grandeza de seus problemas, o modo de seu proceder, só pode ser obtida quando se põem efetivamente os pés em cada um de seus domínios e se torna visível a amplidão dos problemas a eles pertinentes. Mas só se pisa e pode sentir efetivamente cada um desses domínios como um terreno de trabalho seguro depois de desenvolvidas as distinções e clarificações fenomenológicas, com as quais primeiramente pode se tornar compreensível também o sentido dos problemas a serem aqui solucionados. Nossas análises e demonstrações subsequentes dos problemas, as quais em parte já foram feitas, deverão se manter rigorosamente fiéis a esse estilo. Nós permaneceremos em esferas restritas, por mais multifacetadas que as matérias tratadas possam parecer ao neófito. É natural darmos preferência àquilo que está relativamente próximo das portas de acesso da fenomenologia e que é incondicionalmente necessário para poder seguir as principais linhas sistemáticas que a atravessam. Tudo é difícil, exige-se esforço de concentração nos dados da intuição de essência fenomenológica específica. Não há uma "estrada real" para a fenomenologia e, portanto, tampouco para a filosofia. Só há uma única estrada prescrita por sua essência própria.

Por fim, seja permitido fazer ainda a seguinte observação: A fenomenologia se dá em nossas exposições como ciência *que está em seu início*. Só o futuro há de ensinar o quanto dos resultados das análises aqui tentadas é definitivo. Com certeza, muito daquilo que descrevemos terá de ser descrito de maneira diferente *sub specie aeterni*. No entanto, podemos e devemos nos empenhar por descrever fielmente a cada passo aquilo que efetivamente observamos de nosso ponto de vista e conforme ao estudo mais sério. Nosso procedimento é o daquele viajante que vai pesquisar uma parte desconhecida do mundo, o qual descreve cuidadosamente aquilo que se oferece a ele por caminhos ainda não trilhados, e que nem sempre serão os mais curtos. Ele pode ter a consciência segura de enunciar aquilo que *teria* de ser enunciado em tal tempo e em tais circunstâncias, e que continuará tendo o seu valor, porque é expressão fiel do que foi visto — ainda que novas investigações venham exigir novas descrições com diversos aprimoramentos. Neste mesmo espírito, pretendemos ser na sequência expositores fiéis das configurações fenomenológicas, resguardando-nos, de resto, o hábito da liberdade interna também em relação a nossas próprias descrições.

Capítulo IV

Para a problemática das estruturas noético-noemáticas

§ 97. Os momentos hiléticos e noéticos como momentos reais do vivido; os momentos noemáticos como momentos não reais dele

Ao introduzir, no capítulo anterior, a distinção entre noético e noemático, falamos de *análise real* e *análise intencional*. Comecemos por aqui. Um vivido fenomenológico puro tem seus componentes reais. Limitemo-nos, para simplificar, aos vividos noéticos do nível mais baixo, àqueles, portanto, que não são complexos em sua intencionalidade porque não são construídos de diversas camadas sobrepostas, tais como as constatamos nos atos de pensar, nos atos de afetividade e de vontade.

Sirva-nos de exemplo uma percepção sensível, a simples percepção da árvore, que teremos se, ao olharmos para fora na direção do jardim, considerarmos essa árvore ali numa unidade de consciência: num momento ela está imóvel, depois aparece movida pelo vento, e também se oferece em modos bem distintos de aparição, conforme modifiquemos, em nossa observação contínua, nossa posição espacial em relação a ela, aproximando-nos, por exemplo, da janela ou mudando apenas a posição da cabeça ou do olho, procurando, ao mesmo tempo, ora relaxá-lo, ora fixá-lo novamente etc. A unidade de *uma* percepção pode, deste modo, abranger uma grande quantidade de modificações, que nós, enquanto observadores em orientação natural, ora atribuímos ao objeto real, como *modificações* dele, ora a uma relação real e efetiva para com nossa subjetividade psicofísica real, ora, por fim, a esta mesma. É preciso, contudo, descrever agora o que sobra disso como resíduo fenomenológico, se fazemos a redução à "pura imanência", e *o que pode e o que não pode valer ali como componente real do vivido puro.* E aqui isso significa tornar inteiramente claro para si que a "árvore percebida como tal" faz certamente parte da essência do vivido de percepção em si mesma, isto é, o noema pleno permanece intocado pela eliminação de circuito da efetividade da árvore e do mundo inteiro, mas, por outro lado, esse *noema* com sua "árvore" entre aspas está tão pouco realmente contido na percepção, quanto a árvore da efetividade.

O que encontramos de realmente contido nela enquanto vivido puro, e contido como as partes, os componentes e os momentos inseparáveis de seu todo? Já ocasionalmente realçamos esses componentes autênticos, reais, que destacamos com as designações componentes materiais e noéticos. Contrastemo-los com os componentes noemáticos.

Trazida puramente à consciência na percepção, a cor do tronco da árvore é exatamente "a mesma" que apreendemos, antes da redução fenomenológica, como a cor da árvore efetiva (pelo menos enquanto homens "naturais" e antes da intervenção de conhecimentos físicos). Ora, essa cor, posta entre parênteses, faz parte do noema. Ela, contudo, não entra como componente real no vivido perceptivo, embora neste encontremos também "algo como cor": a saber, a "cor de sensação", o momento hilético do vivido concreto, no qual a cor noemática ou "objetiva" se "perfila".

O que se perfila, porém, numa multiplicidade contínua de cores de sensação é uma só e mesma cor noemática, da qual se é, portanto, consciente como uma cor idêntica, em si imutável, na unidade contínua de uma consciência perceptiva variável. Vemos uma árvore não modificada na cor — na cor dela, árvore —, enquanto as posições do olho, as orientações relativas variam multiplamente, o olhar passeia ininterruptamente pelo tronco, pelos galhos, chegamos mais perto dela e fazemos, assim, o vivido perceptivo fluir de diferentes maneiras. Se efetuamos a reflexão sobre a sensação, a reflexão voltada para os perfis, nós os apreendemos como dados evidentes, e em completa evidência podemos, nesta orientação e variando a direção da atenção, também colocá-los em relação com os momentos objetivos correspondentes, podemos reconhecê-los como correspondentes e, além disso, ver sem maiores dificuldades que, por exemplo, as cores dos perfis referentes a alguma cor fixada da coisa se comportam como "unidade" em relação à "multiplicidade" contínua.

Ao efetuar a redução fenomenológica, obtemos até mesmo a evidência eidética geral de que o objeto árvore numa percepção *só* pode *em geral* aparecer *objetivamente* com tanta determinação quanto nela aparece, se os momentos hiléticos (ou no caso de uma série contínua de percepção —

se as contínuas mudanças hiléticas) são precisamente estes e não outros. Isso implica, portanto, que toda alteração do conteúdo hilético da percepção, se não suprime diretamente a consciência perceptiva, tem pelo menos de ter por resultado que aquilo que aparece se torne algo objetivamente "outro", quer em si mesmo, quer no modo de orientação referente a sua aparição etc.

Diante de tudo isso, é também absolutamente indubitável que aqui "unidade" e "multiplicidade" pertencem a *dimensões totalmente distintas*, e que, com efeito, *tudo o que é hilético* entra como componente *real* no vivido concreto, ao passo que o que "se exibe", "se perfila" nele, como múltiplo, entra no *noema*.

Como já dissemos antes, porém, as matérias são "animadas" por momentos noéticos, elas (enquanto o eu não está voltado para elas, mas para o objeto) passam por "apreensões", "doações de sentido", que apreendemos na reflexão justamente nas matérias e com elas. Daí resulta imediatamente que não somente os momentos hiléticos (as cores, os sons de sensação etc.), mas também as apreensões que os animam — portanto, *tanto aqueles como estas juntos*: o *aparecer* da cor, do som e de qualquer qualidade do objeto — fazem parte da composição "real" do vivido.

Vale, então, de maneira geral o seguinte: em si mesma, a percepção é percepção de seu objeto, e a todo componente que é ressaltado no objeto pela descrição "objetivamente" direcionada corresponde um componente real da percepção: mas, note-se bem, somente se a descrição se atém fielmente ao objeto, *tal como ele* "está ali" *naquela* percepção. Também só podemos caracterizar assim a todos esses componentes noéticos recorrendo ao objeto noemático e seus momentos; dizendo, portanto: consciência, mais precisamente, consciência perceptiva *de* um tronco de árvore, da cor do tronco etc.

Por outro lado, no entanto, nossa reflexão mostrou que a unidade real de vivido dos componentes hiléticos e noéticos é totalmente diferente da unidade das partes componentes do noema, "trazida à consciência naquela primeira"; e diferente, mais uma vez, da unidade que unifica todos os componentes reais do vivido com aquilo que, neles e por meio deles, vem à consciência como noema. Sem dúvida, o *"transcendentalmente constituído"* "com base" nos vividos materiais "mediante" as funções noéticas é um "dado", e um dado *evidente*, se em intuição pura descrevemos fielmente o vivido e aquilo de que nele se é noematicamente consciente; mas ele faz parte do vivido num sentido totalmente diferente dos constituintes reais e, portanto, próprios do vivido.

A designação "transcendental" aplicada à redução fenomenológica e, igualmente, à pura esfera de vivido se baseia precisamente no seguinte: encontramos na redução uma esfera absoluta de matérias e formas noéticas, cujo tipo preciso de entrelaçamento implica, em necessidade eidética imanente, o prodigioso ter consciente de algo determinado ou determinável, dado desta ou de outra maneira, que está para a consciência mesma como algo contraposto a ela, como algo outro, irreal, transcendente por princípio; e aí se encontra a fonte original da única solução concebível para os problemas cognitivos mais profundos, que dizem respeito à essência e possibilidade de conhecimento objetivo válido do transcendente. A redução "transcendental" pratica εποχη em relação à realidade: no entanto, daquilo que ela conserva desta fazem parte os noemas, com a unidade noemática neles contida, e, portanto, o modo como o real é tornado consciente e especialmente dado na própria consciência. O conhecimento de que se trata aqui inteiramente de nexos eidéticos, portanto, de nexos incondicionalmente necessários, abre um amplo campo de investigação, o das relações eidéticas entre noético e noemático, entre vivido de consciência e correlato de consciência. Esta última designação eidética compreende, porém, a um só tempo, a objetividade da consciência enquanto tal e as formas como o noemático é visado ou dado. Na esfera que nos serve de exemplo, surge primeiramente a evidência geral de que percepção não é ter o objeto numa presença vazia, mas faz parte (*a priori*) da essência da percepção ter o "seu" objeto, e tê-lo como unidade de certa composição noemática, que sempre será outra para outras percepções do "mesmo" objeto, embora sempre uma composição prescrita eideticamente; isto é, da essência do objeto determinado objetivamente de um modo ou de outro faz parte ser noemático justamente em percepções dessa conformação descritiva, e de que somente nelas ele pode ser noemático, e assim por diante.

§ 98. Modos de ser do noema. Morfologia das noeses Morfologia dos noemata

Complementos importantes, no entanto, ainda se fazem necessários. Antes de mais nada, é preciso levar em conta que toda passagem de um fenômeno à reflexão que o analisa em termos reais, ou a uma reflexão, de tipo inteiramente outro, que disseca seu noema, engendra novos fenômenos, e cometeríamos equívocos se confundíssemos os novos fenômenos, que de certo modo são transformações dos antigos, com estes, e atribuíssemos a eles aquilo que está contido real ou noematicamente nos primeiros. Assim, por exemplo, não se deve pensar que os conteúdos materiais, como os conteúdos de cor em perfil, estejam no vivido perceptivo exatamente como se encontram no vivido analítico. Para mencionar apenas um aspecto, lá eles estavam contidos como momentos reais, embora não fossem percebidos, não fossem apreendidos objetivamente. No vivido analítico, porém, eles são objetivos, são alvos de funções noéticas, que antes não ocorriam. Embora esses materiais ainda continuem encarregados de suas funções de exibição, também estas sofreram uma modificação essencial (naturalmente, uma modificação de outra dimensão). Isso ainda será tratado mais tarde. Essa distinção é, manifestamente, de essencial importância para o método fenomenológico.

Feita essa observação, nossa atenção deve se voltar agora para os seguintes pontos de nosso tema específico. Antes de mais nada, cada vivido tem uma conformação tal, que subsiste a possibilidade de princípio de voltar o olhar para ele e para seus componentes reais, assim como, na direção oposta, para o noema, por exemplo, para a árvore vista como tal. Por certo, nesse posicionamento do olhar o dado é, logicamente falando, um objeto, mas um objeto inteiramente dependente. Seu esse consiste exclusivamente em seu "percipi" — só que essa proposição não deve de modo algum ser entendida no sentido de Berkeley, já que aqui o percipi não contém o esse como componente real.

Isso naturalmente se transpõe para o modo de consideração eidético: o eidos do noema aponta para o eidos da consciência noética, eles são eideticamente interdependentes. O intencional, como tal, é o que é como intencional da consciência de tal e tal conformação, que é consciência dele.

Apesar dessa dependência, o noema pode, todavia, ser considerado por si, pode ser comparado a outros noemas, investigado segundo suas reconfigurações possíveis etc. Pode-se delinear uma morfologia geral e pura dos noemata, à qual se contraporia correlativamente uma morfologia geral e não menos pura dos vividos noéticos concretos, com seus componentes hiléticos e especificamente noéticos.

Naturalmente, essas duas morfologias não se relacionam de modo algum como imagens especulares ou como se uma se modificasse na outra a uma simples modificação de sinal, de maneira que todo noema N pudesse ser substituído pela "consciência de N". Isso já resulta da explicação que demos antes a respeito da interdependência entre a unidade das qualidades no noema material e as multiplicidades hiléticas de seus perfis nas percepções materiais possíveis.

Poderia parecer agora que o mesmo tem de valer também para os momentos especificamente noéticos. Em particular, poder-se-ia apontar aqueles momentos que fazem que uma multiplicidade complexa de dados hiléticos, como dados de cor, de tato etc., obtenha a função de um perfil múltiplo de uma única e mesma coisa objetiva. É preciso lembrar apenas que, nas próprias matérias, a referência à unidade objetiva não é prescrita de maneira unívoca pela essência delas, ao contrário, o mesmo complexo material pode sofrer múltiplas apreensões, que podem suplantar os intervalos discretos que as separam, mas em conformidade com as quais há consciência de objetividades distintas. Não fica já claro, com isso, que há diferenças essenciais nas próprias apreensões vivificantes, enquanto momentos do vivido, diferenças essenciais estas que seguem os diferentes perfis e mediante a vivificação dos quais elas constituem "sentido"? Sendo assim, pode-se tirar esta conclusão: há, com efeito, um paralelismo entre noese e noema, mas de tal modo que as configurações teriam de ser descritas em ambos os lados e em sua correspondência essencial. O noemático é o campo das unidades, o noético, o campo das multiplicidades "constituintes". Com efeito, a consciência que unifica "funcionalmente" o múltiplo e, ao mesmo tempo, constitui a unidade jamais mostra identidade onde a identidade do "objeto" está dada no correlato noemático. Onde, por exemplo, diferentes intervalos de uma percepção contínua, constitutiva de unidade da coisa, mostram um idêntico, esta árvore não alterada no sentido desta percepção — idêntico que se dá ora nesta orientação, ora naquela, ora visto de frente, ora de trás, primeiro de maneira indistinta e indefinida, mas depois de maneira distinta e definida, em virtude das propriedades visualmente apreendidas de algum ponto etc. —, aí o objeto encontrado no noema vem à consciência como um objeto idêntico no sentido literal do termo, a consciência dele, no entanto, é uma consciência não idêntica nos diferentes intervalos de sua duração imanente, é tão só uma consciência interligada, continuamente unida.

Por muito que haja de correto em tudo o que foi dito, as inferências feitas não são de todo corretas, mesmo quando se tenha empregado a maior cautela nessas questões difíceis. Os paralelismos aqui existentes — e são tantos, que podem facilmente ser confundidos — estão abarrotados de grandes dificuldades, que ainda precisam ser muito bem clarificadas. Devemos ter cuidado para não perder de vista a diferença entre os vividos noéticos concretos, os vividos com seus momentos hiléticos, e as noeses puras, como meros complexos de momentos noéticos. Devemos manter novamente a diferenciação entre o noema pleno e, no caso, por exemplo, da percepção, o "objeto que aparece como tal". Se tomamos esse "objeto" e todos os seus "predicados" objetivos — as modificações noemáticas dos predicados da coisa percebida, postos pura e simplesmente como efetivos na percepção normal —, então ele e esses predicados são, sem dúvida, unidades em contraposição aos vividos de consciência constitutivos das multiplicidades (noeses concretas). Eles também são, no entanto, unidades de multiplicidades noemáticas. Reconheceremos isso tão logo fizermos entrar no círculo de atenção as caracterizações noemáticas do "objeto" noemático (e seus "predicados"), que até agora foram bastante negligenciadas por nós. Por certo, a cor que aparece é, por exemplo, uma unidade em contraposição às multiplicidades noéticas e, especialmente, àquelas de caracteres de apreensão noéticos. Uma investigação mais detida mostra, porém, que paralelos noemáticos correspondem a todas as mudanças desses caracteres, não na "própria cor", que continua a aparecer ali, mas no "modo" cambiante "de se dar", por exemplo, na aparição de sua "orientação em relação a mim". Assim, nas "caracterizações" noemáticas se espelham em geral caracterizações noéticas.

Como isso ocorre, terá de ser um tema de análises abrangentes, e não somente para a esfera exemplar privilegiada da percepção. Analisaremos em sequência os diferentes modos da consciência, com seus diversos caracteres noéticos, e os investigaremos segundo os paralelos noético-noemáticos.

Antes disso devemos, porém, nos compenetrar de que o paralelismo entre a unidade do objeto noemático "visado" de tal e tal maneira, do objeto que não sai "do sentido", e das configurações constituintes da consciência ("ordo et connexio rerum — ordo et connexio idearum") não pode ser confundida com o paralelismo entre noese e noema, entendido, em particular, como paralelismo dos caracteres noéticos e dos caracteres noemáticos correspondentes.

É para este último paralelismo que se voltam as considerações que agora seguem.

§ 99. O núcleo noemático e seus caracteres na esfera das presenças e das presentificações

Nossa tarefa é, portanto, ampliar consideravelmente o círculo do que foi mostrado nas duas séries paralelas de eventos noéticos e noemáticos, a fim de alcançar o noema pleno e a noese plena. O que até agora tivemos diante dos olhos, sem naturalmente ainda pressentir que grandes problemas se encerravam ali, é justamente apenas um núcleo central e, além disso, nem sequer um núcleo delimitado de maneira inequívoca.

---

[76] Cf. acima § 91, pp. 209 e segs.

Lembremo-nos, antes de tudo, daquele "sentido objetivo", que pela comparação feita acima[76] entre noemas de espécies de representações distintas, de percepções, recordações, representações de imagem etc., resultou para nós como algo a ser descrito unicamente mediante expressões objetivas e até, respectivamente, com expressões idênticas naquele caso limite, auspiciosamente escolhido, em que um objeto inteiramente igual, igualmente orientado e igualmente apreendido em cada aspecto, por exemplo, uma árvore, se exibe na forma de percepção, de recordação, de imagem etc. Em contraposição à "árvore que aparece como tal", idêntica, juntamente com o "como" idêntico de seu aparecer "objetivo", restam as diferenças do modo de doação, que variam de um tipo de intuição a outro e conforme os demais tipos de representação.

Daquele idêntico se é, ora "originariamente" consciente, ora consciente "na forma da recordação", ora na "forma da imagem" etc. Com isso se indicam, porém, caracteres da "árvore que aparece com tal", encontráveis no direcionamento do olhar para o correlato noemático e não no seu direcionamento para o vivido e sua composição real. Com isso não se exprimem "modos da consciência", no sentido de momentos noéticos, mas modos nos quais o conscientizado se dá ele mesmo e enquanto tal. Como caracteres, por assim dizer, no "ideal", eles mesmos são "ideais" e não reais.

Numa análise mais precisa, nota-se que os caracteres aqui evocados a título de exemplo não pertencem a uma única série.

De um lado, temos a pura e simples modificação reprodutiva, a pura e simples presentificação, que se dá em sua própria essência, de uma maneira bem digna de nota, como modificação de um outro. Em sua própria essência fenomenológica, a presentificação remete à percepção: por exemplo, recordar-se de algo passado implica — como já anteriormente observamos —, "ter percebido"; portanto, de certa maneira, a percepção "correspondente" (percepção do mesmo núcleo de sentido) é trazida à consciência na recordação, mas não efetivamente nela contida. A recordação é, precisamente em sua essência própria, "modificação de" percepção. Correlativamente, o caracterizado como passado se dá em si mesmo como "tendo sido presente", portanto, como uma modificação do "presente", que, enquanto não modificado, é precisamente o "originário", o "presente em carne e osso" da percepção.

Do outro lado, a modificação imagética pertence a uma outra série de modificação. Ela presentifica "em" uma "imagem". A imagem pode ser, to-

---

[77] A respeito dessa diferença, cf. ainda mais adiante o § 111, p. 245.

davia, alguma coisa que aparece originariamente, por exemplo, a imagem "pintada" (não a coisa pintura, aquela da qual se diz, por exemplo, que está pendurada na parede),[77] que apreendemos perceptivamente. A imagem, contudo, também pode ser algo que aparece reprodutivamente, como quando temos representações de imagem na recordação ou na livre imaginação.

Observe-se, ao mesmo tempo, que os caracteres dessa nova série não estão apenas referidos àqueles da primeira série, mas também pressupõem complexões. Isso com respeito à distinção entre "imagem" e "objeto figurado em imagem" que pertence noematicamente à essência da consciência. Vê-se também que aqui a cada vez o noema abriga um par de caracteres que remetem reciprocamente um ao outro, embora pertençam a diferentes objetos de representação como tais.

Por fim, um tipo bem aparentado a este, embora novo, de caracteres noemáticos modificantes (aos quais, como sempre, correspondem caracteres noéticos paralelos) nos são proporcionados pelas representações de signo, com sua correlação análoga de signo e designado; nas quais, portanto, surgem novamente complexos de representação e, como correlatos de sua unidade própria como representações mediante signos, pares de caracterizações noemáticas conectadas a pares de objetos noemáticos.

Observa-se também que, assim como, conforme a seu sentido de imagem, a "imagem" em si se dá como modificação de algo que, sem essa modificação, estaria ali justamente como ela mesma em carne e osso ou presente, também exatamente assim o "signo" é modificação de algo, embora a sua maneira.

§ 100. Estratificação das representações em noese e noema segundo lei eidética

Todos os tipos até aqui tratados de modificação de representação sempre podem receber novas estratificações, de tal maneira que as intencionalidades em noese e noema se construem por níveis umas sobre as outras, ou antes, se encaixam umas nas outras de uma maneira peculiar.

Há presentificações puras e simples, puras e simples modificações de percepções. Há também, todavia, presentificações de segundo, terceiro e de não importa que nível eidético. As recordações "em" recordações podem nos servir de exemplo. Vivendo na recordação, "efetuamos" um nexo de vividos no modo da presentificação. Ficamos convencidos dele ao refletirmos "na" recordação (o que, por sua vez, é uma modificação da presentificação de um refletir originário), e descobrimos então o nexo de vividos caracterizado como "tendo sido vivido" em forma de recordação. Entre os vividos assim caracterizados, podemos refletir sobre eles ou não, podem então surgir inclusive recordações, caracterizadas como "recordações que foram vividas", e o olhar pode, atravessando-as, ser direcionado para o recordado de segundo nível. No nexo de vividos de modificação secundária podem mais uma vez surgir recordações, e assim *idealiter in infinitum*.

Uma mera alteração de sinal (cuja peculiaridade ainda aprenderemos a entender) transpõe todos esses eventos para o tipo imaginação livre, surgem imaginações em imaginações e assim por diante, e não importa em que nível de encaixe.

Também surgem igualmente misturas. Não apenas cada presentificação abriga, por essência, em seu nível último, modificação presentificante de percepções, que entram no campo de apreensão da visão por intermédio da prodigiosa reflexão na presentificação; na unidade de um fenômeno de presentificação, podemos ao mesmo tempo encontrar, ao lado das presentificações de percepções, presentificações de recordações, de expectativas, de imaginações etc., nas quais as respectivas presentificações podem ser, elas mesmas, de cada um desses tipos. E tudo isso em diferentes níveis.

Isso também vale para os tipos complexos de representação por imagem e representação por signo. Tomemos um exemplo de formação de representação a partir de representações de nível superior, formação que pode ser bastante complicada e, no entanto, facilmente compreensível. Um nome proferido nos faz recordar a Galeria de Dresden e nossa última visita a ela: passeamos por suas salas e paramos diante de um quadro de Tenier, que exibe uma galeria de pintura. Se supusermos ainda que os quadros dessa última galeria representam outros quadros que trazem, por sua vez, inscrições legíveis etc., então poderemos mensurar que fusão de representações e que mediações devem ser efetivamente estabelecidas para chegar às objetividades a ser apreendidas. Não é preciso, contudo, recorrer a casos tão complicados como este para encontrar exemplos de evidências eidéticas, em particular de evidência da possibilidade ideal de prosseguirmos como quisermos nesses encaixes.

§ 101. Características dos diferentes níveis. "Reflexões" de diferentes espécies

Em todos esses estratos, que contêm, em suas articulações, reiteradas modificações de presentificação, constituem-se manifestamente noemas da estratificação correspondente. Na consciência imagética de segundo nível, uma "imagem" em si mesma é caracterizada como imagem de segundo nível, como imagem de uma imagem. Se recordamos como ontem nos lembramos de um vivido de nossa juventude, o noema "vivido de juventude" tem em si mesmo a característica de recordado de segundo nível. Em assim por toda parte:

A todo nível noemático pertence uma característica de nível, como uma espécie de índice como o qual todo caracterizado se anuncia como fazendo parte de seu nível — não importando, de resto, se é um objeto primário ou situado em alguma direção do olhar reflexivo. Pois a cada nível têm-se reflexões possíveis que fazem parte dele, tais como, por exemplo, em relação às coisas recordadas no segundo nível de recordação, as reflexões sobre percepções dessas mesmíssimas coisas pertencentes a esse mesmo nível (isto é, percepções tornadas presentes nesse segundo nível).

Mais ainda: todo nível noemático é "representação" "dos" dados do nível seguinte. Aqui, contudo, "representação" não significa vivido de representação, e aqui o "de" não exprime a relação entre consciência e objeto de consciência. Ele é, por assim dizer, uma intencionalidade noemática em contraposição à noética. Esta última traz em si a primeira como correlato de consciência, e sua intencionalidade atravessa de certo modo a linha da intencionalidade noemática.

Isso fica mais claro se deixamos um olhar atento do eu se dirigir ao objeto da consciência. Esse olhar passa então pelos noemas da sequência de níveis — até o objeto do último nível, que ele não atravessa, mas fixa. O olhar, contudo, também pode passear de nível em nível e, em vez de os atravessar, pode ser direcionado fixamente para os dados de cada um deles, e isso tanto numa orientação "direta", como numa orientação reflexiva do olhar.

No exemplo acima, o olhar pode ficar no nível "Galeria de Dresden": vamos "na recordação" para Dresden e passeamos pela Galeria. Podemos então, sempre no interior da recordação, vivenciar a contemplação das pinturas, encontrando-nos agora nos mundos dessas pinturas. Então, voltados na consciência de imagem de segundo nível para a galeria de pintura pintada, contemplamos os quadros pintados dela; ou refletimos, em cada nível, sobre as noeses etc.

Essa multiplicidade de direcionamentos possíveis do olhar faz essencialmente parte da multiplicidade de intencionalidades referidas umas às outras e fundadas umas nas outras, e onde quer que encontremos fundações análogas — na sequência iremos conhecer ainda muitas outras de espécie inteiramente diferente —, resultarão possibilidades análogas de reflexão oscilante.

Não é preciso dizer o quanto essas relações carecem de investigação eidética cientificamente exaustiva.

§ 102. Passagem a novas dimensões de características

No tocante a todas as espécies próprias de caracterizações com que deparamos no domínio multiforme da modificação por presentificação, temos manifestamente, pelo fundamento já indicado, de fazer distinção entre noético e noemático. Os "objetos" noemáticos — o objeto-imagem ou objeto reproduzido em imagem, o objeto que opera como signo e o objeto designado, abstraindo-se das caracterizações a eles atinentes "imagem de", "reproduzido em imagem", "signo de", "designado" — são evidentemente unidades trazidas à consciência no vivido, porém transcendentes em relação a ele. Mas se é assim, é impossível considerar como momentos reais do vivido os caracteres que neles aparecem para a consciência e que o olhar orientado para eles apreende como propriedades deles. Por mais difíceis que sejam os problemas de elucidar como se relacionam a composição real do vivido e aquilo de que nela se tem consciência como não real, temos em toda parte de fazer a separação, tanto no que se refere ao núcleo noemático, ao "objeto intencional como tal" (tomado em seus modos de doação "objetivos"), que aparece a cada vez como suporte dos "caracteres noemáticos", quanto no que se refere aos próprios caracteres.

Desses caracteres sempre aderentes ao núcleo noemático, ainda há, porém, outros bem diferentes, que lhe pertencem de maneiras bem distintas. Eles se inserem em gêneros fundamentalmente diferentes, em dimensões de caracterização, por assim dizer, fundamentalmente distintas. Com isso, deve-se desde já apontar que todos os caracteres a ser indicados ou já indicados aqui (meras designações para necessárias investigações analítico-descritivas) possuem alcance fenomenológico universal. Se no tratamento deles privilegiamos antes de tudo os vividos intencionais construídos da maneira relativamente mais fácil, resumidos no conceito definido e fundamental de "representação", e que constituem os embasamentos necessários de todos os outros vividos intencionais, os mesmos gêneros fundamentais e diferenças de caracteres também se encontram em todos esses vividos fundados e, por conseguinte, em todos os vividos intencionais em geral. Aqui a situação é tal que, sempre e necessariamente, há consciência de um núcleo noemático, um "noema de objeto", que tem de ser caracterizado de algum modo, a saber, segundo tais ou tais diferenças (entre si excludentes) de cada gênero.

§ 103. Caracteres de crença e caracteres de ser

Se procurarmos agora novos caracteres, notaremos primeiramente que caracteres de ser de uma espécie manifestamente de todo distinta se ligam aos grupos de caracteres há pouco tratados. Existem caracteres noéticos correlativamente referidos a modos de ser — "caracteres dóxicos" ou "caracteres de crença" —, como, por exemplo, nas representações intuitivas, a crença perceptiva realmente inclusa como "apercebimento"[78] na percepção normal e, em especial, a certeza perceptiva; a ela corresponde, como correlato noemático no objeto que aparece, o caráter de ser, o caráter do "efetivo". O mesmo caráter noético ou noemático aparece na representificação "certa", em toda espécie de recordação "certa" de algo passado, atualmente existente ou que será no futuro (como na expectativa prospectiva). Estes são atos de "posição" de ser, atos "téticos". Nesta expressão, contudo, é preciso tomar cuidado para que, conquanto remeta a um ato, a uma tomada de posição num sentido particular, isso justamente permaneça fora de consideração.

O que aparece na forma perceptiva ou rememorativa possuía, na esfera até aqui considerada, o caráter do ser pura e simplesmente "efetivo" — do ser "certo", como também dizemos por contraste com outros caracteres do ser. Pois esse caráter também pode se modificar e eventualmente se transformar, no mesmo fenômeno, por modificações atuais. O modo da crença "certa" pode passar ao modo da mera suposição ou conjectura, ou do questionamento e da dúvida; e, em conformidade com isso, o que aparece (que, com respeito àquela primeira dimensão de caracterizações, foi caracterizado como "originário", "reprodutivo" etc.) assume agora as modalidades de ser do "possível", do "verossímil", do "problemático", do "duvidoso".

---

[78] Em alemão, *Gewahrung*: neologismo introduzido por Husserl a partir do verbo *gewahren* ou de *gewahr* (presente na locução *gewahr werden*), ambos contendo a palavra "*wahr*" (verdadeiro). São termos cognatos de perceber — *wahrnehmen*, palavra que, tomada nos termos que a compõem, pode ser entendida como "tomar por verdadeiro" (*Wahr-nehmung*, cf. *Investigações lógicas*, VI, § 37). Sobre a plausibilidade com que Husserl explora essa "etimologia", veja-se a tradução que Carlos Alberto Ribeiro de Moura propõe justamente para a página 89 destas *Ideias* em seu livro *Crítica da razão na fenomenologia* (São Paulo: Edusp-Nova Stella, 1989), p. 167.

Por exemplo: um objeto percebido aparece primeiramente em sua irrecusabilidade pura e simples, em sua certeza. Subitamente somos tomados de dúvida se não estamos sendo vítimas de uma mera "ilusão", se o que é visto, ouvido etc. não é "mera ilusão". Ou então o que aparece conserva a certeza de seu ser, mas estamos incertos quanto a algum complexo de suas propriedades. A coisa "se faz supostamente passar" por um homem. Sobrevém então a suposição contrária de que poderia se tratar de uma árvore em seu movimento oscilatório, a qual, na escuridão do bosque, se assemelha a um homem em movimento. Mas então o "peso" de uma "possibilidade" é consideravelmente maior, decidimo-nos por ela, por exemplo, de tal maneira que nossa conjectura é peremptória: "como quer que seja, aquilo era mesmo uma árvore".

Da mesma maneira, e ainda com mais frequência, as modalidades do ser oscilam na recordação, e de tal modo que elas em grande medida se estabelecem e intercambiam puramente entre si no âmbito das intuições ou das representações obscuras, sem nenhuma coparticipação de algum "pensamento" no sentido específico, sem "conceito" e sem juízo predicativo.

Vê-se ao mesmo tempo que fenômenos dessa ordem requerem ainda muitos estudos, que diversos caracteres ainda surgem aqui (como o "está decidido", os "pesos" das possibilidades etc.) e que, em particular, também a questão acerca das bases essenciais de cada caráter, acerca da construção inteira dos noemas e das noeses, construção regrada por leis eidéticas, exige investigações mais aprofundadas.

Como em outros pontos, basta-nos aqui ter destacado os grupos de problemas.

§ 104. As modalidades dóxicas como modificações

Com respeito à série das modalidades de crença que agora especialmente nos ocupa, indique-se ainda, entretanto, que nela se faz mais uma vez válido o sentido eminente, especificamente intencional, do termo modificação, tornado claro para nós na análise das séries precedentes de caracteres noéticos e noemáticos. Na série atual, a certeza de crença desempenha manifestamente o papel da protoforma não modificada ou, como também deveríamos dizer aqui, da protoforma "não modalizada" dos modos de crença. De maneira correspondente, no correlato: o caráter do ser puro e simples (o ser noemático "certo" ou "efetivo") opera como a protoforma de todas as modalidades de ser. De fato, todos os caracteres de ser dela provenientes, que devem ser por isso chamados especificamente de modalidades de ser, remetem de volta, no seu sentido próprio, à protoforma. Em si mesmo, o "possível" quer dizer tanto quanto "existindo possivelmente", o "verossímil", "duvidoso", "problemático", tanto quanto "existindo verossimilmente", "existindo duvidosamente" e "problematicamente". A intencionalidade das noeses se espelha nessas referências noemáticas, e sentimo-nos de novo constrangidos a falar abertamente de uma "intencionalidade noemática" como "paralela" à intencionalidade noética, a que é assim propriamente designada.

Isso se transpõe então para as "proposições" plenas, isto é, para as unidades de núcleo de sentido e de caráter de sentido.[79]

É cômodo, de resto, empregar o termo "modalidade de ser" para toda a série desses caracteres de ser, nele também incluindo, portanto, o "ser" não modificado sempre que deva ser tratado como membro dessa série; age-se assim semelhantemente ao aritmético, que também inclui o um na denominação "número". No mesmo sentido, generalizamos o sentido da expressão "modalidades dóxicas", pelo que agrupamos, frequentemente em consciente ambiguidade, os paralelos noéticos e noemáticos.

Na designação do ser não modalizado como "ser certo", deve-se, além disso, tomar cuidado com as equivocidades da palavra "certo", não apenas no aspecto de que ela significa, ora o "ser certo" noético, ora o noemático. Por exemplo, ele também serve (e aqui isso induz com frequência em erro) para exprimir o correlato da afirmação, o "sim", como contrário do não. Isso, aqui, deve ser rigorosamente evitado. Os significados das palavras se deslocam continuamente no âmbito da equivalência lógica imediata. Nossa tarefa é, no entanto, procurar constatar essas equivalências por toda parte e separar nitidamente o que se encontra por trás das equivalências de conceitos em fenômenos por essência distintos.

Certeza de crença é crença pura e simples, no sentido forte. Pelas nossas análises, cabe-lhe, com efeito, um lugar especial, altamente digno de nota, na diversidade de atos compreendidos sob a designação de "crença" — ou "juízo", como reiteradamente se diz, embora de uma maneira bem inadequada. É preciso uma expressão própria que faça jus a esse lugar especial e apague qualquer lembrança da equiparação usual da certeza com os outros modos de crença. Introduzimos a expressão crença ou doxa originárias, com a qual se marca adequadamente que todas "modalidades de crença" por nós constatadas remetem intencionalmente a elas. Acrescentamos ainda que

---

[79] O primeiro capítulo da 4ª seção, pp. 285 e segs., trará uma elucidação mais pormenorizada do conceito de "proposição" em nosso sentido extraordinariamente ampliado.

utilizaremos esta última expressão (ou ainda "modalidade dóxica") para todas as alterações intencionais fundadas na essência da doxa originária, e também para as novas, a ser constatas nas análises que seguem.

A doutrina, fundamentalmente falsa, segundo a qual é um único gênero "crença" (ou "juízo") que se diferencia em certeza, em conjectura etc., como se aí se tratasse de uma série de espécies de mesma ordem (não importando onde a série possa se interromper), assim como no gênero "qualidade sensível" cor, som etc. são espécies coordenadas, nem sequer merece uma crítica de nossa parte. Além disso, aqui como em tudo mais, temos de abdicar da busca das consequências de nossas constatações fenomenológicas.

§ 105. Modalidade de crença como crença. Modalidade de ser como ser

Se com respeito à situação acima descrita, altamente digna de nota, falamos de uma intencionalidade com a qual os modos secundários fazem remissão à doxa originária, o sentido dessa expressão exige a possibilidade de um diversificado direcionamento do olhar, de uma espécie que faz parte em geral da essência das intencionalidades de níveis mais altos. Essa possibilidade existe de fato. Podemos, de um lado, vivendo, por exemplo, na consciência de verossimilhança (na conjectura), olhar para aquilo que é verossímil; do outro lado, porém, podemos olhar para a verossimilhança mesma e como tal, isto é, para o objeto noemático no caráter que a noese de conjectura lhe confere. O "objeto", com seu componente de sentido e com esse caráter de verossimilhança, é dado, porém, como existindo no segundo posicionamento do olhar: em referência a ele, por conseguinte, a consciência é crença pura e simples em sentido não modificado. Da mesma maneira, podemos viver em consciência de possibilidade (na suposição) ou em questionamento e dúvida, estando nosso olhar direcionado para aquilo que nos aparece à consciência como possível, problemático, duvidoso. Também podemos, todavia, olhar para as possibilidades, para as problematicidades e para as dubitabilidades como tais e, explicitando-as eventualmente no objeto de sentido, apreender e predicar o ser possível, o ser problemático e o ser dubitativo: este então é dado como existente em sentido não modificado.

Assim, poderemos constatar em geral a seguinte peculiaridade eidética, altamente digna de nota: em relação a todos os momentos noemáticos que se constituem mediante suas noeses no "objeto intencional como tal", cada vivido opera como consciência de crença no sentido da crença originária; ou, como também podemos dizer:

Todo acréscimo de novos caracteres noéticos ou toda modificação de caracteres antigos não constitui apenas novos caracteres noemáticos, mas se constituem, eo ipso, novos objetos de ser para a consciência; aos caracteres noemáticos correspondem caracteres predicáveis no objeto de sentido, como predicáveis efetivos e não apenas noematicamente modificados.

Essas proposições ainda ganharão em clareza se nos tivermos familiarizado com as novas esferas noemáticas.

§ 106. Afirmação e negação, com seus correlatos noemáticos

Outra nova modificação referida à doxa originária, e eventualmente de nível mais alto em virtude de seu referimento eidético intencional a toda espécie de modalidade de crença, é a recusa, assim como o assentimento a ela análogo. Exprimindo-os de maneira mais específica, a negação e a afirmação. Toda negação é negação de algo, e este algo nos remete de volta a alguma modalidade de crença. Noeticamente, a negação é, portanto, "modificação" de alguma "posição"; quer dizer, não de uma afirmação, mas de uma "posição" no sentido ampliado de alguma modalidade de crença.

A nova operação noemática de negação consiste em "riscar" o caráter posicional correspondente, seu correlato específico é o caráter do que foi riscado, o caráter do "não". Seu traço de negação atravessa algo posicional, dito mais concretamente, atravessa uma "proposição", em virtude, precisamente, de se passar um risco sobre seu caráter proposicional específico, isto é, de sua modalidade de ser. Justamente por isso, esse mesmo caráter e essa mesma proposição estão ali como "modificação" de um outro. Para dizê-lo de outro modo: mediante a transformação da consciência de ser pura e simples na consciência de negação correspondente, passa-se, no noema, do puro e simples caráter "ser" ao "não ser".

Analogamente, do "possível", "verossímil", "problemático" se passa ao "impossível', "inverossímil", "não problemático". E com isso se modifica o noema inteiro, toda a "proposição", tomada em sua plenitude noemática concreta.

Da mesma maneira que, para falar por imagens, a negação risca, a afirmação "sublinha", ela "confirma" uma posição "por assentimento", em vez de "suprimi-la", como faz a negação. Isso também produz uma série de modificações noemáticas, em paralelo com as modificações onde se elimina riscando; o que não pode continuar a ser seguido aqui.

Até aqui fizemos abstração daquilo que é próprio da "tomada de posição" do eu puro, que, na recusa, especialmente aqui na recusa negadora, se "direciona" contra o que é recusado, contra o ser que deve ser riscado, assim como, na afirmação, ele se inclina para o afirmado, se volta para ele. Tampouco esse aspecto descritivo do estado de coisa deve ser passado por alto e precisa de análises próprias.

Da mesma maneira, deve-se em compensação fazer jus à circunstância de que diferentes direções do olhar são a cada vez possíveis, em conformidade com o entrecruzamento das intencionalidades. Podemos viver na consciência negadora, noutras palavras, podemos "efetuar" a negação: o olhar do eu é então direcionado para aquilo que é riscado. Podemos, no entanto, direcionar a apreensão do olhar para o riscado como tal, para aquilo que recebeu um risco: este está então como um novo "objeto" ali, e está ali inclusive no simples modo dóxico originário "existente". A nova orientação não gera o novo objeto de ser, também ao "efetuar" a recusa o recusado vem à consciência com o caráter do riscado; somente na nova orientação, no entanto, esse caráter se torna determinação predicável do núcleo noemático de sentido. O mesmo vale naturalmente para a afirmação.

Também nessa direção se encontram, pois, tarefas para a análise fenomenológica de essências.[80]

§ 107. Modificações reiteradas

Aquilo que já assimilamos dos inícios de tais análises é suficiente para permitir o seguinte progresso na evidência:

Uma vez que qualquer negado e qualquer afirmado é ele mesmo um objeto de sentido, ele pode, como tudo o que é trazido à consciência num modo de ser, ser afirmado ou negado. Em decorrência da constituição do ser, que se efetua novamente a cada passo, resulta, portanto, uma cadeia idealmente infinita de modificações reiteradas. Assim, no primeiro nível, o "não não existente", o "não existente-impossível", o "não existente-não problemático", o "não existente-inverossímil" etc.

---

[80] Com base nas explicações sobre a essência dos eventos dóxicos que o presente capítulo tenta dar, seria instrutivo refletir sobre a sagaz dissertação de A. Reinach *Para a teoria do juízo negativo* (Munchner Philos. Abhandlungen, 1911), colocando a sua problemática sob nosso foco de luz.

O mesmo vale — como se pode imediatamente constatar — para todas as modificações de ser anteriormente discutidas. Que algo seja possível, verossímil, problemático etc., isso pode ser novamente trazido à consciência no modo da possibilidade, da verossimilhança, da problematicidade, às formações noéticas correspondem formações de ser noemáticas: é possível que isso seja possível, verossímil, problemático; e assim por diante em todas as complicações. Às estratificações mais altas correspondem então novamente afirmados e negados, que são mais uma vez modificáveis, e isso vai, dito idealmente, ao infinito. Não se trata absolutamente aqui de repetições meramente verbais. Basta lembrar a doutrina da verossimilhança e suas aplicações, onde possibilidades e verossimilhanças são continuamente ponderadas, negadas, colocadas em dúvida, conjeturadas, problematizadas, constatadas etc.

Deve-se, no entanto, ter sempre em linha de conta que aqui o termo "modificações" possui, por um lado, relação com uma possível transformação dos fenômenos, portanto, com uma operação atual possível, e, de outro lado, com a peculiaridade eidética muito mais interessante das noeses ou dos noemas, que consiste na remissão que fazem, em sua própria essência e sem nenhuma consideração de sua gênese, a algo outro, não modificado. Em ambos os aspectos, contudo, estamos em solo puramente fenomenológico. Pois os termos "transformação" e "gênese" aqui se referem a eventos de essência fenomenológicos e não significam o mínimo que seja de vividos empíricos como fatos naturais.

§ 108. Os caracteres noemáticos não são determinidades de "reflexão"

É necessário que, a cada novo grupo de noeses e noemas que tenhamos trazido à consciência clara, nós também novamente nos asseguremos daquele conhecimento fundamental tão contrário aos hábitos do pensamento psicologista: de que é preciso fazer efetiva e corretamente distinção entre noese e noema, exatamente como a descrição fiel o exige. Se já se tem familiaridade com a descrição eidética puramente imanente (muitos, aliás, que pregam a descrição não logram tê-la) e se já se é capaz de reconhecer, para cada consciência, um objeto intencional, que é aquilo que deve ser descrito como inerente e imanente a ela, assim mesmo então ainda é grande a tentação de apreender os caracteres noemáticos, e muito particularmente os tratados por último, como meras "determinidades de reflexão". Se nos lembrarmos do estreito conceito de reflexão usualmente encontrado, entenderemos o que isso quer dizer: elas são determinidades acrescidas aos objetos intencionais por estes serem remetidos a modos de consciência nos quais justamente são objetos de consciência.

O negado, o afirmado etc., deveriam, portanto, resultar de que o objeto do "juízo" seria caracterizado como objeto negado na reflexão referente à negação, ele seria caracterizado como objeto afirmado na reflexão referente à afirmação e, do mesmo modo, na reflexão referente à conjectura, ele seria caracterizado como verossímil, e assim por diante. Isso é mera construção,[81] cuja absurdidade já se mostra nisto, que, se esses predicados fossem realmente apenas predicados referidos por reflexão, eles só poderiam ser dados no refletir atual sobre o ato e em referência a ele. Evidentemente, eles não são dados mediante tal reflexão. Apreendemos o que é próprio ao correlato direcionando diretamente o olhar para o correlato. É no objeto que aparece como tal que apreendemos os negados, os afirmados, o possível e o problemático etc. Aí nós não retrocedemos de maneira alguma o nosso olhar para o ato. Inversamente, os predicados noéticos que surgem mediante tal reflexão possuem tudo, menos o mesmo sentido que os predicados noemáticos em questão. A isso se liga que, também do ponto-de-vista da verdade, não ser é manifestamente apenas equivalente e não idêntico a "ser validamente negado", e ser possível a "ser considerado possível de maneira válida" etc.

Se ainda precisássemos de mais um testemunho disso, ele também poderia nos ser proporcionado pela linguagem natural, desde que não tenha sido desvirtuada por preconceitos psicológicos. Olhando no estereoscópio, dizemos que a pirâmide que aí aparece não é "nada", é mera "aparência": o que aparece como tal é o sujeito manifesto da predicação, e a ele (que é um noema de coisa, mas tudo, menos uma coisa) atribuímos aquilo que encontramos como caráter nele mesmo: justamente a sua nulidade. Aqui como em toda parte na fenomenologia, em vez de conferir uma interpretação àquilo que pode ser efetivamente visto no fenômeno, temos de ter coragem de tomá-lo justamente como ele se dá, descrevendo-o honestamente. Todas as teorias devem se orientar por isso.

§ 109. A modificação de neutralização

Entre as modificações referentes à esfera da crença, ainda precisamos caracterizar uma da mais alta importância, que ocupa um lugar totalmente

---

[81] Cf. *Investigações lógicas*, II¹, Sexta Investigação, § 44, pp. 611 e segs.

isolado, não podendo, portanto, ser de modo algum colocada numa mesma série com as acima discutidas. A sua peculiaridade em relação às posições de crença, e a circunstância de que somente em análise mais aprofundada ela se mostra em sua peculiaridade — ela não é uma modificação de consciência que entra especificamente na esfera de crença, mas antes uma modificação geral de consciência altamente significativa —, justifica dedicarmos a ela uma consideração mais detida neste ponto. No que também teremos oportunidade de discutir uma espécie de autêntica modificação de crença que ainda nos faltava, com a qual a nova modificação em questão é facilmente confundida: a modificação das postulações.

Para nós, trata-se agora de uma modificação que de certa maneira suprime, que enfraquece completamente toda modalidade dóxica à qual é referida — mas num sentido totalmente outro que a negação, a qual, ademais, como vimos, realiza uma operação positiva no negado, ele é um não ser que é de novo um ser. Ela não risca, não "opera" nada, para a consciência ela é o contrário de toda "operação": ela é a sua neutralização. Ela está inclusa em todo abster-se de operar, em todo pôr fora de ação, em todo "pôr entre parênteses", "deixar em suspenso", e então em todo ter "em suspenso", em todo entrar por pensamento em "operação" ou em todo "mero pensar" da operação produzida, sem "cooperar" com ela.

Uma vez que essa modificação jamais foi constatada cientificamente e, portanto, tampouco fixada terminologicamente (sempre que se chegava próximo, ela era confundida com outras modificações) e uma vez que ainda falta para ela um nome unívoco na linguagem geral, só podemos dela nos aproximar circunscritiva e paulatinamente, por eliminações. Pois todas as expressões que acabamos de compilar para dar uma indicação preliminar dela contêm um algo a mais de sentido. Em todas elas se subentende um fazer arbitrário, que de modo algum importa aqui. Nós, portanto, o eliminamos. Como quer que seja, o resultado desse fazer tem um conteúdo peculiar, que, abstraindo-se do fato de que "provém" desse fazer (o que também seria naturalmente um dado fenomenológico), pode ser considerado em si mesmo, tal como ele é possível e ocorre, sem essa arbitrariedade, no nexo do vivido. Se eliminamos tudo o que é voluntário do "deixar em suspenso", que tampouco deve ser entendido no sentido de um duvidoso ou hipotético, resta certo ter algo "em suspenso" ou, melhor ainda, um ter algo "que se encontra ali", do qual não se tem consciência como se encontrando "efetivamente" ali. O caráter de posição fica sem efeito. A crença já não é então seriamente uma crença, a conjectura já não é seriamente uma conjectura, a negação, uma negação etc. Ela é uma crença, uma conjectura, uma negação etc. "neutralizadas", cujos correlatos repetem aqueles dos vividos não modificados, mas de uma maneira radicalmente modificada: o pura e simplesmente existente, o possivelmente existente, o verossimilmente existente, o problematicamente existente, o não existente e todos os demais negados e afirmados — estão ali para a consciência, não, porém, no modo do "efetivo", mas como algo "meramente pensado", como "mero pensamento". Tudo recebe seus "parênteses" modificadores, que são muito próximos daqueles de que já tanto falamos antes, e que são de tanta importância no caminho preparatório para a fenomenologia. As posições puras e simples, as posições não neutralizadas têm "proposições" como resultados correlatos, as quais são caracterizadas, no conjunto, como "existentes". Possibilidade, verossimilhança, problematicidade, negação e afirmação — tudo isso é algo de "existente": a saber, é algo caracterizado como tal no correlato, como aquilo que é "visado" na consciência. As posições neutralizadas, no entanto, se diferenciam essencialmente por isto, que seus correlatos não contêm nada que possa ser posto, nada que possa ser realmente predicável, a consciência neutra não desempenha, em respeito algum, o papel de uma "crença" para aquilo de que é consciência.

§ 110. Consciência neutralizada e jurisdição da razão. A postulação

Que se esteja aqui efetivamente diante de uma peculiaridade incomparável da consciência, mostra-se nisto, que as noeses propriamente ditas, as noeses não neutralizadas, estão por sua essência submetidas a uma "jurisdição da razão", ao passo que, para as neutralizadas, a pergunta pela razão ou não razão não faz nenhum sentido.

O mesmo vale, correlativamente, para os noemas. Tudo que é noematicamente caracterizado como existente (certo), como possível, conjetural, problemático, nulo etc., pode ser assim caracterizado de maneira "válida" ou "inválida", pode "em verdade" ser, pode "em verdade" ser possível, ser nulo "em verdade" etc. Ao contrário, o mero conceber em pensamento não "põe" nada, não é uma consciência posicional. O "mero pensamento" de efetividades, possibilidades etc. nada "pretende", ele não pode nem ser reconhecido como correto, nem ser rejeitado como incorreto.

---

[82] Husserl explora neste período as possibilidades existentes na família lexical *ansetzen* (estipular), *setzen* (pôr, posição), *Ansatz* (estipulação) e *Satz* (proposição), o que já anuncia a ligação entre *setzen* e *Satz* da fenomenologia da razão. (NT)

É claro que todo mero conceber pode ser convertido numa postulação, numa estipulação, e essa nova modificação (da mesma maneira que a do conceber) se submete ao livre-arbítrio incondicionado. No entanto, todo estipular é novamente algo como uma posição, a estipulação é novamente uma espécie de "proposição",[82] só que, com relação à série principal de que se tratou acima, ela é uma modificação da posição de crença de todo própria e à parte. Ela pode entrar como membro na unidade das posições a ser racionalmente ajuizadas (sua estipulação entra como "antecedente" ou "consequente") e ser, com isso, submetida à avaliação da razão. Pode-se dizer, não de um mero pensamento em suspenso, mas de uma estipulação hipotética que ela é correta ou não. É um erro fundamental confundir um com o outro, e não ver a equivocidade contida nos termos "mero conceber" ou "mero pensamento".

Na palavra pensar se encontra ainda outra equivocidade que pode induzir igualmente em erro, uma vez que, ora é referida à esfera eminente do pensamento que explicita, conceitualiza e exprime, ao pensamento lógico num sentido específico, ora ao posicional como tal, que, conforme a consideração que dele acabamos de fazer, não se ocupa nem de explicitação, nem de predicação conceitual.

Encontramos todos os eventos aqui discutidos naquela esfera, por nós privilegiada, das intuições meramente sensíveis e de suas variações em representações obscuras.

§ 111. Modificação de neutralização e imaginação

Ainda é preciso, porém, dar conta de uma equivocidade perigosa da expressão "mero conceber em pensamento", ou seja, é preciso evitar uma confusão em que se cai com muita facilidade, qual seja, a confusão entre modificação de neutralização e imaginação. O que leva ao emaranhamento aqui, e que realmente não é fácil de desemaranhar, é que a imaginação mesma é, de fato, uma modificação de neutralização, ela possui, a despeito da particularidade de seu tipo, significação universal, é aplicável a todas modificações, ela desempenha também um papel na maioria das configurações do "conceber em pensamento" e, todavia, tem de ser distinguida da modificação geral de neutralização, com suas diversas configurações seguindo todas as espécies de posição.

Em termos mais precisos, o imaginar é em geral a modificação de neutralização da presentificação "posicional", portanto, da recordação no sentido mais amplo que se possa pensar.

Aqui é preciso observar que presentificação (reprodução) e imaginação se confundem no linguajar comum. Utilizamos essas expressões de modo que, fazendo jus a nossas análises, deixemos o termo geral "presentificação" sem indicar se, neste sentido, a "posição" em questão é uma posição propriamente dita ou uma posição neutralizada. As presentificações em geral se dividem então em dois grupos: recordações de qualquer espécie e recordações em suas modificações de neutralização. Que essa divisão não possa, contudo, valer como autêntica classificação, é o que se mostrará posteriormente.[83]

Por outro lado, todo vivido em geral (todo vivido, por assim dizer, efetivamente vivo) é vivido "existindo presentemente". Faz parte de sua essência a possibilidade de reflexão sobre ele, na qual ele é necessariamente caracterizado como sendo de maneira certa e presente. A todo vivido, como a todo ser individual de que se é originariamente consciente, corresponde uma série de modificações de recordação idealmente possíveis. Ao vivido, como consciência originária de vivido, correspondem, como paralelos possíveis, recordações dele e, portanto, também imaginações, como modificações de neutralização destas últimas. E assim também para cada vivido, não importa o que ocorra com o direcionamento do olhar do eu puro. Sirva de explicação o seguinte:

Toda vez que presentifiquemos quaisquer objetos — suponhamos desde logo que se trate de um mero mundo da imaginação, e que estejamos atentamente voltados para ele —, considera-se como inerente à essência da consciência imaginativa que não só aquele mundo, mas ao mesmo tempo também a percepção que o "dá" são imaginados. Estamos voltados para aquele mundo, mas só nos voltamos para o "perceber em imaginação" (isto é, na modificação de neutralização da recordação) quando, como foi anteriormente dito, "refletimos na imaginação". De fundamental importância, porém, é não confundir essa modificação, *idealiter* sempre possível, que converteria todo vivido, mesmo o próprio vivido de imaginação, na mera imaginação exatamente correspondente ou, o que é o mesmo, na recordação neutralizada, com aquela modificação de neutralização que podemos opor a todo vivido "posicional". Neste caso, a recordação é um vivido posicional de todo especial. Uma coisa é a percepção normal, outra, a consciência perceptiva ou reprodutiva de possibilidade, verossimilhança, problematicidade, a consciência de dúvida, negação, afirmação, estipulação etc.

---

[83] Cf. as indicações sobre essência e contraessência, p. 254.

Podemos nos convencer, por exemplo, de que a modificação de neutralização da percepção normal, que põe em certeza não modificada, é a consciência neutra do objeto-imagem, que encontramos como componente na observação normal de um mundo de imagens exibido perceptivamente. Tentemos torná-lo claro. Consideremos, por exemplo, a gravura em cobre: O cavaleiro, a morte e o diabo, de Durer.

Diferenciamos aqui, em primeiro lugar, a percepção normal, cujo correlato é a coisa "chapa de gravura em cobre", essa chapa na pasta.

Em segundo lugar, a consciência perceptiva na qual aparecem, em linhas negras, figuras incolores "cavaleiro a cavalo", "morte" e "diabo". Na observação estética, não nos voltamos para estes enquanto objetos; estamos voltados para as realidades exibidas "em imagem" ou, mais precisamente, para as realidades "figuradas", o cavaleiro de carne e sangue etc.

A consciência de "imagem" (consciência das figurinhas cinza nas quais, em virtude das noeses aí fundadas, "se figura" uma outra coisa por semelhança), que faz a mediação e possibilita a figuração, é então um exemplo de modificação neutralizadora da percepção. Esse objeto-imagem figurativo não está diante de nós, nem na condição de existente, nem na condição de não existente, nem ainda em qualquer outra modalidade de posição; ou melhor, tem-se consciência dele como existindo, embora como quase existindo na modificação de neutralização do ser.

Mas também é assim com o figurado, se nos portamos de maneira puramente estética e o tomamos de novo como "mera imagem", sem nele colar o rótulo do ser ou do não ser, do ser possível ou do ser conjetural etc. Como é visível, isso não significa, porém, uma privação, mas uma modificação, justamente a modificação de neutralização. Apenas não devemos representá-la como uma operação que transforma uma posição anterior. Ela também pode ocasionalmente ser isso. Mas não é necessário que o seja.

§ 112. Reiteração da modificação de imaginação. Não reiteração da modificação de neutralização

A fim de ressaltar ainda mais nitidamente esse ponto decisivo de diferenciação, a diferença radical entre imaginação, no sentido de presentificação neutralizante, e modificação neutralizante em geral, se mostra em que a modificação de imaginação como presentificação pode ser reiterada (há imaginações de não importa que nível: imaginações em "imaginações"), ao passo que a repetição da "operação" de neutralização está, por essência, excluída.

Nossa afirmação sobre a possibilidade de reiteração das modificações reprodutivas (como as figurativas) poderia ser recebida com uma resistência quase geral. Isso só mudará quando a prática da análise fenomenológica genuína tiver se difundido mais do que ainda é o caso hoje em dia. Enquanto os vividos forem tratados como "conteúdos" ou como "elementos" psíquicos que, a despeito de toda contestação em voga da psicologia atomizante e reificante, ainda são considerados como espécies de coisas pequeninas; enquanto se acreditar, por conseguinte, que a diferença entre "conteúdos de sensação" e "conteúdos de imaginação" correspondentes pode ser encontrada apenas em marcas materiais de "intensidade", "plenitude" etc., não se poderá avançar um só passo.

Seria preciso, primeiramente, aprender a ver que não se trata aqui de uma diferença de consciência, que, portanto, o imaginado não é um mero dado de sensação anêmico, mas, segundo sua essência, imaginação do dado de sensação correspondente; e, mais ainda, que esse "de" não pode ser introduzido por nenhum esmaecimento da intensidade, da plenitude de conteúdo etc. do dado de sensação correspondente, em qualquer medida que seja.

Quem for exercitado em reflexões de consciência (e tiver anteriormente aprendido a ver em geral os dados da intencionalidade), verá sem dificuldade os níveis de consciência encontrados nas imaginações em imaginações, nas recordações em recordações ou em imaginações. Também verá então o que está contido no tipo eidético dessas estratificações, a saber, que cada imaginação de nível superior pode ser livremente convertida numa imaginação direta do que foi mediatamente imaginado naquela primeira, não havendo, porém, lugar para tal livre possibilidade no caso da passagem da imaginação para a percepção correspondente. Para a espontaneidade há aqui um abismo que o eu puro só pode vencer na forma essencialmente nova da ação e produção de realidade (na qual também se deve incluir a alucinação voluntária).[84]

---

[84] Quanto a esse ponto da doutrina da modificação de neutralização que se tratou até aqui, as *Investigações lógicas* já chegaram, no principal, até a apreensão correta, especialmente no que se refere à relação com a imaginação. Cf. na Quinta Investigação, particularmente no § 39, a comparação entre modificação "qualitativa" e "imaginativa", onde a primeira tinha o sentido da modificação de neutralização *aqui* abordada. — Como o livro de Meinong *Uber Annahmen* (1902) tratou de maneira minuciosa questões bastante próximas às discutidas no presente capítulo, tenho de explicar porque pude tomar como ponto de partida somente os meus antigos escritos, e não o seu livro. Entendo que esse livro, que, aqui como no resto, apresenta tão larga coincidência com seções paralelas das *Investigações lógicas* — na matéria e nas ideias teóricas —, não trouxe progressos reais em relação a minhas tentativas, nem em termos de conteúdo, nem em termos de método. Muitos temas, para os quais, tanto anteriormente quanto depois, creio poder dar todo o peso, não foram considerados ali, especialmente em relação ao ponto acima tratado. As confusões esclarecidas em nossas últimas exposições constituem precisamente o núcleo central da concepção meinongiana dos postulados.

§113. Posição atual e posição potencial

Nossas considerações sobre modificação de neutralização e posição reclamam prosseguimentos importantes. Empregamos a expressão consciência "posicional" num sentido amplo, que carece necessariamente de uma diferenciação.

Separemos a posição *atual* e a posição *potencial* e utilizemos para elas o título geral "*consciência posicional*", que é imprescindível para nós independentemente dessa separação.

A diferença entre atualidade e potencialidade da *posição* está numa relação próxima com as diferenças de atualidade entre atenção e inatenção antes abordadas,[85] mas de modo algum com elas coincide. Quando se toma em consideração a modificação de neutralização, introduz-se uma duplicidade na diferenciação geral entre atualidade e inatualidade do direcionamento atencional do eu, uma duplicidade no conceito do termo "atualidade", cuja essência temos de clarificar.

A neutralização de modificação surgiu para nós pelo contraste entre a crença, a conjectura *efetivas* etc. e a consciência peculiar modificada de um "mero pôr-se em pensamento" numa crença, numa conjectura etc.; dito correlativamente, ela surgiu para nós pelo contraste entre ter o ser, o ser verossímil etc. "efetivamente" diante de "si", ou tê-los "efetivamente como postos", e tê-los no modo de um mero "seja como for", como *não* realmente postos. Desde o início, no entanto, indicamos também o procedimento essencialmente diferente de uma consciência não neutra e uma consciência neutra em relação à potencialidade das posições. De toda consciência "efetiva" podem ser tiradas diversas posições nela potencialmente inclusas, e estas são, então, *posições* efetivas: em todo visado efetivamente tético há predicáveis reais. Uma consciência neutra, porém, não "contém" em si predicado "real" algum. O desdobramento em atualidades atencionais, em direcionamentos para diferentes predicados do objeto conscientizado redunda em meros atos neutros ou em meros predicados modificados. Essa potencialidade de espécie distinta na consciência neutra e na consciência não neutra, este aspecto notável, de que a potencialidade geral dos direcionamentos da atenção se cinda numa dupla potencialidade, requer agora uma investigação mais profunda.

---

[85] Cf. § 35, pp. 86 e segs., § 37, pp. 90 e segs., § 92, pp. 211 e segs.

Nas considerações do penúltimo parágrafo, constatou-se que todo vivido efetivo, enquanto existindo presentemente — ou, como também podemos dizê-lo, enquanto unidade temporal constituída na consciência fenomenológica do tempo —, traz de certa maneira consigo o seu caráter de ser, *tal como um percebido*. A todo presente de vivido atual corresponde idealmente uma modificação de neutralização, a saber, um possível presente de vivido da imaginação que lhe corresponde precisamente em termos de conteúdo. Todo vivido de imaginação como este não é caracterizado como existindo efetivamente no presente, mas como "quase" existindo no presente. De fato, o que se tem aqui é, portanto, bem semelhante ao que ocorre na comparação dos dados noemáticos de uma percepção qualquer com os dados de uma imaginação ideal que lhe corresponde exatamente (consideração de imaginação): todo percebido é caracterizado como "ser efetivamente presente", tudo aquilo que é da ordem do imaginado em paralelo com ele é caracterizado como sendo o mesmo em conteúdo, mas como "mera imaginação", como ser "quase" presente. Portanto:

A própria consciência originária do tempo opera como uma consciência de percepção e tem sua contrapartida numa consciência de imaginação correspondente.

Obviamente, essa consciência do tempo que tudo abrange *não é*, porém, *uma percepção imanente contínua* no sentido *forte*, isto é, no sentido de uma percepção *posicional atual*, ela mesma um vivido em nosso sentido, um algo que está contido no tempo imanente, que dura no presente, que é constituído na consciência do tempo. Noutras palavras, ela não é, obviamente, uma reflexão interna contínua, na qual os vividos *seriam* postos no sentido específico, se tornariam objetivos e *apreendidos como existindo* atualmente.

Entre os vividos há reflexões eminentes, denominadas reflexões imanentes e, mais especialmente, percepções imanentes, as quais estão voltadas para seus objetos, apreendendo, pondo atualmente o ser deles. Ao lado delas há também percepções cujo direcionamento é transcendente e que põem o ser em sentido igual, as chamadas percepções externas. "*Percepção*", no sentido normal da palavra, não significa apenas em geral que alguma coisa *aparece para o eu em presença de carne e osso*, mas que o eu *se aperceba*[86] da coisa que aparece, apreendendo-a, pondo-a como efetiva-

---

[86] Em alemão "*gewahr werde*". Sobre essa expressão, cf. nota da tradução à p. 214. (NT)

mente existindo. Pelo que foi antes apresentado, essa atualidade da posição de existência é neutralizada na consciência perceptiva de imagem. Voltados para a "imagem" (não para o nela figurado), não apreendemos nada de efetivo como objeto, mas justamente uma imagem, um ficto. A "apreensão" tem a atualidade do "voltar-se para", embora não seja apreensão "efetiva", mas mera apreensão na modificação de um "*como se*", a posição não é posição atual, mas posição modificada num "como se".[87]

Quando o olhar do espírito se desvia do ficto, a atualidade atencional da posição neutralizada se converte em potencialidade: a imagem ainda aparece, mas não se "atenta" para ela, ela não é apreendida — no modo do "como se". Na essência dessa situação e de sua potencialidade estão contidas possibilidades de mudanças atuais do olhar, as quais, no entanto, jamais fazem surgir atualidades de *posição*.

O mesmo se passa quando comparamos *recordações* atuais (não neutras, mas efetivamente posicionais) com aquelas nas quais o recordado, por exemplo, pelo desvio do olhar, ainda aparece, mas já não mais é posto atualmente. A potencialidade da *posição* do que "ainda" aparece significa aqui que pela atualidade atencional não surgem apenas *cogitationes* de apreensão, mas também *cogitationes* de apreensão "efetiva", atualmente posicionais. Na modificação de neutralização das recordações, isto é, nas meras imaginações, temos mais uma vez potencialidades atencionais, cuja transformação em atualidades redunda em "atos" (*cogitationes*), mas de posição inteiramente neutralizada, inteiramente dóxicas no modo do "como se". Há consciência do imaginado, mas não como "efetivamente" presente, passado ou futuro, ele apenas "se vislumbra" como tal, sem atualidade da posição. Mera mudança do olhar não pode afastar essa neutralidade, tão pouco quanto, noutros casos, geramos atualidade de posição.

Toda percepção, e isso pode nos servir de ilustração adicional, tem seu fundo de percepção. A coisa especialmente percebida possui seu *meio circundante* material, que comparece na percepção e não precisa de teses particulares de existência. Ele também é meio circundante "efetivamente existente", e é trazido à consciência de tal modo que se possam dirigir para ele — no sentido de uma possibilidade de essência — olhares que ponham atualmente o seu ser. Ele é, de certa maneira, uma *unidade de posições potenciais*.

---

[87] Em alemão "gleichsam", que também pode ser traduzido por: "como que", "quase que", "por assim dizer". Noutras passagens, é possível verificar que Husserl o entende como sinônimo do latim *quasi* (cf. acima p. 80).

O mesmo ocorre, na recordação, em relação a seu fundo de recordação; ou também, na percepção ou na recordação, em relação ao halo de retenções e protenções, de recordações rememorativas ou prospectivas, que se comprimem numa maior ou menor abundância e oscilam em seus graus de clareza, mas não são efetuadas na forma de teses atuais. Em todos esses casos, a atualização das "posições potenciais" leva necessariamente, mediante mudanças correspondentes do olhar (atualidade de atenção), a sempre novas posições atuais, e isso faz parte da essência dessa situação. Se passamos, todavia, às modificações de neutralização paralelas, tudo se converte na modificação do "como se", inclusive a própria "potencialidade". O objeto-imagem ou objeto de imaginação também tem (e necessariamente) seus fundos de atenção. Mais uma vez, "fundo" é designação para mudanças do olhar e "apreensões" potenciais. O estabelecimento da mudança efetiva, contudo, não leva aqui, por princípio, a posições reais, mas sempre apenas a posições modificadas.

O que ainda nos interessa particularmente aqui é o mesmo que se passa com variações modais das teses de crença específicas (com variações modais das teses dóxicas originárias): conjecturas, suposições, problemas etc., e também negações e afirmações. Os correlatos nelas trazidos à consciência, a possibilidade, verossimilhança, não ser etc., *podem* passar por posição dóxica e, com isso, ao mesmo tempo, por "objetivação" específica, mas enquanto "estamos vivendo em" suposição, problematização, recusa, afirmação etc., não efetuamos nenhuma tese dóxica originária — embora sem dúvida efetuemos outras "*teses*", no sentido de uma generalização necessária do conceito, isto é, *teses de conjectura, teses de problematicidade, teses de negação* etc. A qualquer momento, porém, nós *podemos* efetuar as teses dóxicas originárias correspondentes; na *essência* das situações fenomenológicas está fundada a *possibilidade ideal* de *atualizar as teses potenciais* nelas inclusas.[88] Essa atualização conduz então, caso já de início se trate de teses atuais, sempre novamente a teses atuais, como aquelas que estão potencialmente inclusas nas teses de partida. Se traduzimos as teses de partida na língua da neutralidade, também a potencialidade nela se traduz. Se efetuamos conjecturas, problemas etc. em mera imaginação, tudo o que foi antes mostrado permanece, só que com o sinal trocado. Todas as teses e modalidades de ser dóxicas a ser extraídas de atos ou noemas de atos originários por possíveis mudanças do olhar de atenção estão agora neutralizadas.

---

[88] Cf. acima § 105, p. 217.

§ 114. Outras considerações sobre potencialidade da tese e modificação de neutralização

Segundo as análise apresentadas, a diferença entre consciência não neutra e consciência neutra não diz meramente respeito aos vividos de consciência no modo de atenção do *cogito*, mas também no modo da inatualidade da atenção. Ela se mostra então no duplo comportamento desses "fundos" de consciência quando de sua transmutação atencional para o "primeiro plano" ou, para dizer com mais precisão, quando de sua transmutação em atualidades de atenção, com as quais o vivido originário se converte num *cogito* dóxico, numa doxa originária. Obviamente, isso é possível em quaisquer circunstâncias; pois faz parte da essência de todo vivido intencional a possibilidade de "mirar" para suas noeses, assim como para seus noemas, para suas objetividades constituídas noematicamente e para seus predicados — dela faz parte a possibilidade de apreendê-los posicionalmente no modo da doxa originária.

O que ocorre aqui, assim também podemos dizer, é que a *modificação de neutralidade não é uma modificação especial* vinculada às teses *atuais*, as únicas que são efetivamente teses, mas diz respeito a uma *peculiaridade eidética fundamental de toda consciência em geral*, que se exprime na relação com a posicionalidade ou não posicionalidade dóxica originária atual. Daí a necessidade de mostrá-la justamente nas posições originárias atuais ou na modificação que sofrem.

Trata-se mais precisamente do seguinte:

A consciência, qualquer que seja sua espécie ou forma, *é em geral perpassada por uma cisão radical*: antes de mais nada, como sabemos, da consciência na qual o eu puro não vive desde o início como aquele que a "efetua", a qual não tem, portanto, desde o início a forma do "*cogito*", faz parte a modificação por essência possível que a converte nessa forma. Subsistem então *duas* possibilidades fundamentais *na maneira de efetuar a consciência* no interior do modo *cogito*, ou expresso de outra maneira:

Todo cogito *possui uma contrapartida que lhe é exatamente correspondente*, de tal modo que *seu noema* tem, no *cogito* paralelo, seu *contranoema exatamente correspondente*.

A relação dos "atos" paralelos consiste em que um deles é um ato "*efetivo*", o *cogito* é um cogito "efetivo", "*efetivamente posicional*", enquanto o outro é "*sombra*" *de* um ato, um *cogito inautêntico*, um *cogito* não "efetivamente" posicional. Um opera realmente, o outro é apenas reflexo de uma operação.

A isso corresponde a diferença radical dos *correlatos*: de um lado, a operação noemática constituída, que tem o caráter da operação não modificada, efetiva; de outro, o "*mero pensamento*" da operação que lhe corresponde exatamente. A operação efetiva e a modificada se correspondem idealmente de maneira absolutamente exata e, *no entanto, não* são da *mesma essência*. Pois a modificação se transfere para as essências: à *essência originária* corresponde sua *contraessência*, como "sombra" da mesma essência.

Naturalmente, não se deve pensar que as expressões metafóricas "sombra", "reflexo", "imagem" impliquem o mínimo que seja de mera aparência, de opinião enganadora etc., com o que seriam dados atos efetivos ou correlatos posicionais. Não é preciso alertar de novo para aquela outra confusão, na qual é tão fácil de cair, entre a modificação aqui em questão e a modificação de imaginação, que igualmente cria, para cada vivido — como presente de vivido na consciência íntima do tempo —, uma contrapartida, a sua imagem imaginária.

A cisão radical dos vividos intencionais em duas classes, que estão uma para outra assim como a efetividade da operação noemática e o seu reflexo enfraquecido, mostra-se aqui (ao sairmos do domínio dóxico) nas seguintes *proposições fundamentais*:

Em si mesmo, todo *cogito* é, ou uma posição dóxica originária, ou não. Em virtude, porém, mais uma vez, de uma lei inerente à essência geral fundamental da consciência, todo *cogito* pode ser convertido numa posição dóxica originária. Isso, contudo, de maneiras tão diversas e em particular desta, que todo "*caráter tético*" no sentido mais amplo, que se constitui, no noema do *cogito*, como correlato da "tese" noética (no sentido mais amplo, correspondente àquele) pertencente ao *cogito*, sofre uma transmutação num caráter de ser e assume, com isso, a forma de uma *modalidade de ser no sentido mais amplo*. Deste modo, o caráter do "verossímil", que é o correlato noemático da suposição, e até especificamente do "caráter de ato", da "tese" da suposição como tal, muda para *ser* verossímil; igualmente, o caráter noemático do "problemático", esse correlato específico da tese de problematicidade, muda para a forma do *ser* problemático, o correlato da negação muda para a forma do *não ser*: estas são meras formas que ganharam, por assim dizer, a chancela da tese dóxica originária atual. Mas não se fica por aí. Encontraremos fundamentos para ampliar o conceito de tese além de todas as esferas de ato e, assim, falar, por exemplo, de teses de prazer, teses de desejo, teses de vontade, com seus correlatos noemáticos

---

[89] Cf. acima as proposições ao final do § 105, pp. 238 e segs.

"prazeroso", "desejado", "praticamente necessário" etc. Mediante a conversão *a priori* possível do ato em questão numa tese dóxica originária, também esses correlatos assumem a forma de modalidades de ser num sentido extremamente ampliado: é assim que "prazeroso", "desejado", "praticamente necessário" etc. se tornam predicáveis; pois, na posição originária de crença atual, eles vêem à consciência como prazerosamente *existente*, como desejosamente *existente* etc.[89] Todavia, a conversão — nestes exemplos — deve ser entendida de tal forma, que ela conserva o noema do vivido originário em toda a essência deste, com exceção apenas do modo de doação, que se modifica por lei com a conversão. Esse ponto ainda precisará, contudo, de uma complementação.[90]

Ora, os casos se distinguem radicalmente porque cada doxa originária é, ou uma doxa efetiva, uma crença, por assim dizer, em que efetivamente se crê, ou sua contrapartida enfraquecida, o mero "conceber em pensamento" (o ser pura e simplesmente, o ser possível etc.).

O que resulta de tal transmutação dóxica de cada vivido originário, se há desenvolvimento de sua composição noemática em posições dóxicas originárias *efetivas* ou exclusivamente em *neutralidades* dóxicas originárias, é absoluta e firmemente predeterminado pela *essência* do vivido intencional em questão. Na essência de *todo vivido* de consciência está, portanto, de antemão delineado um conjunto de *posições potenciais de ser* e até, dependendo de que espécie é inicialmente a consciência, um campo de posições efetivas possíveis ou de possíveis "sombras de posições" neutras.

E, para repeti-lo mais uma vez, a *consciência em geral* é tal, que ela é de um duplo tipo: arquétipo e sombra, consciência *posicional* e *neutra*. A primeira se caracteriza por isto, que sua potencialidade dóxica leva a atos dóxicos efetivamente posicionais, a segunda por isto, que de si só faz surgir silhuetas daqueles atos, modificações de neutralização deles; noutras palavras, ela nada contém que possa ser doxicamente apreendido em sua composição noemática ou, o que é mais uma vez equivalente, ela não contém noema "real" algum, mas apenas um antítipo de um tal noema. Para os vividos neutros resta uma *única* posicionalidade dóxica: a que lhes pertence enquanto dados da consciência imanente do tempo, que os determina justamente como consciência modificada de um noema modificado.

As expressões "*posicional*" e "*neutro*" devem, a partir de agora, nos servir terminologicamente. Todo vivido se encontra sob essa oposição, tenha ele

---

[90] Cf. mais adiante § 117, p. 261, primeiro parágrafo.

a forma do *cogito*, seja ele um ato em algum sentido particular ou não. *Posicionalidade* não significa, portanto, a existência ou efetuação de uma posição efetiva, ela exprime apenas certa potencialidade na efetuação de atos dóxicos atualmente posicionais. Contudo, no conceito de vivido posicional também abrangemos um vivido que é de antemão posição efetuada, o que pode ser tanto menos espantoso, como uma pluralidade de posições potenciais entra, por lei de essência, em toda posição efetuada.

A diferença entre posicionalidade e neutralidade não exprime, como ficou confirmado, meramente o que é próprio das posições de crença, não exprime uma mera espécie de modificações de crença, como suposição, problematização etc., ou, noutras direções, postulação, negação, afirmação, e tampouco, portanto, variações intencionais de um modo originário, o da crença em sentido forte. Ela é de fato, como já anunciáramos, uma *diferença universal da consciência*, que, no entanto, com bom fundamento aparece ligada, em nosso procedimento analítico, àquela diferença que foi especialmente apresentada nas esferas mais restritas do *cogito* dóxico, a diferença entre crença posicional (isto é, atual, efetiva) e sua contrapartida neutra (a do mero "conceber em pensamento"). Foi aí justamente que surgiram os laços eidéticos profundos e altamente dignos de nota que os caracteres dos atos de crença mantêm com todas as outras espécies de caracteres de atos e, por conseguinte, com todas as espécies de consciência em geral.

§ 115. Aplicações. O conceito ampliado de ato. Efetuações de atos e atos incipientes

Ainda é importante ter em conta algumas observações anteriores.[91] O *cogito* é, em geral, a intencionalidade explícita. O conceito do vivido intencional já pressupõe a oposição entre potencialidade e atualidade, e isso em significação geral segundo a qual somente na passagem para o cogito explícito e na *reflexão* sobre o vivido não explícito e seus componentes noético--noemáticos somos capazes de reconhecer que ele abriga intencionalidades ou noemas que lhe são próprios. Assim, por exemplo, em relação à consciência daquele fundo para o qual não se atentou na percepção, na recordação etc., mas para o qual se pode posteriormente atentar. O vivido intencional explícito é um "eu penso" "efetuado". Através das mudanças de atenção,

---

[91] Cf. acima § 84, pp. 189 e segs.

ele mesmo também pode, no entanto, se converter num "eu penso" "não efetuado". O vivido de uma percepção, de um juízo, de um sentimento, de uma vontade efetuados não desaparece quando a atenção se volta "exclusivamente" para algo novo; isso implica que o eu "vive" exclusivamente num novo *cogito*. O *cogito* anterior "se extingue", mergulha na "obscuridade", mas sempre conserva uma existência de vivido, embora já modificada. Da mesma maneira, *cogitationes* assomam no fundo do vivido, ora na forma de recordação ou neutralmente modificadas, ora também não modificadas. Por exemplo, uma crença, uma crença efetiva "incipiente"; já cremos, "antes de sabermos". Da mesma maneira, sob certas circunstâncias, posições de prazer ou desprazer, desejos e também decisões já são vivos, antes de "neles" "vivermos", antes de efetuarmos o *cogito* propriamente dito, antes de o eu "atuar" julgando, sentindo prazer, desejando, querendo.

Com efeito, o cogito designa, pois (e foi assim que desde o início introduzimos o conceito), o ato *propriamente dito* de perceber, julgar, sentir prazer etc. Por outro lado, no entanto, toda a estrutura do vivido nos casos descritos, com todas as suas teses e caracteres noemáticos, permanece a mesma, ainda quando lhe falta a atualidade. Nesta medida, separamos mais distintamente *atos efetuados* e *não efetuados*; estes últimos são, ou atos "que caíram fora da efetuação", ou *atos incipientes*. Também podemos muito bem empregar em universal essa última expressão para atos não efetuados em geral. Esses atos incipientes são vividos com todas as suas intencionalidades, mas o eu não vive neles como "*sujeito efetuante*". Com isso, o conceito de ato se amplia num sentido determinado e de todo imprescindível. Os atos efetuados ou, como se pode dizer melhor sob certo aspecto (a saber, no aspecto de que se trata de eventos), as efetuações de ato constituem as *"tomadas de posição" no sentido mais amplo*, ao passo que, no sentido forte, a expressão tomada de posição remete a atos fundados de uma espécie que discutiremos posteriormente em mais detalhes: por exemplo, a tomada de posição no ódio, isto é, do que odeia em relação ao odiado, o qual, por seu turno, é constituído para a consciência em noeses de nível mais baixo, como uma pessoa ou coisa existente; também entrariam aqui as tomadas de posição da negação ou da afirmação em relação a pretensões ao ser etc.

Está claro, então, que, exatamente como as *cogitationes* específicas, os atos no sentido mais amplo comportam as diferenças de neutralidade e posicionalidade; que, antes mesmo da transmutação em *cogitationes*, eles operam noemática e teticamente, embora cheguemos a ter as suas operações diante dos olhos somente mediante atos no sentido mais estrito, mediante *cogitationes*. As posições, por exemplo, as posições no modo do "como se" já se encontram efetivamente neles, com todas as noeses de que essas posições fazem partem: isso pressupondo-se o caso ideal em que, juntamente com a transmutação, elas também não se enriqueçam intencionalmente e se modifiquem de alguma maneira. Como quer que seja, podemos excluir essas modificações (e especialmente também os enriquecimentos e as novas configurações intencionais que entram no fluxo de vivido logo após a transmutação).

Em todas as nossas discussões, privilegiaram-se, naquilo que se intitulou de "neutralidade", as posições dóxicas. A neutralidade tem seu índice na potencialidade. Aqui tudo está assentado em que *todo caráter de ato tético em geral* (toda "intenção" de ato, por exemplo, a intenção de prazer, a intenção de valorar, de querer, o caráter específico da posição de prazer, de querer) *abriga em sua essência um caráter do gênero "tese dóxica" que é "coincidente" com ele em certos modos*. Conforme a intenção de ato em questão seja não neutralizada ou neutralizada, também o será a tese dóxica nela inclusa — que aqui fora pensada como *tese originária*.

Essa primazia das teses dóxicas será limitada nas análises subsequentes. Ficará visível que a legalidade eidética por nós constatada requer uma determinação mais precisa, antes de tudo e de modo mais geral porque são as *modalidades dóxicas* (no sentido específico, que também abarca as postulações) que têm de substituir as teses dóxicas originárias, ou seja, têm de entrar no lugar de "teses dóxicas" inclusas em todas as teses. Mas, dentro dessa primazia geral das modalidades dóxicas, a tese dóxica originária, a certeza de crença, tem a primazia bem específica de que mesmo todas as modalidades podem ser transmudadas em teses de crença, de modo que agora novamente toda neutralidade tem seu índice na potencialidade dóxica, em sentido eminente, referido à tese originária. Com isso, o tipo de "coincidência" do dóxico em geral como toda espécie de tético em geral receberá sua determinação mais precisa.[92]

Estabelecidas imediatamente na mais ampla generalidade (ainda que com alguns desideratos), mas tornadas evidentes apenas em esferas especiais de ato, essas proposições carecem agora de uma base mais ampla de fundamentação. Ainda não discutimos pormenorizadamente o paralelismo entre noese e noema em todos os domínios intencionais. É justamente esse tema principal de nossa seção que também se impõe por si mesmo para a ampliação da análise. Ao efetuarmos essa ampliação, tudo o que mostramos em geral sobre a modificação de neutralidade será, porém, ao mesmo tempo confirmado e completado.

---

[92] Cf. mais abaixo, pp. 262 e segs.

§ 116. Passagem para novas análises.
As noeses fundadas e seus correlatos noemáticos

Até agora, dentro de um âmbito amplo, mas bem delimitado, estudamos uma série de eventos gerais da estrutura das noeses e dos noemas — nós a estudamos naturalmente numa medida bem modesta, tanto quanto era requerido para o seu delineamento preciso e para o fim que nos guia, o de proporcionar uma representação geral que mostre toda a riqueza dos grupos de problemas implicados pelo duplo tema universal "noese" e "noema". Por diversificadas complicações que introduzissem, nossos estudos se referiam a uma mera camada inferior do fluxo de vivido, do qual fazem parte intencionalidades construídas ainda de maneira relativamente simples. O que privilegiamos (sem levar em conta as últimas observações, feitas a título de antecipação) foram as intuições sensíveis, em particular as intuições de realidades que aparecem, assim como as *representações* sensíveis delas provenientes por obscurecimento e manifestamente a elas unidas por comunidade de gênero. Esta última expressão "representações" designava também o gênero. Sem dúvida, também levamos em consideração todos os fenômenos a ele essencialmente atinentes, tais como as intuições e representações reflexivas em geral, cujos objetos já não são coisas sensíveis.[93] A validez geral de nossos resultados, obtida graças à maneira como conduzimos a investigação e fizemos sentir o caráter acessório de tudo o que possa se ligar a esse domínio inferior, se imporá tão logo ampliemos o âmbito da investigação. Veremos então que retornam todas as diferenças entre o núcleo central do sentido (que obviamente carece de bem mais análise) e os caracteres téticos que se agrupam em torno dele, assim como todas as modificações — da presentificação, da atenção, da neutralização —, que também atingem, a sua maneira, o núcleo de sentido, deixando, porém, intocado o seu "idêntico".

Podemos prosseguir agora em *duas* direções diferentes, ambas conduzindo a intencionalidades fundadas nas representações: podemos seguir na direção das *sínteses* noéticas, ou nos alçar na direção de *espécies novas, mas fundadas, de "posição"*.

---

[93] A delimitação firme e essencial do *conceito* mais amplo *de representação*, proveniente das esferas aqui assinaladas, é naturalmente uma tarefa importante para a investigação fenomenológica sistemática. Todas essas questões ficam para publicações em preparação, de cujo conteúdo teórico foram tiradas as observações brevemente indicadas nas presentes investigações.

Se tomamos esta última direção, deparamos com as noeses de *sentir*, *desejar*, *querer* (noeses de início as mais simples possíveis, isto é, livres de sínteses de nível inferior ou superior), que estão fundadas em "representações", em percepções, recordações, representações-signo etc. e que mostram manifestas diferenças de nível de fundação em sua construção. Para o conjunto dos atos, agora preferiremos sempre as formas posicionais (o que, no entanto, não deve excluir níveis inferiores neutros), já que o que delas se disser, transferir-se-á, em modificação adequada, para as neutralizações correspondentes. A título de exemplo, um prazer estético está fundado numa consciência de neutralidade do conteúdo perceptivo ou reprodutivo, uma alegria ou tristeza estão fundadas numa crença (não neutralizada) ou numa modalidade de crença, assim como um querer ou rejeitar, que se referem a algo avaliado como agradável, belo etc.

O que nos interessa aqui, antes de entrar nos modos dessa estrutura, é que, junto com os novos momentos noéticos, também surgem *novos momentos noemáticos* nos correlatos. Por um lado, são novos caracteres, *análogos aos modos de crença*, mas que ao mesmo tempo detêm *eles próprios* posicionalidade dóxica em seu novo conteúdo; por outro lado, à nova espécie de momentos também se vinculam "*apreensões*" *de nova espécie*, constitui-se um *novo sentido*, que está fundado no sentido da noese que lhe serve de suporte, ao mesmo tempo em que o abrange. O novo sentido introduz uma *dimensão de sentido totalmente nova*, com ele não se constituem novas partes determinantes das meras "coisas", mas *valores das coisas*, valências ou objetividades concretas de valor: beleza ou fealdade, bem ou maldade; o utensílio, a obra de arte, a máquina, o livro, a ação, o feito etc.

Quanto ao mais, cada vivido pleno de nível superior também mostra no seu correlato pleno uma construção como aquela que vimos no nível mais baixo de noeses. *Por exemplo, no noema do nível superior, o valor é, como tal, um núcleo de sentido, cercado de novos caracteres téticos*. O "valioso", o "aprazível", o "agradável" etc. operam de maneira semelhante ao "possível", "presumível" ou, eventualmente, ao "nulo" ou ao "sim efetivo" — embora seja absurdo colocá-los nessas séries.

Além disso, no que respeita a esse novo caráter, a consciência é, mais uma vez, uma consciência *posicional*: o "valioso" pode ser doxicamente posto como existindo valiosamente. O "existindo" inerente ao "valioso" como caracterização *dele* também pode ser, além disso, pensado *em modalização*, como todo "ser" ou "certeza": a consciência é então consciência de *valor possível*, a "coisa" é somente suposta como valiosa; ou ainda, dela se tem consciência como *presumivelmente valiosa*, como não valiosa (o que, porém, não significa tanto quanto "sem valor", quanto ruim, feia etc.; simplesmente a supressão do "valioso" é expressa no "não valioso"). Todas essas modificações não afetam apenas exteriormente, mas interiormente, a consciência de valor, as noeses valorativas, assim como, correspondentemente, os noemas (cf. p. 243).

O resultado é, mais uma vez, uma multiplicidade de modificações profundas na forma das modificações da atenção, dependendo como o olhar de atenção, em conformidade com as variadas possibilidades de essência, *atravessa* as diferentes camadas intencionais em direção à "coisa" e aos momentos materiais — o que produz um sistema concatenado de modificações, que já conhecemos como nível inferior —, ou também em direção aos valores, às determinidades constituídas em nível superior, através das apreensões que os constituem; ou ainda, noutra reflexão, em direção às noeses — e tudo isso em modos específicos distintos do atentar, do observar de passagem, do não observar etc.

Por toda parte é preciso fazer difíceis investigações para deslindar puramente essas complicadas estruturas e trazê-las à plena clareza, mostrando como, por exemplo, as "apreensões de valor" se relacionam com as apreensões de coisas, como as novas caracterizações noemáticas (bom, belo etc.) se relacionam com as modalidades de crença, como se ordenam sistematicamente em séries e gêneros e assim por diante.

§ 117. As teses fundadas e a conclusão da doutrina da modificação de neutralização. O conceito geral de tese

Ainda ponderaremos agora como as novas camadas noéticas e noemáticas se relacionam com a neutralização. Referimos essa modificação à potencialidade dóxica. De fato, como facilmente nos convenceremos, esta desempenha, nas camadas agora em relevo, o papel que lhe havíamos previamente atribuído na esfera de ato mais ampla e que havíamos especialmente discutido na esfera das modalidades de juízo. O "presumível", "verossímil" está posicionalmente "contido" na consciência de conjectura, mas igualmente também o "prazer" na consciência de prazer, o "alegre" na consciência de alegria etc. Está nela contido, ou seja, é acessível à posição dóxica e, por isso, predicável. Por conseguinte, toda consciência afetiva entra, juntamente com o novo tipo de fundação de suas noeses afetivas, no conceito de consciência posicional, tal como o havíamos estabelecido — com referência a posicionalidades dóxicas e, finalmente, a certezas posicionais.

Considerando mais de perto, teremos de dizer, porém, que a relação da modificação de neutralidade com a posicionalidade dóxica, por maior que seja o peso das evidências em que se funda, é de certo modo um desvio.

Antes de tudo, é preciso ficar claro para nós que os atos de prazer (quer "efetuados", quer não), assim como os atos afetivos e todo tipo de atos de vontade são justamente "atos", "vividos intencionais", e que de cada um deles faz parte a "*intentio*", a "tomada de posição"; ou expresso de outro modo: num sentido mais amplo, embora essencialmente o mesmo, eles são "*posições*", só que justamente não posições dóxicas. De passagem dizíamos acima de maneira inteiramente correta que caracteres de ato em geral são "*teses*" — teses no sentido ampliado e, somente no sentido particular, teses de crença ou modalidades destas. A analogia essencial das noeses de prazer específicas com as posições de crença é manifesta, assim como das noeses de desejo, das noeses de vontade etc. Também no valorar, no desejar, no querer, algo está "posto", mesmo fazendo abstração da posicionalidade dóxica nele "contida". Esta é também a fonte de todos os paralelismos entre as diferentes espécies de consciência e todas as classificações delas: o que propriamente se classificava eram as espécies posicionais.

Independentemente do que mais se possa encontrar na composição concreta de cada vivido intencional, é da essência dele possuir ao menos um "caráter posicional", embora em regra possua muitos desses caracteres, muitas "teses" vinculadas no modo da fundação; nessa pluralidade há então, necessariamente, uma tese por assim dizer "*arcôntica*", que unifica em si e rege todas as outras.

A unidade suprema do gênero, que vincula todos os "caracteres de ato" específicos, os caracteres da "posição", não exclui diferenças essências e genéricas. Assim, pois, enquanto posições, as posições afetivas são aparentadas às dóxicas, mas de modo algum tão homogêneas quanto todas as modalidades da crença.

Com a comunidade eidética genérica de todos os caracteres de posição, também está *eo ipso* dada a comunidade de todos os seus correlatos noemáticos de posição (dos "caracteres téticos no sentido noemático"), e se tomamos estes últimos com suas bases noemáticas mais amplas, está dada a comunidade de essência de todas as "proposições". É nisso, porém, que em última instância se fundam as analogias sempre sentidas entre lógica geral, doutrina geral do valor e ética, as quais, perseguidas em suas profundezas

---

[94] A esse respeito, cf. mais abaixo a 4ª parte, III capítulo.

últimas, conduzem à constituição de disciplinas gerais e *formais* paralelas, a lógica, a axiologia e a prática formais.⁹⁴

Somos, portanto, reconduzidos ao título *generalizado* "tese", ao qual agora referimos a seguinte proposição:

Toda consciência é atual ou potencialmente "tética". O conceito anterior de "posição atual" e, com ele, o de *posicionalidade* passa assim por uma ampliação correspondente. Isso implica que nossa doutrina da neutralização e de sua referência à potencialidade em geral se transfere para o conceito ampliado de tese. Da consciência tética em geral, quer efetuada, quer não, faz parte, portanto, a modificação geral que chamamos de modificação neutralizadora, e faz *diretamente* parte dela da seguinte maneira: De um lado, caracterizamos as teses posicionais como teses atuais ou como teses que podem ser convertidas em teses atuais; elas têm, por conseguinte, *noemata* que podem ser postos "efetivamente" — atualmente, em sentido ampliado. A isso se contrapõem as teses inautênticas, as "quase" teses, os reflexos enfraquecidos, incapazes de acolher em si quaisquer efetuações téticas atuais com respeito a seus *noemata*, justamente neutralizados. A diferença entre neutralidade e posicionalidade é uma diferença paralela, noética e noemática, ela diz diretamente respeito, tal como é tomada aqui, a todas as espécies de caracteres téticos, sem o desvio pelas "posições" no sentido estrito e unicamente usual da expressão "posições dóxicas originárias" — unicamente nas quais, contudo, aquela diferença pode ser atestada.

Isso quer dizer, porém, que a primazia conferida a essas posições dóxicas especiais tem seu fundamento profundo nas coisas mesmas. De acordo com nossas análises, as modalidades dóxicas e, entre elas, de maneira especial, a tese dóxica originária, a tese da certeza de crença, gozavam da vantagem única de que sua potencialidade posicional envolve toda a esfera da consciência. Por lei eidética, toda tese, de qualquer gênero que seja, pode ser transformada em posição dóxica atual em virtude das características dóxicas que fazem insuprimivelmente parte de sua essência. Um ato posicional é poente, mas também, em qualquer "qualidade" que o seja, doxicamente poente; o que quer que seja posto por meio dele noutros modos, também é posto como existente, só que não atualmente. A atualidade, contudo, pode por essência ser produzida, no modo de uma "operação" em princípio possível. Qualquer "proposição", por exemplo, uma proposição qualquer de desejo, pode por isso ser transformada numa proposição dóxica, e então ela é de certo modo

---

⁹⁵ Cf. acima, p. 260.

duas em uma: ao mesmo tempo proposição dóxica e proposição de desejo.

Além disso, como já indicáramos antes, a legalidade eidética consiste antes de tudo em que, *de maneira geral, a primazia do dóxico se refere propriamente às modalidades dóxicas*. Pois todo vivido afetivo, todo valorar, desejar, querer é caracterizado *em si* como ser certo, ser suposto ou como valorar, desejar, querer presumíveis, dubitativos.[95] Neste caso, por exemplo, o valor, se não estamos orientados para as modalidades posicionais dóxicas, não é posto atualmente em seu caráter dóxico. O valor é trazido à consciência no valorar, o aprazível, no prazer, o que dá alegria, no alegrar-se, mas de quando em quando de tal modo que não estamos de todo "seguros" no valorar, ou de tal modo que a coisa apenas é supostamente valorosa, é talvez valorosa, enquanto ainda não tivermos tomado partido dela ao avaliá-la. Vivendo em tais modificações da consciência valorativa, não precisamos estar orientados para o dóxico. Mas podemos passar a estar assim orientados, se vivemos, por exemplo, na tese de suposição e então passamos para a tese de crença correspondente, que, apreendida predicativamente, recebe a forma: "a coisa poderia ser uma coisa valorosa", ou mudando para o lado noético e para o eu que valora: "suponho que seja valorosa (talvez valorosa)". O mesmo ocorre com outras modalidades.

Em todos os caracteres téticos estão guardadas, desta maneira, modalidades dóxicas e, se o modo é o da certeza, teses dóxicas originárias, que são *coincidentes* com os caracteres téticos pelo sentido noemático. Como, no entanto, isso também vale para as variações dóxicas, também *teses* dóxicas *originárias* estão contidas em todo ato (agora não mais em coincidência noemática).

Por conseguinte, também podemos dizer: *todo ato ou todo correlato de ato abriga, implícita ou explicitamente, um aspecto "lógico"*. Ele sempre pode ser explicitado logicamente, isto é, graças à generalidade de essência com a qual a camada noética do "exprimir" pode ser ajustada a todo noético (ou a camada da expressão a todo noemático). É evidente, além disso, que com a passagem à modificação de neutralidade também o próprio exprimir e o seu expresso como tal se neutralizam.

De tudo isso resulta *que todos os atos em geral — inclusive os atos de afetividade e de vontade — são objetivantes, são originariamente "constituintes" de objetos*, são fontes necessárias de diferentes regiões do ser e, assim, também de suas respectivas ontologias. Por exemplo: a consciência valorativa constitui, em contraposição ao mero mundo das coisas, um novo tipo de objetividade "axiológica", um "ser" de uma nova região, desde que, justamente pela essência da consciência valorativa, são prescritas teses dóxicas atuais como possibilidades ideais, as quais dão relevo a objetividades com um novo tipo de conteúdo — valores —, como aquelas que são "visadas" na consciência valorativa. No ato de afetividade, elas são visadas em forma afetiva; pela atualização do teor dóxico desses atos elas passam a ser visadas em termos dóxicos e, posteriormente, lógico-expressivos.

Toda consciência de ato efetuada de forma não dóxica é, desta maneira, *potencialmente* objetivante, *somente o cogito dóxico efetua objetivação atual*.

Aqui se encontra a mais profunda das fontes a partir das quais se pode explicar a *universalidade do elemento lógico*, enfim, a universalidade do juízo predicativo (a que acrescentamos a camada da expressão significativa, que ainda não foi tratada em pormenor), donde se entende também o fundamento último da universalidade da autoridade da própria lógica. Na sequência se compreenderá a possibilidade e até a necessidade das disciplinas noéticas formais e materiais, ou noemáticas e ontológicas, essencialmente referidas à intencionalidade afetiva e volitiva. Trataremos desse tema mais tarde, depois de nos termos assegurado de alguns conhecimentos complementares.[96]

§ 118. Sínteses de consciência. Formas sintáticas

Se agora voltarmos o olhar para a segunda das duas direções acima indicadas,[97] para as formas da consciência *sintética*, então entram em nosso horizonte múltiplos modos de formação de vividos por vínculo intencional, que, como possibilidades de essência, são inerentes, ora a todos vividos intencionais em geral, ora às peculiaridades de seus gêneros particulares. Uma consciência não se liga apenas em geral a outra, elas se vinculam numa *única* consciência, cujo correlato é *um único* noema, o qual, por sua vez, está fundado em noemas das noeses vinculadas.

Não estamos nos reportando aqui à *unidade da consciência imanente do tempo*, embora também se deva lembrar dela, como a unidade abrangente de todos os vividos num fluxo de vivido e mesmo como unidade de uma *consciência* que vincula uma consciência a outra. Qualquer que seja o vivido individual que tomemos, ele se constitui como uma unidade que se estende pelo tempo fenomenológico na contínua consciência "originária" do tempo. Em orientação reflexiva adequada, podemos atentar para o modo como lapsos de vivido pertencentes a diferentes intervalos da duração vivida se dão

---

[96] Cf. mais adiante o capítulo final da 4ª parte, pp. 303 e segs.
[97] Cf. p. 239.

para a consciência e, assim, dizer que toda a consciência que constitui essa unidade de duração se compõe continuamente de intervalos nos quais se constituem os intervalos de vivido da duração; e que, com isso, as noeses não apenas se ligam, mas constituem *uma só* noese com *um só* noema (a duração de vivido preenchida), o qual se funda nos noemas das noeses vinculadas. O mesmo que vale para um vivido isolado, vale para todo o fluxo de vivido. Por estranhos que em sua essência os vividos possam ser uns em relação aos outros, eles se constituem, no conjunto, como *um único* fluxo do tempo, como membros de *um único* tempo fenomenológico.

Nós pusemos, entretanto, expressamente de lado essa síntese arquetípica da consciência originária do tempo (que não deve ser pensada como uma síntese ativa e discreta) junto com sua problemática. Não falaremos, portanto, agora de sínteses no âmbito dessa *consciência* do tempo, mas no âmbito do *próprio tempo*, do tempo fenomenológico concretamente preenchido ou, o que dá na mesma, de puras e simples sínteses de vivido, tomadas como sempre as tomamos até agora, como unidades que duram, como eventos transcorrendo no fluxo de vivido, o qual nada mais é que o tempo fenomenológico preenchido. Por outro lado, tampouco discutiremos as *sínteses contínuas*, que não deixam de ser muito importantes, como aquelas, por exemplo, que fazem essencialmente parte da consciência constitutiva de toda materialidade no espaço. Não faltará mais tarde ocasião de conhecer mais precisamente essas sínteses. Voltemos antes nosso interesse para as *sínteses articuladas*, portanto, para os modos peculiares como atos estabelecidos discretamente se vinculam numa unidade articulada, na ordenação de um ato sintético de nível mais alto. Numa síntese contínua não falamos de um "ato de ordem superior",[98] ao contrário a unidade (tanto noética quanto noemática e objetiva) pertence ao mesmo nível de ordenação que o que é unificado. De resto, é fácil ver que muito daquilo que na sequência exporemos de maneira geral é em igual maneira válido para as sínteses contínuas, como para as sínteses articuladas — *politéticas*.

Exemplos de atos sintéticos de nível mais alto nos são fornecidos, na esfera da vontade, pelo *querer relativo* — "em vista de um outro" —, assim como, no círculo dos atos de sentimento, o *prazer relativo*, o alegrar-se "*de quê*" ou, como igualmente dizemos, "pelo outro". E assim também todas ocorrências de ato semelhantes em diferentes gêneros de ato. Todos os *atos de preferência* também entram manifestamente aqui.

---

[98] Cf. *Filosofia da Aritmética*, pp. 80 e passim.

É a um outro grupo de sínteses, grupo de certo modo universal, que pretendemos submeter a uma consideração mais detida. Ele abrange as sínteses de *coligação* (agrupamento), de *disjunção* (voltada para "isto" ou para "aquilo"), de *explicitação*, de *relação*, e em geral toda a série de sínteses que determinam as formas formal-ontológicas segundo as formas puras das objetividades sintéticas nelas constituídas, e que, por outro lado, no que se refere à estrutura da configuração noemática, se refletem nas *formas* apofânticas *de significação da lógica formal* (da lógica das proposições inteiramente voltada para o noema).

A referência à ontologia *formal* e à lógica já indica que se trata aqui de um grupo de sínteses fechado por essência, ao qual cabe uma generalidade incondicionada de aplicação possível respectivamente aos tipos de vividos a ser vinculados, os quais, portanto, também podem ser, por sua vez, quaisquer unidades noéticas complexas.

§ 119. Transformação de atos politéticos em monotéticos

Antes de tudo, em *todas* as espécies de sínteses articuladas, de atos politéticos, é preciso atentar para o seguinte:

Toda consciência em unidade sintética, não importam quantas teses e sínteses particulares possam lhe estar subordinadas, possui um objeto total, que lhe pertence como consciência em unidade sintética. Ele se chama objeto total por oposição aos objetos que pertencem intencionalmente aos membros sintéticos de nível inferior ou superior, uma vez que todos também dão sua contribuição no modo de fundação dele e a ele se subordinam. Toda noese com delimitação própria, mesmo sendo uma camada dependente, dá sua contribuição para a constituição do objeto total; como, por exemplo, o momento do valorar, que é um momento dependente, já que está necessariamente fundado numa consciência de coisa, constitui a camada objetiva do valor, a camada da "validez".

Também são novas camadas como estas as camadas especificamente sintéticas das sínteses mais universais da consciência antes mencionadas, isto é, todas as formas que provêm especialmente da consciência sintética como tal, portanto, as formas de ligação e as formas sintéticas aglutinadas aos próprios membros articulados (já que estão incluídos na síntese).

Na consciência sintética, dizíamos, constitui-se um objeto sintético total. Neste caso, ele é, porém, "objetivo" num sentido inteiramente diferente do constituído de uma tese simples. A consciência sintética, ou o eu puro "nela", se dirige *em muitos raios* para o objetivo, enquanto a consciência tética simples se volta para ele *num raio só*. Assim, o coligir sintético é uma consciência "plural", nela os membros se juntam um a um. Da mesma maneira, na primitiva consciência de relação, a relação se constitui numa dupla posição. E semelhantemente em toda parte.

De toda constituição multirradial (politética) de objetividades sintéticas — que por sua essência *só* podem ser trazidas à consciência sinteticamente — faz parte, por lei eidética, a possibilidade de transformar aquilo de que se tem consciência por muitos raios em algo de que se tem consciência simplesmente por um raio só, de *"tornar objetivo"*, *no sentido específico*, aquilo que foi primeiro constituído sinteticamente num ato *"monotético"*.

Assim, a coleção sinteticamente constituída se torna objetiva no sentido eminente, ela se torna objeto de uma tese dóxica por se referir retroativamente uma tese simples àquela coleção originária que acaba de ser constituída, portanto, pela ligação noética própria de uma tese à síntese. Noutras palavras: *a consciência plural pode, por essência, ser convertida numa consciência singular*, que dela extrai a pluralidade como *um único* objeto, como um singular; a pluralidade pode, por sua vez, ser ligada a outras pluralidades e demais objetos, pode ser posta em relação com eles etc.

A situação é manifestamente a mesma para a consciência *disjuntiva* construída de maneira de todo análoga à consciência de coligação, e para seus correlatos ônticos ou noemáticos. Da mesma maneira, da consciência *relacional* a *relação* constituída na síntese originária pode ser extraída numa tese simples em ligação com ela, transformada em objeto no sentido eminente da palavra e, como tal, comparada a outras relações e empregada em geral como sujeito de predicados.

Além disso, deve-se, todavia, trazer à plena evidência que o simples objetivado e o que está em unidade sintética são efetivamente o mesmo, e que a tese ou extração ulterior nada acrescenta de fictício à consciência sintética, mas apreende o que por ela é dado. Sem dúvida, também é evidente que o modo de doação é por essência distinto.

Na lógica, essa legalidade se anuncia na *lei da "nominalização"*, segundo a qual para toda proposição e toda forma parcial distinguível na proposição corresponde um caráter nominal: à proposição mesma, digamos "S é p",

---

[99] Cf. os primeiros ensaios neste sentido nas *Investigações lógicas*, II, Quinta Investigação, § 34 a 36, o § 49 da 6ª Investigação e em geral, para a doutrina da síntese, a 2ª seção dessa Investigação.

a *proposição nominal "que" S é p*; no lugar do sujeito de novas proposições, ao "é p" corresponde, por exemplo, o ser-P, à forma da relação "semelhante", a semelhança, à forma plural, a multiplicidade etc.[99]

Os conceitos surgidos das "nominalizações", se são pensados exclusiva e estritamente mediante as formas puras, constituem *variações formal-categoriais da ideia de objetividade em geral*, e fornecem o material conceitual fundamental da ontologia formal, incluindo todas as disciplinas formal-matemáticas. Essa proposição é de decisiva importância para a compreensão da relação da lógica formal, como lógica apofântica, e da ontologia formal universal.

§ 120. Posicionalidade e neutralidade na esfera das sínteses

Todas as sínteses propriamente ditas, e é estas que temos constantemente diante dos olhos, assentam-se sobre teses simples, a palavra entendida naquele sentido geral que fixamos acima, que abrange todas "intenções", todos "caracteres de atos"; e *elas mesmas* são teses, teses de nível mais alto.[100] Todas nossas constatações sobre atualidade e inatualidade, sobre neutralidade e posicionalidade, se transferem, por conseguinte, às sínteses, sem que se precise de mais desenvolvimentos.

Seria, por outro lado, necessário aqui uma investigação mais minuciosa para constatar de que diferentes maneiras a posicionalidade e a neutralidade das teses fundantes se relacionam com as teses fundadas.

Em geral, é claro — e não apenas para os atos fundados especiais que chamamos de sínteses —, que não se pode dizer sem mais que uma tese posicional de nível mais alto pressupõe apenas teses posicionais nos níveis mais baixos. Assim, uma intuição de essência atual é um ato posicional e não um ato neutralizado, fundado em alguma consciência intuitiva exemplar, que, por sua vez, pode ser uma consciência neutra, uma consciência de imaginação. O mesmo vale para um prazer estético no tocante ao objeto de prazer em sua aparição, para uma consciência de imagem no tocante à "imagem" que é figurada.

Se consideramos agora o grupo de sínteses que nos interessa, reconhecemos desde logo que *nele toda síntese é dependente, em seu caráter*

---

[100] De resto, o conceito de síntese contém uma ambivalência pouco prejudicial, uma vez que ele designa, ora o fenômeno sintético pleno, ora o mero "caráter de ato" sintético, a tese mais alta do fenômeno.

posicional, do caráter das noeses fundantes; mais precisamente, que ela é (e só pode ser) posicional, se todas as subteses são posicionais, e é neutra, se elas não o são.

Um coligir, por exemplo, é ou coligir efetivo, ou coligir no modo do "como se", ele é efetiva ou neutralizadamente tético. No primeiro caso, todos os atos referidos a membros individuais da coleção são teses efetivas, no segundo caso, não. O mesmo se dá com todas as demais sínteses das classes que se refletem nas sintaxes lógicas. Jamais a neutralidade pura pode operar para sínteses posicionais, ela tem no mínimo de ser transformada em "estipulações", em premissas e conclusões hipotéticas,[101] em nominalizações estipuladas hipoteticamente, como, por exemplo, o "Pseudo-Dionísio" e assim por diante.

§ 121. As sintaxes dóxicas na esfera da afetividade e da vontade

Se agora nos perguntamos como as sínteses desse grupo chegam a se exprimir em formas sintáticas das proposições enunciativas, as quais são sistematicamente desenvolvidas pela teoria das formas lógicas das proposições, a resposta está à mão. Elas são justamente, assim diremos, *sínteses dóxicas*, ou, como também poderemos dizer, lembrando das sintaxes lógico-gramaticais nas quais elas são expressas, *sintaxes dóxicas*. Da essência específica dos atos dóxicos fazem parte as sintaxes do "e", as formas plurais, as sintaxes do "ou", da posição relacional de um predicado tendo por base a posição de um sujeito etc. Que no sentido lógico "crença" e "juízo" sejam muito aparentadas (caso não se queira simplesmente identificá-los), que sínteses de crença recebam sua "expressão" nas formas das proposições enunciativas, ninguém o porá em dúvida. Por mais correto que isso seja, deve-se, no entanto, ver com clareza que a apreensão aqui indicada não compreende toda a verdade. Essas sínteses do "e", do "ou", do "se", do "porquê", do "assim", em suma, as sínteses que se dão antes de tudo como doxas, não são de modo algum *meramente* dóxicas.

É um fato fundamental[102] que tais sínteses também fazem parte da essência própria das teses não dóxicas, e isso no seguinte sentido.

Há indubitavelmente algo como alegria no coletivo, prazer no coletivo, querer no coletivo etc. Ou, como o costume exprimir, ao lado do "e" dóxico

---

[101] Em alemão, Ansätze (estipulações), *Vordersätze* (premissas) e conclusões (*Nachsätze*) pertencem à mesma família do *Satz* (proposição). Cf. a nota do tradutor à p. 224.
[102] O autor deparou com ele (já faz agora mais de um decênio) ao tentar realizar a ideia de uma axiologia e de uma prática formais, como análogos da lógica formal.

(lógico), há também um "e" axiológico e prático. O mesmo vale para o "ou" e para todas as sínteses como esta. Por exemplo: a mãe que olha amorosamente para sua prole, abrange, num *único* ato de amor, cada criança individualmente e todas em conjunto. A unidade do ato coletivo de amor não é um amor com o acréscimo de uma representação coletiva, mesmo adicionada ao amor como seu embasamento necessário. O amor mesmo é um amor coletivo, ele tem tantos raios quanto a representação e, eventualmente, o juízo plurais que lhe são "subjacentes". Podemos falar abertamente de um amor plural, exatamente no sentido em que falamos de representar ou julgar plurais. As formas sintáticas entram na essência dos próprios atos afetivos, isto é, na camada tética própria específica a eles. Já que isso não pode ser desenvolvido aqui em relação a todas as sínteses, o exemplo dado basta como indicação.

Lembremo-nos, porém, do parentesco eidético entre teses dóxicas e teses em geral, que foi acima investigado. Em toda tese em geral está oculta uma tese paralela, segundo aquilo que ela opera noematicamente, por exemplo, como esta intenção de amor. O paralelismo entre as sintaxes pertencentes à esfera das teses dóxicas e as sintaxes de todas as outras teses (o paralelismo do "e", "ou" dóxicos etc. com "e", "ou" valorativos ou volitivos) é manifestamente um caso particular do mesmo parentesco eidético. Pois os atos sintéticos de afeto — vale dizer, sintéticos respectivamente às formas sintáticas aqui discutidas — constituem *objetividades sintéticas de afeto*, que são trazidas à objetivação explícita mediante atos dóxicos correspondentes. A prole amada como *objeto de amor* é um coletivo; quer dizer, aplicando-se correlativamente o que se desenvolveu acima, não só um coletivo de coisas *acrescido de* um amor, mas um *coletivo de amor*. Assim como, no aspecto noético, um raio de amor que parte do eu se divide num feixe de raios, cada um dos quais dirigidos para um objeto individual, assim também o coletivo de amor como tal se divide em tantos *caracteres noemáticos de amor* quantos são, a cada vez, os objetos coligidos, e tantos são também os caracteres posicionais que se ligam sinteticamente na unidade noemática de um caráter posicional.

Vemos que todas essas formas sintáticas são formas paralelas, isto é, elas pertencem tanto aos próprios atos de afeto, com seus componentes e sínteses afetivos específicos, como às posicionalidades dóxicas que lhes são paralelas e a eles unidas por essência, as quais podem ser deles extraídas mediante mudanças adequadas do olhar para as suas camadas inferiores e superiores. Naturalmente, isso pode ser transferido da esfera noética para a noemática. O "e" axiológico abriga essencialmente um "e" dóxico, toda forma axiológica sintática do grupo aqui tratado abriga uma forma lógica, exatamente como todo correlato noemático simples encerra um "ser" ou uma outra modalidade de ser e, como substrato dela, a forma do "algo" e as demais formas a ela pertencentes. É sempre às mudanças particulares, eideticamente possíveis, do olhar e aos procedimentos téticos ou dóxico-sintéticos nelas inclusos que cabe configurar, a partir de um ato afetivo — em que por assim dizer vivemos apenas afetivamente, sem atualizar, pois, as potencialidades dóxicas —, um novo ato no qual a objetividade afetiva antes apenas potencial se transforme numa objetividade afetiva atual, explicitada em sua doxa e, eventualmente, trazida à expressão. É todavia possível, e bastante comum na vida empírica, que olhemos, por exemplo, para vários objetos intuitivos, pondo-os em termos dóxicos; que efetuemos ao mesmo tempo um ato afetivo sintético, por exemplo, uma unidade de prazer coletivo ou de um ato afetivo de escolha, de um prazer que prefere uma coisa a outra, ou de um desprazer que pretere uma a outra; e, no entanto, não mudamos doxicamente todo o fenômeno. Nós o mudamos, porém, quando fazemos um enunciado, por exemplo, sobre nosso prazer com uma pluralidade de coisas ou com uma dentre elas, sobre a vantagem de uma sobre a outra etc.

Não é preciso enfatizar como a realização cuidadosa dessas análises é importante para o conhecimento da essência de objetividades, significações e modos de consciência axiológicos e práticos, para os problemas, portanto, da "origem" dos conceitos e conhecimentos éticos, estéticos e outros que têm parentesco de essência com eles.

Visto que resolver problemas fenomenológicos não é propriamente nossa tarefa aqui, mas elaborar cientificamente os problemas capitais da fenomenologia, delineando as direções de investigação a eles conexas, já é o bastante para nós ter trazido as coisas até este ponto.

§ 122. Modos de efetuação das sínteses articuladas. O "tema"

No reino das teses e sínteses encontra-se um grupo importante de modificações gerais, e aqui é o melhor lugar para encetarmos uma breve discussão indicativa a seu respeito.

Uma síntese pode ser *efetuada* passo a passo, ela vem a ser, surge em *produção originária*. Essa originariedade do vir-a-ser no fluxo de consciência é totalmente peculiar. A tese e síntese vêm a ser a cada novo passo dado atualmente pelo eu puro; ele mesmo vive em cada passo e "surge com ele". Posição, aposição, pressuposição, posposição etc. são sua *espontaneidade e atualidade livres;* ele não vive nas teses como um passivo estar nelas, mas elas são irradiações dele como de uma fonte originária de produções. Toda tese começa por um *ponto de iniciação*, pela *posição* de um ponto de *origem;* tal é a primeira tese, assim como toda outra tese no encadeamento da síntese. Essa "iniciação" já pertence à tese como tal, enquanto modo da atualidade originária que merece atenção. É algo assim como o *fiat*, como o ponto de iniciação do querer e do agir.[103]

Não se deve, porém, confundir geral e particular. O decidir-se espontaneamente, o fazer voluntário e executante é um *ato* entre outros atos; suas sínteses são sínteses particulares entre outras. Mas *todo* ato, de qualquer espécie que seja, pode começar *nesse modo da espontaneidade desse início, por assim dizer, criador*, no qual o eu puro faz sua entrada como sujeito da espontaneidade.

Esse modo de iniciação passa, imediatamente e por uma necessidade de essência, a um outro modo. Por exemplo, a *apreensão*, o ato de *apresamento* perceptivo se converte de imediato e sem interrupção no "*ter nas mãos o apreendido*".

Uma nova alteração modal intervém se a tese foi mero passo para uma síntese, se o eu puro efetua um novo passo, e se ele, em integral unidade da consciência sintética, "*ainda" continua "mantendo" preso* o há pouco apreendido: apreendendo o novo objeto temático, ou melhor, apreendendo um novo componente do tema total como tema primário, mas mantendo ainda o componente antes apreendido como pertencente ao mesmo tema total. Por exemplo, ao coligir eu não abro mão daquilo que foi há pouco apreendido perceptivamente, se volto o olhar para a apreensão do novo objeto. Ao efetuar uma demonstração, eu percorro passo a passo as ideias das premissas; não abandono nenhum passo sintético, o que obtive não me escapa das mãos, mas o modo de atualidade se alterou essencialmente com a efetuação da nova atualidade temática originária.

Por certo, *também* se trata aí de obscurecimentos, mas de modo algum *apenas* deles. Em comparação com as diferenças de clareza e obscuridade, as diferenças que vimos tentando descrever apresentam uma dimensão inteiramente nova, embora ambas as diferenças estejam intimamente entrelaçadas.

Notamos ainda que as novas diferenças, não menos que a de clareza e que todas as demais diferenças intencionais, estão sob a lei da correlação entre noese e noema. Mais uma vez, portanto, a cada tipo de modificação noética de atualidade aqui em questão corresponde uma modificação noemática. Ou seja, o

---

[103] Ponto de iniciação: em alemão, *Einsatzpunkt*. Husserl emprega agora *Einsatz*, também da mesma família lexical de *Satz* (proposição) e *Setzung* (posição). *Einsatzpunkt* é o momento inicial não como simples ponto de partida, pois supõe uma ação, uma iniciativa. Um bom exemplo para entender o termo é o momento de "ataque", de "entrada" de um instrumento numa obra musical. (NT)

modo de doação daquilo que, nas variações da tese ou nos passos da síntese, é o "intencionado como tal" se altera, e essas alterações podem ser mostradas a cada novo conteúdo noemático mesmo e nele destacadas como uma camada própria.

Se desta maneira o modo de atualização (dito noematicamente, o modo de doação) — abstraindo-se das alterações no fluxo contínuo — varia necessariamente segundo certos *tipos discretos*, sempre permanece, no entanto, através das variações, algo comum em essência. Noematicamente se conserva um "o quê" como *sentido* idêntico; do lado noético, o correlato desse sentido, além de toda a forma da articulação segundo teses e sínteses.

No entanto, tem-se agora uma nova modificação eidética. O eu puro pode *retirar-se* inteiramente das teses, ele *abre "mão" dos correlatos téticos: ele "se volta para um outro tema"*. Aquilo que ainda há pouco era seu tema (teórico, axiológico etc.), com todas as suas articulações, mesmo que mais ou menos obscurecidas, não desapareceu da consciência, ainda se tem consciência dele, embora não mais seja mantido em apreensão temática.

Isso vale tanto para teses isoladas como para membros de sínteses. Eu estou mergulhado em reflexão, um apito vindo da rua me desvia momentaneamente do meu tema (aqui um tema de pensamento). Um instante de direcionamento para o som, mas logo retorno ao velho tema. A apreensão sonora não se extinguiu, ainda se tem consciência modificada do apito, embora ele já não seja mantido na apreensão espiritual. Ele não pertence ao tema — nem tampouco a um tema paralelo. Repare-se que essa possibilidade de *temas* e sínteses temáticas simultâneos, *que eventualmente se impõem e "atrapalham"*, ainda aponta para outras modificações possíveis; da mesma maneira, a designação "*tema*", referida a todas as espécies fundamentais de atos e sínteses de ato, constitui um tema importante das análises fenomenológicas.

§ 123. Confusão e distinção como modos de efetuação de atos sintéticos

Consideremos agora ainda modalidades de efetuação que, por assim dizer, estão na direção oposta do modo privilegiado da atualidade originária. Um pensamento, simples ou provido de diversas teses, pode aflorar como pensamento "*confuso*". Ele se dá, além disso, como uma representação simples, sem nenhuma articulação tética atual. Lembramo-nos, por exemplo, de uma demonstração, de uma teoria, de uma conversa — ela "nos ocorre". A princípio, não estamos voltados para ela, ela assoma ao "fundo". Então um olhar do eu se volta para ela num raio único, apreendendo num só ato de apresamento a respectiva objetividade noemática. Pode-se iniciar então um novo processo, a rememoração confusa se converte em rememoração *distinta* e clara: passo a passo nos lembramos do andamento da demonstração, produzimos "de novo" as teses da prova, percorremos "de novo" os estágios da conversa de ontem etc. Naturalmente, tal reprodução no modo da rememoração, da reprodução das produções originárias "anteriores", não é essencial. Só temos, por exemplo, uma *nova* ideia teórica para a execução de uma teoria complicada primeiro de maneira unida e confusa, e então nós a desenvolvemos em passos efetuados por nossa livre atividade e a transformamos em atualidades sintéticas. Tudo o que foi indicado pode, obviamente, ser referido de igual maneira a todas as espécies de ato.

Essa importante diferença entre *confusão* e *distinção* desempenha um papel relevante na fenomenologia das "expressões", das representações expressivas, dos juízos, dos atos afetivos etc., a ser tratada mais adiante. Pense-se apenas no modo como costumamos apreender as já bastante complicadas construções sintéticas que constituem o "conteúdo de pensamento" de nossas leituras, e pondere-se, em comparação com a dita camada de pensamento subjacente às expressões, o quanto é trazido à atualização originária efetiva na compreensão daquilo que se lê.

§ 124. A camada noético-noemática do "logos". Significar e significação

A todos os atos até agora considerados se entrelaçam as camadas de ato expressivas, "lógicas" no sentido específico, nos quais o paralelismo de noese e noema não deve se tornar menos manifesto. A ambiguidade geral e inevitável do linguajar, que é condicionada por esse paralelismo e se mostra atuante onde quer que tais relações sejam formuladas linguisticamente, também ocorre naturalmente quando se fala de expressão e significação. A ambiguidade só é perigosa enquanto não é reconhecida como tal ou enquanto as estruturas paralelas não forem separadas. Mas se isso ocorre, então só devemos nos preocupar com que a cada vez permaneça fora de dúvida a qual das estruturas a fala deve se referir.

Começamos pela conhecida distinção entre o lado sensível, corpóreo, por assim dizer, da expressão e seu lado não sensível, "espiritual". Não precisamos entrar em discussão mais detida do primeiro; tampouco no modo de unificação de ambos os lados. Com eles, obviamente, também se designam problemas fenomenológicos que não são sem importância.

Voltamos nosso olhar exclusivamente para "significar" e "significação". Essas palavras se referiam originalmente apenas à esfera linguística, a da "expressão". Mas é quase inevitável, e ao mesmo tempo um passo importante no conhecimento, ampliar a significação dessas palavras e modificá-la adequadamente, pelo que de certo modo ela pode ser aplicada a toda a esfera noético-noemática: pode, portanto, ser aplicada a todos os atos, quer estes estejam entrelaçados com atos expressivos, quer não.[104] Assim, também continuamos a falar de "sentido" — palavra que, no entanto, é em geral empregada com o mesmo valor que "significação" — em todas os vividos intencionais. Para melhor distinção, vamos preferir a palavra *significação* para o conceito antigo e, em particular, na locução complexa "*significação lógica*" ou "*significação expressiva*".

Para começar com um exemplo, digamos que há um objeto na percepção, com um sentido determinado, posto monoteticamente em plenitude determinada. Efetuamos, como normalmente costuma ocorrer sem dificuldade na primeira apreensão perceptiva simples, uma explicitação do dado e pomos todas as partes e momentos destacados em referimento a um único aspecto: por exemplo, segundo o esquema "isto é branco". Esse processo não requer o mínimo de "expressão", nem expressão no sentido da verbalização da palavra, nem no do significado da palavra, o qual aqui também pode existir independentemente da verbalização (como se esta fosse "esquecida"). Se, no entanto, *pensamos* ou *enunciamos*: "Isto é branco", então também há ali uma nova camada, unificada ao "visado como tal" de forma puramente perceptiva. Tudo o que se recorda, tudo o que se imagina como tal também é explicável e exprimível dessa maneira. Tudo o que "se visou como tal", todo visado no sentido noemático (e justamente como núcleo noemático), de um ato qualquer é *exprimível mediante "significações"*. Estipulamos, pois, em geral:

Significação lógica é uma expressão.

Só se pode dizer que verbalização é expressão, porque a significação a ela pertencente exprime; o exprimir está originariamente nela contido. "Expressão" é uma forma que merece ser notada, que pode se ajustar a todo e qualquer "sentido" (ao "núcleo" noemático) e alçá-lo ao reino do *logos*, do *conceitual* e, assim, do *geral*.

Estas últimas palavras, além disso, são entendidas numa significação de todo precisa, que deve ser distinguida de todas as suas demais significações. Com o

---

[104] A esse respeito, cf. *Filosofia da Aritmética*, pp. 28 e segs., na qual já se faz distinção entre "descrição psicológica de um fenômeno" e "indicação de sua significação", e se fala de um "conteúdo lógico" em contraposição ao conteúdo psicológico.

que acaba de ser indicado, assinala-se em geral um grande tema de análises fenomenológicas, que são fundamentais para a clarificação eidética do pensamento lógico e de seus correlatos. No aspecto noético, a designação "exprimir" indica uma camada particular de ato, ao qual todos os demais atos, cada um a seu jeito, devem ser ajustados e a ele fundidos de uma maneira digna de atenção, isto é, de modo que todo sentido de ato noemático e, consequentemente, a referência nele contida à objetividade seja marcada "conceitualmente" no noemático da expressão. Há para tanto um meio intencional próprio cuja marca distintiva consiste, por essência, em espelhar, por assim dizer, segundo forma e conteúdo, qualquer outra intencionalidade, em figurá-la numa coloração própria e em dar-lhe sua forma própria de "conceptualidade". No entanto, as locuções que aqui acodem, como "espelhar" ou "figurar", devem ser aceitas com cuidado, já que o caráter figurado que faculta sua aplicação poderia facilmente induzir em erro.

Problemas extraordinariamente difíceis se ligam às designações "significar" e "significação".[105] Uma vez que, por seu conteúdo teórico, por tudo aquilo que nela é "doutrina" (teorema, demonstração, teoria), toda ciência se objetiva no meio especificamente "lógico", no meio da expressão, os problemas de expressão e significação são os que de imediato se apresentam para o filósofo e para o psicólogo guiados por interesses lógicos gerais, e são também os primeiros que requerem investigações fenomenológicas de essência, tão logo se procure seriamente chegar ao fundamento delas.[106] A partir daí se é levado a perguntar como se deve entender a "expressão" do "expresso", como os vividos expressivos se relacionam com os não expressivos e o que a intervenção da expressão acarreta para estes últimos: a resposta deve ser buscada na "intencionalidade" deles, no "sentido imanente" a eles, na "matéria" e qualidade (isto é, o caráter de ato da tese); na distinção entre esse sentido e os momentos eidéticos que se encontram no pré-expressivo, entre a significação do próprio fenômeno expressivo e os momentos que lhe são próprios etc. Vê-se muitas vezes na literatura atual o quão pouco os grandes problemas aqui indicados costumam ser apreciados em conformidade com seu sentido pleno e profundo.

Abstraindo-se de que ela empresta justamente expressão a todas as outras intencionalidades, a camada da expressão — e isto constitui a sua especificidade — não é produtiva. Ou se se quiser: sua produtividade, *seu desempenho em termos*

---

[105] Como se vê pelo segundo volume das *Investigações lógicas*, no qual elas constituem um tema capital.
[106] Este foi, com efeito, o caminho pelo qual as *Investigações lógicas* buscaram penetrar na fenomenologia. Um segundo caminho partindo do lado oposto, a saber, da experiência e dos dados sensíveis, que o autor seguiu desde o início dos anos 1890, não alcançou plena expressão naquela obra.

noemáticos se esgota na expressão e na *forma do conceitual*, que se introduz pela primeira vez junto com esta.

Em seu caráter tético, além disso, a camada expressiva está, por essência, perfeitamente de acordo com a camada que recebe a expressão, e nessa coincidência ela acolhe de tal modo em si a essência desta, que a representação expressa é por nós chamada justamente de representação, a crença, a conjectura, a dúvida expressas, elas mesmas e no todo, são por nós chamadas de crença, conjectura, dúvida; da mesma maneira, chamamos o desejo ou querer expressos de desejo, querer. É claro que a diferença entre posicionalidade e neutralidade também invade o campo da expressão, e já o mencionamos antes. A camada expressiva não pode ter uma tese posicional ou neutra qualificada de forma diferente que a tese da camada que recebe a expressão, e nessa coincidência das duas não encontramos duas teses a distinguir, mas *somente uma única tese*.

A explicação plena das estruturas aqui envolvidas traz dificuldades consideráveis. Se já não é fácil reconhecer que, tendo abstraído da camada de verbalização sensível, ainda há efetivamente um estrato da espécie que pressupusemos e, portanto, em qualquer caso — mesmo no de um pensamento ainda não claro, vazio, meramente verbal — uma camada da significação expressiva e uma camada inferior do expresso, tanto menos fácil ainda é a compreensão dos nexos eidéticos dessas camadas. Pois não se pode sobrecarregar a imagem das camadas, a expressão não é algo como um verniz que se passou por cima ou como uma roupa que se vestiu; ela é uma formação espiritual, que exerce novas funções intencionais na camada intencional inferior e dela recebe correlativamente funções intencionais. O que essa nova imagem quer dizer, tem de ser estudado nos próprios fenômenos e em todas as suas modificações essenciais. A compreensão das diferentes espécies de "generalidade" que ali surgem é particularmente importante: de um lado, há aquela que faz parte de toda expressão e momento de expressão, mesmo dependentes como "é", "não", "e", "se" etc.; de outro lado, há a generalidade dos "nomes gerais" como "ser humano", em contraposição aos nomes próprios como "Bruno"; há ainda aquela espécie que faz parte de uma essência sem forma sintática em si, em comparação com as diferentes generalidades de significação que acabam de ser mencionadas.

§ 125. As modalidades de efetuação na esfera lógico-expressiva e o método da clarificação

Para a clarificação das dificuldades apontadas é preciso levar manifestamente em particular consideração as diferenças acima tratadas[107] dos modos de atualidade: as modalidades da efetuação do ato, que concernem a todas as teses e sínteses e, portanto, também às teses e sínteses expressas. Isto, porém, de *dupla* maneira. De um lado, elas dizem respeito à camada de significação, à camada especificamente lógica; de outro, às camadas inferiores fundantes.

Quando estamos lendo, podemos efetuar, articuladamente e em livre atividade, qualquer significação e, além disso, ligar sinteticamente, da maneira prescrita, significações a significações. *Ao efetuar esses atos de significação no modo de produção própria*, obtemos total *distinção na compreensão "lógica"*.

Essa distinção pode se converter em confusões de todos aqueles modos acima descritos: a proposição que se acaba de ler mergulha em obscuridade, perde sua articulação viva, cessa de ser "tema", de estar "ainda mantida na apreensão".

Essa distinção e confusão devem, porém, ser separadas daquelas que concernem às camadas inferiores expressas. A compreensão distinta de uma palavra e de uma proposição (ou uma efetuação distinta, articulada dos atos de enunciação) se concilia com a *confusão das camadas subjacentes*. Essa confusão não quer dizer meramente falta de clareza, embora *também* queria dizer isso. A camada inferior pode ser uma unidade confusa (e na maior parte das vezes o é), que não traz atualmente em si mesma a sua articulação, mas a deve a seu mero ajuste à camada da expressão lógica, a qual é efetivamente articulada e efetuada em atualidade originária.

O significado metodológico disso é altamente importante. É assim que atentamos para o fato de que nossas discussões anteriores sobre o *método da clarificação*[108] carecem de complementos essenciais no que se refere ao enunciado, que é o elemento vital da ciência. É fácil designar o que falta para passar do pensamento confuso ao conhecimento propriamente dito e completamente explícito, para a efetuação distinta e ao mesmo tempo clara dos atos de pensar: antes de mais nada, enquanto ainda estiverem efetuados no modo da confusão, todos os *atos " lógicos"* (os atos de significação) precisam ser convertidos ao modo da atualidade espontânea originária, sendo, pois, necessário instaurar plena *distinção lógica*. Mas então é preciso operar algo análogo também na *camada inferior* fundante, tudo o que não é vivo tem de ser transformado em algo vivo, toda confusão em distinção, mas também toda não intuitividade em intuitividade. Só quando efetuamos esse trabalho na camada inferior, é que — caso incompatibilidades que nela se mostrem

---

[107] Cf. acima § 122, pp. 272 e segs.
[108] Cf. § 67, p. 148.

não tornem todo trabalho ulterior supérfluo — o método anteriormente descrito entra em ação; além disso, é preciso levar em conta que o conceito de intuição, da consciência clara de atos monotéticos, se transfere para os atos sintéticos.

De resto, como mostra uma análise mais aprofundada, isso depende de uma *espécie de evidência* que deve ser alcançada caso a caso, ou da camada à qual se aplica. Todas as evidências referentes a relações *lógicas puras*, a nexos eidéticos das *significações* noemáticas — aquelas evidências, portanto, que obtemos pelas leis fundamentais da lógica formal — requerem justamente o dado das significações, a saber, o dado das proposições que exprimem as formas prescritas pela lei de significação em questão. A dependência das significações implica que a exemplificação das configurações lógicas das essências, que proporciona a evidência da lei, também implica diferenças, e diferenças que recebem expressão lógica: tais *camadas inferiores não precisam, contudo, ser trazidas à clareza, se se trata de uma evidência lógica pura*. Em modificação correspondente, isso vale para todos os conhecimentos "analíticos" lógico-aplicados.

§ 126. Completude e generalidade da expressão

Deve-se destacar, além disso, a diferença entre expressão *completa* e *incompleta*.[109] A unidade do que exprime e do que é expresso no fenômeno é, por certo, unidade que tem certa coincidência, mas a camada superior não precisa se estender expressivamente sobre toda a camada inferior. A expressão é completa, se marca, em termos de conceito e significação, todas as formas sintéticas e materiais da camada inferior; ela é incompleta, se só o faz parcialmente: como quando, em vista de um evento complexo, por exemplo, a chegada de um carro que traz os convidados longamente esperados, gritamos para os que estão em casa: "O carro! Os convidados!" — Obviamente, essa diferença de completude se encontra com a da clareza e distinção relativas.

Uma incompletude de todo diferente à da que acaba de ser tratada é aquela que faz parte da essência da expressão como tal, isto é, de sua *generalidade*. O "gostaria de" exprime geralmente desejo, a forma imperativa exprime ordem, o "poderia ser", conjectura ou o conjecturado como tal etc. Tudo aquilo que determina mais precisamente na unidade da expressão é

---

[109] Cf. *Investigações lógicas*, volume II, Quarta Investigação, §§ 6 e segs.

novamente ele mesmo expresso de maneira geral. Está contido no sentido da generalidade inerente à essência da expressão que todas as particularidades do exprimido jamais possam se refletir na expressão. A camada da significação não é, e não é por princípio, uma espécie de reduplicação da camada inferior. Dimensões inteiras da variabilidade nesta última não entram de modo algum na significação expressiva, elas ou os correlatos dela não "se exprimem" de maneira alguma: o que ocorre com as modificações da clareza ou distinção relativas, as modificações da atenção etc. Mas também naquilo que o sentido particular do termo "expressão" indica subsistem diferenças essenciais em relação à maneira como as formas e as matérias sintéticas encontram expressão.

Também se deve apontar aqui a "dependência" de todas as significações de forma e de todas as significações sincategoremáticas em geral. Isoladamente, o "e", o "se", o possessivo isolado "do céu" são compreensíveis e, no entanto, dependentes, carentes de complemento. A questão aqui é o que significa essa necessidade de complemento, o que ela significa respectivamente a ambas as camadas e com respeito às possibilidades de significação incompleta.[110]

§ 127. Expressão dos juízos e expressão dos noemas afetivos

Haverá clareza em todos esses pontos, se for solucionado um dos mais antigos e difíceis problemas da esfera da significação, que até agora permaneceu sem solução justamente por falta das evidências fenomenológicas requeridas: o problema de *como o enunciado, enquanto expressão de um juízo, se relaciona com as expressões dos demais atos*. Temos predicações expressas nas quais se exprime um "É assim!" Temos conjecturas, perguntas, dúvidas expressas, assim como desejos, ordens expressas etc. Em termos linguísticos, o que se apresenta aqui são formas de proposição, em parte construídas de modo próprio, mas interpretáveis de modo dúbio: às proposições de enunciado se seguem as proposições de problema, de conjectura, de desejo, de ordem etc. Em sua origem, a controvérsia se referia à questão de saber se, abstraindo-se de sua verbalidade gramatical e de suas formas históricas, ali se tratava de espécies de significação de mesma ordem ou se na verdade todas essas expressões não são, segundo sua significação, proposições de enunciado. Neste último caso, todas as configurações de ato em questão, por

---

[110] Cf. § 5, e pp. 296 a 307.

exemplo, as da esfera da afetividade, que em si mesmas não são atos de juízo, só poderiam chegar à "expressão" passando pelo desvio de um juízo nelas fundado.

Referir, contudo, o problema inteiramente aos *atos*, às noeses, é insuficiente, e passar constantemente por alto os noemas, aos quais justamente o olhar está dirigido em tais reflexões de significação, é um obstáculo para a compreensão das coisas. Para poder chegar aqui tão-somente à correta posição do problema, é preciso em geral levar em conta as diferentes estruturas por nós mostradas: é preciso o conhecimento geral da correlação noético-noemática, enquanto correlação que perpassa todos os *intentionalia*, todas as camadas téticas e sintéticas; assim como da separação da camada de significação lógica e das camadas a ser por ela expressas; além disso, é preciso evidência nas direções de reflexão e direções de modificação eideticamente possíveis, aqui como na esfera intencional; mas é preciso especialmente evidência nas maneiras como cada consciência pode ser transposta a uma consciência de juízo, como a partir de cada consciência podem ser retirados *estados-de-coisa* do tipo noético e noemático. Como ressalta do encadeamento de toda a última série de análises de problemas, o problema radical a que finalmente somos reconduzidos pode ser assim formulado:

O meio da significação expressiva, esse meio propriamente dito do *logos*, *é um meio dóxico específico?* No ajuste da significação ao significado, *ele não coincide com o dóxico contido em toda posicionalidade?*

Isso não excluiria, naturalmente, que houvesse vários modos da expressão, digamos, dos vividos afetivos. Dentre eles, um único modo seria o direto, isto é, expressão simples do vivido (ou de seu noema, para empregar o sentido correlativo do termo "expressão") mediante ajuste imediato de uma expressão articulada ao vivido afetivo articulado, onde o dóxico seria coincidente com o dóxico. A forma *dóxica* intrínseca, segundo todos os seus componentes, ao vivido afetivo seria aquela, portanto, que possibilitaria o ajuste da expressão, como um vivido exclusivamente doxotético, ao vivido afetivo, que, como tal e segundo todos os seus membros, é multiplamente tético, mas necessariamente também doxotético.

Dito de maneira mais precisa, para ser fiel e completa, essa expressão direta só seria condizente com os vividos *dóxicos não modalizados*. Se não tenho certeza ao desejar, então não é correto se em ajuste direto digo: "Possa S ser p". Pois todo exprimir é, no sentido da apreensão posta em seu fundamento, um ato dóxico no sentido forte, isto é, uma certeza de crença.[111] Ele só pode, portanto, exprimir certezas (por exemplo, certezas de desejo, certezas de vontade). Em casos como este, a expressão só pode operar com fidelidade de maneira indireta, por exemplo, na forma: "Talvez S possa ser p". Assim que surjam modalidades, deve-se recorrer às teses dóxicas nelas contidas de maneira oculta, por assim dizer, nas matérias téticas modificadas, caso se queira obter uma expressão a mais ajustada possível.

Se aceitamos essa apreensão como correta, então seria preciso ainda acrescentar:

Sempre há *diversas possibilidades de expressões indiretas* com "desvios". Da essência de toda objetividade, não importa por que atos de fundação simples ou múltipla e sintética seja constituída, fazem parte várias possibilidades de explicação a ela referente; portanto, a todo ato, por exemplo, a um ato de desejo, podem se ligar diversos atos a ele referidos, a sua objetividade noemática, a todo o seu noema, podem se ligar encadeamentos de teses acerca do sujeito, teses acerca do predicado estabelecidas sobre aquelas últimas, nas quais o visado como desejo no ato originário é desenvolvido e expresso de forma correspondente. A expressão não é então ajustada ao fenômeno originário, mas *diretamente ao fenômeno predicativo* dele *derivado*.

Além disso, deve-se sempre notar que síntese *explicativa* ou *analítica* (juízo *antes* da expressão conceitual-significativa), enunciado ou *juízo no sentido habitual* e, finalmente, *doxa* (*belief*) são coisas que devem ser bem separadas. Aquilo que se chama de "teoria do juízo" é algo terrivelmente equívoco. Clarificação eidética da ideia de *doxa* não é a mesma coisa que clarificação dos enunciados ou das explicações.[112]

---

[111] Não se pode dizer que um exprimir *exprime* um ato dóxico, se por exprimir se entende, como fazemos sem exceção aqui, o próprio significar. Se, porém, o termo exprimir é referido à verbalização, então se poderia muito bem falar de maneira problemática, mas o sentido seria completamente modificado.

[112] Sobre todo este parágrafo, cf. o capítulo final da Sexta Investigação, *Investigações lógicas*, II. Vê-se que neste ínterim o autor não permaneceu no mesmo ponto e que, apesar do muito de controverso e de pouco amadurecido que havia ali, aquelas análises se movem na boa direção. Elas foram por diversas vezes contestadas, sem que, no entanto, se entrasse realmente nos novos motivos de pensamento e nas novas apreensões do problema que haviam sido buscados ali.

Quarta seção

Razão e efetividade

Capítulo I
O sentido noemático e a referência ao objeto

§ 128. Introdução

As incursões fenomenológicas do último capítulo nos introduziram razoavelmente em todas as esferas intencionais. Guiados pelo ponto-de-vista radical da separação da análise real e intencional, noética e noemática, por toda parte deparamos com estruturas que estão sempre a se ramificar. Não mais podemos nos furtar à evidência de que com essa separação se tem de fato uma estrutura fundamental que perpassa todas as estruturas intencionais, e tem, assim, de constituir um *leitmotiv* dominante do método fenomenológico e determinar o encaminhamento de todas as investigações referentes ao problema da intencionalidade.

É claro, ao mesmo tempo, que com essa separação se realça *eo ipso* a separação de duas regiões do ser radicalmente opostas e, no entanto, essencialmente referidas uma à outra. Assinalamos anteriormente que a consciência em geral tem de valer como uma região ontológica própria. Mas então reconhecemos que a descrição eidética da consciência remete à descrição daquilo de que nela se é consciente, reconhecemos que o correlato de consciência é inseparável da consciência e, no entanto, não está realmente nela contido. Foi assim que o noemático se separou como uma objetividade pertencente à consciência e, no entanto, *de tipo próprio*. Observamos ainda: enquanto os simples objetos (entendidos no sentido não modificado) se encontram sob gêneros mais altos fundamentalmente distintos, todos os sentidos de objeto e todos os noemas, tomados integralmente, pertencem por princípio a um único gênero supremo, por diferentes que eles possam ser em tudo o mais. O que, no entanto, também quer dizer que as essências "noema" e "noese" são inseparáveis uma da outra: toda diferença última, no lado noemático, remete eideticamente a diferenças últimas do lado noético. Isso naturalmente se transfere a todas as formações de gênero e espécie.

O conhecimento da dupla face eidética da intencionalidade segundo noese e noema tem por consequência que uma fenomenologia sistemática não pode direcionar unilateralmente seu foco para uma análise real dos vividos e, especialmente, dos vividos intencionais. No início, contudo, a tentação para isso é bastante grande, porque o caminho histórico e natural da psicologia à fenomenologia implica que o estudo imanente dos vividos puros, o estudo de sua essência própria é quase que obviamente entendido como um estudo de seus componentes reais.[113] Na verdade, abrem-se de ambos os lados grandes domínios para a investigação eidética, os quais, embora constantemente referidos um ao outro, se encontram, como se pode constatar, separados em vastos trechos. Em grande medida, aquilo que se tomou por análise de atos, por análise noética, foi inteiramente obtido em direcionamento do olhar para o "visado como tal", e assim, ali se descreveram estruturas noemáticas.

Nas nossas próximas considerações pretendemos direcionar o olhar para a estrutura geral do noema, sob uma perspectiva que, embora já mencionada com frequência, ainda não foi a perspectiva diretora para a análise noemática: *o problema fenomenológico da referência da consciência a uma objetividade* tem, antes de tudo, o seu lado noemático. O noema possui referência objetiva em si mesmo, e isso pelo "sentido" próprio a ele. Se perguntamos como ocorre que o "sentido" de consciência alcança o "objeto" que é o seu e que pode ser o mesmo em múltiplos atos de teor noemático bem diverso, como o vemos pelo sentido —, então resultam novas estruturas, cujo extraordinário significado é patente. Pois, progredindo nessa direção e refletindo, por outro lado, sobre as noeses paralelas, deparamos finalmente com a questão de saber o que quer propriamente dizer a "pretensão" da consciência de se "referir" a um objetivo, de "atingi-lo" efetivamente, ou como se explica fenomenologicamente, segundo noese e noema, a referência objetiva "válida" e "inválida": pelo que estamos perante os grandes *problemas da razão*, cuja clarificação no solo transcendental, cuja formulação como problemas *fenomenológicos* será nossa meta nesta seção.

---

[113] Esta é ainda a orientação das *Investigações lógicas*. Mesmo que a natureza das coisas tenha ali logrado, numa medida considerável, um desenvolvimento das análises noemáticas, estas, todavia, são antes tidas como índices das estruturas noéticas paralelas: ali o paralelismo de essência de ambas as estruturas ainda não chegou à clareza.

§ 129. "Conteúdo" e "objeto": o conteúdo como "sentido"

Nas nossas análises até agora, uma estrutura noemática universal desempenhou papel constante, sendo ela marcada por isto, que certo "*núcleo*" *noemático* se separa dos "*caracteres*" mutáveis a ele pertencentes, com os quais a concreção noemática aparece tragada no fluxo das modificações de diferentes espécies. Esse núcleo ainda não chegou a ser legitimado cientificamente. Ele se destacou em sua unidade e, nesta medida, em sua clareza para a intuição, de modo que podíamos nos referir em geral a ele. É tempo agora de considerá-lo mais de perto e de situá-lo no centro da análise fenomenológica. Tão logo isso se faça, emergirão diferenças universalmente significativas perpassando todos os gêneros de ato, e que servirão de guia para grandes grupos de investigação.

Comecemos pela equivocidade comumente encontrada na expressão "conteúdo de consciência". Por conteúdo entendemos o "sentido", do qual dizemos que, nele ou por meio dele, a consciência se refere a um objeto com sendo "seu". Nossa discussão terá, por assim dizer, como título e como meta a proposição:

Todo noema tem um "conteúdo", isto é, seu "sentido", e se refere, por meio dele, a "seu" *objeto*.

Em tempos recentes, tem-se com frequência ouvido elogiar, como um grande progresso, que agora finalmente se tenha chegado à distinção fundamental entre ato, conteúdo e objeto. Essas três palavras, assim reunidas, acabaram se tornando adágio, em particular desde o belo tratado de Twardowski.[114] Não obstante o grande e indubitável mérito que esse autor teve em discutir com percuciência certas confusões comuns e em evidenciar os erros, é preciso dizer que, na clarificação das essências conceituais aqui em questão, ele (o que não deve ser tomado como uma censura) não foi consideravelmente além daquilo que era muito bem conhecido dos filósofos das gerações anteriores (a despeito de suas confusões imprudentes). Um progresso radical não era absolutamente possível antes de uma fenomenologia sistemática da consciência. Se não forem fenomenologicamente clarificados, conceitos como "ato", "conteúdo", "objeto" das "representações" nos serão de pouca valia. Quanta coisa não pode ser chamada de ato e, sobretudo, de conteúdo de uma representação e mesmo de representação? É preciso, no entanto, conhecer cientificamente aquilo que pode receber tal denominação.

---

[114] K. Twardowski, *Para a doutrina do conteúdo e objeto das representações*. Viena, 1894.

Nesse aspecto, um primeiro passo e, quer me parecer, um passo necessário havia sido tentado mediante a relevância fenomenológica dada a "matéria" e "qualidade", mediante a ideia de "essência intencional", separada da "essência cognitiva". A unilateralidade do direcionamento noético do olhar no qual essas diferenciações foram efetuadas e concebidas é facilmente afastada caso se levem em consideração os paralelos noemáticos. Podemos, pois, entender os conceitos noematicamente; a "qualidade" (qualidade do juízo, qualidade do desejo etc.) nada mais é que aquilo que até agora tratamos como "caráter de posição", como caráter "tético" no sentido mais amplo. A expressão, proveniente da psicologia contemporânea (de Brentano), parece-me agora pouco adequada; toda espécie própria de tese tem sua qualidade, mas não deve ela mesma ser designada como qualidade. Manifestamente, a matéria, que é a cada vez o "o quê", que recebe da "qualidade" a característica posicional, corresponde agora ao "núcleo noemático".

A tarefa então é o desenvolvimento consequente desse início, a clarificação mais profunda, a dissecação desses conceitos e seu correto desenvolvimento em todos os domínios noético-noemáticos. Cada progresso realmente alcançado nessa direção deve ser de extraordinária importância para a fenomenologia. Não se trata, com efeito, de aspectos específicos, laterais, mas de momentos essenciais, que se situam no centro da estrutura de todo vivido intencional.

Para chegarmos mais perto das coisas, comecemos pela reflexão seguinte.

O vivido intencional, costuma-se dizer, tem "*referência ao objeto*"; mas também se pode dizer que ele é "*consciência de algo*", por exemplo, consciência de uma macieira em flor, desta macieira aqui neste jardim. Em exemplos como este, a princípio não consideraremos necessário manter separados os dois modos de falar. Se nos lembramos de nossas análises precedentes, encontramos a noese plena referida ao noema pleno, na condição de seu "o quê" intencional e pleno. Mas claro que essa referência não pode ser a mesma que a que é visada quando se fala da referência da consciência a sua objetividade intencional; pois a cada momento noético e, especialmente, tético-noético corresponde um momento no noema, e, neste, o núcleo noemático se separa do complexo de caracteres mediante os quais é caracterizado. Se nos lembrarmos, além disso, do "olhar para", que sob certas circunstâncias atravessa a noese (o *cogito* atual) e transforma os momentos téticos específicos em focos da atualidade posicional do eu, e se considerarmos exatamente como, junto com estes, o eu se direciona para a objetividade, enquanto eu que apreende o ser ou que conjectura, deseja etc., se consideramos como seu olhar atravessa o núcleo noemático —, então notaremos que, ao falar de referência (e especialmente de "direcionamento") da consciência ao seu objeto, somos remetidos ao momento *mais interno* do noema. Este não é o próprio núcleo há pouco assinalado, mas algo que constitui, por assim dizer, o ponto central necessário do núcleo e opera como "suporte" para as propriedades noemáticas que lhe pertencem especialmente, isto é, para as propriedades noemáticas modificadas do "visado enquanto tal".

Tão logo adentremos mais precisamente nisso, nós nos compenetraremos de que, de fato, a diferença entre "conteúdo" e "objeto" não deve ser observada apenas em relação à "consciência", ao vivido intencional, mas também em relação ao *noema tomado em si mesmo*. Pois também o noema se refere a um objeto e possui um "conteúdo", por intermédio" do qual ele se refere ao objeto, pelo que o objeto é o mesmo que o da noese; e é assim que o "paralelismo" mais uma vez integralmente se confirma.

§ 130. Delimitação da essência "sentido noemático"

Aproximemo-nos um pouco mais dessas estruturas dignas de nota. Simplificaremos nossa reflexão deixando de lado as modificações da atenção; restringir-nos-emos, além disso, aos atos posicionais em cujas teses vivemos ou, dependendo da sequência de níveis da fundação, viveremos, sobretudo, ora numa, ora noutra das teses parciais, enquanto as demais estarão efetuadas, mas numa função secundária. Que a validez geral de nossas análises não sofrerá o mínimo com tais simplificações, isso se tornará depois patente sem dificuldade. Trata-se para nós precisamente de uma essência que é insensível a tais modificações.

Se, portanto, nós nos colocamos num *cogito* vivo, ele por sua essência possuirá, no sentido eminente, "direção" a uma objetividade. Noutras palavras, de seu noema faz parte uma "objetividade" — entre aspas — com uma certa composição noemática, deslindada numa descrição de delimitação precisa, a saber, numa tal que, *enquanto descrição do "objeto visado, tal como ele é visado", evita todas as expressões "subjetivas"*. Nela se empregam expressões formal-ontológicas, tais como "objeto", "propriedade", "estado de coisas"; expressões material-ontológicas como "coisa", "figura", "causa"; determinações de coisa como "áspero", "duro", "colorido" — todas elas conservando suas aspas e, portanto, o seu sentido noemático modificado. Na descrição desse objeto visado como tal devem, ao contrário, ser *excluídas* expressões como "para a percepção", "na recordação", "intuitivamente claro", "pelo pensar", "dado" — que pertencem a uma outra dimensão de descrições, não ao objeto *que* é trazido à consciência, mas *à maneira como* ele é trazido. Na aparição de um objeto-coisa, ao contrário, seria novamente cabível dizer, no âmbito da descrição em questão: de "frente", ele tem tal e tal *determinação* de cor, forma etc., pelo lado de trás, ele possui "uma" cor, porém "*não determinada com mais precisão*", em tais ou quais aspectos permanece em geral "*indeterminado*" se ele é de uma maneira ou de outra.

Isso não vale apenas para objetos naturais, mas de modo inteiramente geral, por exemplo, para objetividades de valor; da descrição destas faz parte a descrição da "coisa" visada e, além disso, a indicação dos predicados do "valor", tal como quando dizemos, de uma árvore que aparece, que ela, "no sentido" de nossa visada valorativa, está coberta de flores que exalam um cheiro "magnífico". Os predicados de valor, além disso, também têm suas aspas, eles não são predicados de um valor puro e simples, mas de um noema de valor.

Assim, *em todo noema* se delimita manifestamente *um conteúdo* inteiramente *preciso*. Toda consciência tem o seu "*o quê*", e tudo o que é visado possui "sua" objetividade; é evidente que, a cada consciência, temos em princípio de poder efetuar uma tal descrição noemática dele, "exatamente como ele é visado"; pela explicação e apreensão conceitual obtemos um conjunto fechado de *predicados* formais ou materiais, de *predicados* de coisa determinados ou até "indeterminados" ("visados no vazio"),[115] e estes, em sua *significação modificada*, determinam o "*conteúdo*" do núcleo objetivo do noema aqui em discussão.

§ 131. O "objeto", o "X determinável no sentido noemático"

Os predicados são, porém, predicados de "*algo*", e este "algo" também pertence, e de maneira manifestamente inseparável, ao núcleo em questão: ele é o ponto central de unidade que falamos acima. Ele é o ponto de unificação ou "suporte" dos predicados, mas de maneira alguma a unidade deles no sentido em que algum complexo, alguma ligação de predicados poderia ser chamada de unidade. Ele tem necessariamente de ser diferenciado destes, embora não colocado ao lado ou separado deles, da mesma maneira que, inversamente, eles mesmos são *seus* predicados: impensáveis sem ele e,

---

[115] Esse vazio da indeterminação não deve ser confundido com o vazio da intuição, com o vazio da representação obscura.

todavia, distinguíveis dele. Dizemos que, no progresso contínuo ou sintético da consciência, o objeto intencional não cessa de ser trazido à consciência, mas ele se "dá" sempre "de outro modo"; ele é "*o mesmo*", apenas dado em outros predicados, com um outro conteúdo de determinação, "ele" se mostra apenas de diferentes lados, e se não fosse assim, os predicados que permaneceram indeterminados teriam se determinado mais precisamente; ou "o" objeto permaneceu sem modificação nesse trecho da doação, enquanto "ele", o idêntico, se altera e, mediante essa alteração, ganha em beleza, perde em utilidade etc. Se a *descrição noemática* do visado como tal é assim entendida sem interrupção, e se essa descrição, o que é sempre possível, se efetua em pura adequação, então o "objeto" intencional idêntico se separa evidentemente de seus "predicados" oscilantes e alteráveis. Ele se separa *como momento noemático central*: o "*objeto*", o "*objecto*",[116] o "idêntico", o "sujeito determinável de seus predicados possíveis" — *o puro X por abstração de todos os predicados* —, e se separa *de* todos esses predicados ou, mais precisamente, de todos os noemas de predicados.

É a esse objeto *único* que subordinamos diversos modos da consciência, atos ou noemas de ato. O que manifestamente nada tem de contingente; nada é pensável sem que também diversos vividos intencionais sejam pensáveis, vinculados numa unidade contínua ou propriamente sintética (politética), nos quais "ele", o objeto, é trazido à consciência como idêntico e, todavia, em modos noemáticos diferentes: é assim que o núcleo caracterizado é um núcleo alterável, e o "objeto", o puro sujeito dos predicados, um objeto idêntico. É claro que já podemos considerar cada parcela da duração imanente de um ato como um "ato" e o ato inteiro como certa unidade concordante dos atos ligados em continuidade. Podemos então dizer: vários noemas de atos sempre possuem *diferentes núcleos*, mas de tal modo que, apesar disso, eles se juntam *na unidade da identidade*, numa unidade na qual o "algo", o determinável, que está contido em cada núcleo, é trazido à consciência como idêntico.

Da mesma maneira, atos *separados*, como, por exemplo, duas percepções ou uma percepção e uma recordação, podem se juntar numa unidade "concordante", e em virtude da especificidade dessa junção, que manifestamente não é estranha à essência dos atos conjugados, o "algo" dos núcleos antes separados, algo determinado, ora desta, ora de outra maneira, é trazido à

---

[116] Utilizando as duas grafias, a tradução tenta diferenciar o termo vernáculo *Gegenstand* e o latinismo *Objekt*, ambos significando "objeto". (NT)

consciência como o mesmo algo ou como sendo, sem nenhuma discordância, o mesmo "objeto".

Assim, pois, em cada noema se encontra um tal algo que é puro objeto como ponto de unidade, e ao mesmo tempo vemos como, pelo aspecto noemático, devem ser distinguidos dois conceitos de objeto: o puro ponto de unidade, esse "*objeto" noemático "pura e simplesmente*" e o "*objeto no como de suas determinidades*" — incluindo as indeterminidades "que permanecem em aberto" e são também concomitantemente visadas nesse modo. Esse "como", além disso, deve ser tomado exatamente tal qual é prescrito a cada ato e, portanto, tal qual pertence efetivamente a seu noema. O "sentido", de que reiteradamente falamos, é esse "*objeto" noemático no seu "como*", com tudo aquilo que a *descrição acima caracterizada* pode nele encontrar de maneira evidente e exprimir em conceito.

Atente-se para que agora tivemos a precaução de dizer "sentido", e não "núcleo". Pois se constatará que, para obter o núcleo efetivo, inteiramente concreto do noema, teremos ainda de levar em conta uma dimensão de diferenças que não fora marcada na descrição anteriormente caracterizada e que define, para nós, o sentido. Se aqui nos detemos antes de tudo puramente naquilo que ela apreende, então o "sentido" é uma parte fundamental do noema. Ele é em geral um sentido que muda de noema para noema, mas um sentido absolutamente igual e eventualmente caracterizado até como sentido "idêntico"; nesta medida, o "objeto no como de suas determinidades" está ali, em ambos os casos, como o mesmo e a ser descrito de maneira absolutamente igual. Ele não pode faltar em noema algum, nem tampouco o seu centro necessário, o ponto de unidade, o puro X determinável. Não há "sentido" sem o "algo" e, mais uma vez, sem "conteúdo determinante". É evidente, além disso, que este não é inserido somente pela análise e descrição posteriores, mas está efetivamente contido, como condição de possibilidade da descrição evidente e antes dela, no correlato da consciência.

Pelo suporte de sentido (como X vazio) do sentido e pela *possibilidade*, fundada na essência dos sentidos, de ligar coerentemente quaisquer níveis de unidades de sentido, todo sentido não possui apenas seu "objeto", mas diferentes sentidos se referem ao *mesmo* objeto, justamente porque devem ser ordenados em unidades de sentido nas quais *acaba havendo coincidência entre os X determináveis dos sentidos unificados e deles com o X do sentido completo a cada respectiva unidade de sentido*.

Nossa exposição pode ser transferida dos atos monotéticos para os *sintéticos* e, mais distintamente, para os politéticos. Numa consciência articulada teticamente, cada membro possui a estrutura noemática descrita; cada consciência tem seu X com seu "conteúdo determinante"; mas, afora isso, o noema do ato sintético completo tem, em relação à tese "arcôntica",[117] o X sintético e *seu* conteúdo determinante. Na efetuação do ato o raio do olhar do eu puro, dividindo-se numa multiplicidade de raios, se dirige para o X que vem à unidade sintética. À transformação da nominalização, modifica-se o fenômeno sintético inteiro, e de tal modo que um raio de atualidade se dirige para o X sintético mais alto.

§ 132. O núcleo como sentido no modo de sua plenitude

O sentido, tal como o determinamos, não é uma *essência concreta* no todo do noema, mas uma espécie de *forma* abstrata a ele intrínseca. Ou seja, se detectamos o sentido e, portanto, o "visado" exatamente com o conteúdo de determinação no qual ele é visado, então resulta claramente um *segundo* conceito do "objeto no seu como" — *no como de seus modos de doação*. Se, além disso, abstraímos das modificações da atenção, de todas as diferenças na maneira de ser dos modos de efetuação — sempre ainda na esfera privilegiada da posicionalidade —, então entram em consideração diferenças da plenitude de clareza, que são bastante determinantes no plano do conhecimento. Algo de que se tem consciência obscura como tal e o mesmo algo em consciência clara são bastante distintos no que diz respeito a suas concreções noemáticas, tanto quanto o são os vividos inteiros. Nada impede, todavia, que o conteúdo de determinação com que se visa o conscientizado de forma obscura seja absolutamente idêntico àquilo de que se tem clara consciência. As descrições seriam coincidentes, e uma consciência sintética de unificação poderia abranger de tal modo as duas, que se trataria efetivamente do mesmo visado. Consideraremos, pois, como *núcleo pleno* justamente a plena concreção do componente noemático em questão, portanto, o *sentido no modo de sua plenitude*.

§ 133. A proposição noemática.
Proposições téticas e sintéticas.
Proposições no âmbito das representações

Seria preciso agora uma implementação cuidadosa dessas distinções em todos os domínios de ato, e também uma consideração complementar dos *momentos téticos* que têm particular referência ao sentido. Nas *Investigações*

---

[117] Cf. § 117, p. 261.

Lógicas, eles foram de antemão considerados (sob a designação de qualidade) no conceito de sentido (da "essência significativa"), distinguindo-se, com isso, nessa unidade, os dois componentes "matéria" (sentido na atual acepção) e "quantidade".[118] Parece, todavia, mais adequado definir o termo "sentido" como correspondendo meramente àquela "matéria" e, por sua vez, a unidade de sentido e caráter tético como *proposição*. Temos a partir daí *proposições* de um só membro (como nas percepções e demais intuições téticas) e de mais de um membro, *proposições sintéticas*, como as proposições dóxicas predicativas (juízos), proposições de conjectura, com matéria predicativa articulada etc. Proposições de um só ou mais membros são, além disso, as *proposições de prazer, de desejo, de comando* etc. Com isso, certamente, o conceito de proposição se amplia de uma maneira extraordinária e talvez até surpreendente, sem deixar, contudo, o âmbito de uma importante unidade eidética. Não se pode perder de vista que, para nós, os conceitos sentido e proposição nada contêm de expressão e de significação conceitual, embora, por outro lado, abranjam todas as proposições expressivas ou significações proposicionais.

Segundo nossas análises, esses conceitos designam uma camada abstrata pertencente ao tecido inteiro de todos os noemas. Será de grande alcance para nosso conhecimento se explorarmos essa camada na abrangência universal de sua generalidade e virmos, portanto, com clareza que ela tem efetivamente sua sede em *todas as esferas de ato*. Os conceitos de sentido e proposição, que pertencem inseparavelmente ao conceito de objeto, também tem sua aplicação necessária nas puras e simples *intuições*, sendo preciso cunhar necessariamente os conceitos particulares *sentido intuitivo* e *proposição intuitiva*. Assim, por exemplo, no domínio da percepção externa, fazendo abstração do caráter perceptivo, pode-se destacar intuitivamente no "objeto percebido como tal" algo que se encontra nesse noema antes mesmo de todo pensar explicitante e conceitual, o sentido do objeto, o *sentido de coisa dessa percepção*, que difere de uma percepção a outra (mesmo com respeito à "mesma" coisa). Se tomamos esse sentido plenamente, em sua *plenitude* intuitiva, resulta então um conceito preciso e bastante importante de *aparição*. A esse sentido correspondem proposições, proposições intuitivas, proposições representativas, proposições perceptivas etc. Numa fenomenologia

---

[118] *Op. cit.*, Quinta Investigação, § 20 e 21, pp. 386-396. Cf. ademais Sexta Investigação, § 15, p. 559. Diferentemente destas passagens, o "tanto faz" neutro já não vale agora para nós como uma "qualidade" (tese) ao lado de outras qualidades, mas como modificação que "espelha" todas as qualidades e, com isso, todos os atos em geral.

das intuições externas, que como tal não tem de lidar com puros e simples objetos, com objetos em sentido não modificado, mas com noemas, enquanto correlatos das noeses, conceitos como os aqui constatados estão no centro da investigação científica.

Se retornarmos ao nosso tema geral, estaremos agora diante da tarefa de distinguir sistematicamente as espécies fundamentais dos sentidos, os sentidos simples e sintéticos (*scilicet* pertencentes aos atos sintéticos), os sentidos de nível primeiro e de nível mais alto. Seguindo, em parte as espécies fundamentais das determinações de conteúdo, em parte as formas sintéticas das configurações sintéticas, que desempenham seu papel de igual maneira em todos os domínios da significação, e levando assim em conta tudo o que é *a priori* determinante, pela forma e conteúdo, para a estrutura geral dos sentidos, tudo o que é comum a todas as esferas de consciência ou próprio a esferas fechadas de gêneros — nós nos elevaremos à *ideia de uma doutrina sistemática e universal das formas dos sentidos* (significações). Se, além disso, considerarmos a diferença sistemática dos caracteres de posição, ao mesmo tempo teremos alcançado com isso uma *tipificação sistemática das proposições*.

134. Doutrina das formas apofânticas

A tarefa capital aqui é delinear uma *doutrina* sistemática, "analítica", das *formas das significações lógicas,* vale dizer, das *proposições predicativas,* dos "juízos" no sentido da lógica formal, que leva em consideração somente as formas da síntese *analítica* ou *predicativa* e deixa indeterminado tudo o que entra nessas formas em termos de sentido. Embora esta seja uma tarefa especial, ela tem, todavia, alcance universal, uma vez que a designação "síntese predicativa" assinala uma classe para todas as espécies possíveis de sentido das operações possíveis, tais como as operações, por toda parte igualmente possíveis, de explicação e apreensão relacional do explicitado, de determinação do sujeito da determinação como parte do todo, como *relatum* de seu referente etc. A estas se entrelaçam as operações de coletar, de disjungir, de ligar hipoteticamente. Tudo isso antes de qualquer enunciação e de qualquer apreensão expressiva ou "conceitual", que se introduz pela primeira vez junto com ela e se adapta a todas as formas e matérias como expressão significativa.

A morfologia, cuja ideia já foi várias vezes mencionada por nós e que, segundo nossas constatações, constitui o substrato necessário por princípio para uma *mathesis universalis* científica, sai de seu isolamento graças aos resultados das atuais investigações: sua terra natal é aquela morfologia geral dos sentidos concebida como ideia, e seu lugar de origem, a fenomenologia noemática.

Consideremos isso mais de perto.

As operações analítico-sintáticas, dizíamos, são operações possíveis para todos os sentidos possíveis, isto é, proposições cujo conteúdo de determinação pode estar "não explicitamente" abrangido pelo sentido noemático (que nada mais é que o objeto "visado" como tal e no como respectivo de seu conteúdo de determinação). Tal conteúdo, no entanto, sempre pode ser explicitado, e podem ser efetuadas quaisquer das operações essencialmente conectadas com a explicação ("análise"). As formas sintéticas assim surgidas (em consonância com as "sintaxes" gramaticais também as chamamos de formas sintáticas) são formas de todo determinadas, pertencentes a um rigoroso sistema formal, e podem ser extraídas por abstração e fixadas em expressão conceitual. Assim, por exemplo, o percebido enquanto tal numa tese de percepção pura pode ser tratado de maneira analítica por nós tal como nas expressões: "Isso é preto, é um tinteiro, esse tinteiro preto não é branco, se é branco não é preto" etc. A cada passo temos um novo sentido, em vez da proposição inicial de um só membro, temos uma proposição sintética que pode ser trazida à expressão, vale dizer, ao enunciado predicativo segundo a lei da possibilidade de expressão de todas as teses dóxicas originárias. No interior das proposições articuladas, cada membro tem sua forma sintática, que procede da síntese analítica.

Admitamos que as posições inerentes a essas formas de sentido sejam posições dóxicas originárias: surgirão então diferentes formas de juízos no sentido lógico (proposições apofânticas). A meta de determinar todas essas formas *a priori*, de dominar em completude sistemática as configurações de formas, que são de uma diversidade infinita e, no entanto, circunscritas por leis, indica para nós *a ideia de uma morfologia das proposições* ou *sintaxes apofânticas*.

As posições, em particular a posição sintética total, também podem, no entanto, ser *modalidades dóxicas*: por exemplo, nós conjeturamos e explicitamos aquilo de que se tem consciência no modo "conjeturado"; ou ele está aí como algo problemático, e na consciência de problematicidade nós explicitamos o problemático etc. Se damos expressão aos correlatos noemáticos dessas modalidades ("S poderia ser p", "É S p?" e assim por diante) e se também fazemos o mesmo para o próprio juízo predicativo simples, assim como também exprimimos afirmação e negação (por exemplo, "S não é p", "S é, *sim*, p", "S é certamente, efetivamente p") —, *então com isso se amplia o conceito de forma* e a ideia da morfologia das proposições. A forma está agora[119] multiplamente determinada, em parte pelas formas propriamente sintáticas, em parte pelas modalidades dóxicas. Neste caso, da proposição total sempre continua fazendo parte uma tese total, incluindo-se nesta uma tese dóxica. Ao mesmo tempo, pela explicação do sentido e pela predicação, que transforma a característica modal num predicado, toda proposição como esta e toda "expressão" conceitual diretamente ajustada a ela podem ser convertidas numa proposição de enunciado, num juízo *sobre* a modalidade de um conteúdo de tal ou tal forma (por exemplo, "é certo, é possível, é verossímil que S é p").

O que ocorre com as modalidades de juízo, também ocorre com as *teses fundadas*, isto é, com os sentidos e proposições da *esfera da afetividade e da vontade*, com suas sínteses específicas e correspondentes modos de expressão. Indica-se facilmente então a meta das novas doutrinas das formas das proposições e especialmente das proposições sintéticas.

Ao mesmo tempo se vê *que a morfologia de todas as proposições* se reflete *numa morfologia das proposições dóxicas adequadamente ampliada* — se, da mesma maneira que fizemos nas modalidades do ser, também incluímos as modalidades do dever-ser (caso seja lícito falar analogicamente) na matéria do juízo. Para entender o que significa tal inclusão, não é preciso longa discussão, mas, no máximo, ilustração em exemplos: em vez de dizermos "possa S ser p", diremos: "que S é p, possa isso ser", é desejável (não desejado); em vez de "S deve ser p", diremos "que S é p, isso deve ser", é um dever etc.

A própria fenomenologia não vê como tarefa sua o desenvolvimento sistemático dessas morfologias, nas quais, como se pode aprender na doutrina das formas apofânticas, as possibilidades sistemáticas de todas as configurações posteriores são dedutivamente derivadas de configurações axiomáticas fundamentais primitivas; o seu campo é a análise do *a priori* atestável em intuição *imediata*, a fixação de essências e nexos de essência imediatamente evidentes e o conhecimento descritivo deles numa vinculação sistemática de todas as camadas na consciência transcendental pura. O que o lógico teórico, em virtude do direcionamento unilateral de seu interesse, isola na doutrina formal da significação como sendo algo por si, sem consideração e entendimento dos nexos noemáticos e noéticos nos quais ele se encontra fenomenologicamente entremeado —, é tomado pelo fenomenólogo em seu nexo pleno. Sua grande tarefa é perseguir os entrelaçamentos fenomenológicos de

---

[119] No sentido dos desenvolvimentos feitos acima, no § 127, pp. 281 e segs, e também § 105 e segs., pp. 238 e segs.

essências *em todas as suas direções*. Mostrar de maneira axiomática simples um conceito lógico fundamental se torna, cada vez, um item para investigações fenomenológicas. Mesmo aquilo que ali se constata simplesmente, na mais ampla generalidade lógica, como "proposição" (proposição de juízo), como proposição categórica ou hipotética, como determinação atributiva, adjetivo ou relativo nominalizado etc., resulta em difíceis e abrangentes grupos de problemas da fenomenologia pura, tão logo é reinserido nos nexos eidéticos noemáticos correspondentes, de onde o olhar teorizante o retirou.

§ 135. Objeto e consciência.
Passagem para a fenomenologia da razão

Assim como todo vivido intencional possui um noema e, nele, um sentido por meio do qual se refere ao objeto, assim também, inversamente, tudo o que chamamos de *objeto*, do qual falamos, que temos ante os olhos como efetividade, que consideramos possível ou verossímil, que concebemos de maneira indeterminada, é já por isso mesmo objeto da consciência; e isso significa que o que quer que possa ser e se chamar mundo e efetividade em geral, tem de ser representado no âmbito da consciência efetiva e possível mediante sentidos ou proposições correspondentes, preenchidos com mais ou menos conteúdo intuitivo. Se, por isso, a fenomenologia efetua "exclusões de circuito", se, como fenomenologia transcendental, ela põe entre parênteses toda posição atual de realidade e efetua as demais parentetizações que antes descrevemos, entendemos agora, desde um fundamento mais profundo, o sentido e a correção da tese anterior, segundo a qual todo fenomenologicamente excluído entra, com certa modificação do sinal, no âmbito da fenomenologia.[120] A saber, as efetividades reais e ideais excluídas de circuito são representadas na esfera fenomenológica pelas multiplicidades totais de sentidos e proposições a elas correspondentes.

Por exemplo, cada coisa efetiva da natureza é representada por todos os sentidos e proposições variavelmente preenchidas, nas quais ela, enquanto for e continuar sendo determinada de tal ou tal maneira, é o correlato de vividos intencionais possíveis; ela é, portanto, representada pelas multiplicidades de "núcleos plenos" ou, o que aqui significa o mesmo, de todos os possíveis "modos de aparição subjetivos", nos quais ela pode ser constituída noematicamente como algo idêntico. Essa constituição, entretanto, se refere

---

[120] Cf. § 76, p. 165.

primeiro a uma consciência individual eideticamente possível e depois também a uma possível consciência comum, isto é, a uma pluralidade eideticamente possível de eus de consciências e de fluxos de consciência que se encontram em "comércio", para os quais *uma única* coisa pode ser dada e identificada intersubjetivamente como o mesmo algo efetivo objetivo. É preciso não perder jamais de vista que todos os nossos desenvolvimentos — incluindo, portanto, também estes —, devem ser entendidos no sentido das reduções fenomenológicas e em generalidade eidética.

Por outro lado, a cada coisa e, finalmente, a todo o mundo de coisas, com seu único espaço e seu único tempo, correspondem as multiplicidades de eventos noéticos possíveis, de vividos possíveis a eles referidos dos indivíduos singulares e dos indivíduos em comunidade, vividos que, como paralelos das multiplicidades noemáticas antes tratadas, possuem em sua essência mesma a peculiaridade de se referir, por sentido e proposição, àquele mundo de coisas. Neles se têm, portanto, as multiplicidades correspondentes dos dados hiléticos, com suas "apreensões", com seus caracteres téticos de ato etc., os quais, em sua unidade conjunta, constituem justamente o que chamamos de *consciência empírica* daquela coisa. À unidade da coisa se contrapõe uma multiplicidade ideal infinita de vividos noéticos de um mesmo conteúdo eidético inteiramente determinado e apreensível apesar de sua infinitude, todos eles concordantes nisto, que são consciência do "mesmo". Na esfera da consciência, essa concordância mesma vem à condição de dado em vividos que, por sua vez, fazem novamente parte do grupo que aqui delimitamos.

Deve-se, pois, entender apenas como exemplo que nos tenhamos restringido à consciência empírica e às "coisas" do "mundo". Não importa o quanto alarguemos nosso âmbito e em que nível de generalidade e de particularidade nos movamos — e mesmo se descemos ao nível mais baixo de concreção: tudo está prescrito eideticamente. A esfera do vivido segue tão rigorosamente leis em sua estrutura eidética transcendental, toda configuração eidética possível é tão firmemente determinada segundo noese e noema, quanto, pela essência do espaço, qualquer figura possível nele inscrita é determinada — por leis incondicionalmente válidas. O que em ambos os casos é chamado de possibilidade (existência eidética) é, portanto, possibilidade absolutamente necessária, é membro absolutamente determinado na articulação absolutamente determinada de um sistema eidético. A meta é o conhecimento científico deste, isto é, trata-se de marcá-lo e dominá-lo teoricamente num sistema de conceitos e de enunciados de lei que emanem de intuição eidética pura. Como poderemos compreender pormenorizadamente em desenvolvimento ulterior, todas as separações fundamentais feitas pela ontologia formal e pela doutrina das categoriais que a ela vem se juntar — pela doutrina da divisão das regiões do ser e de suas categorias, bem como da doutrina da constituição de ontologias materiais a elas adequadas — são itens capitais para investigações fenomenológicas. A eles correspondem necessariamente nexos eidéticos noético-noemáticos que podem ser descritos sistematicamente e determinados segundo sua possibilidade e necessidade.

Se refletirmos mais precisamente sobre o que dizem ou tinham de dizer os nexos eidéticos entre objeto e consciência assinalados na discussão anterior, seremos sensíveis a uma dubiedade e, ao examiná-la, observaremos que estamos diante de um importante ponto de inflexão em nossas investigações. Nós subordinamos a um objeto multiplicidades de "proposições", isto é, de vividos de certo conteúdo noemático, e de tal modo que sínteses de identificação se tornam *a priori* possíveis graças a ele, sínteses em virtude das quais o objeto pode e deve estar ali como o mesmo. O X nos diferentes atos ou noemas de ato, dotado de diferente "conteúdo de determinação", é necessariamente trazido à consciência como o mesmo. Mas *ele é efetivamente o mesmo? E o objeto mesmo é "efetivo"*? Ele poderia ser não efetivo, mesmo que as diversas proposições concordantes e até preenchidas intuitivamente — proposições de não importa que conteúdo eidético — transcorram em conformidade de consciência?

As facticidades da consciência e de seus transcursos não têm interesse para nós, mas sim os problemas eidéticos que teriam de ser formulados aqui. A consciência, ou melhor, o sujeito da consciência mesmo faz *juízo* sobre a efetividade, pergunta por ela, conjectura a seu respeito, duvida dela, dirime a dúvida e estabelece, além disso, as *"jurisdições da razão"*. Não será preciso dar clareza à essência dessa legitimação e, correlativamente, à essência da "efetividade", no nexo eidético da consciência transcendental, de maneira, portanto, puramente fenomenológica — referindo-as a todos os atos de objetos, segundo todas as categorias formais e regionais?

Subsistia, pois, uma ambiguidade quando falávamos de "constituição" noético-noemática de objetividades, por exemplo, de objetividades de coisa. Ali, em todo caso, nós pensávamos principalmente em objetos "efetivos", em coisas do "mundo efetivo" ou, pelo menos, em "um" mundo efetivo em geral. Mas o que significa então esse "efetivo" empregado para objetos que são dados à consciência apenas mediante sentidos e proposições? O que ele significa, empregado para as próprias proposições, para a conformação eidética dos noemas ou das noeses paralelas? O que ele significa para os modos particulares de sua estrutura segundo forma e preenchimento? Como é que essa estrutura se particulariza em regiões particulares de objetos? A questão é, pois, saber como podem ser descritas, noética e noematicamente, em cientificidade fenomenológica, todos aqueles nexos de consciência que tornam um puro e simples objeto necessário em sua efetividade (o que quer dizer, no sentido do discurso comum, sempre um objeto *efetivo*). Num sentido *mais amplo*, contudo, um objeto — "seja ele efetivo ou não" — se "constitui" em certos nexos de consciência envolvendo uma unidade que pode ser evidenciada, uma vez que implicam por essência a consciência de um X idêntico.

O que foi exposto se aplica, com efeito, não apenas a efetividades em algum sentido forte. Problemas envolvendo efetividade se encontram em *todos* os conhecimentos como tais, inclusive em nossos conhecimentos fenomenológicos referentes à possível constituição de objetos: todos têm seus correlatos em "objetos" que são visados como "efetivamente existentes". Quando é que, pode-se em geral perguntar, a identidade do X "visada" noematicamente é "identidade efetiva", em vez de identidade "meramente" visada, e o que quer em geral dizer esse "meramente visada"?

Temos, pois, de dedicar novas reflexões aos problemas da efetividade e aos problemas correlativos da consciência racional, que atesta em si mesma a efetividade.

Capítulo II
Fenomenologia da razão

Quando se fala pura e diretamente de objetos, o que normalmente se visa são objetos efetivos, verdadeiramente existentes, da respectiva categoria do ser. Em tudo o que se diga dos objetos — se o dizemos racionalmente —, o enunciado exatamente tal qual é o visado se deixa "*fundar*", "*atestar*", se deixa "*ver*" diretamente ou "*evidenciar*" *mediatamente*. Na esfera lógica, na esfera do enunciado, "*ser verdadeiro*" ou "*ser efetivo*" e "*ser racionalmente atestável*" *estão, por princípio, em correlação*; e isso para todas as modalidades dóxicas do ser ou da posição. A possibilidade de atestação racional de que aqui se fala não deve, obviamente, ser entendida como possibilidade empírica, mas como possibilidade "ideal", como possibilidade de essência.

§ 136. A primeira forma fundamental da consciência racional: o "ver" doador originário

Ao perguntarmos agora o que significa atestação racional, isto é, em que consiste a *consciência racional*, algumas diferenças se apresentarão de imediato para nós se tivermos presentes na intuição alguns exemplos e por eles começarmos a análise eidética:

Em primeiro lugar, a diferença entre vividos posicionais nos quais o que é posto entra em *doação originária*, e vividos nos quais ele *não* entra como uma doação dessa espécie; portanto, entre atos perceptivos, "*de visão*" — num sentido mais amplo — e *atos não perceptivos*.

Assim, uma consciência de recordação, por exemplo, de uma paisagem, não é originariamente doadora, a paisagem não é percebida, diferentemente de quando a vemos efetivamente. Com isso, de modo algum queremos dizer que uma consciência de recordação não tem nenhuma legitimidade própria: queremos dizer apenas que ela não é uma consciência "que vê".

A fenomenologia apresenta um análogo dessa oposição para todas as espécies de vividos *posicionais*: podemos, por exemplo, predizer "às cegas" que 2 + 1 = 1 + 2, mas também podemos efetuar o mesmo juízo em evidência. Neste caso, o estado de coisas, a objetividade sintética correspondente à síntese judicativa, é apreendido de maneira originária. Ele já não o será mais *depois* da efetuação viva da evidência, que logo se obscurece numa modificação retentora. Ainda que esta tenha uma superioridade racional em relação a qualquer outra consciência obscura ou confusa de mesmo sentido noemático, por exemplo, em relação a uma reprodução "impensada" de algo anteriormente aprendido e talvez conhecido em evidência —, ela já não é uma consciência doadora originária.

Essas diferenças não afetam o sentido puro, a proposição: pois ele é idêntico nos membros de todos os pares tais como o utilizado no exemplo, e também sempre intuível como idêntico para a consciência. A diferença concerne *à maneira como o mero sentido, ou proposição*, que, enquanto mero abstrato na concreção do noema, requer um acréscimo de momentos complementares, é sentido ou proposição *preenchidos* ou *não preenchidos*.

A plenitude de sentido não basta, pois o *modo* de preenchimento também conta. O modo *intuitivo* é um modo de viver o sentido no qual o "objeto visado como tal" é trazido intuitivamente à consciência, e um caso especialmente eminente dele é aquele em que o modo intuitivo é justamente *doador originário*. O sentido na percepção de uma paisagem é preenchido perceptivamente, o objeto percebido é trazido à consciência no modo do "em carne e osso" com suas cores, formas etc. (tão logo estas sejam "chamativas" para a percepção). Encontramos marcas de distinção como estas em todas as esferas de ato. Mais uma vez a situação apresenta dois lados, no sentido do paralelismo noético-noemático. Na orientação para o noema, encontramos o caráter da corporeidade (como plenitude originária) fundido ao sentido puro, e o *sentido com esse caráter opera então como sustentação para o caráter posicional noemático* ou, o que aqui significa o mesmo, para o caráter do ser. O paralelismo é válido na orientação para a noese.

É próprio, porém, ao caráter posicional possuir um caráter racional específico como uma marca distintiva que convém *por essência a ele quando e somente quando* ele é posição com base num sentido preenchido, que doa originariamente, e não apenas com base num sentido qualquer.

Quando se fala de inerência, tanto aqui como em todo tipo de consciência racional, essa palavra adquire uma significação própria. Por exemplo: a toda aparição de uma coisa em carne e osso é *inerente* uma posição, ela não apenas se funde à aparição (como um mero fato geral — que aqui está fora de dúvida), mas a ela se funde de maneira peculiar, ela é "motivada" pela aparição, e motivada, mais uma vez, não apenas em geral, mas "*racionalmente motivada*". Isso quer dizer: a posição tem *seu fundamento originário de legitimação* no dado originário. O fundamento de legitimação pode não faltar nos outros modos de doação, mas falta a prerrogativa do fundamento *originário*, que desempenha seu papel eminente na apreciação relativa dos fundamentos de legitimação.

Da mesma maneira, a posição da essência ou do estado-de-essência dado "originariamente" na *apreensão intuitiva de essência* é "inerente" a sua "matéria" posicional, ao "sentido" no seu modo de se dar. Ela é posição racional e posição originariamente motivada como *certeza de crença*; ela possui o caráter específico de posição "*que vê com clareza*". Se a posição é uma posição *cega*, se as significações das palavras se efetuam tendo por base uma sustentação de ato obscura e confusa para a consciência, então falta necessariamente o caráter racional da evidência, que é *por essência inconciliável* com tal modo de doação (se ainda se quiser empregar aqui essa palavra) do estado de coisas, com um tal provimento do núcleo de sentido. Por outro lado, isso não exclui um caráter racional secundário, como mostra o exemplo de conhecimentos eidéticos novamente presentificados de maneira imperfeita.

A clareza de visão, a *evidência*[121] em geral é, portanto, um evento inteiramente à parte; por seu "núcleo", ela é a *unidade de uma posição racional com aquilo que a motiva*, pelo que toda essa situação pode ser entendida pelo lado noético, mas também pelo lado noemático. É cabível falar de "motivação" principalmente na relação entre posição (noética) e proposição noemática *no modo de sua plenitude*. Em sua significação noemática, a expressão "*proposição evidente*" é imediatamente compreensível.

O duplo sentido da palavra "evidência" em sua aplicação, ora aos caracteres noéticos ou atos plenos (por exemplo, evidência do julgar), ora às proposições noemáticas (por exemplo, juízo lógico evidente, proposição de enunciado evidente), é um daqueles casos de ambiguidade geral e necessária das expressões referentes a momentos da correlação entre noese e noema. A comprovação fenomenológica de suas fontes as torna inócuas e faz mesmo reconhecer serem inevitáveis.

---

[121] "Clareza de visão" traduz *Einsicht* (conhecimento, penetração, "perspicientia"); evidência, *Evidenz*. Sendo usadas em geral como sinônimas no âmbito da "visão" e da "evidência" (inclusive até esta parte das *Ideias*), Husserl precisará o sentido de cada uma a seguir. (NT)

Deve-se ainda notar que o termo *preenchimento* guarda ainda um duplo sentido, que vai numa direção de todo outra: ora é "*preenchimento da intenção*", como um caráter que a *tese* atual assume mediante o modo particular de seu sentido; ora é o que é próprio a esse modo mesmo, é próprio ao sentido em questão abrigar uma "plenitude" que motiva racionalmente.

§ 137. Evidência e clareza de visão. Evidência "originária" e "pura", assertórica e apodítica

Os pares de exemplo acima utilizados ilustram ao mesmo tempo uma *segunda* e *terceira* diferenças essenciais. O que habitualmente denominamos evidência e *clareza de visão* (ou *ver com clareza*) é uma consciência dóxica posicional e, além disso, *adequadamente* doadora, que exclui o "ser de outro modo"; a tese é motivada pelo dado adequado de um modo inteiramente excepcional e é, no sentido mais elevado, ato da "razão". Isso nos é ilustrado pelo exemplo da aritmética. No exemplo da paisagem temos, sem dúvida, um ver, mas não uma evidência no sentido forte comum da palavra, um "ver com clareza". Observando mais de perto, notamos no contraste entre os dois exemplos uma *dupla diferença*: num exemplo, trata-se de *essência*, no outro, de *uma individualidade*; em segundo lugar, o dado originário é, no exemplo eidético, um dado *adequado*, no exemplo tirado da esfera da experiência, um dado *inadequado*. Ambas diferenças, que sob certas circunstâncias se entrecruzam, comprovarão sua importância no que respeita ao tipo de evidência.

No que tange à primeira diferença, pode-se constatar fenomenologicamente que o ver por assim dizer "*assertórico*" de um *algo individual*, por exemplo, o "apercebimento" de uma coisa ou estado de coisas individual, se diferencia essencialmente, em seu caráter racional, de um *ver "apodítico"*, do ver com clareza *uma essência ou estado-de-essência*; mas também se distingue igualmente da modificação desse ver com clareza, que eventualmente se efetua com a mistura de ambas, a saber, no caso de clareza de visão a respeito de algo visto de maneira assertórica e, em geral, no *conhecimento da necessidade do ser assim* de uma individualidade posta.

Evidência e clareza de visão são entendidas, no sentido forte e comum, como significando a mesma coisa. Queremos separar terminologicamente as duas expressões. Precisamos imprescindivelmente de uma palavra mais geral, que abarque em sua significação a visão assertórica e o ver com clareza apodítica. Deve-se considerar como um conhecimento fenomenológico de grande importância que ambas sejam realmente de um *único* gênero eidético e que, em acepção ainda mais geral, *consciência racional designe em geral um gênero supremo de modalidades téticas*, no qual justamente a "visão" (em sentido extremamente ampliado) referida ao dado originário constitui uma espécie rigorosamente delimitada. Para nomear o gênero supremo, tem-se a escolha de ampliar a significação da palavra "ver" ou a significação de "ver com clareza" e "evidência". Aqui o mais adequado seria escolher, para o conceito mais geral, a palavra *evidência*; para toda tese racional caracterizada por uma referência motivacional ao caráter originário do dado ter-se-ia então a expressão "*evidência originária*". Seria preciso, além disso, estabelecer diferença entre *evidência assertórica* e *evidência apodítica*, deixando que a *clareza de visão* designe particularmente essa *apoditicidade*. A seguir, deveria ser feita uma contraposição entre *clareza de visão pura* e *impura* (por exemplo, conhecimento da necessidade de algo fático, cujo ser não precisa ser ele mesmo evidente); e igualmente, de maneira geral, entre *evidência pura e impura*.

Outras diferenças também se apresentam quando se aprofunda a investigação, diferenças das camadas motivadoras subjacentes, que afetam o caráter da evidência. Por exemplo, a diferença entre evidência *formal pura* ("analítica", "lógica") e evidência *material* (sintético-*a priori*). Aqui, contudo, não podemos ir além dessas linhas iniciais.

§ 138. Evidência adequada e inadequada

Tomemos agora em consideração a segunda diferença de evidência acima apontada, a que se conecta com a diferença entre doação adequada e inadequada, e que nos dá ao mesmo tempo ocasião de descrever um tipo eminente de evidência "impura". A posição com base na aparição em carne e osso da *coisa* é, sem dúvida, uma posição racional, mas a aparição é sempre uma aparição unilateral, "incompleta"; aquilo de que se tem consciência em carne e osso não é apenas o que "propriamente" aparece, mas simplesmente essa coisa mesma, o todo em conformidade com a totalidade do sentido, embora este seja intuído apenas unilateralmente e permaneça, além disso, indeterminado em muitas de suas faces. Ao mesmo tempo, aquilo que "propriamente" aparece não pode ser separado da coisa como uma coisa por si; seu correlato de sentido constitui uma parte *dependente* no sentido pleno da coisa, e essa parte dependente só pode ter uma unidade e independência de sentido num todo que abriga componentes vazios e componentes indeterminados.

Por princípio, o real de uma tal coisa, um ser de tal sentido, só pode aparecer *inadequadamente* numa aparição fechada. A isso se liga essencialmente que *nenhuma posição racional assentada sobre uma tal aparição doadora inadequada* pode ser "*definitiva*", "insuperável"; nenhuma posição em seu isolamento pode ser equivalente ao puro e simples "esta coisa é efetiva", mas equivalente apenas ao "isto é efetivo" — pressupondo-se que o prosseguimento da experiência não aduza "motivos racionais mais fortes" que mostrem que a posição originária deve ser "riscada" num contexto mais amplo. Neste caso, a posição é racionalmente motivada somente pela aparição (pelo sentido de percepção incompletamente preenchido) em si e por si, considerada em seu isolamento.

Na esfera dos modos de ser que por princípio só podem se dar inadequadamente, a fenomenologia da razão tem, pois, de estudar os diferentes eventos prescritos *a priori* nessa esfera. Ela tem de trazer à clareza como a consciência inadequada do dado, como, num progresso contínuo de sempre novas aparições que continuamente se fundem, a aparição unilateral se reporta a um único e mesmo X determinável, e que possibilidades de essência resultam disso; tem de trazer à clareza como aqui, de um lado, o prosseguimento da experiência é possível e permanece racionalmente motivado pelas contínuas posições racionais precedentes: como é possível justamente o andamento da experiência no qual se preenchem as lacunas das aparições precedentes, se determinam mais precisamente as indeterminações, e prossegue sempre assim *num preenchimento inteiramente concordante*, cuja força racional não pára de crescer. Por outro lado, é preciso pôr às claras as possibilidades opostas, os *casos de fusões ou de sínteses politéticas discrepantes*, os casos de "*determinação diferente*" do X sempre trazido à consciência como o mesmo — determinação diferente daquela que correspondia à doação originária de sentido. É preciso mostrar, além disso, como componentes posicionais do transcurso anterior da percepção são "*riscados*" juntamente com seu sentido; como, sob certas circunstâncias, toda a percepção por assim dizer "*explode*" e se desfaz em *apreensões conflitantes da coisa*, em *estipulações conflitantes* a seu respeito; é preciso mostrar também como as teses dessas estipulações se suprimem e são modificadas de modo próprio nessa supressão, ou como uma tese, permanecendo não modificada, é "condicionante" para que a "tese contrária" seja riscada, e também outros eventos dessa espécie.

Também é preciso estudar mais de perto as modificações próprias por que passam as posições racionais originárias quando o preenchimento avança de forma coerente, pois então elas sofrem um *aumento fenomenológico positivo* em sua "*força*" *motivadora*, ganham constantemente em "peso" e, portanto, embora sempre e essencialmente tenham um peso, este é um peso *gradualmente* distinto. Além disso, deve-se analisar as outras possibilidades sob a perspectiva de como o peso das posições diminui por "*contramotivações*", como em caso de *dúvida* elas "*equilibram os pratos da balança*", como uma posição é *sobrepujada, deixada de lado* por uma de "maior" peso etc.

Como se tudo isso não bastasse, é preciso naturalmente que os eventos essencialmente determinantes para as modificações dos caracteres posicionais no sentido, como *matéria posicional* respectiva, sejam submetidos a uma análise eidética abrangente (por exemplo, os eventos de "conflito" ou "concorrência" entre aparições). Pois, tanto aqui como em toda a esfera fenomenológica, não há acasos, nem facticidades, tudo é precisamente motivado por essência. —

No âmbito de uma fenomenologia geral dos dados noéticos e noemáticos, seria preciso igualmente levar a cabo *a investigação eidética de todas as espécies de atos racionais imediatos.*

A cada região e categoria de supostos objetos não corresponde fenomenologicamente apenas *sentidos* ou *proposições* de uma espécie fundamental, mas também uma *espécie fundamental de consciência que dá originariamente* esses sentidos, e dela faz parte um *tipo fundamental de evidência originária*, que é essencialmente motivada pela respectiva espécie de dado originário.

Cada uma das evidências desse tipo — entendendo-se a palavra em nosso sentido ampliado — ou é *adequada*, não mais podendo por princípio ser "corroborada" ou "enfraquecida", e, portanto, *sem gradação de um peso*; ou é *inadequada* e, com isso, *capaz de aumento* e *diminuição*. Que espécie de evidência é possível numa esfera, depende do tipo genérico dela; ela é, pois, prefigurada *a priori*, e é contrassenso exigir a perfeição que cabe à evidência numa esfera (por exemplo, na esfera das relações de essência) em outras esferas que por essência a excluem.

Deve-se notar ainda que podemos transferir a significação originária dos conceitos "adequado" e "inadequado", que se refere ao modo de doação, às peculiaridades eidéticas das posições racionais por eles fundadas, justamente em virtude desse nexo — o que é uma daquelas equivocidades que se tornam inevitáveis pela transferência, mas que são inócuas tão logo tenham sido reconhecidas como tais, e se tenham separado conscienciosamente o que é originário e o que é derivado.

§ 139. Entrelaçamentos de todas as espécies de razão. Verdade teórica, axiológica e prática

Segundo o que foi até agora apresentado, uma posição, não importa de que qualidade, tem sua legitimação como posição de seu sentido se é racional; o caráter racional é justamente, ele mesmo, o caráter da legitimidade, que lhe "cabe" por essência, portanto, não como fato contingente entre circunstâncias contingentes de um eu faticamente posicional. Também se diz, correlativamente, que a *proposição* é legítima: na consciência racional ela está dotada do caráter de legitimação noemático, que, por sua vez, pertence essencialmente à proposição, enquanto tese noemática qualificada de tal e tal maneira e enquanto tal e qual matéria de sentido. Para ser mais exato, dela "faz parte" uma plenitude tal, que esta funda, por seu turno, aquilo que distingue racionalmente a tese.

Aqui a proposição tem em si mesma a sua legitimação. No entanto, "*algo*" também pode "*falar a favor da proposição*": sem ser "ela mesma" racional, ela pode, contudo, participar da razão. Lembremo-nos, para permanecer na esfera dóxica, do nexo próprio existente entre modalidades dóxicas e doxa originária:[122] todas elas remetem a esta. Se, por outro lado, consideramos os caracteres racionais pertencentes a essas modalidades, desde logo ocorre pensar que, por diferentes que de resto possam ser as matérias e as situações de motivação, todos elas remetem por assim dizer a um caráter racional originário, que faz parte do domínio da crença originária: todos eles remetem à ocorrência da evidência originária e exclusivamente perfeita. Será possível constatar que entre essas duas espécies de remissão subsistem profundos nexos eidéticos.

Basta indicar apenas o seguinte: uma conjectura pode ser em si caracterizada como racional. Se seguimos a remissão, nela contida, à correspondente doxa originária e se nos apropriamos desta na forma de uma "estipulação", então "algo fala a favor desta". Não é a crença mesma, pura e simples que é caracterizada como racional, embora tenha participação na razão. Vemos que aqui é necessário fazer e investigar outras distinções teóricas racionais. Entre as *diferentes* qualidades, com seus caracteres racionais próprios, surgem nexos eidéticos e, a bem da verdade, nexos *recíprocos*; e, por fim, todas as linhas correm de novo rumo à *crença originária* e a sua *razão originária*, isto é, "*verdade*".

Verdade é manifestamente o correlato do caráter racional perfeito da doxa originária, da certeza de crença. As expressões "Uma proposição de doxa originária, por exemplo, uma proposição de enunciado, é verdadeira" e "O caráter racional perfeito convém à crença, ao juízo correspondente" — são correlatos equivalentes. Naturalmente, não se está falando aqui do fato de um vivido ou daquele que julga, embora seja eideticamente incontestável que a verdade só possa ser dada atualmente, numa consciência de evidência atual, o mesmo também ocorrendo com a verdade dessa incontestabilidade, com a equivalência que se acaba de assinalar etc. Se nos falta a evidência da doxa originária, da certeza de crença, então uma modalidade dóxica pode ser evidente, digamos,

---

[122] Cf. § 104, p. 236.

para o conteúdo de sentido "S é p", por exemplo a conjectura "S poderia ser p". Essa evidência modal é manifestamente equivalente e está necessariamente ligada a uma evidência dóxica originária de sentido modificado, isto é, à evidência ou verdade: "É conjeturável (verossímil) que S é p"; mas, por outro lado, também está ligada à verdade: "Algo fala a favor de que S é p"; e ainda: "Algo fala a favor de que S p é verdadeiro" etc. Em tudo isso se mostram nexos eidéticos que precisam ser investigados fenomenologicamente em sua origem.

Evidência, porém, não é absolutamente uma mera designação para eventos racionais como estes na esfera da crença (e mesmo somente na esfera do juízo predicativo), mas *para todas as esferas téticas* e, em particular, para as relações racionais importantes que ocorrem *entre* elas.

Isso diz respeito, portanto, aos altamente difíceis e amplamente abrangentes grupos de problemas da razão na esfera das teses de afetividade e de vontade,[123] assim como aos entrelaçamentos delas com a razão "teórica", isto é, dóxica. A *verdade* ou *evidência* "teórica" ou "*doxológica*" tem seus paralelos na "*verdade ou evidência axiológica e prática*", pelo que as "verdades" destas últimas chegam à expressão e ao conhecimento nas verdades doxológicas, vale dizer, nas verdades especificamente lógicas (apofânticas).[124] Não é preciso dizer que, para tratar desses problemas, investigações como as que tentamos empreender acima têm de ser fundamentais: elas se referem às relações eidéticas que vinculam as teses dóxicas a todas as outras espécies posicionais, da afetividade e da vontade, e também àquelas relações eidéticas que reconduzem todas as modalidades dóxicas à doxa originária. Por isso mesmo também se pode tornar claro, a partir de fundamentos últimos, porque a certeza de crença e, por conseguinte, a verdade desempenham um papel tão predominante em toda razão; um papel que, aliás, torna ao mesmo tempo óbvio que a solução dos problemas da razão na esfera dóxica tem de preceder a solução dos problemas da razão axiológica e prática.

§ 140. Confirmação. Legitimação sem evidência. Equivalência da clareza de visão posicional e da clareza de visão neutra

---

[123] Um primeiro avanço nesta direção foi dado pelo genial escrito de Brentano, *Da origem do conhecimento ético* (1889), um escrito para com o qual me sinto devedor da maior gratidão.
[124] Conhecimento é o mais das vezes um nome para verdade lógica: designado a partir do ponto-de-vista do sujeito, como correlato de seu julgar evidente; mas também um nome para todo e qualquer julgar evidente ele mesmo e, finalmente, para todo ato de razão dóxico.

É preciso mais estudos sobre os problemas que apresentam para nós os laços de "*coincidência*" que (para mencionar apenas um caso eminente) podem ser estabelecidos *entre atos de mesmo sentido e proposição, embora, por essência, de valores racionais diferentes*. Um ato evidente e um não evidente podem, por exemplo, ser coincidentes, pelo que, na passagem do último ao primeiro, este assume o caráter de ato atestatório, aquele de ato que *se* atesta. A posição em clareza de visão de um opera como "confirmatória" da não clareza do outro. A "proposição" se "verifica" ou também se "confirma", o modo imperfeito de se dar se transforma no modo perfeito. Como esse processo se mostra ou pode se mostrar, isso é prescrito pela essência das respectivas proposições em seu preenchimento perfeito. As formas de verificação por princípio possível para cada gênero de proposições devem ser fenomenologicamente clarificadas.

Se a posição não é irracional, então de sua essência se podem extrair possibilidades motivadas de que e de como ela pode ser convertida numa posição atual de razão que a verifica. Pode-se ver com clareza que nem toda evidência imperfeita prescreve aqui uma via para seu preenchimento que termine numa evidência originária *correspondente*, numa evidência do mesmo sentido; ao contrário, certas espécies de evidência excluem por princípio uma tal atestação, por assim dizer, originária. Isso vale, por exemplo, para a recordação retrospectiva e, de certa maneira, para toda recordação em geral e igualmente, por essência, para a empatia, à qual atribuiremos no próximo livro um tipo fundamental de evidência (que também investigaremos mais detidamente ali). Como quer que seja, estão com isso assinalados temas fenomenológicos muito importantes.

É de notar ainda que a possibilidade motivada de que se falou acima se diferencia nitidamente da possibilidade vazia:[125] ela é motivada de modo determinado por aquilo que a proposição encerra em si, no preenchimento em que é dada. É uma possibilidade vazia que esta escrivaninha aqui tenha dez pés em sua face inferior agora invisível, em vez dos quatro que efetivamente possui. Uma possibilidade motivada, ao contrário, é o número quatro de pés

---

[125] Esta é uma das equivocidades mais essenciais da palavra "possibilidade", à qual ainda se acrescentam outras (possibilidade lógico-*formal*, ausência de contradição matemático-formal). É importante por princípio que a possibilidade que desempenha um papel na doutrina das verossimilhanças, e, por conseguinte, a consciência de possibilidade (o ser suposto), de que falávamos na doutrina das modalidades dóxicas como um paralelo da consciência racional, tenham possibilidades *motivadas* como correlatos. De possibilidades não motivadas jamais se constrói uma verossimilhança, somente possibilidades motivadas têm "peso" etc.

para a percepção determinada que agora efetuo. Que todas as "circunstâncias" perceptivas *possam* se alterar de certa maneira, que "em consequência" disso a percepção possa, de maneiras correspondentes, passar a séries perceptivas, de espécie determinada, que são prescritas pelo sentido de minha percepção, séries que a preenchem, que confirmam sua posição, tudo isso é motivado para cada percepção em geral.

De resto, deve-se ainda diferenciar dois casos no que respeita à "mera" possibilidade ou possibilidade "vazia" de atestação: ou a *possibilidade coincide com a realidade*, ou seja, de tal modo que ver a possibilidade com clareza implica *eo ipso* a *consciência* do dado originário e a consciência racional; ou então este não é o caso. É o que ocorre no exemplo que se acaba de utilizar. É por *experiência efetiva*, e não meramente percorrendo percepções "possíveis" na presentificação, que obtemos uma *atestação real de posições voltadas para algo real*, por exemplo, de posições de existência de acontecimentos naturais. Ao contrário, em todo caso de *posição* ou proposição eidéticas, *trazer o seu preenchimento perfeito à presentificação intuitiva equivale ao próprio preenchimento*, da mesma maneira a presentificação intuitiva de um nexo eidético, a mera imaginação e a clareza de visão dele são "equivalentes", isto é, uma se converte na outra meramente modificando a orientação, e a possibilidade de conversão recíproca entre elas não é meramente contingente, mas necessária por essência.

§ 141. Posição racional imediata e mediata. Evidência mediata

É sabido que toda fundação mediata remete a fundação imediata. No tocante a todos os domínios de objeto e das posições a eles referidas, a fonte original de toda legitimidade reside na *evidência* imediata e, em delimitação mais rigorosa, na *evidência originária*. Mas também se pode haurir indiretamente dessa fonte de maneira diferente, o valor racional de uma posição, que não possui evidência em si mesma, pode ser dela derivado ou, se ela é imediata, corroborado e confirmado.

Consideremos o último caso. Indiquemos num exemplo os difíceis problemas referentes à *relação das posições racionais imediatas não evidentes com a evidência originária* (no nosso sentido referido ao caráter originário do dado).

De *certa* maneira, toda *recordação* clara tem legitimidade original, imediata: considerada em si e por si, ela "pesa", não importa se mais ou menos, ela tem um "peso". Ela tem, contudo, somente uma legitimidade relativa e imperfeita. Considerando aquilo que ela presentifica, digamos, um algo passado, nela está contida uma referência ao presente atual. Ela põe o passado e, concomitantemente com ele, põe necessariamente um horizonte, mesmo que de maneira vaga, obscura, indeterminada; trazido à clareza e à distinção tética, esse horizonte teria de poder ser explicitado num encadeamento de recordações efetuadas teticamente, que terminaria *em percepções atuais, no hic et nunc atual*. O mesmo vale para quaisquer recordações no nosso sentido *mais amplo*, que se refere a todos os modos do tempo.

Em tais proposições se exprimem incontestavelmente visões claras de essências. Elas indicam nexos eidéticos que, ao serem mostrados, esclareceriam o sentido e o tipo de atestação que cada recordação é capaz de obter e de que "carece". A recordação se corrobora avançando de recordação em recordação num encadeamento de recordações cada vez mais distinto, cujo fim último é um presente perceptivo. A corroboração é, de certo modo, recíproca, os pesos rememorativos são funcionalmente dependentes uns dos outros, cada recordação encadeada tem uma força crescente com a ampliação do encadeamento, uma força maior do que teria num encadeamento mais estreito ou isoladamente. Se, todavia, a explicação é conduzida até o *agora atual, algo da luz da percepção e de sua evidência reverbera de volta por toda a série*.

Poder-se-ia dizer até: *a racionalidade das recordações, o caráter que as legitima, provém ocultamente da força da percepção*, que atua através de toda confusão e obscuridade, mesmo quando esta esteja "fora de ação".

De qualquer forma, porém, *é preciso* uma tal atestação, a fim de que se manifeste claramente *o que* é que propriamente porta ali o brilho mediato da legitimidade perceptiva. *A espécie própria de inadequação* da recordação consiste em que algo não recordado pode se misturar ao "efetivamente recordado" ou em que diferentes recordações possam se impor e passar por unidade de uma recordação, muito embora, quando se procede à atualização de seu horizonte, as respectivas séries de recordação se separem, e isso de tal modo que a imagem coerente da recordação "explode" e se dispersa numa multiplicidade de intuições rememorativas incompatíveis umas com as outras: aqui poderiam ser descritos eventos semelhantes àqueles que indicamos de passagem no caso de percepções (de uma maneira que manifestamente dava bastante margem à generalização).[126]

Tudo isso serve de indicação exemplar dos grandes e importantes grupos de problemas da *corroboração e verificação de posições racionais imediatas* (como também de ilustração da separação de posições racionais em puras e impuras,

---

[126] Cf. acima § 138, pp. 307 e segs.

sem e com mistura); mas o que se apreende aqui é, sobretudo, o *único* sentido em que é válida a proposição segundo a qual toda posição racional mediata e, consequentemente, todo conhecimento racional predicativo e conceitual remete a *evidência*. Para que isso fique bem entendido, é preciso notar, porém, que somente a evidência originária é fonte "original" de legitimidade e, por exemplo, a posição racional da recordação e todos os atos reprodutivos, entre os quais também o da empatia, não são originais, mas "derivados" de certas maneiras.

Também há, no entanto, outras formas bem diferentes de haurir da fonte do dado originário.

Já se indicou de passagem uma forma como a que segue: o enfraquecimento dos valores racionais na passagem contínua da evidência viva à não evidência. Indique-se agora, todavia, um grupo essencialmente outro de casos em que uma proposição, num *encadeamento sintético evidente* em todos os passos, é referida de maneira mediata a fundamentos imediatamente evidentes. Surge, com isso, um novo tipo geral de posições racionais, que tem fenomenologicamente um caráter racional diferente do da evidência imediata. Também temos, assim, uma espécie de "*evidência*" derivada, "*mediata*" — e de hábito é exclusivamente esta que se quer apontar com a expressão. Por sua essência, esse caráter evidencial derivado só pode surgir no termo último de um encadeamento posicional que se inicia em evidências imediatas, passa por diferentes formas e é suportado por evidências em todos os seus demais passos, nos quais essas evidências são, ora imediatas, ora já derivadas; ora vistas com clareza, ora não, ora originárias, ora não. Com isso se assinala um novo campo da doutrina fenomenológica da razão. Sob o aspecto noético e noemático, a tarefa aqui consiste no seguinte: é preciso estudar tanto os eventos eidéticos gerais como os especiais da *razão* em toda espécie e forma de *fundação e atestação mediata* e em todas as esferas téticas; é preciso reconduzir a suas origens fenomenológicas os diferentes "princípios" de tal atestação, que são, por exemplo, essencialmente de espécie distinta conforme se trate de objetividades que se dão de maneira imanente ou transcendente, adequada ou inadequada; e é preciso, enfim, tornar esses princípios "compreensíveis" a partir de suas origens fenomenológicas, levando-se em conta todas as camadas fenomenológicas envolvidas.

§ 142. Tese racional e ser

Com a compreensão eidética geral da razão, que é a meta dos grupos de investigação indicados — da razão no sentido mais amplo, extensivo a *todas as espécies de posição*, inclusive axiológicas e práticas —, pode-se *eo ipso* obter uma explicação geral das correlações eidéticas que ligam a *ideia do ser verdadeiro* às ideias de verdade, razão e consciência.

Além disso, logo se apresenta aqui uma clara visão geral, a saber, a de que não apenas "objeto verdadeiramente existente" e "objeto a ser posto racionalmente" são correlatos equivalentes, mas também objeto "verdadeiramente existente" e objeto a ser posto numa tese racional originária e perfeita. Para essa tese racional, o objeto não seria dado de maneira incompleta, meramente "unilateral". Com respeito ao X determinável, o sentido subjacente como matéria à tese racional não deixaria nada em "aberto" em nenhuma das faces submetidas à apreensão: nenhuma determinabilidade que ainda não seja firme determinidade, nenhum sentido que não seja plenamente determinado, fechado. Uma vez que a tese racional deve ser uma tese originária, ela tem de ter seu fundamento de razão no *dado originário* daquilo que é determinado no sentido pleno: o X não é visado apenas em plena determinidade, mas originariamente dado nela mesma. A equivalência que se indicou significa então:

A todo objeto "verdadeiramente existente" corresponde por princípio (no *a priori* da generalidade eidética incondicionada) a ideia de uma consciência possível, na qual o próprio objeto é apreensível *originariamente* e, além disso, *em perfeita adequação*. Inversamente, se essa possibilidade é garantida, o objeto é *eo ipso* verdadeiramente existente.

De particular importância aqui é ainda o seguinte: está precisamente prescrito na essência de toda *categoria de apreensão* (que é o correlato de toda categoria de objeto) quais configurações de apreensões concretas, perfeitas ou imperfeitas, dos objetos dessa categoria são possíveis. Por outro lado, também está por essência prescrito para cada apreensão incompleta como ela pode se tornar perfeita, como seu sentido pode ser completado, preenchido por intuição, e como a intuição pode ser mais enriquecida.

Toda categoria de objeto (ou toda região e toda categoria no nosso sentido estrito, forte) é uma essência geral que pode por princípio ser trazida à condição de dado adequado. *Em sua doação adequada* ela prescreve uma *regra geral evidente* para cada objeto particular trazido à consciência em multiplicidades de vividos concretos (os quais vividos não devem naturalmente ser tomados como singularidades individuais, mas como essências, como concretos de nível mais baixo). Ela prescreve regras para o modo como um objeto a ela submetido poderia ser trazido à plena determinidade de seu sentido e modo de se dar, como poderia se trazido à condição de dado originário adequado e por que nexos de consciência isolados ou em decurso contínuo e por que provisão eidética concreta desses nexos deveria passar. Que quantidade de coisas não está contida nessas breves proposições, isso se tornará compreensível nos desenvolvimentos mais pormenorizados do capítulo final (a partir do § 149). Basta aqui uma curta indicação a título de exemplo: as determinidades não vistas de uma coisa, nós sabemos em evidência apodítica, assim como as determinidades dela, são necessariamente espaciais: isso dá uma regra legítima para modos possíveis, espaciais, de preenchimento dos lados não visíveis da coisa que aparece; regra que, plenamente desenvolvida, se chama geometria pura. Há outras determinidades de coisa, que são temporais, materiais: delas fazem parte novas regras para preenchimentos possíveis (isto é, não arbitrários) do sentido e, por conseguinte, para possíveis intuições ou aparições téticas. Também está *a priori* prescrito qual pode ser a composição eidética destas, sob que normas se encontram os seus materiais e seus possíveis caracteres de apreensão noemáticos (ou noéticos).

§ 143. Doação adequada de coisa como ideia no sentido kantiano

Antes de prosseguirmos, é preciso fazer um adendo para afastar a aparente contradição com nossa exposição anterior (p. 286). Por princípio, dizíamos, há apenas objetos que aparecem inadequadamente (portanto, também apenas percebíveis de maneira inadequada). Não se deve, porém, passar por alto a ressalva que fizemos. Nós dissemos objetos percebíveis em *aparição fechada*. Há objetos — e todos os objetos transcendentes, todas as "realidades" abrangidas pela designação "natureza" ou "mundo" entram aqui — que não podem ser dados em nenhuma consciência fechada, em determinidade completa e em intuitividade igualmente completa.

Todavia, *o dado perfeito é, ainda assim, prescrito como ideia* (no sentido kantiano) — um *contínuo de aparições* determinado *a priori*, com todas as dimensões diferentes, mas determinadas, inteiramente regido por uma firme legalidade eidética, é prescrito como um sistema absolutamente determinado em seu tipo eidético de processos infinitos da aparição contínua ou como campo desses processos.

Esse contínuo se determina mais precisamente como um contínuo infinito onidirecional, que em todas as suas fases é constituído do mesmo X determinável e ordenado numa concatenação tal e determinado por uma composição eidética tal, que, percorrendo continuamente qualquer *linha* dele, o que se tem é um encadeamento coerente de aparição (que pode ser designado como uma unidade de aparição mutável), na qual um único e mesmo X continuamente dado se determina "mais de perto" de maneira coerente e contínua, e jamais de "outra maneira".

Se uma unidade fechada do transcurso, portanto um ato finito e apenas mutável não é pensável, em virtude da infinitude onidirecional do contínuo (o que redundaria numa absurda infinitude finita), a ideia desse contínuo e a ideia da doação perfeita por ele prescrita se apresenta, todavia, como *claramente visível* — claramente visível justamente como uma "ideia" o pode ser, ao marcar, por sua essência, um *tipo próprio de clareza de visão*.

A ideia de uma infinitude eideticamente motivada não é ela mesma uma infinitude; a clareza de visão de que essa infinitude não pode, por princípio, ser dada, não exclui, antes exige o dado claramente visível da *ideia* dessa infinitude.

§ 144. Efetividade e consciência doadora originária. Determinações finais

Resta, portanto, que o *eidos* "ser verdadeiro" é correlativamente equivalente ao *eidos* "ser dado adequadamente" e "passível de ser posto com evidência" — isso, contudo, no sentido do dado finito ou dado na forma de uma ideia. Num caso, o ser é ser "imanente", ser enquanto vivido fechado ou correlato noemático de vivido; no outro caso, é ser transcendente, isto é, ser cuja "transcendência" é colocada justamente na infinitude do correlato noemático, que ele exige como matéria de ser.

Onde uma intuição doadora é uma intuição *transcendente*, o objetivo não pode se dar adequadamente; o que pode ser dado é somente a *ideia* de um tal algo objetivo ou de seu sentido e de sua "essência cognitiva" e, com isso, uma regra *a priori* para as infinitudes legítimas das infinitudes das experiências inadequadas.

Com base nas respectivas experiências efetuadas e na sua regra (ou no múltiplo sistema de regras que a inclui) não se pode por certo depreender univocamente como se dará o transcurso ulterior da experiência. Permanecem abertas, ao contrário, infinitas possibilidades, as quais, no entanto, têm seu tipo prefigurado pela regulação *a priori*, com toda a riqueza de seu conteúdo. O sistema de regras da geometria determina com absoluta firmeza todas as figuras de movimentos possíveis que poderiam completar esse segmento de movimento observado aqui e agora, mas ela não traça nenhum transcurso singular real de movimento realizado pelo objeto que se move. O quanto pode nisso ajudar o pensamento empírico fundado na experiência; como se torna possível algo como a determinação científica das coisas enquanto unidades postas experimentalmente, que, todavia, encerram uma diversidade infinita; como no interior da tese da natureza pode ser alcançada a meta de determinação unívoca em conformidade com a *ideia* de objeto natural, de processo natural etc. (que é plenamente determinada enquanto ideia de um único indivíduo): isso faz parte de uma nova camada da investigação. Faz parte da fenomenologia da razão experimental específica e, em particular, da razão física, psicológica, da razão na ciência natural em geral, que reduz as regras ontológicas e noéticas da ciência empírica como tal a suas fontes fenomenológicas. O que significa, porém, que ela esquadrinha e investiga eideticamente as camadas fenomenológicas, noéticas e noemáticas, em que se guarda o conteúdo dessas regras.

§ 145. Observações críticas à fenomenologia da evidência

Fica claro pelas considerações feitas que *a fenomenologia da razão, a noética no sentido forte*, que não pretende submeter a razão em geral, mas a consciência de razão a uma investigação intuitiva, pressupõe inteiramente a fenomenologia geral. É mesmo um fato fenomenológico que — no reino da posicionalidade[127] — *todo gênero de consciência tética* se encontra *sob normas*; as normas nada mais são que leis eidéticas referentes a certos nexos noético-noemáticos que devem ser rigorosamente analisados e descritos em sua espécie e forma. Além disso, também se deve naturalmente estar sempre atento à *"desrazão"*, como contrapartida negativa da razão, assim como a fenomenologia da evidência compreende em si a sua contrapartida, a *absurdidade*.[128] Com todas as suas análises referentes às diferenciações eidéticas gerais, a *doutrina eidética geral da evidência* constitui uma parte relativamente pequena, embora fundamental, da fenomenologia da razão. Confirma-se assim — e para vê-lo com perfeita clareza bastam as reflexões há pouco apresentadas — o que brevemente se apresentou contra as interpretações absurdas da evidência no início deste livro.[129]

---

[127] Quando transferidos para a esfera da imaginação e da neutralidade, todos eventos téticos são "refletidos" e "enfraquecidos"; o mesmo se dá com todos os eventos da razão. Teses neutras não são atestáveis, mas "como se" fossem atestáveis, elas não são evidentes, mas "como se" fossem evidentes etc.
[128] Cf. *Investigações lógicas*, II, Sexta Investigação, § 39, pp. 549 e segs., especialmente p. 598. Em geral, toda a Sexta Investigação apresenta trabalhos fenomenológicos preparatórios para o tratamento dos problemas da razão discutidos no presente capítulo.
[129] Cf. acima o capítulo II da 2ª seção, em particular, § 21, pp. 65 e segs.

Evidência, com efeito, não é algum índice da consciência anexado a um juízo (e habitualmente só se fala de evidência num juízo), que com uma voz mítica grita para nós, de um mundo melhor: Aqui está a verdade!, como se essa voz tivesse algo a dizer para nós outros, espíritos livres, e não tivesse de atestar a legitimidade de seus títulos. Já não mais precisamos debater com o ceticismo e refletir sobre aquele velho tipo de dificuldades que não podem ser suplantadas por nenhuma teoria da evidência fundada em índices ou sentimento: será que um espírito enganador (como o da ficção cartesiana) ou uma alteração fatal do transcurso fático do mundo não poderia fazer com que precisamente todo juízo falso fosse dotado desse índice, desse sentimento da necessidade de pensar assim, do dever-ser transcendente etc.? Se passamos ao estudo dos fenômenos aqui atinentes, no âmbito da redução fenomenológica, reconheceremos com a mais plena clareza que se trata aqui de um modo posicional peculiar (e, portanto, de tudo, menos de um conteúdo qualquer anexado ao ato, de um tipo qualquer de acréscimo), que faz parte das constituições eideticamente determinadas da essência do noema (por exemplo, o modo "claridade originária de visão" faz parte da propriedade noemática "apreensão intuitiva de essência originariamente doadora"). Reconhece-se então também que, mais uma vez, as leis eidéticas regulam a referência daqueles atos posicionais desprovidos dessa eminente constituição àqueles que a possuem; que, por exemplo, existe algo como consciência do "*preenchimento da intenção*", da legitimação e corroboração especificamente referida aos caracteres téticos, assim como existem os *caracteres contrários* correspondentes, a *deslegitimação* e a *infirmação*. Reconhece-se, consequentemente, que os princípios lógicos exigem uma explicação fenomenológica profunda e que a proposição de contradição, por exemplo, nos remete a encadeamentos eidéticos de verificação e infirmação possível (ou a uma supressão racional).[130] Pode-se em geral obter a evidência de que não se trata absolutamente aqui de fatos contingentes, mas de eventos eidéticos, que estão

---

[130] Cf. *Investigações lógicas*, II, Sexta Investigação, § 34, pp. 583 e segs. — Lamentavelmente, W. Wundt julga aqui, assim como a respeito de toda a fenomenologia, de maneira inteiramente outra. Ele interpreta como "escolástica" a investigação que não vai um mínimo que seja além da esfera dos dados puramente intuitivos. Ele designa a distinção entre ato que dá sentido e ato que preenche o sentido como um "esquema formal escolhido" por nós (*Kleine Schriften*, I, p. 613), e o resultado das análises é a "mais primitiva repetição de palavras": "Evidência é evidência, abstração, abstração". A conclusão de sua crítica se inicia com palavras que me permito ainda citar: "A fundação que Husserl tenta dar a uma nova lógica, cuja orientação é mais teórica do que prática, termina, em cada uma de suas análises de conceito, assim que estes possuam um conteúdo positivo, com a asseveração de que realmente A = A, e nada mais". (*op. cit.*, pp. 613-614)

em concatenação eidética e que, portanto, aquilo que ocorre no *eidos*, opera para o *factum* como norma absolutamente inexcedível. Também fica claro neste capítulo fenomenológico que nem todo vivido posicional (por exemplo, um vivido de juízo qualquer) pode se tornar evidente da mesma maneira e, especialmente, de maneira imediata; fica claro, além disso, que todos os modos de posição racional, todos os tipos de evidência imediata ou mediata radicam em nexos fenomenológicos, nos quais se separam noético-noematicamente regiões de objeto fundamentalmente diferentes.

O que importa, em particular, é estudar sistematicamente as unificações contínuas de identidade em todos os domínios e as identificações sintéticas segundo a constituição fenomenológica destas. Se antes de mais nada se conheceu o que é preciso conhecer primeiro, a articulação interna do vivido intencional em todas as estruturas gerais, se se conheceu o paralelismo dessas estruturas, as camadas no noema, tal como sentido, sujeito do sentido, caracteres téticos, plenitude, então cabe tornar completamente claro, em todas as unificações sintéticas, como junto com elas ocorrem não apenas em geral ligações de ato, mas também ligações na unidade de um *único* ato. Em particular, cabe tornar claro como unificações identificadoras são possíveis, como aqui e ali o X determinável chega a coincidir, como se comportam, além disso, as determinações de sentido e suas lacunas, isto é, seus momentos de indeterminação, e igualmente também como as plenitudes e, com elas, as formas de corroboração, da atestação, do conhecimento progressivo chegam à clareza e à evidência analítica no nível mais baixo e mais alto da consciência.

Este e todos os estudos paralelos são realizados, porém, em orientação "transcendental", fenomenológica. Nenhum juízo neles emitido é um juízo natural, que pressuponha como fundo a tese da efetividade natural, e não o é nem mesmo ali onde se pratica fenomenologia da consciência da efetividade, do conhecimento natural, da intuição e visão clara de valor voltada para a natureza. Por toda parte perseguimos as configurações de noeses e noemas, nós esboçamos uma morfologia sistemática e eidética, por toda parte fazemos sobressair necessidades e possibilidades de essência; estas últimas como possibilidades necessárias, isto é, como formas de unificação da compatibilidade prescrita nas essências e delimitada por leis de essência. "Objeto" é em toda parte para nós uma designação para nexos eidéticos da consciência; ele surge primeiro como X noemático, como sujeito de sentido de diferentes tipos eidéticos de sentido e proposição. Ele surge, além disso, como a designação "objeto efetivo" e é então designação para certos nexos racionais considerados de maneira eidética, nos quais o X que está em unidade de sentido neles recebe a sua posição racional.

As expressões "objeto possível", "verossímil", "duvidoso" etc. são igualmente designações para determinados grupos — eideticamente delimitados ou fixáveis em investigação eidética — de configurações de consciência articuladas "teleologicamente". Os nexos são sempre outros e precisam ser rigorosamente descritos em seu ser outro: assim, por exemplo, é fácil ver com clareza que a *possibilidade* do X determinado de tal e tal maneira não é atestada apenas pela doação originária desse X na composição de seu sentido, portanto pela comprovação de sua realidade, mas também que simples suposições fundadas reprodutivamente podem se corroborar reciprocamente numa cadeia coerente; e é igualmente fácil de ver que a *dubitabilidade* se atesta, em fenômenos conflitantes, entre intuições modalizadas de certo tipo descritivo etc. A isso se ligam as investigações teórico-racionais referentes à diferenciação de coisas, valores, objetividades práticas, e que seguem as configurações de consciência constitutivas destes. Assim, a fenomenologia abrange efetivamente todo o mundo natural e todos os mundos ideais que ela põe fora de circuito: ela os abrange como "sentido do mundo", mediante leis eidéticas que vinculam o sentido de objeto e o noema em geral ao sistema fechado de noeses, e especialmente mediante nexos eidéticos fundados em leis racionais, cujo correlato é o "objeto verdadeiro", o qual, portanto, exibe um índice para sistemas bem determinados de configurações de consciência teologicamente coerentes.

Capítulo III
Níveis de generalidade da problemática teórica racional

Nossas meditações a respeito da problemática de uma fenomenologia da razão se moveram até aqui num nível tão alto de generalidade, que impedia o surgimento das ramificações essenciais dos problemas e de seus nexos com as ontologias formais e regionais. Precisamos tentar examinar esse ponto mais de perto; só então se descerrará para nós o sentido pleno da eidética fenomenológica da razão e toda a riqueza de seus problemas.

§ 146. Os problemas mais gerais

Voltemos às fontes da problemática da razão, seguindo-as em suas ramificações da maneira mais sistemática possível.

O problema que abarca a fenomenologia inteira tem como título: intencionalidade. Ele exprime justamente a propriedade fundamental da consciência, e todos os problemas fenomenológicos, inclusive os hiléticos, estão a ele subordinados. Assim, a fenomenologia começa com problemas da intencionalidade, embora primeiro em generalidade e sem trazer para dentro de seu círculo as questões sobre o ser efetivo (verdadeiro) daquilo de que se é consciente na consciência. Permanece então fora de consideração que a consciência posicional, com seus caracteres téticos, pode ser qualificada como um "visar", no sentido mais geral da palavra, e como tal ela está necessariamente sob a oposição racional entre validade e invalidade. Nos últimos capítulos, esses problemas foram tratados no tocante às principais estruturas da consciência que haviam nesse meio tempo se tornado compreensíveis para nós. Uma vez que se tratava de inícios eidéticos, efetuamos naturalmente as análises na maior generalidade possível. Em todas as esferas eidéticas, o caminho sistemático parte da generalidade mais alta para a mais baixa, mesmo quando a análise investigativa começa pelo particular. Falamos de razão e de tese racional em geral, de clareza de visão originária e derivada, adequada e inadequada, de clareza de visão eidética e de evidência individual etc. As descrições que esboçamos já pressupunham uma grande base fenomenológica, toda uma série de distinções difíceis, por nós elaboradas nos capítulos sobre as estruturas mais gerais da consciência. Sem os conceitos de sentido, proposição, proposição preenchida (essência cognitiva no linguajar das *Investigações lógicas*), problema teórico racional algum pode chegar a sua formulação radical. Esses conceitos, por sua vez, pressupõem outros e diferenciações eidéticas a eles correspondentes: pressupõem a distinção entre posicionalidade e neutralidade, entre os caracteres téticos e suas matérias, a separação das modificações eidéticas peculiares que não entram no *eidos* "proposição", como, por exemplo, as modificações de atenção etc. Para que não se subestime a abrangência das análises que devem ser necessariamente feitas na camada teórica racional mais geral de que aqui se fala, insistimos que as descrições eidéticas do último capítulo devem ser consideradas como meros inícios. Como em toda parte, o que fizemos aqui foi apenas levar a cabo o propósito metódico de preparar um vasto terreno firme para cada camada por princípio nova que devesse ser descrita como um campo de investigações fenomenológicas, de modo que pudéssemos ter domínio sobre ela, de modo que pudéssemos formular os problemas iniciais e fundamentais a ela referentes e lançar um olhar livre para o horizonte de problemas que a circundava.

§ 147. Ramificações de problemas. Lógica, axiologia e prática formais

A fenomenologia geral da razão se ramifica quando levamos em consideração as outras diferenças estruturais que são determinantes para os caracteres racionais: as diferenças segundo espécies fundamentais das teses, as distinções entre teses simples e teses fundadas e, entrecruzando com estas, as distinções entre teses de um só membro e sínteses. Grupos principais de problemas racionais (problemas de evidência) se referem aos gêneros fundamentais de teses e às matérias essencialmente requeridas por eles. Em primeiro lugar se encontram, naturalmente, a doxa originária e as modalidades dóxicas com todas as modalidades de ser a elas correspondentes.

Ao buscar essas metas teórico-racionais, chega-se necessariamente aos *problemas do esclarecimento teórico-racional da forma lógica* e das disciplinas paralelas, que chamei de axiologia e *prática formais*.

É preciso antes de mais nada lembrar as exposições anteriores[131] acerca das doutrinas formais puras das proposições e, especialmente, das proposições *sintéticas*, que se referem à síntese dóxica predicativa, assim como às formas sintéticas das modalidades dóxicas e dos atos afetivos e volitivos (tais como, por exemplo, as formas da preferência, do valorar e querer "por causa de um outro", as formas do "e" e "ou" axiológicos). Nessas morfologias, trata-se noematicamente de proposições sintéticas segundo sua forma pura, sem que entre em questão a validade ou invalidade racional. Elas ainda não fazem parte, portanto, da camada da doutrina da razão.

Tão logo, porém, levantemos a questão da validade ou invalidade racional, para proposições em geral enquanto devam ser determinadas exclusivamente por formas puras, estamos na lógica formal e nas disciplinas formais paralelas acima mencionadas, as quais são por essência construídas sobre as doutrinas formais correspondentes, que são seus níveis inferiores. *Nas formas sintéticas* — que, como sínteses de teses ou proposições da *categoria* de proposição em questão, manifestamente pressupõem muitas coisas, mas as deixam indeterminadas no que concerne à particularidade delas — *estão contidas condições* a priori *da validade possível, condições que ganham expressão nas leis eidéticas das disciplinas aqui consideradas.*

Nas formas puras da síntese *predicativa* (analítica) estão especialmente contidas as condições *a priori* da possibilidade da *certeza racional dóxica* ou, dito noematicamente, da *verdade possível*. O estabelecimento objetivo delas é efetuado pela lógica formal no mais estrito sentido: pela *apofântica formal* (lógica formal dos "juízos"), que tem, portanto, o seu fundamento na morfologia desses "juízos".

Algo semelhante vale para as sínteses da esfera afetiva e volitiva e para seus correlatos noemáticos, portanto, para suas espécies de proposições "sintéticas", cuja doutrina sistemática das formas tem mais uma vez de proporcionar o alicerce para a construção das doutrinas da validade formal. Nas *formas* sintéticas puras dessas esferas (por exemplo, nos nexos de meios e fins) estão efetivamente contidas *condições da possibilidade de "verdade" axiológica e prática*. Em virtude da objetivação, que também se efetua, por exemplo, nos atos afetivos, toda *racionalidade* axiológica e prática se converte, da maneira que sabemos, em racionalidade dóxica e, noematicamente, em *verdade* ou, objetivamente, em *efetividade*: falamos de fins, meios, preferências verdadeiras ou efetivas etc.

---

[131] Cf. §§ 133 e segs., pp. 293-298.

É óbvio que para todos esses encadeamentos cabem investigações fenomenológicas próprias e altamente importantes. O tipo de caracterização que se deu acima às disciplinas formais já é fenomenológico e pressupõe muitos elementos de nossas análises. O investigador que se situa na *lógica pura* tratada "dogmaticamente" apreende por abstração as formas apofânticas ("proposição em geral" ou "juízo", juízo categórico, hipotético, conjuntivo, disjuntivo etc.) e fixa para elas axiomas de verdade formal. Ele não tem nenhum conhecimento do que seja síntese analítica, relações eidéticas noético-noemáticas, ordenação das essências por ele captadas e conceitualmente fixadas aos complexos eidéticos da consciência pura; ele investiga isoladamente o que só pode ter sua plena compreensão nesse nexo eidético pleno. Só a fenomenologia, pelo retorno às fontes da intuição em consciência transcendental purificada, pode nos tornar claro o que está propriamente em jogo quando falamos, ora das condições formais da verdade, ora das condições formais do conhecimento. Ela nos esclarece em geral sobre essências e relações de essência que entram nos conceitos de conhecimento, evidência, verdade, ser (objeto, estado de coisas etc.); ela nos ensina a entender a construção do julgar e do juízo, o modo como a estrutura do noema é determinante para o conhecimento, como a "proposição" aí desempenha seu papel particular e também a diversa possibilidade de seu "preenchimento" em termos de conhecimento. Ela mostra que modos de preenchimento são condições essenciais para o caráter racional da evidência, que espécies de evidências estão em questão a cada momento etc. Ela nos faz entender, em particular, que nas *verdades a priori da lógica* se trata de nexos de essência entre a *possibilidade de preenchimento intuitivo* da proposição (pelo qual o estado de coisas correspondente vem à intuição sintética) e a *forma sintética pura da proposição* (a forma lógica pura), e que aquela possibilidade é ao mesmo tempo condição da validade possível.

Ela mostra também que, numa consideração mais detida, duas coisas devem ser distinguidas aqui, em correspondência com a correlação entre noese e noema. Na apofântica formal (por exemplo, na silogística), fala-se de juízos, de proposições noemáticas e de sua "verdade formal". A orientação é inteiramente noemática. Por outro lado, na *noética formal apofântica*, a orientação é noética, fala-se de racionalidade, de correção do juízo, exprimem-se *normas* dessa correção, e isso no que se refere às formas da proposição. Não se pode, por exemplo, ter por verdadeira uma contradição; quem julga de acordo com as formas das premissas dos modos válidos de inferência, "tem de" tirar consequências das formas correspondentes etc. No âmbito fenomenológico, nada mais é preciso para entender tais paralelos.

Os eventos que dizem respeito ao julgar, às noeses, assim como os que lhes correspondem por essência no noema, na *apofansis*, são investigados precisamente em sua necessária referência recíproca e no pleno entrelaçamento em que se encontram na consciência.

Naturalmente, o que se disse a respeito do paralelismo entre regulamentações noéticas e noemáticas vale para as demais disciplinas formais.

§ 148. Problemas teóricos racionais da ontologia formal

Uma inflexão nos leva dessas disciplinas às *ontologias* correspondentes. O nexo entre elas já é dado fenomenologicamente pelas mudanças gerais possíveis do olhar, que podem ser efetuadas no interior de todo ato, pelo que os componentes que elas trazem ao olhar estão reciprocamente entrelaçados uns aos outros por diversas leis eidéticas. A orientação primária é a que se volta para o objetivo, a reflexão noemática leva aos componentes noemáticos, as noéticas, aos componentes noéticos. Desses componentes, as disciplinas que aqui nos interessam captam, por abstração, formas puras, e a apofântica formal capta formas noemáticas, e a noética que lhe é paralela, formas noéticas. Da mesma maneira que essas formas se vinculam umas com as outras, da mesma maneira elas também estão vinculadas por lei eidética a formas ônticas, que podem ser apreendidas quando se volta o olhar para componentes ônticos.

Toda lei formal-lógica pode ser convertida de modo equivalente numa lei formal-ontológica. Neste caso, não se faz juízo sobre juízos, elementos de juízo (por exemplo, significações nominais), significações de predicado, mas sobre estados-de-coisa, objetos, notas características etc. Já não se trata também da verdade, da validade das proposições judicativas, mas da composição do estado de coisas, do ser dos objetos etc.

O conteúdo fenomenológico dessa mudança deve obviamente ser clarificado pelo recuo ao conteúdo dos conceitos aqui decisivos.

A ontologia formal vai, de resto, muito além da esfera de tais mudanças das verdades formais apofânticas. Grandes disciplinas a ela se acrescentam por aquelas "nominalizações" de que antes falamos. No julgar plural, o plural entra como tese plural. Pela mudança nominalizante, ele se torna o objeto "conjunto", e assim surge o conceito fundamental *"teoria dos conjuntos"*. Nesta, faz-se juízo *sobre* conjuntos como objetos que têm suas espécies de propriedade, relação etc. O mesmo vale para os conceitos de relação, de número etc., enquanto conceitos fundamentais das *disciplinas matemáticas*.

Temos mais uma vez de dizer, como nas doutrinas meramente formais das proposições, que não é tarefa da fenomenologia desenvolver essas disciplinas, ou seja, não é sua tarefa fazer matemática, silogística etc. O que lhe interessa são somente os axiomas e sua composição conceitual, como designação para análises fenomenológicas.

O que foi dito também se aplica por si mesmo à *axiologia* e à *prática formais*, assim como às *ontologias formais* que a elas devem ser subordinadas como desideratos teóricos, *ontologia formal* (num sentido bem ampliado) *dos valores*, dos bens — em suma, de todas as esferas ônticas que são correlatos da consciência de afeto e de vontade.

Note-se *que, nestas considerações, o conceito da ontologia formal se ampliou*. Os valores, as objetividades práticas entram sob a designação formal "objeto", "algo em geral". Do ponto de vista da ontologia analítica universal eles são, portanto, objetos materiais determinados, as ontologias "formais" dos valores a eles referentes e das objetividades práticas são disciplinas materiais. Por outro lado, as analogias que se fundam no paralelismo entre os gêneros téticos (crença ou modalidade de crença, valoração, volição) e as sínteses e formações sintáticas a eles especificamente subordinados têm sua força, que é tão eficaz, que Kant designou a relação do querer do fim e do querer dos meios como "analítica"[132] e, com isso, naturalmente confundiu analogia com identidade. O que é propriamente analítico, o que pertence à síntese predicativa da doxa, não deve ser misturado com seu análogo formal, que se refere às sínteses das teses de afetividade e de vontade. Problemas profundos e importantes da fenomenologia da razão se vinculam à clarificação radical dessas analogias e paralelos.

§ 149. Os problemas teóricos racionais das ontologias regionais. O problema da constituição fenomenológica

Após discutirmos os problemas teóricos racionais que nos são postos pelas disciplinas formais, seria preciso efetuar a passagem para as ontologias *materiais* e, antes de mais nada, para as *ontologias regionais*.

Toda região objetiva se constitui na forma de consciência. Um objeto determinado pelo gênero regional tem como tal, desde que seja efetivo, os seus modos, prescritos *a priori*, de ser percebido, de ser representado de

---

[132] Cf. *Fundamentação da Metafísica dos Costumes* (A 417): "Quem quer o fim, quer... também o meio indispensavelmente necessário para ele, que está em seu poder. *No que concerne ao querer, essa proposição é analítica*".

maneira clara ou obscura, de ser pensado, atestado. No tocante àquilo que funda a racionalidade, retornamos mais uma vez, portanto, aos sentidos, às proposições às essências cognitivas; agora, porém, não às meras formas, mas, porque temos diante do olhar a generalidade material da essência regional e categorial, a proposições cujo conteúdo de determinação é tomado em sua determinidade *regional*. *Cada região oferece aqui o fio condutor para seu próprio grupo fechado de investigação.*

Tomemos, por exemplo, como fio condutor a região coisa material. Se entendemos corretamente o que esse fio condutor quer dizer, então com ela apreendemos ao mesmo tempo um problema geral decisivo para uma disciplina fenomenológica importante e relativamente fechada: *o problema da "constituição" geral das objetividades da região coisa na consciência transcendental* ou, mais brevemente, o problema "da constituição fenomenológica da coisa em geral". Ao mesmo tempo, aprendemos também a conhecer o método de investigação relacionado a esse problema que nos serve de fio condutor. O mesmo vale então para *cada* região e cada disciplina referida à sua constituição fenomenológica.

Trata-se do seguinte. Para permanecer nessa mesma região, a ideia da coisa, quando agora dela falamos, é substituída, em conformidade com a consciência, pelo pensamento conceitual "coisa" com certo substrato noemático. A todo noema corresponde por essência um grupo idealmente fechado de noemas possíveis, cuja unidade reside em que podem ser unificados sinteticamente por serem coincidentes. Se, como aqui, o noema é concordante, então no grupo também se encontram noemas que são intuitivos e, em particular, doadores originários, nos quais todos os outros tipos de noema do grupo encontram seu preenchimento em coincidência identificadora, tirando deles, no caso da posicionalidade, a sua atestação, a sua plenitude de força racional.

Partamos, pois, da representação verbal, talvez inteiramente obscura, de "coisa", precisamente como a temos. Engendremos em liberdade representações intuitivas da mesma "coisa" em geral e tornemos claro para nós o sentido vago da palavra. Já que se trata de uma "representação geral", temos de proceder exemplarmente. Engendremos não importa que intuições imaginárias de coisas, por exemplo, livres intuições de cavalos alados, corvos brancos, montanhas de ouro etc.; também estas seriam coisas, e representações delas servem, pois, de exemplificação, tanto quanto representações de coisas da experiência efetiva. Nelas nós apreendemos, em ideação, com clareza intuitiva a essência "coisa" como sujeito de determinações noemáticas gerais delimitadas.

É preciso observar agora (recordando algo já anteriormente constatado)[133] que ali a essência "coisa" é dada originariamente, mas esse dado não pode ser por princípio adequado. Nós podemos levar o noema ou o sentido-de-coisa à condição de dado adequado; os diversos sentidos de coisa, porém, mesmo tomados em sua plenitude, não contêm, como um substrato originariamente intuitivo a eles imanente, a essência regional "coisa", tão pouco quanto os diversos sentidos referidos a uma e mesma coisa individual contêm a essência individual dessa coisa. Noutras palavras, quer se trate da essência de uma coisa individual, quer da essência regional "coisa em geral", de modo algum uma intuição isolada de coisa ou uma continuidade ou coleção finita e fechada de intuições de coisa serão bastantes para obter, de maneira *adequada*, a essência desejada em toda a plenitude de suas determinidades eidéticas. Toda intuição, porém, é suficiente para uma apreensão eidética *inadequada*; em comparação com uma apreensão eidética vazia, que pode ser estabelecida sobre a sustentação exemplar de uma representação obscura, ela tem sempre a grande vantagem de dar a essência de forma originária.

Isso vale para todos os níveis de generalidade eidética, da essência individual até aquela da região "coisa".

Podemos, no entanto, ter a clara visão eidética geral de que *todo dado incompleto* (todo noema que faz uma doação inadequada) *traz em si uma regra para a possibilidade ideal de sua completude*. É inerente à essência da aparição "centauro" que agora tenho — de uma aparição que dá apenas "unilateralmente" a essência do centauro — que eu possa ir atrás de todos os lados da coisa, que eu possa, em imaginação livre, tornar determinado e intuitivo para mim aquilo que era indeterminado e permanecia em aberto. Somos em grande medida *livres* na continuação desse processo intuitivamente sempre mais completo e sempre mais determinado da imaginação; podemos atribuir intuitivamente, como bem entendermos, ao centauro de nossa imaginação propriedades e modificações de propriedades mais bem determinadas; mas *não somos inteiramente livres*, caso devamos prosseguir no sentido de um andamento intuitivo *coerente*, no qual o sujeito a ser determinado é o mesmo e *pode* sempre permanecer como determinável de maneira coerente. Estamos, por exemplo, presos a um *espaço* determinado por leis, enquanto âmbito que nos é rigorosamente prescrito pela ideia de uma coisa possível. Por mais arbitrariamente que possamos deformar o produzido em imaginação, são sempre figuras no espaço transformando-se em figuras no espaço.

---

[133] Cf. § 143, p. 317.

O que se quer fenomenologicamente dizer quando se fala de regras ou lei? Que importância há nisto, que *a região "coisa"* dada inadequadamente *prescreve regras para o andamento de intuições possíveis* — o que equivale dizer, manifestamente, para o andamento de percepções possíveis?

A resposta é a seguinte: da essência de um tal noema de coisa fazem parte, e em absoluta clareza de visão, possibilidades ideais de que as *intuições coerentes "prossigam ilimitadamente"*,[134] segundo direções prescritas de certa maneira típica (e, portanto, também paralelamente de que não haja limites na seriação contínua das noeses correspondentes). Lembremos aqui os desenvolvimentos anteriores sobre a obtenção de uma visão clara da "ideia" geral de coisa, que permanecem válidos para todo nível inferior de generalidade, até mesmo para a concreção última da coisa determinada individualmente. Sua transcendência se exprime naqueles prosseguimentos ilimitados de intuições que dela se pode ter. As intuições sempre podem mais uma vez ser convertidas em contínuos de intuições, e os contínuos anteriormente dados podem ser ampliados. Nenhuma percepção da coisa é definitivamente fechada, há sempre espaço para novas percepções, as indeterminidades seriam mais proximamente determinadas, os não preenchimentos, preenchidos. A cada prosseguimento, enriquece-se o conteúdo de determinação do noema da coisa, que continua sempre a pertencer à mesma coisa X. É uma visão eidética clara que *toda* percepção e multiplicidade perceptiva é passível de ampliação e que, portanto, o processo não tem fim; nenhuma apreensão intuitiva da essência da coisa pode, por conseguinte, ser tão completa que uma percepção ulterior não possa acrescentar algo novo em termos noemáticos.

Por outro lado, nós apreendemos com evidência e adequadamente a "ideia" de coisa. Nós a apreendemos no *livre* processo de percorrer as intuições coerentes, na consciência de seu processo ilimitado. Assim, apreendemos primeiro a ideia não preenchida da coisa, e essa coisa individual como algo que é dado "até onde" a intuição coerente "chega", mas que, além disso, permanece determinável *"in infinitum"*. O "etc." é um momento da clareza de visão e absolutamente indispensável no noema de coisa.

Com base na consciência exemplar dessa ilimitabilidade, apreendemos, além disso, a "ideia" das direções determinadas dessa infinitude, e isso para cada uma das direções do transcurso intuitivo que percorremos. Novamente apreendemos a *"ideia" regional da coisa em geral* como ideia do idêntico que

---

[134] Cf. o quinto argumento de Kant sobre o espaço na *Crítica da Razão Pura* (A 25).

se conserva naquelas infinitudes de *tipo* determinado do transcurso e que se anuncia naquelas infinitas séries de tipo determinado de noemas.

Assim como a coisa, cada *qualidade* pertencente a seu conteúdo eidético e, sobretudo, cada *"forma" constitutiva* é uma ideia, e isso vale da generalidade regional até a particularidade mais ínfima. Expondo mais pormenorizadamente:

Em sua essência ideal, a coisa se dá como *res temporalis*, na *"forma" necessária do tempo*. A "ideação" intuitiva (que, como intuição de "ideia", merece aqui muito particularmente o seu nome) nos ensina a conhecer a coisa como necessariamente duradoura, como podendo ser, por princípio, infinitamente estendida no que diz respeito a sua duração. Apreendemos em *"intuição pura"* (pois essa ideação é o conceito kantiano de intuição pura fenomenologicamente clarificado) a "ideia" da temporalidade e de todos os momentos eidéticos nela contidos.

Segundo sua ideia, a coisa é, além disso, *res extensa*, capaz, por exemplo, no aspecto espacial, de infinita variedade de mudança de forma e, numa figura mantida idêntica e numa modificação de figura, de infinita variedade de mudança de lugar, ela é "móvel" *in infinitum*. Apreendemos a *"ideia" do espaço* e as ideias a ela subordinadas.

A coisa é, finalmente, *res materialis*, é unidade *substancial* e, como tal, unidade de *causalidade*s e, segundo a possibilidade, de infinita variedade de causalidades. Também nessas propriedades especificamente reais deparamos com ideias. Assim, *todos* os componentes da ideia de coisa são eles mesmos ideias, *cada uma implica o "etc."* de possibilidades "infinitas".

O que apresentamos aqui não é "teoria", "metafísica". Trata-se de necessidades eidéticas, inseparavelmente contidas no noema de coisa e, correlativamente, na consciência doadora de coisa, que podem ser apreendidas com completa clareza de visão e investigadas sistematicamente.

§ 150. Continuação. A região "coisa" como fio condutor transcendental

Depois de tornarmos compreensíveis, de maneira a mais geral, as infinitudes que a intuição de coisa abriga em si como tal (segundo noese e noema) — ou como também podemos dizer: a ideia da coisa e o que ela abriga em si nas dimensões da infinitude —, também poderemos logo entender em que medida *a região "coisa"* pode servir de *fio condutor* para investigações fenomenológicas.

Intuindo uma coisa individual, seguindo na intuição seus movimentos, suas aproximações e afastamentos, voltas e mudanças, as modificações de sua forma e de sua qualidade, os modos de seu comportamento causal, *efetuamos* contínuos de intuição que coincidem de tal ou tal maneira, que se juntam numa consciência de unidade: em tudo isso, o olhar está dirigido para o idêntico, para o X do sentido (da proposição posicional ou neutra), para o único e mesmo que se modifica, vira etc. Tal também ocorre quando em intuição *livre* seguimos todas as diferentes direções fundamentais das modificações infindas possíveis, na consciência do prosseguimento ilimitado desse processo intuitivo. E tal também mais uma ocorre quando passamos à orientação de ideação e trazemos, por exemplo, a ideia regional de coisa à clareza, procedendo, portanto, aqui como o geômetra na liberdade e pureza de sua intuição geométrica.

Com tudo isso, entretanto, nada sabemos dos processos da própria intuição, das essências e infinitudes de essência que *dela* fazem parte, nada sabemos de seus materiais e de seus momentos noéticos, de seus substratos noemáticos, das camadas distinguíveis e eideticamente apreensíveis em ambos os lados. Nós não *vemos* aquilo que vivemos atualmente (ou de que temos irrefletidamente consciência, por exemplo, na modificação de imaginação). É preciso, portanto, uma mudança de orientação, é preciso diferentes "reflexões" hiléticas, noéticas, noemáticas (todas assim legitimamente denominadas, porque são mudanças do direcionamento original, "direto", do olhar para o X). São essas reflexões que agora nos abrem um grande campo, em si concatenado, de investigação, uma poderosa problemática, que se encontra sob a ideia "região de coisa".

Surge, com efeito, a questão:

Como as noeses e os noemas pertencentes à unidade da consciência que representa intuitivamente a coisa podem ser descritas sistematicamente?

Se nos ativermos à esfera noemática, a questão é:

Como se mostram as múltiplas intuições posicionais, as "*proposições intuitivas*" nas quais uma coisa "efetiva" se dá e atesta intuitivamente sua *efetividade*, em "experiência" originária?

Fazendo abstração da tese dóxica, como se mostram as meras *aparições* — entendidas noematicamente —, que, consideradas de maneira eidética pura, "trazem à aparição" uma única e mesma coisa, a coisa inteiramente determinada em cada caso, que pertence, como correlato *necessário*, a essa diversidade de intuição ou aparição? A fenomenologia não se detém, por princípio, num linguajar vago, em generalidades obscuras, ela exige clarificação, análise e descrição sistemáticas precisas, que penetrem nos nexos eidéticos e até nas particularizações últimas deles: ela exige *trabalho* concludente.

Posta como existente, a *ideia regional* da coisa, seu X idêntico com o conteúdo de sentido determinante — *prescreve regras às diversidades de aparições*. Quer dizer: estas não são simplesmente diversidades que casualmente se juntam, o que já decorre de que possuem em si mesmas, puramente por essência, referência à coisa, à coisa determinada. A ideia da região prescreve séries de aparições inteiramente determinadas, precisamente ordenadas, progredindo *in infinitum*, rigorosamente fechadas enquanto totalidade ideal; ela prescreve uma organização interna determinada de seus transcursos, que se conecta, por essência e para a investigação, com as ideias parciais que são assinaladas em termos gerais como componentes da ideia regional de coisa. Mostra-se por exemplo — como uma parte dessa organização — que a unidade de uma mera *res extensa* é pensável sem a unidade que dá norma à ideia de *res materialis*, ainda que seja impensável uma *res materialis* que não seja uma *res extensa*. Com efeito, constata-se (sempre em intuição eidético-fenomenológica) que toda aparição de coisa abriga necessariamente uma camada que nós chamamos de *esquema de coisa*: este é a forma espacial preenchida meramente com qualidades "sensíveis" — sem nenhuma determinidade em termos de "substancialidade" ou de "causalidade" (*scilicet*, entre aspas, entendidas em modificação noemática). Essa própria ideia de uma *mera res extensa* já é título para uma grande quantidade de problemas fenomenológicos.

Aquilo que em ingenuidade fenomenológica nós tomamos por meros fatos — que "a nós seres humanos" uma coisa no espaço sempre aparece em certa "orientação", por exemplo, num campo visual orientado para cima e para baixo, para a direita e para a esquerda, para perto e para longe; que só podemos ver uma coisa em certa "profundidade" e "distância"; que todas as variáveis distâncias nas quais ela pode ser vista estão referidas a certo centro invisível de todas as orientações de profundidade, centro que, no entanto, como ponto limite ideal, nos é bastante familiar e que nós "localizamos" na cabeça —, todas essas supostas facticidades, todas essas contingências, portanto, da intuição do espaço, que são estranhas ao espaço "verdadeiro", "objetivo", acabam se mostrando como necessidades eidéticas inclusive em mínimas particularidades empíricas. Fica patente, portanto, que não só para nós seres humanos, mas também para Deus — enquanto representante ideal do conhecimento absoluto —, algo como uma coisa no espaço só pode ser intuída por meio de aparições nas quais ela é e tem de ser dada "em perspectivas", numa variedade de modos diversos, mas determinados e, além disso, em "orientações" variáveis.

Agora isso precisa ser não apenas fundado como tese geral, mas seguido em todas as configurações singulares. O problema da "*origem da representação do espaço*", cujo sentido mais profundo, fenomenológico, jamais havia sido apreendido, se reduz à análise fenomenológica da *essência* de todos os fenômenos noemáticos (e noéticos) nos quais o espaço se exibe intuitivamente e se "constitui" como unidade das aparições, dos modos descritivos de exibição da "espacialidade".

Além disso, o *problema da constituição* claramente nada mais significa senão que as séries de aparição regulares e *necessariamente* pertencentes à unidade de um aparecimento podem ser abrangidas intuitivamente pelo olhar e apreendidas teoricamente — não obstante suas infinitudes (sobre as quais se pode ter inequivocamente domínio no "etc." determinado) —, elas podem ser analisadas e descritas em sua peculiaridade *eidética*, e a *operação que estabelece por leis a correlação entre a coisa determinada que aparece, como unidade, e as diversidades infinitas determinadas das aparições* pode ser vista em toda a sua evidência e despida de todos os seus enigmas.

Isso não vale apenas para toda unidade contida na *res extensa* (e também na *res temporalis*), mas não menos também para as unidades mais altas, as unidades fundadas, indicadas pela expressão "coisa *material*", isto é, *substancial-causal*. No nível da intuição empírica, todas essas unidades se constituem em "diversidades", e é preciso, por toda parte, que os nexos eidéticos recíprocos sejam inteiramente iluminados, em todas as camadas, no que concerne ao sentido e à plenitude de sentido, às funções téticas etc. É preciso, por fim, que aflore em completa clareza de visão o que *a ideia da coisa efetiva representa na consciência fenomenológica pura*, como ela é correlato absolutamente necessário de um nexo noético-noemático investigado em sua estrutura e descrito em essência.

§ 151. Camadas da construção transcendental da coisa. Complementos

Essas investigações são essencialmente determinadas pelos diferentes *níveis e camadas da constituição da coisa no âmbito da consciência empírica originária*. Cada nível e cada camada nesse nível se caracteriza por constituir *uma unidade própria*, que é, por sua vez, membro necessário na constituição plena da coisa.

Se tomarmos por exemplo o nível da constituição pura e simplesmente perceptiva da coisa, cujo correlato é a coisa dos sentidos dotada de qualidades sensíveis, nós nos referiremos a um único fluxo de consciência, às percepções possíveis de um único eu-sujeito perceptivo. Encontraremos aqui diversas camadas de unidade, *os esquemas sensuais*, as "coisas visuais" de ordem superior e inferior, que têm de ser constatadas inteiramente nessa ordenação e estudadas, tanto individualmente como em conjunto, segundo sua constituição noético-noemática. No ponto mais alto das camadas desse nível está a coisa *substancial-causal*, que já é uma realidade no sentido específico, porém sempre ainda constitutivamente ligada a *um* sujeito empírico e a suas multiplicidades perceptivas ideais.

O *nível superior seguinte* é então a *coisa intersubjetivamente idêntica*, uma unidade constitutiva de ordem superior. Sua constituição se refere a uma pluralidade aberta de sujeitos que se encontram em relação de "entendimento". O mundo intersubjetivo é o correlato da experiência intersubjetiva, isto é, da experiência mediada por *"empatia"*. Somos assim remetidos às múltiplas unidades da coisa dos sentidos, já constituídas individualmente por aqueles muitos sujeitos, e, consequentemente, às multiplicidades perceptivas pertencentes a eus-sujeito e fluxos de consciência diferentes, mas sobretudo à novidade que é a empatia e à questão de saber como ela desempenha um papel constituinte na experiência "objetiva" e confere unidade àquelas multiplicidades cindidas.

Todas as investigações têm, além disso, de ser levadas a termo de forma integral e em todos os aspectos exigidos pela essência das coisas. Assim, acima, onde o propósito era introdutório, nós consideramos apenas um primeiro sistema, um sistema fundamental das multiplicidades-de-aparição constitutivas, a saber, aquele sistema no qual uma única e mesma coisa sempre aparece de modo concordante. As percepções avançam num progresso ilimitado, segundo todas as linhas sistemáticas, na direção da pura coincidência, as teses ganham mais e mais corroboração. Aqui só há determinação mais precisa, jamais determinação outra. Nenhuma determinação de coisa posicionada pelo transcurso anterior da experiência (no interior desse sistema idealmente fechado) sofre "eliminação" ou "substituição" por determinações diferentes da mesma categoria de propriedades, que é formalmente prescrita pela essência regional. Não há obstrução à coerência, nem eventos para afastar essa obstrução e menos ainda aquela "explosão" da coerência com a qual a coisa posta é totalmente riscada. Ora, fenomenologicamente, tais casos conflitantes não devem ser levados menos em consideração, já que também eles desempenham ou podem desempenhar seu papel no encadeamento da constituição possível de uma efetividade empírica. O caminho, tanto do conhecimento fático, como do conhecimento ideal possível, passa por erros, e isso já no nível mais baixo de conhecimento, o da apreensão intuitiva da efetividade. Os transcursos perceptivos durante os quais se abrem fissuras parciais na coerência, que só pode ser mantida mediante "correções", devem ser, portanto, caracterizados sistematicamente de acordo com os componentes noéticos e noemáticos de essência: tais são as mudanças de apreensão, os eventos téticos de espécie peculiar, as reavaliações e desvalorizações do anteriormente apreendido, por exemplo, como "aparência", "ilusão" etc. As sínteses de conflito, de reavaliação e determinação outra, e como quer que possam se chamar, têm de afirmar seus direitos perante a síntese contínua da coerência: para uma fenomenologia da "efetividade verdadeira", a *fenomenologia da "aparência nula"* também é inteiramente indispensável.

§152. Aplicação do problema da constituição transcendental a outras regiões

Não é preciso mais nada para ver que o que foi dito aqui, a título exemplar, a respeito da constituição da *coisa* material — e, na verdade, a respeito da constituição no sistema das multiplicidades da experiência encontradas *antes de todo "pensar"* — tem de ser transferido, tanto em seu problema como em seu método, a *todas as regiões de objeto*. No caso de "percepções sensíveis" intervêm naturalmente agora as respectivas regiões de atos de doação originária de espécies eideticamente subordinadas, os quais precisam ser anteriormente estabelecidos e analisados pela análise fenomenológica.

Problemas bastante difíceis estão ligados ao *entrelaçamento das diversas esferas*. Eles condicionam os entrelaçamentos entre as configurações constituintes no plano da consciência. A *coisa* não é um algo isolado diante do sujeito empírico, como já se pôde notar pelas indicações anteriores acerca da constituição intersubjetiva do mundo da coisa "objetiva". Mas agora esse mesmo sujeito empírico é constituído como real na experiência, como *ser humano* ou *animal*, assim como as *comunidades intersubjetivas* são constituídas como comunidades animais.

Embora essencialmente fundadas em realidades psíquicas, as quais estão por sua vez fundadas em realidades físicas, essas comunidades se apresentam como novas *objetividades de ordem superior*. Fica patente em geral que há muitas espécies de objetividades arredias a todas as interpretações psicologizantes e naturalistas. É assim, por exemplo, com todas as espécies de objetos-valor ou objetos práticos, com todas as construções concretas da civilização que determinam nossa vida atual na condição de duras efetividades, tais como, por exemplo, *Estado, direito, costumes, Igreja* etc. Todas essas objetividades têm de ser descritas assim como se dão, segundo espécies fundamentais e em seus nivelamentos, e também no caso delas é preciso pôr e solucionar os *problemas da constituição*.

A constituição delas também leva muito naturalmente de volta à constituição das coisas no espaço e dos sujeitos psíquicos: elas estão fundadas justamente nessas realidades. Como nível último, a realidade material, finalmente, está no fundamento de todas as outras realidades, e assim *à fenomenologia da natureza material* está certamente reservada *uma posição eminente*. Vistas, porém, sem preconceito e reconduzidas fenomenologicamente a suas fontes, as unidades fundadas são justamente *unidades fundadas* e *de novas espécies*; o novo que se constitui com elas jamais pode, como ensina a intuição eidética, ser reduzido a meras somas de outras realidades. Assim, com efeito, *todo tipo peculiar de tais efetividades implica sua própria fenomenologia constitutiva* e, com ela, uma *nova doutrina concreta da razão*. Em toda parte, a tarefa é por princípio a mesma: é preciso trazer ao conhecimento, em todos os níveis e camadas, o sistema completo das configurações de consciência que constituem o dado originário de todas essas objetividades e tornar, assim, compreensível o equivalente de consciência do tipo de "efetividade" em questão. Também tudo aquilo que deve ser dito aqui, em conformidade com a verdade, a fim de eliminar os muitos e fáceis mal-entendidos referentes à correlação de ser e consciência (como, por exemplo, que toda efetividade se "dissolve no psíquico") só pode ser dito com base nos nexos eidéticos dos grupos constitutivos, nexos estes apreendidos em orientação fenomenológica e à luz da intuição.

§ 153. A extensão plena do problema transcendental. Articulação das investigações

Uma discussão mantida em termos tão gerais, tal como foi até agora possível, não pode despertar uma representação satisfatória da enorme extensão das investigações reconhecidas e exigidas acima como possíveis. Para isso seria preciso possuir ao menos exemplos de investigações pormenorizadas dos tipos principais de efetividades; seria preciso, pois, um procedimento tal como observamos em relação à problemática das estruturas gerais da consciência. Não obstante, no próximo livro, quando se tratar das questões controversas acerca da relação recíproca entre os grandes grupos de ciências, caracterizados pelas designações "ciência da natureza", "psicologia" e "ciência do espírito", sobretudo em sua relação à fenomenologia, a discussão dessas questões nos dará oportunidade de trazer a uma distância tangível também os problemas da constituição. Aqui, porém, já ficou por demais claro que se trata efetivamente de problemas sérios e que se abrem domínios de investigação referentes ao que há *por princípio, no sentido genuíno da palavra*, em *todas as ciências materiais*. O "por princípio" nada mais é que aquilo que, pelos conceitos e conhecimentos fundamentais, se agrupa em torno das ideias regionais e encontra ou deveria encontrar seu desenvolvimento sistemático em ontologias regionais correspondentes.

O que foi dito pode ser transferido da esfera material para a *formal* e para as disciplinas *ontológicas* a ela adstritas, portanto, para os todos os princípios e ciências de princípios em geral, desde que ampliemos convenientemente a ideia de constituição. Além disso, o âmbito das investigações constitutivas se amplia, com efeito, de tal modo, que ele é por fim capaz de abranger toda a fenomenologia.

Isso é algo que se imporá por si mesmo, se fizermos as seguintes ponderações complementares:

Os problemas da constituição do objeto se referem em primeira linha às multiplicidades de uma possível consciência *doadora originária*. No caso das coisas, portanto, eles se referem, por exemplo, à totalidade das experiências *possíveis*, às percepções de uma e mesma coisa. A isso vem se juntar a consideração complementar das espécies de consciência posicional reprodutiva e a investigação de sua operação racional constitutiva ou, o que vem a dar no mesmo, daquilo que ela opera para o conhecimento puramente intuitivo; e igualmente também a consideração da consciência que representa obscuramente (mas simplesmente) e dos problemas da razão e da efetividade a ela referentes. Em suma, nós nos movemos antes de tudo *na mera esfera da "representação"*.

A estas, no entanto, se vinculam investigações correspondentes, referidas às operações da *esfera superior da razão* ou, num sentido mais *restrito*, do chamado *"entendimento"*, com suas sínteses explicitantes, relacionais e demais sínteses "lógicas (e então também axiológicas e práticas), com suas operações "conceituais", seus enunciados, suas novas formas mediadas de fundação. Objetividades, que antes eram dadas em *atos monotéticos*, por exemplo, em meras experiências (ou pensadas como dadas na ideia), podem, portanto, ser submetidas ao jogo das *operações sintéticas* e constituir objetividades sintéticas de nível sempre mais alto, que contêm diversas teses na unidade da tese total e diversas matérias separadas na unidade da matéria total. Pode-se coligir, "formar" coletivos (conjuntos) de diferentes níveis de ordem (conjuntos de conjuntos), "partes" podem ser separadas do "todo", qualidades, predicados "tirados" ou "destacados" de seu sujeito, objetos "colocados em relação" com objetos, um pode ser "feito" de referente, o outro, de objeto referido etc. Essas sínteses podem ser efetuadas "efetivamente", "propriamente", isto é, em *originariedade sintética*; a objetividade sintética tem então, segundo sua forma sintética, o caráter da objetividade dada originariamente (por exemplo, da coleção, subjunção, relação etc.), e tem o caráter pleno da originariedade, se as teses o possuem, se, portanto, os caracteres de ato téticos são originariamente motivados como racionais. Podemos também mobilizar imaginações livres, colocar dados originários e quase dados em relação ou efetuar sínteses inteiramente na modificação, transformar em suposição aquilo de que se tem consciência num determinado modo, "construir" hipóteses, "extrair consequências" delas; ou efetuar comparações e diferenciações, submeter as igualdades ou diferenças nelas dadas novamente a operações sintéticas, vincular a tudo isso ideações, posições ou estipulações eidéticas, e assim *in infinitum*.

Além disso, essas operações têm por fundamento atos, em parte intuitivos, em parte não intuitivos e eventualmente bastante confusos, de nível inferior ou superior de objetivação. No caso da obscuridade ou confusão, pode-se partir para a clarificação das "configurações" sintéticas, pondo a questão de sua possibilidade, de sua solução mediante "intuição sintética"; ou também a questão de sua "efetividade", de sua solubilidade mediante atos sintéticos explícitos e originariamente doadores, por via, eventualmente, de "inferências" ou "provas" mediadas. Fenomenologicamente, todos esses tipos de sínteses, em correlação com as objetividades sintéticas neles "constituídas", devem ser submetidos a uma investigação que esclareça os diferentes modos de doação e a significação deles para o "ser efetivo" de tais objetividades ou para o ser *verdadeiramente* possível, para o ser *efetivamente* verossímil, e assim para todas as questões da razão e da verdade ou efetividade. *Também aqui* temos, *portanto, "problemas de constituição"*.

As sínteses lógicas são, sem dúvida, fundadas nas teses últimas com matérias puras e simples (sentidos), mas de tal maneira que as legalidades eidéticas do nível sintético e, especialmente, as leis de razão — numa esfera "formal" muito ampla, delimitada com precisão — são independentes das matérias especiais dos membros sintéticos. É justamente por isso que se torna possível uma *lógica geral e formal*, que abstrai da "matéria" do conhecimento lógico e a pensa numa generalidade indeterminada, livremente variável (como "um algo qualquer"). *Em conformidade com isso, as investigações referentes à constituição também se separam* naquelas que se voltam para os conceitos *formais* fundamentais e que tomam somente *a eles* como "fios condutores" dos problemas da razão, isto é, da efetividade e da verdade, e, por outro lado, naquelas anteriormente descritas, que se voltam para conceitos fundamentais *regionais* e, antes de mais nada, para próprio conceito de *região*, com a questão *como* um indivíduo dessa região vêm à condição de dado.

Com as *categorias regionais* e com as investigações por elas delineadas, a *determinação particular que a forma sintética* ganha *da matéria regional* é levada em consideração como convém, assim como a influência que as *injunções particulares* (como aquelas que encontram expressão nos axiomas regionais) *exercem sobre a efetividade regional.*

O que foi apresentado pode ser manifestamente transferido a todas as esferas de ato e de objeto, portanto também a *todas as objetividades cuja constituição cabe a atos de afetividade com suas teses e matérias a priori específicas,* e pode ser transferido de uma maneira cuja explicação, novamente segundo matéria e particularidade material, é a grande tarefa da fenomenologia constitutiva correspondente, tarefa que quase não foi pressentida e menos ainda assumida.

Também fica evidente, com isso, a íntima relação da fenomenologia constitutiva com as ontologias *a priori* e, finalmente, com *todas* as disciplinas eidéticas (excetuamos aqui a própria fenomenologia). *A sequência de níveis das doutrinas eidéticas formais e materiais* prescreve, de certo modo, a *sequência de níveis das fenomenologias constitutivas,* determina os níveis de generalidade delas e lhes dá os "*fios condutores*" em conceitos e proposições fundamentais ontológicos e eidéticos materiais. Por exemplo, os conceitos fundamentais da ontologia da natureza, como tempo, espaço, matéria e suas derivações mais próximas são índices para camadas da consciência constituinte da coisa material, assim como as proposições fundamentais a eles referentes são índices para nexos nas camadas e entre as camadas. O esclarecimento fenomenológico do puramente lógico torna então inteligível que e por que também todas as proposições *mediatas* da doutrina pura do tempo, da geometria e, assim, de todas as disciplinas ontológicas são índices para leis eidéticas da consciência transcendental e para as suas multiplicidades constituintes.

Deve-se, no entanto, notar expressamente que, nesses nexos entre as fenomenologias constitutivas e as ontologias formais e materiais correspondentes, *não há nada de uma fundação das primeiras por estas últimas. O fenomenólogo não julga ontologicamente* quando reconhece um conceito ou proposição ontológica como índice para nexos eidéticos constitutivos, quando neles vê um fio condutor para amostras intuitivas que trazem sua legitimidade e sua validez puramente em si mesmas. Essa constatação geral se verificará para nós ainda mais tarde em desenvolvimentos mais aprofundados, que são realmente exigidos em virtude da importância dessa situação.

Uma solução que desse conta de todos os problemas da constituição, que contemplasse em igual maneira as camadas noéticas e noemáticas da consciência, seria manifestamente equivalente a uma fenomenologia integral da razão, que abrangeria todas as suas configurações formais e materiais, e tanto as anômalas (racionais negativas), quanto as normais (racionais positivas). Mas é forçoso, além disso, pensar que uma fenomenologia assim integral da razão viria a coincidir com a fenomenologia em geral, e que uma apresentação sistemática de todas as descrições da consciência exigidas pela designação geral "constituição de objeto" teria de abarcar todas as descrições da consciência em geral.

Apêndices

Apêndice I - § 10 e § 13[135]

Essência da essência; enunciados de essência sobre essências como enunciados formal-ontológicos.

Como todo objeto, toda essência tem um conteúdo e uma forma. Os gêneros e as espécies dizem respeito ao conteúdo e, no sentido autêntico, aos substratos absolutos, assim como a todas as relações parciais autênticas.

O que essência e essência no sentido próprio têm em "comum", assim como aquilo que as diferencia no sentido próprio, no sentido do conteúdo, é a sua peculiaridade.

Se, por outro lado, falamos de "essência em geral", o caráter geral "essência" não é ele mesmo um conteúdo, mas uma forma. E se os tomamos *em geral* por abstração do "conteúdo", gênero e espécie são designações, e as relações a eles atinentes são relações formais. Se falamos sobre o que pertence à "essência da essência", tal se refere àquilo que é implicado pela forma "essência em geral", que configurações pertencem a essa forma. Da mesma maneira, se falamos de "conteúdo" (matéria) em geral, em relação à "forma" em geral e assim também em particular, o conteúdo mesmo é de novo uma "forma"; a própria forma, em comparação com outras formas, uma vez que o que se deve destacar e considerar é a generalidade "forma", é ela mesma de novo uma "forma", a forma "forma em geral".

A diferença pode ser assinalada com as palavras seguintes:

Há modos formais puros de consideração, referentes ao formal como tal, e o que neles se constata está mais uma vez sob modos formais de consideração, que têm formas por conteúdo, e assim *in infinitum*. E, por outro lado, há modos materiais de consideração, isto é, tais que se efetuam no objeto determinado, na essência determinada, por exemplo, na essência "vermelho" ou "extensão", "coisa" etc.

Em seu modo de atuação, a ontologia formal atua sobre formas puras, ela só atua, portanto, sobre conteúdos enquanto "conteúdos

---

[135] 1914. A datação dos apêndices é aproximada e foi feita por Walter Biemel, editor do texto das *Ideias* para a *Husserliana*. (NT)

em geral" e, assim, sobre as formas dos conteúdos, quer como formas de conteúdos em geral, quer em apresentação determinada de formas: sua determinidade é forma particular, e sua generalidade é forma em geral, referida, portanto, a substratos postos no modo da determinidade.

Modos formais de consideração, cujos correlatos são essências formais, são, portanto, essências de uma dimensão totalmente nova em comparação com as essências determinadas materialmente, com as formas que as configuram categorialmente.

Temos, por conseguinte, como costumo exprimi-lo nos cursos desde muitos anos, duas espécies fundamentalmente diferentes de generalização:

1. a generalização lógico-matemática, que conduz às formas puras pela substituição dos núcleos plenos por núcleos vazios, das matérias determinadas por algo indeterminado (matérias em geral), dos objetos determinados por "objetos em geral", das essências determinadas por "essências em geral";[136]

2. a generalização material e, nas essências puras, a generalização pura, que se eleva das espécies aos gêneros, os gêneros autênticos, que são eles mesmos um algo material e matérias puras, por abstração de todas as formas sintáticas que os circundam.

A consideração formal (ou consideração da forma), que as essências franqueiam ao serem apreensíveis sob a generalidade "essência em geral" (uma generalidade que não é "parte", como o gênero autêntico), é, portanto, uma consideração de todo própria. *A essência da essência não é, portanto, essência no mesmo sentido que a essência pura e simples.* O formal é, por toda parte, "forma de", mas, por outro lado, deve ser tratado novamente como *eidos*, como *forma* "eidos", e isso em todos os níveis.

A intuição que é proporcionada pela essência "forma" é uma intuição de uma espécie essencialmente diferente da intuição proporcionada pela essência material, a essência no primeiro sentido.

Subsiste, porém, um algo comum: a multiplicidade plena do "isto-aí!", de toda posição individual, a generalidade incondicionada, ou necessidade que pertence, tanto pela forma, como pela matéria, ao *eidos* em geral, e a possibilidade de tratar também as essências da forma como objetividades, de fazer enunciados puros sobre elas, de apreender estados-de-coisas a elas referidos,

---

[136] Cf. § 13.

no caráter da generalidade eidética próprio a elas, generalidade que pode ser transformada em validações absolutas ou incondicionais para algo individual, e que, além disso, é ela própria algo pensado em generalidade formal.

Sempre que aqui, nestas considerações, formulamos enunciados puros sobre algo material, os enunciados mesmos não são materiais, mas formais. Noutras palavras, nós nos movemos, de ponta a ponta, na esfera da ontologia formal.

Apêndice II - p. 33 e seguintes[137]
Categorias de significação, significação

Os conceitos fundamentais pertencentes à essência da *proposição* etc. A clarificação última da proposição, a purificação última leva, porém, precisamente no sentido das *Ideias*, a fazer ainda aqui distinção entre significação e proposição e, como já ocorre aqui, a entender proposição ontologicamente. Isso precisa, pois, ser transformado num tema próprio e levado a termo como tal.

Apêndice III - p. 36 e seguintes[138]
A propósito de "significações"

À página 29, eu diferencio, no tratamento das "categorias", os conceitos no sentido de significações e, por outro lado, as essências mesmas (aqui, as essências formais), que encontram expressão nessas significações.

Isso não é satisfatório. Tomemos, por exemplo, a categoria formal "estado de coisas". Aí teríamos a significação "estado de coisas" e a essência formal "estado de coisas". Também posso tomar a expressão verbal "estado de coisas vermelho", embora um tal não exista, e a essência correspondente, que igualmente não existe.

Distinguimos o visado enquanto tal com palavras. As palavras podem se encontrar, quer em função normal de juízo — qualitativamente não modificadas —, quer em função anormal — qualitativamente modificadas. No entanto, elas se encontram, como se diz, na mesma significação. O sentido, a essência do visado, abstraindo-se da qualidade, é o mesmo. A essência é o categorialmente visado como tal; por outro lado, se o visar é um visar possível

---
[137] 1920.
[138] 1914.

ou um visar verdadeiro, a isso corresponde então o verdadeiro pertencente ao visar ou à visada (ao visado como tal), o ser verdadeiro, o estado de coisas da "visada" em geral, a ideia, a essência "estado de coisas". Tenho, porém, de tornar, de maneira inteiramente abrangente e em plena generalidade, todas as proposições de relação, essências etc., objeto de uma exposição própria.

Separo por fim: conceitos categoriais e essências categorias; melhor ainda, conceitos de categorias, palavras e conceitos gerais que nomeiam categorias (não as exprimem, pois isso não é adequado) e as categorias mesmas.

Tenho as palavras, as expressões: estado de coisas em geral, multiplicidade em geral etc., e a essência formal "estado de coisas". Se tomo as palavras "estado de coisas puro e simples" etc., elas se referem a estados-de-coisas, a estados-de-coisas materialmente determinados, singulares etc., mediante sua essência, que ela mesma não se torna objetiva.

Apêndice IV - § 11, p. 48 e seguintes[139]

Objetividades sintáticas. Correlatos das funções do pensar (funções da identificação "sintática") e seus *substratos últimos* como substratos das *sintaxes*. Operações sintáticas dos substratos correspondentes.

A exposição da página 29 é incompleta. As objetividades sintáticas são identificadas com as objetividades categoriais das *Investigações lógicas*. No entanto, gênero, espécie etc., também deveriam entrar ali; lamento, porém, que no § 12 isso foi expressamente dito, que, portanto, as distinções ali estabelecidas pertençam à esfera *sintática*.

Acrescente-se, porém, a isso a dificuldade relativa à conclusão do § 11, p. 30. A distinção lógica em núcleos últimos e formas sintáticas refere-se, por exemplo, ao adjetivo "verde", que possui a forma de predicado ou de atributo e, nesta medida, é sintagma; além disso, o verde pode ser nominalizado, tornado sujeito ou objeto.

Temos aqui diferentes funções sintáticas, no fundamento das quais está um núcleo último, que tem sua categoria nuclear, a qual é diferente para "verde" e para "casa". Ora, o que ocorre com essas categorias nucleares? No que se refere às sintaxes de que partimos *aqui* retomando meus cursos de lógica, temos um algo último nos núcleos de diferentes categorias. Ao núcleo de significação "vermelho" não corresponde, porém, a espécie "ver-

---
[139] 1921.

melho", ao núcleo "árvore" não corresponde a ideia concreta de gênero "árvore"?

Denomino, porém, gênero e espécie categorias; e o que ocorre com a relação entre concreto e abstrato (essências independentes e dependentes)? Também elas são categorias, ou substratos últimos devem ser, enquanto objetos individuais, objetos independentes e dependentes?

O que significam substratos: são *objetos* que já não mais são construções categoriais, que em si mesmos "nada mais contêm das formas ontológicas", que são meros correlatos das funções de pensar. Mas como há isso, como algo assim é pensável? A questão é o que significa "funções do pensar", como isso pode ganhar relevo? Eventualmente, isso pode ser algo dependente. Pode-se evocar aqui o "X" no noema, mas não é ele que está sendo visado, pois não é dele que provém o objeto pleno mediante sintaxes.

De objetos podemos formar sintaticamente novos objetos. Certamente, temos de chegar a objetos últimos. *Estes se constituem diferentemente dos objetos predicados "sintaticamente".* Em contraposição às categorias sintáticas, temos categorias não sintáticas, categorias nucleares ou categorias de substrato. Aí também chegamos (comparação etc.) a "sínteses", mas não a sintaxes. Tudo isso é indicado, visto terem sido justamente distinguidas categorias sintáticas e de substrato. Mas não se chegou à pureza plena. Talvez por força da brevidade da exposição.

Apêndice V - § 11, p. 49.[140]
Substrato e essência (dificuldades)

Ora "vermelho" é predicado, como no estado de coisas "isso é vermelho". Ora sujeito, como no estado de coisas "vermelho é uma espécie de cor". Neste último caso, no fundamento do juízo está a essência como "objeto-a-respeito--do-qual" se julga, assim como ela mesma é dada ali numa consideração comparativa e em coincidência com as coisas vermelhas, mais precisamente, com as superfícies vermelhas: o vermelho se destaca e se "torna objeto" para meu julgar e para o juízo: torna-se objeto-a-respeito-do-qual se julga. Torna-se sujeito nominal.

Encontro aqui em ambos "estados-de-coisas", em ambas as relações lógicas, comparando "vermelho" e "Vermelho", ali o predicado, aqui o sujeito, em

---
[140] 1921.

duas "formas lógicas", em duas sintaxes (formal-ontologicamente) o "mesmo substrato"; em ambas proposições (como juízos) o mesmo "*núcleo" lógico* (puramente gramático) (o substrato de significação das sínteses de significação). Ao substrato na esfera de significação do conteúdo noemático do "julgamento" (e também na expressão) corresponde o "substrato" no componente do estado de coisas (e naturalmente também um paralelo na consciência, o vivido). Aqui permanecemos no plano ôntico. O substrato é algo diferente da essência "vermelho"?

Ele é o idêntico em face das diferentes "funções lógicas", é aquilo que pode ser apreendido em diferentes formas lógicas e entra com estas em diferentes relações lógicas, como membro sobre o qual se alicerçam. Todos nós pensamos, no entanto, que uma essência não precisa ser sujeito. Caso se aponte que o vermelho se exibe multiplamente e que entra na consciência e no seu noema nesses modos de exibição, então se pode dizer: o vermelho faz parte do "sentido" do noema como unidade dessa exibição, e essa unidade é o que entra na forma lógica e perfaz, com esta, o sentido lógico da consciência de proposição.

(Caso se recue, para aquém da consciência lógica, à consciência sensível, então um objeto sensível, que é vermelho, mas não apreendido como sendo vermelho, pode aparecer, pode manter sua unidade sensível, onde, portanto, o vermelho implícito mantém sua unidade. A essência se singulariza nesse objeto e está de certo modo nele contida: implicitamente, porém. À própria essência é indiferente se é apreendida aqui ou ali em exemplos, se esta ou aquela são dadas como singularizações suas, se ela é apreendida "categorialmente" desta ou daquela maneira).

Aqui, porém, subsistem dificuldades em virtude da diferença entre momento (momento simultâneo e independente) e essência. Com referência à questão do que é produzido pela síntese *predicativa* (a síntese "é") dessa unidade: entre o sujeito pressuposto individualmente e o momento ou entre o sujeito e a essência correspondente. Num caso tenho uma das sínteses (é claro que fenomenologicamente diferenciadas) de todo e parte, ela é, naturalmente, uma síntese caracteristicamente outra e, no entanto, pelo aspecto geral, igual para todo e parte e todo e momento. Em cada caso de identificação parcial, a parte pode entrar como parte de tal ou qual essência (em geral: de tal ou qual "conceito"). Mediante essa apreensão de um momento ou de uma parte por sua essência, esta mesma pode ser pensada como predicativa (e então como uma síntese atributiva originada da predicativa?) Certamente não, se da predicação já faz parte a apreensão de essência (apreensão conceitual), a saber, para o predicado, e portanto predicado e essência são inseparáveis.

Mas como? Somos levados de predicações como "isto é vermelho" a sínteses que, encontrando-se muito além, exprimem-se circunscritivamente com as palavras: esse momento é um caso singular de vermelho (isto é, de uma essência que, na confrontação de momentos como este, sobressai indutivamente em relação a um âmbito aberto infinito?).

E se digo "vermelho é uma cor", tenho de diferenciar aí as diferentes espécies de cor e, em cada uma delas, uma especificação singular de "cor" como essência genérica, e tenho então, para a predicação, na essência "cor" o momento especificado "cor", que teria primeiramente de ser reconhecido como caso "especial" da essência genérica "cor"? Assim parecem as predicações primitivas: isto é casa, aquilo é casa, árvore etc., isto é cor, isto é vermelho etc., e então: este A é vermelho, este vermelho é uma cor etc., ou então: isto é vermelho, isto é uma espécie de cor etc.

Mas o que seria então dos "substratos"? Teríamos então objetos-sujeito como suportes de momentos, teríamos esses momentos mesmos. Isto, a casa, como objeto-sujeito, em identificação parcial abarca o seu momento, por exemplo, a figura; ou, essa superfície colorida, individualmente como sujeito, abarca nela a forma circular, reconhecida como círculo e posta, portanto, em "síntese de conhecimento" em relação com a essência, e então o sujeito é reconhecido como sujeito do predicado: o que seria isso? Não o momento individual e reconhecido como verde.

O momento, em sua singularidade individual, não entra no predicado. Se digo, "isso é verde", o sujeito é "determinado" pelo conceito, pela essência "verde", ele é algo da essência "verde". Poder-se-ia dizer, ele está posto em relação com a essência enquanto um sujeito individual, que, como uma singularização da essência, tem em si, como suporte de um momento, uma relação própria com a essência. Não se predica, porém, um estado de coisas racional, estado de coisas racionalmente predicados são um círculo estreito de estados-de-coisa, e se comparam com estados-de--coisa como: isto é "vermelho".

Vê-se quão grandes são as dificuldades aqui (vejam-se minhas discussões anteriores a esse respeito), que são, por conseguinte, dificuldades também para a relação entre objetividades sintáticas e objetividades predicativas do pensar. Se na intuição eu procedo coligindo, ou em parte combino, em parte separo (procedo a exclusões), se passo de um objeto a suas partes e momentos, efetuo sínteses de identificação ou confronto comparativamente, faço surgir semelhanças ou igualdades, me coloco no terreno de um elemento etc., então é claro que há aí "substratos" últimos para tais operações vinculantes ou relacionantes. Mas se eu penso, no sentido particular, e se penso, por exemplo, um triângulo em geral, de que tenho um exemplo diante dos olhos, isso também faz parte do substrato, uma vez que não o "viso" no pensar? E se penso: essa mesa tem pés de leão, na indeterminidade dessa predicação esses pés individuais não são pensados, não são visados em sua determinidade individual e concreta: eles são substratos?

Temos aqui objetos e vínculos intuitivos, que são efetuados com eles, com eles "enquanto" objetos intuídos (quer na percepção, quer na fantasia etc.), e temos uma camada superior do pensamento e do visar pensante; constituímos aí relações de pensamento que, nos seus fundamentos intuitivos, são referidas de volta a estes: mas não os contêm sem mais em si. Por isso, intuição e pensar, coisa e estado de coisa em si, estado de coisa intuído, pensado etc. se separam. Aqui a descrição fiel é tudo, e esta exige uma separação das camadas e um procedimento sistemático desde a mais inferior.

Apêndice VI.[141]
Objeção a todo o primeiro capítulo da primeira seção

As observações partem da experiência natural, se situam no solo natural. O universo do ser em geral, do algo em geral é o mundo, todas as objetividades eidéticas ideais estão referidas ao mundo ou ao mundo possível em geral.

A lógica formal é, portanto, a lógica formal geral da realidade, como em Aristóteles. Lendo com precisão, é preciso refletir se isso realmente se sustenta.

Com base nessa pressuposição, o que ocorre com a evidência de toda essa observação? Será que essa observação pretende fornecer um *a priori* definitivo?

O pressuposto não clarificado não comporta hesitações e dificuldades?

Posso saber que todo o ser em geral se encaixa numa tal divisão regional, que as ciências devem estar nela fundadas? As regiões não são as estruturas universais do mundo, enquanto, por outro lado, o conceito de estrutura do mundo não pode de modo algum entrar em discussão, já que o mundo não está anteriormente estabelecido como universo coerente?

---

[141] 1927.

Acrescente-se o grande erro de que se parte do mundo natural (sem caracterizá-lo como mundo) e se vai imediatamente ao *eidos* — como se já sem mais dificuldades se chegasse às ciências exatas. Silencia-se sobre a idealização.

Apêndice VII - p. 59.[142]
Aquilo que foi dito aqui é correto?

O "mundo" das construções aritméticas, a série infinita de números puros e as construções teóricas da aritmética pura não existiriam para mim, não estariam "constituídos" para mim de maneira alguma, se não tivesse praticado aritmética na escola e em minha instrução científica. E, atualmente, esse mundo só está seriamente "a meu alcance" enquanto estou ocupado com aritmética. Somente então, somente quando pratico originariamente aritmética, gerando construções aritméticas, é que tenho aquele mundo de realidades aritméticas diante dos olhos, e considerando os produtos acabados, por exemplo, as fórmulas que compreendo e a consciência obscura de lembrar-me de nexos abrangentes mais amplos em que elas entram, eu tenho uma consciência mediata de um mundo aritmético mais amplo que me é acessível, no qual agora ocupo um posto.

Em relação ao mundo real, é diferente. Em minha vida em vigília, ele sempre está atualmente ao meu alcance, já que sempre tenho realmente algo "dele", estas ou aquelas realidades, em meu campo de experiência. Não preciso primeiro ocupar um posto nele, eu sempre conservo minha posição atual e minha experiência nele, mesmo que essa experiência não seja atualmente confirmada. Aquilo que é experimentado atualmente é sempre circundado de aspectos não experimentados, embora no modo de um horizonte infinito, acessível à experimentação, de proximidades e distanciamentos inexperimentados, que sempre posso, em sua ordenação, pôr em comparação, em que posso penetrar passo a passo.

O mundo real estava, portanto, direta e indiretamente ao meu alcance pela experiência real e possível, inclusive na época em que ainda não tinha adquirido um "mundo ideal", e ele permanece ao meu alcance, mesmo quando, por exemplo, em meu agir aritmético, eu me "perco" inteiramente no mundo ideal da aritmética etc.

---

[142] 1922.

Os dois mundos estão "fora de conexão", o mundo aritmético não entra no horizonte de minhas realidades empíricas.

Apêndice VIII - p. 79 e seguintes[143]

Prosseguiremos nestes estudos tanto quanto for necessário para obtermos em primeiro lugar a evidência de que a consciência pode ser experimentada puramente por si, independentemente de todos os nexos reais psicofísicos, e investigada em sua essência real própria, mas não como algo singular, como consciência de vividos. Pode-se ver com clareza que na orientação abstrativa voltada para o psíquico de um homem e, antes de mais nada, para o meu psíquico (do investigador psicológico em questão) se pode efetuar uma pura experiência psíquica (que, operando cientificamente, é chamada de "experiência psicológica"), na qual a pura subjetividade da consciência é apreendida e apreensível. Mostra-se então que essa experiência, levada consequentemente adiante, proporciona um campo de experiência fechado em si; dito de maneira mais precisa, o vivido singular de consciência que leva à apreensão dessa experiência se mostra como um vivido essencialmente dependente e, no entanto, a experiência que pode sempre progredir de vividos conscientizados a sempre novos vividos não proporciona um mero aglomerado de vividos, mas todo vivido é, em necessidade eidética, momento de um nexo concreto totalmente coerente e, melhor ainda, momento de fluxo de consciência aberto e infinito, no qual cada eu é experimentado em pureza e sempre passível de ser experimentado como vivendo nele. Enquanto unidade de um campo de experiência fechado numa totalidade, o nexo coerente da subjetividade pura da consciência que assim surge em evidência funda aqui, como em todo campo de experiência como este (por exemplo, da experiência espaço-material da natureza como campo coerente de experiência), a possibilidade de uma investigação eidética. O vivido de consciência só pode ser tematizado em geral em pureza eidética, como sendo possível por essência somente num campo total de um fluxo de consciência, assim como a essência de um fluxo de consciência, de uma subjetividade de consciência em geral.

Surge assim a evidência da possibilidade de uma ciência própria, que investiga consequentemente a subjetividade humana somente enquanto

---

[143] 1929.

subjetividade da experiência "puramente anímica", como subjetividade da consciência e, em particular, em conformidade com aquilo que é de essência (*a priori*), sem que haja a mínima preocupação com nexos psicofísicos, como se estes não existissem. Dir-se-á aqui que se abstrai consequentemente deles. Partindo de intuições empíricas exemplares do puramente psíquico, tal como são oferecidas pela pura experiência, é, portanto, possível, em pura variação da imaginação e voltando o olhar para o invariante que nesta sempre faz puramente parte das apreensões de meras possibilidades de uma consciência, delinear uma típica eidética das configurações de consciência, e isso de tal modo que, por fim, as essências invariantes e invariáveis, essências de uma pura totalidade de consciência, possam ser investigadas em intuição concreta, não como uma generalidade vazia, mas como uma generalidade concreta ou como uma forma eidética concreta, como legislação de essência à qual toda vida individual concebível da consciência está incondicionalmente submetida.

Apêndice IX - p. 80

A consciência em geral ou unidade de uma subjetividade de consciência, que é dada na experiência natural e também na experiência que opera psicologicamente como um componente real das realidades existentes no mundo sob a designação de "animalia", e que é o tema na *psicologia*, como lado "anímico" dela, como individualidade anímica, como vida anímica, essa consciência *também pode ser experimentada e investigada num sentido totalmente outro e numa orientação radicalmente modificada.*

Ou seja, se, como já o exige incondicionalmente a psicologia ao estabelecer sua meta, o ser e a vida psíquicos são apreendidos na pureza e no vínculo que lhe são eideticamente próprios, embora justamente abstraídos de sua condição de componentes do mundo, então mediante a εποχη própria previamente circunscrita (como modificação de orientação do investigador a ser efetuada de maneira *a priori* e geral) esse nexo eidético próprio, enquanto ser absolutamente autônomo, pode ser experimentado e investigado consequentemente em si e por si,[144] e, portanto, constatado como uma região do ser nova por princípio e absoluta, como campo de experiência de um espécie de ciência nova por princípio e absolutamente autônoma — a fenomenologia transcendental.

---

[144] No original: "in sich und an und fur sich". (NT)

A fim de ver o que há de novo, e tomando, como é requerido, por ponto de partida a orientação natural, que é, por essência, anterior, e a psicologia que nela surge, mas que deve ser radicalmente configurada, é preciso fazer reflexões aprofundadas e circunstanciadas, cujo andamento delinearemos primeiro em termos gerais:

1. Mostrar-se-á que a subjetividade de consciência humana (e tomando sempre junto a animal) pode com efeito ser experimentada em sua pureza essencial própria e em e por si, e que num método correspondente de experiência "psicológica pura" um campo experimental infinito, concatenado de maneira essencialmente própria, isto é, um campo do ser se abre e pode, com isso, se tornar tema de uma *psicologia pura*. Acrescente-se imediatamente que uma psicologia *eidética* pura não é aqui apenas aquilo que vem necessariamente por primeiro, mas também o que é de melhor acesso (uma ciência eidética das oscilações possíveis da experiência do psíquico puro), e é tão-somente ela que nos importa. Em vez de estar no mundo fático de seres humanos e animais fáticos, estamos então num mundo eidético possível em geral, com homens e animais intuíveis, porém "representáveis" como possibilidade eidética, e o psíquico puro eideticamente possível será então componente real nessas concreções possíveis, e isso em constante abstração dos momentos de realidade a ele entremeados (corporeidade física, natureza em geral). Assim como, portanto, abstraindo-se paralelamente de toda espiritualidade vinculada ao mundo, a natureza física se torna uma região fechada em si e, dado o acordo consequente da pura experiência física e da pura imaginação física, um campo concatenado infinito da experiência real pode ser percorrido como quase-experiência operante, isto é, assim como, com base nessa experiência ou quase-experiência consequente, ela se torna o domínio de uma ciência teórica universal, de uma ciência *a priori* e empírica, assim também — como deve ser mostrado —, na direção oposta, pode-se abrir por abstração, mediante uma experiência psíquica pura consequente, um campo experimental regionalmente fechado — o de uma "pura" subjetividade de consciência —, que demarcaria então o terreno de trabalho de uma ciência regionalmente fechada, a psicologia "pura". Sob as designações confusas de "psicologia descritiva", "psicognose", a psicologia do século XIX já buscava, embora de maneira assistemática e sem clarificações de princípio sobre o sentido próprio de tal pureza, uma psicologia pura, que jamais chegou a ser seriamente realizada pela falta de tais clarificações.

O motivo que a ela impele manifestamente em que toda investigação antropológica concreta e biológica em geral, em virtude dos dois lados de sua realidade, carece de uma experiência consequente e de uma intuição de possibilidade direcionada para cada um desses lados e então também para as próprias peculiaridades do todo. Essa última afirmação se faz tendo em vista a criação originária de conceitos regionais fundamentais que operem como conceitos fundamentais da biologia. Como foi, porém, indicado, a obtenção da exatidão (que é o análogo da exatidão em física) exige então o aprimoramento sistemático de uma ciência eidética que investigue a forma essencial da região do ser vivo animal, com base na variação de possibilidade da experiência. Para o lado psíquico dessa região dúplice, isso exige uma eidética da experiência psíquica pura possível, isto é, justamente uma psicologia eidética e "fenomenológica pura".

Tudo depende aqui da possibilidade e do sentido dessa experiência psíquica pura ("experiência interna"), isto é, do método dessa purificação e daquilo que ela conserva como experimentado puro, assim como também da comprovação da possibilidade de uma infinitude fechada e da continuidade de tal experiência com o correlato de um campo empírico infinito e, no entanto, fechado por todos os lados (isto é da comprovação, em primeiro lugar, do fluxo de consciência).

2. A pura subjetividade de consciência, a consciência pura, a mesma que, na abstração metódica antes indicada, tem o sentido de uma região fechada de essência própria no interior do mundo real previamente dado, pode ser vista com clareza num sentido fundamental e essencialmente novo mediante modificação da orientação metódica da psicologia e, em especial, da psicologia "pura". Ela não mais designa então uma mera região abstrata no interior do mundo, ganhando antes, na nova orientação ("transcendental"), o sentido fundamental e essencialmente novo de uma região absolutamente autônoma, cujos dados experimentais são puros, isto é, não mundanos, irreais, porque nessa nova orientação toda experiência mundana é considerada metodicamente fora de validade.

Diferentemente da psicologia pura, a ciência da subjetividade transcendental (a fenomenologia transcendental) que assenta sobre experiência de si transcendental não tem, como solo prévio, o mundo empírico enquanto solo dado de antemão, portanto, tampouco tem seres humanos e animais em validez empírica e como temas científicos; e, no entanto, ela tem consciência pura, embora não mais como componente abstrato, mas como absolutamente existente. A modificação de orientação, em sua operação metódica peculiar, altera o sentido metodicamente fundado da experiência psicológica pura para o novo sentido de uma experiência transcendental, e pura numa nova maneira. O campo empírico psicológico puro, que se estabelece naquela como região fechada, continuamente coerente, o campo da subjetividade de consciência psicológica pura, isto é, antes de mais nada o campo do fluxo psicológico puro dos próprios vividos de consciência se modifica no correspondente campo universal fechado da subjetividade de consciência transcendental, ou seja, no fluxo transcendental puro de meus próprios vividos transcendentais de consciência. A "exclusão" que efetuo como fenomenólogo transcendental exclui, junto com o mundo empírico concreto em geral, também a subjetividade psicológica pura. Justamente por meio dessa εποχη, a subjetividade transcendental se abre para a intuição empírica e para a intuição em geral como região absolutamente autônoma, ela se torna acessível como região do "ser absoluto". Ela se torna acessível pela via da redução psicológica pura (pela purificação metódica, portanto, na qual nos apropriamos do campo de experiência e de investigação psicológica pura), mediante uma modificação de orientação da região psíquica pura, modificação *a priori* sempre possível, que altera o sentido a ela correspondente e que, no entanto, deixa intocado o conteúdo de seu "o quê".

Assim, mediante discussão mais precisa do que foi dito se responde à questão anteriormente posta sobre o que pode ainda "restar", se o mundo previamente dado, como totalidade do "ser" no sentido comum, é colocado fora de validade ou, o que vem a dar no mesmo, se é vedado de princípio como solo de uma experiência e de um campo de experiência efetuados ingenuamente.

O que sobra não é o reino da intuição psicológica pura, mas a modificação de seu sentido, a sua inteira essência própria. O que sobra é a região de ser transcendental absolutamente autônoma, que exclui de princípio a própria psicologia. Ainda será preciso mostrar em detalhe como, a despeito de seu acosmismo, essa região transcendental comporta, em certo sentido, em si o mundo e, em consideração eidética, todos os mundos possíveis.

Entretanto, tudo o que importa agora é trazer o que foi indicado aqui a uma compreensão efetivamente evidente.

Apêndice X - p. 80[145]

Nessa psicologia pura, que, a fim de obter seu material exemplar, começará por uma análise empírica tateante dos eventos empíricos em experiência anímica e, variando-os livremente na imaginação, por uma configuração intuitiva das possibilidades eidéticas, o olhar estará sempre direcionado para o

---

[145] 1929; cf. também os Apêndices VIII e IX.

puramente anímico, ela se mantém, pois, no âmbito da abstração constante de todos os componentes das concreções reais (a corporeidade física e, por conseguinte, a natureza em geral) que com ela se entremeiam intuitivamente em efetividade real ou em possibilidade. Portanto, assim como, numa abstração paralela, na qual se deixa de lado toda espiritualidade pertencente ao mundo, a natureza física (ou natureza física possível) é tematizada como natureza física pura, como uma região fechada em si da experiência que pode ser prosseguida continuadamente, ou como representação da imaginação, e assim como essa região se mostra ali como um nexo de unidade infinito por si, fechado por sua essência própria, cuja continuidade ininterrupta se revela na intuição que prossegue continuadamente: da mesma maneira, na abstração correlativa da experiência psíquica pura, a imaginação direcionada para o psíquico puro pode, como se deverá mostrar, progredir num nexo contínuo *in infinitum*, e então se mostra um nexo ininterrupto, fechado por essência própria, o campo intuitivo regionalmente fechado em si do ser psíquico puro, como efetividade e como possibilidade pura. Noutras palavras, também aqui se pode permanecer consequentemente na experiência psíquica pura, se pode permanecer nela — sem passar pelo não psíquico —, numa esfera ligada de modo psíquico puro.

De um lado, a natureza física pura (como aquela que se dá originariamente em experiência física pura contínua) se torna o domínio de uma física pura (num sentido mais amplo), e a natureza representável em geral (como representável na concordância contínua da intuição de imaginação da física pura) se torna o âmbito de uma ciência *a priori*, uma ciência da forma eidética da essência de uma natureza pura em geral. Do outro lado, será de esperar o mesmo, se a experiência psíquica pura for possível, se for conduzida em nexos contínuos: a possibilidade paralela de uma psicologia pura como ciência de fatos e de uma psicologia eidética pura como ciência *a priori* da forma eidética necessária de uma subjetividade pura possível. Assim como a física, enquanto ciência "exata", enquanto ciência racional da natureza só pôde se tornar possível tendo por fundamento a geometria, que desempenha para ela o papel de método lógico, a doutrina do tempo e a doutrina da força, todas *a priori*, das quais ela retira seus conceitos fundamentais "exatos", suas normas racionais puras, assim também a pura psicologia eidética (*a priori*) teria então a função lógica de proporcionar conceitos fundamentais racionais puros "exatos", em vez dos conceitos não puros e vagos da empiria psicológica, para uma eventual psicologia pura (como ciência de fatos) e, por conseguinte, para uma psicologia concreta, emprestando racionalidade a seus conceitos dúplices a partir de seu lado psíquico puro.

De um modo mais amplo: voltando à forma eidética que a essência eidética da região psíquica estabelece como sua *ratio* pura, a psicologia eidética teria a função de tornar possível a psicologia, uma ciência de fatos do psíquico como ciência racional, e isso ao se referir, por abstração, ao psíquico puramente em si mesmo. A psicologia do século XIX já mostrava forte tendência para uma psicologia pura, a saber, sob as designações de psicologia descritiva e também de psicologia fenomenológica ou psicognose (Brentano). Faltavam-lhe, porém, todas as clarificações de princípio a respeito do método e a respeito do sentido dessa pureza e do conhecimento do direcionamento necessário para um conhecimento puro e, ademais, eidético. A falta dessas clarificações impediu que tivesse sido levada seriamente a cabo.

Apêndice XI - p. 94[146]

Que um tal "fluxo de vividos" unifique realmente, em necessidade eidética, todos os vividos em geral que alguma vez devam poder ser meus — isto é, me são acessíveis em experiência imanente possível como eles mesmos — ou que um fluxo de vividos me pertença como um todo frequentemente infinito, fundado puramente naquilo que é eideticamente próprio de seus vividos e fechado coerentemente por todos os lados em si mesmo, isso pode ser tornado evidente, de maneira unívoca, da seguinte maneira. De um vivido em geral que apreendo intuitivamente em reflexão imanente como meu, faz parte por essência um "horizonte vazio", que pode ser desvendado por dois lados, como horizonte de um futuro e de um passado não intuíveis ("obscuros"). Na intuitividade mais originária, eu antes de mais nada apreendo, por exemplo, por percepção interna, um presente imanente, o presente em fluxo vivo. Um avivamento associativo, dirigido eventualmente de modo voluntário, torna claro um horizonte em suas particularidades e, com isso, fica evidente o que dá sentido a essa expressão de horizonte em geral, a saber, que as particularidades que emergem a cada vez, as recordações ou expectativas particulares, apenas trazem à intuição de si o que antes já era coparticipante do presente vivo, isto é, que também se visava obscuramente, embora sem nenhum realce, um presente inseparável do presente agora vivo, presente visado no modo do "já não mais" ou do "ainda não".

---

[146] 1929.

Tudo o que assim vem à clareza (preenchendo o vazio anterior, mas deixando ainda um vazio não preenchido) surge por sua vez ele mesmo com um horizonte respectivo, o qual pode, da mesma maneira, ser desvelado pela clarificação de seu sentido. Como deverá ficar evidente, a espécie eidética desse desvelamento é a iteração; um desvelamento progressivo contínuo na direção do horizonte de futuro de cada aspecto já clarificado é por essência possível, pelo que um fluxo contínuo de vividos vem à doação de si.

É, além disso, evidente que dois desses fluxos com um vivido em comum entram como partes na unidade de um fluxo que os abrange; mais ainda, é evidente que o que leva de cada vivido a outro é um fluxo vinculante que pode ser desvelado, e é finalmente evidente que tudo é abarcado por um *único* fluxo, como minha vida universal, na qual eu sou. Todas as relações e ligações pertencentes a vividos segundo a essência própria a eles imanente possuem o caráter da "*relation of ideas*" humiana, elas estão contidas *a priori* no próprio fluxo de vivência, enquanto fluxo concreto fechado inteiramente em si mesmo por essência própria. Ele é um todo infinitamente aberto — uma totalidade *a priori* —, determinado exclusivamente pelos conteúdos eidéticos próprios dos vividos mesmos.

Não pretendemos discutir o andamento exato da construção dos níveis da evidência, a qual tem suas complicações em virtude da diferença essencial na clarificação do traço eidético do fluxo de vivências passado e futuro (antecipado de maneira multívoca e indeterminada). Está claro que aquilo que pode ser revelado para mim como totalidade infinita aberta de minha vida passa por empatia a qualquer outro, que todo outro eu só é pensável para mim, segundo seu sentido, como variação eidética do meu eu, como "meu igual".

O que expusemos diz respeito aos vividos, se nos atemos puramente àquilo que a reflexão pura sobre cada respectiva *cogitatio* nos oferece como puro e, portanto, como sendo a própria essência dela, isto é, aquilo que é adequadamente intuído na intuição reflexiva e, juntamente com esse conteúdo que se doa, é efetividade para o eu que reflete, é realidade presente, efetividade passada na forma da recordação, efetividade futura. Desse conteúdo, no que se refere, por exemplo, a uma percepção imanente de uma percepção "externa", não faz parte a coisa real que é nela percebida "exteriormente", e nem segundo alguma parte, nem segundo um momento abstrato. Dois vividos têm eventualmente a mesma essência geral, mas cada um é, em sua singularidade, a sua própria essência, a singularização de sua essência, seu "conteúdo". Ora, a mesma coisa pode ser eventualmente percebida com determinações inteiramente iguais em várias percepções, por exemplo, com a mesma cor ou forma, mas então os próprios vividos perceptivos são separados em termos de conteúdo, elas têm, no máximo, substratos iguais (embora jamais absolutamente iguais) de essência própria, nos quais uma mesma coisa é "representada" como numericamente idêntica.

Uma percepção de coisa é um vivido no qual tenho consciência do percebido no modo da apreensão "em carne e osso" dele, e em sínteses imanentes com novas percepções eu o viso, além disso, no modo "do mesmo", que cada uma dessas percepções apreendeu, respectivamente, como ele mesmo "em carne e osso"; a própria coisa apreendida em carne e osso é e permanece, porém, "transcendente". O mesmo vale para todo o mundo real, de que tenho consciência "em mim" no interior do meu fluxo de vividos, quaisquer que sejam as formas intencionais em que isso ocorra.

O que vale para mim, vale para qualquer um de que eu deva poder ter uma representação na forma da consciência e, em particular, um saber. Com todo o seu fluxo de vividos, ele é transcendente ao meu, mas, por outro lado, aquilo de que tem consciência no seu fluxo de vividos, quer de maneira intuitiva, quer não, se não é vivido puro, se não é extraído da reflexão pura sobre sua vida imanente, também é transcendente a sua consciência; não há para mim outra maneira de pensá-lo, porquanto tenho de pensá-lo como outro eu, portanto como igual a mim em toda a generalidade eidética de minha essência — como eu, como sendo da mesma espécie de essência que a minha. Transcendência quer dizer, portanto, a peculiaridade das objetividades intencionais, que vão além da essência própria singular dos vividos puros e, portanto, com sua essência não podem se ajustar a elas.

Apêndice XII - p. 109[147]

O dado absoluto e seu correlato, o "absoluto", estão definidos erroneamente.

O que importa, no entanto, é que o dado de coisa não é apenas dado por perfil, mas sempre e necessariamente dado presumido, e isso no que se refere a todo ponto do presente, a todo ponto no qual a coisa é dada em carne e osso como sendo agora e desta forma. O que quer que dela seja dado, pode ser que seja falsa presunção, o que depende do prosseguimento da percepção coerente. *Com o ser imanente, não é isso que se passa.* Uma presunção acerca do ser futuro pode não se confirmar, ele pode cessar de

---
[147] 1922.

ser, mas enquanto for experimentado, ele também é necessário, a crença de experiência no realmente experimentado não é atingida pelo andamento da percepção posterior.

Contudo, sempre considerei a coisa somente na *percepção* possível — mas não na vinculação sintética de experiências separadas.

Apêndice XIII - p. 116 e seguintes[148]

Temos, no entanto, de confessar que essa consideração não é de modo algum suficiente, por maior que seja a importância daquilo que põe em relevo e, principalmente, daquilo a que jamais se prestou atenção. Sempre havíamos contrastado a *percepção* de vividos (na doação originária de si) e a *percepção* de coisas reais. Podemos, porém, nos restringir a percepções singulares de coisas e, por outro lado, a *coisas singulares?*

Não pressupusemos sempre que temos um fluxo de vividos — um curso de vida puro fluindo infinitamente, não pressupusemos que eu, isto é, o percipiente, não percebo apenas este ou aquele vivido, mas tenho uma *experiência coerente de minha vida*, a partir da qual sou indubitavelmente consciente dela? E não pressupusemos que falamos constantemente como "nós", que *nós* somos — não está contido aí a pressuposição de que a mim, como aquele que percebe e, em geral, experimenta, *não é dado apenas meu eu e minha vida, mas também a vida dos outros?*

Toda a consideração — que começa com o § 44 — se efetuou na *orientação natural*, cada um a efetuou, para dizer com mais exatidão, na orientação natural, na qual possuía o mundo em seu modo de doação como mundo circundante, na qual este era pura e simplesmente válido para cada um, e na qual cada um, refletindo, podia encontrar a si e a sua vida como vida humana, como vida psicofísica, "decorrendo" como sempre num corpo material, como uma vida "real", numa experiência não apenas material, mas psicofísica (humana).

Se colocamos no ponto central: o mundo é — mas que ele seja, é meu enunciado, e meu enunciado legítimo, se *experimento* o mundo. Se não eu tivesse experiência do mundo, se não tivesse percepção originária do mundo, na qual o mundo me fosse dado como vivo presente "contínuo", o mundo não seria para mim uma palavra com sentido e nenhum enunciado de mundo

---

[148] 1929.

seria enunciado com sentido de ser que precisaria de legitimação. A percepção de mundo se efetua, porém, apenas de uma maneira e por essência, aquela na qual coisas singulares são efetivamente dadas na forma da percepção num campo de coisas restrito enquanto campo perceptivo; que mundo seja mais do que esse campo fluente e oscilante, isso me remete ao horizonte que o amplia, e que este, em seu vazio não preenchido perceptivamente, seja horizonte de coisas, remete, por sua vez, a minhas possibilidades (a meu poder) de "penetrar" nesse horizonte, isto é, de produzir para mim, mediante certos atos presentificantes e não apenas fictícios, uma plenitude de coisa da qual estou certo de que as coisas ali representadas intuitivamente são, quer como efetividades conhecidas, embora não dadas originalmente, quer como efetividades supostas, desconhecidas, a serem atestadas por percepções vindouras. Somente então efetividades passadas e futuras (futuras não apenas porque preenchem posteriormente minha presunção de que há existência presente desconhecida) são dados possíveis e apenas parcialmente efetivos de experiências do tipo da recordação ou da expectativa.

Coisas e mundo têm para mim validez constante, e não apenas a partir de uma percepção de coisa singular e restrita e já como tal provida de horizontes, mas a partir de uma consciência de validez do tipo de uma consciência universal do horizonte. Logo, também esta carece de uma crítica, uma vez que eu, como ocorreu acima, entro em questões sobre que espécie de legitimidade possui para mim a experiência do mundo, a experiência a partir da qual obtenho o sentido mais originário e a legitimação de minha certeza de mundo em geral, ou sobre se lhe cabe ou não indubitabilidade apodítica, que exclui absolutamente o não ser, e isso em contraste universal com a experiência do eu puro e dos vividos. Por outro lado, no que diz respeito a estes, não podíamos, eu não podia pressupor o sentido natural ingênuo de meu fluxo de vividos, também este é um universo "a partir" do qual são dadas efetivamente, e mesmo que apoditicamente, apenas singularidades, também ali tenho de penetrar o horizonte de minha vida, e uma crítica da experiência imanente, como experiência de meu ser e do ser de minha vida, teria de conduzir para dentro da recordação, da expectativa imanente, em suma, de toda a experiência de si imanente e concreta.

Tudo isso aponta, com efeito, para investigações circunstanciadas e difíceis, cuja realização suficiente e concreta só posteriormente será alcançada. No primeiro esboço das *Ideias* ela ainda não foi levada satisfatoriamente a termo.

Entretanto não se pode antever, e pelo que já é manifesto no presente vivo, que a existência do mundo só tem validez ontológica para mim a partir do "subjetivo" dos vividos, nos quais o mundo "aparece", e que toda atestação que vá além sempre me remete de novo ao subjetivo, a fenômenos de experiências de mais distinta espécie e sinteticamente ligadas, e a certo *estilo* da atestação, que é ela mesma um evento inteiramente subjetivo.

Não é evidente que esse subjetivo pode ser apreendido puramente em sua essencialidade própria, a qual não faz nada do mundo entrar como parte da posição, mas se atém puramente àquilo que é oferecido pela aparição, pela experiência, pela atestação empírica do mundo? Portanto, meu ser e consciência não precedem por essência para mim o ser do mundo, mas inclusive também o ser mundano que no linguajar comum eu designo como eu, o eu como ser humano no mundo, como real entre as realidades do mundo?

Essa precedência é manifestamente fundação *a priori* e não uma fundamentação lógico-predicativa e efetuada em geral em atos próprios de uma coisa sobre outra. Meu ser, em sua universalidade temporal imanente, em sua essencialidade concreta plena: se eu não fosse, não haveria mundo para mim, isso soa como uma tautologia. *Considerando, porém, mais de perto, isso não se tem aí o indício do mais maravilhoso dos fatos*, o de que o mundo que existe para mim, e segundo toda determinação para mim, é uma unidade, a qual se exibe em meus vividos subjetivos e nas "exibições" que ali aparecem, e não pode ser separada dessa correlação?

Mas, sem dúvida, a estrutura da apodicidade de meu ser, enquanto eu puro de minha vida pura, e essa vida mesma, referida ao todo temporal, temporal-imanente, desse ser e vida, apresentam suas dificuldades. Porque recordação imanente, por exemplo, pode muito bem enganar, logo, conflito, engano, ser-outro (como mostra a própria recordação intuitiva) são muito bem possíveis fora do presente intuitivo vivo, imanente. Mas como, se, apesar dessas possibilidades, o ser concreto de meu fluxo de consciência fosse apodítico e se pudesse tornar por essência evidente que aqui vale antes de mais nada o princípio apodítico: *no fundamento de toda aparência está o ser*, e não um ser qualquer, mas *um ser imanente*, atestável com um conteúdo apodítico, o qual, todavia, torna acessível a plena determinidade desse ser somente enquanto "ideia" infinita?

Mesmo, porém, que tudo isso seja realizável, resta contudo sensível a dificuldade de que a atestação do mundo não é uma questão empírica minha, mas questão de experiência intersubjetiva, que se complementa e enriquece reciprocamente, e de que só primeiramente assim o mundo pode ser confirmado como este que está aí, que é para nós que somos. Entretanto, não sou eu aquele em cuja vida os "outros" têm de ganhar sentido e validez ontológica, e no qual o ser-com-outros, o experimentar-com-outros etc. obtém sua primeira e última força atestatória firmemente enraizada? É finalmente em mim que o mundo também se atesta como mundo intersubjetivo — como, é sem dúvida um grande problema.

Apêndice XIV - p. 121[149]

Objetar-se-á que esta é uma conclusão um tanto apressada. É possível que minhas experiências não tornem impossíveis certas atestações de um mundo empírico que é o meu. Mas por isso um mundo a mim inacessível, e o mundo que é efetivo, pode muito bem ser possível, e que eu esteja louco — nada mais. Entretanto, para reconhecê-lo, tenho de poder ver com clareza a possibilidade de um mundo, mas que aspecto deve ter essa clareza de visão mesma, a qual requer, no entanto, a intuição de um tal mundo? Uma representação intuitiva (em contraposição a minhas percepções consequentes e concordes e a minhas experiências em geral) poderia ter a figura de uma diversidade coerente de imaginações, nas quais aparece um mundo de imaginação como uma possibilidade representável? Mas o que se passa com essas imaginações? Elas são percepções "como se", ficções *de* percepções, de perfis que ali se concatenam sinteticamente, aparições de, referidas, portanto, a um fluxo correlativo de vividos do eu puro, fluxo também imaginado em conformidade com a imaginação. O mundo possível está inseparavelmente referido a um eu possível e a uma possível vida de eus, e para que seja um mundo realmente possível, um mundo possível que deva poder um dia se atestar como um fato possível, a possibilidade real tem de poder efetivamente se atestar num eu e numa vida de eu efetivos, isto é, a vida real desse eu efetivo tem de constituir um nexo efetivo da intencionalidade no qual a eventual "loucura" se ateste como uma espécie particular de aparência, que tem o seu ser efetivo por trás de si. Ou bem sou eu mesmo que pode conhecer essa possibilidade em sua própria essência pura, ou bem é um outro eu etc. Esse outro não pode ser possibilidade vazia para mim, ele mesmo teria de ser fundado ou fundável em meu vivido.

Mesmo que algum estilo louco de experiência em nada demonstre no momento o não ser do mundo, isso ocorreria, porém, mediante um estilo universal que não contivesse em si nenhuma possibilidade real de confirmação coerente.

---

[149] Anotação marginal no exemplar III, posterior a 1922.
[150] 1929.

Apêndice XV - p. 135[150]

As coisas que nos aparecem como efetividades em carne e osso na experiência sensível *coerente*, têm o sentido de substratos de determinações idênticas que permanecem idênticos — substratos de objetos no sentido lógico —, e que, nessas determinações idênticas, continuariam a ser determináveis numa experiência coerente, não importa qual prosseguimento ela tenha. Vendo, porém, mais de perto, a experiência coerente, progredindo na direção do objeto, apresenta o determinante como objetividade idêntica que vale em "exatidão" progressiva. Isso implica que ela não torna acessíveis meramente sempre novas determinações, mas que o já experimentado nunca apresenta algo definitivo em sua composição intuitiva, mas apenas algo relativo, que continuamente se modifica conforme os conteúdos efetivamente tornados intuitivos, e, portanto, nunca apresenta a respectiva determinação em identidade efetiva e em sua efetividade última. E tudo isso ainda em relação a circunstâncias, cujas direções recíprocas determinam sempre novas modificações.

Essa relatividade requer descrições complicadas. Aqui, porém, é suficiente que, em face de todas essas relatividades, o idêntico continue sempre contido por essência na visada experimental (onde a experiência é "teórica" e não se contenta, como na prática, com o relativo, mas tem diante dos olhos, como objeto, aquele idêntico da experiência que perpassa toda prática possível); aqui é suficiente que essa visada não seja uma visada vazia e, apesar das modificações, jamais tenha o caráter da aparição, mas seja uma visada que se confirma justamente na mudança do conteúdo intuitivo, noutras palavras, que seja consciência da autoaparição do objeto, exibindo-se em níveis oscilantes de aproximação. É justamente a isso que se referem o método da ciência natural e a tarefa motivada pelo estilo de tal experiência, a ser compreendida em análise explícita e descrição desse estilo: em linguagem kantiana, buscar, em oposição aos meros "juízos de percepção", "juízos de experiência" exatos, ou seja, em certas idealizações e formações conceituais, formar novos tipos de conceitos, conceitos "exatos" (matemáticos), conceitos que devem, juntamente com seus juízos correspondentes, ser diretamente tirados da intuição mediante mera abstração, e que, pelo tipo de sua formação, são "ideias" nas quais o estilo das mudanças das coisas sensíveis relativas (as aparições sensíveis) é indicado com firmeza e pode ser dominado matematicamente em suas particularizações pela firme remissão dos conceitos exatos particularizantes a seus dados empíricos particulares. A determinação exata mediante conceitos matemáticos e físicos é determinação "lógica", "teórica" das coisas experimentadas sensivelmente, enquanto identidades que se exibem em experiência sensível mediante conteúdos intuitivos — identidades que são constantemente visadas e devem ser determinadas teoricamente.

Trata-se aqui, para falar com mais clareza, da experiência teórica, da prática empírica da ciência natural, e não de uma experiência que esteja no fundamento de outra prática qualquer, e que, enquanto tal, tem seus horizontes particulares, como em qualquer prática, tem sua situação prática, com a qual se destaca aquilo que, relativamente a ela, deve valer como fim empírico atingido e atingível. A identidade das mesmas coisas perpassa, porém, a mudança do tipo de prática e dos fins determinados pela situação; aquilo que numa já é ele mesmo, na outra é tosca exibição e assim *in infinitum*.

Apêndice XVI - p. 213[151]

O campo de fundo é um campo de percepção potencial; permanece, contudo, frequentemente em aberto se os dados sensíveis serão apreendidos alguma vez com coisas (e então, portanto, em necessidade eidética). Este é, em geral, o caso. Não se deve, porém, afirmar ser impensável que o fundo seja um mero fundo de sensação sem apreensões materiais. Há também o problema de saber se as apreensões-de-fundo, que fazem diversamente parte de componentes de fundo, não são modificações de cogitações, isto é, assim como uma percepção atual pode ser considerada como efetuação atual de uma apreensão de coisa, também podemos dizer, como um modo de atualidade do aparecer, que, se colocamos de lado o perceber, se, sem nos atermos a ele, nós nos voltamos para outro objeto, uma modificação ocorre com a percepção, uma alteração do modo de atualidade num modo de fundo. Poder-se-ia dizer que toda a estrutura do ato é a mesma, mas eu não o efetuo realmente.

Mas até o eu, a apreensão, a mudança de direcionamento, ali comparecem de maneira modificada, mas tudo isso de modo exânime, inatual.

Parece haver ou poder haver diferentes modos da consciência-de-fundo, o modo originário que não comporta nada de tais modificações, e a consciência-de-fundo que é a consciência-de-frente caída em obscuridade. Ou percepções "incipientes", tendências de percepção, que não são percepções. Cf. o parágrafo seguinte sobre percepções "incipientes". É um tanto quanto limitado, mas tudo isso está realmente junto.

---

[151] 1914.
[152] 1914.

Apêndice XVII - p. 226 e seguintes[152]

Direcionamento do olhar para o noema, para o "objeto", de que ali se é consciente, e para a significação para o objeto em seu como. O como, o modo no "sentido", a significação toda como "matéria". Tem-se, porém, consciência da matéria num modo dóxico, e então temos um novo "como"; aparecendo à consciência com tal e tal sentido, o objeto é trazido à consciência junto com esse sentido como sendo (certo), como sendo conjecturalmente etc.

Dificuldade:
Se faço da matéria o objeto, então eu confiro posição ontológica a ela.
Se ponho como sendo o objeto que represento nesse sentido, então não tenho ali também a matéria "m" à qual ou a cujo objeto conferi posição ontológica?
Resposta:
No primeiro caso, tenho uma representação "direcionada" para a matéria. Ela tem uma nova matéria e uma nova qualidade.
Uma posição ontológica, isto é, uma consciência dóxica partindo do eu, uma tese dóxica que atravessa uma "representação". Por exemplo, ponho "esta mesa vermelha!" Pode-se dizer aí que a tese atravessa o "X" que está contido no noema, mais precisamente, na matéria noemática. A caracterização como sendo não é outra coisa que o polo partindo do eu através do X.
Na mudança do olhar pela qual transformo o noematicamente dado em objeto, eu encontro o seguinte: com o polo da posição, com um novo polo, eu passo agora à "consciência interna" da vivência "esta mesa vermelha", e nela encontro, além da referência ao eu e ao noético que parte do eu, o "o quê", e seus componentes são então representados numa nova consciência em contraposição ao puro e simples "esta mesa vermelha!"
Esta é uma reflexão, e agora a matéria e a qualidade da consciência anterior são objeto. A matéria, como objeto, recebe posição de ser. Mas a matéria *dessa* posição ontológica não é a matéria que é objeto ali, mas uma matéria que se refere a uma matéria.

---
[153] 1914.

Apêndice XVIII - p. 214[153]

Unidade do "objeto visado" (no sentido) — multiplicidades constituintes da consciência.

Paralelo: multiplicidades noemáticas / noéticas constituintes

Breve nota para reformulação:
Noema em geral
Noese em geral

Naturalmente, essas duas morfologias não estão de modo algum uma para a outra, por assim dizer, como imagens especulares, nem se convertem uma na outra por uma mera mudança de sinal, como se bastasse substituir, por exemplo, o noema "n" pela "consciência de n".

A proposição seguinte é equivocada, teria sido preciso dizer algo assim: uma total correspondência não é algo como um espelhamento — e então seria preciso desenvolver de novo: a fim de caracterizar aqui em geral o estado de coisas, é preciso evitar equívocos, é preciso evitar certas tentativas que induzem em erro. *Na relação entre noese e noema, deve-se evitar a confusão entre diferentes paralelismos.*

1) Alguns se referem às *relações das unidades com as multiplicidades constituintes.*

2) Outros, às relações com *componentes noemáticos no noema pleno* e com os componentes *noéticos* na *noese plena* correspondente e, portanto, às relações *entre noema pleno e noese plena eles mesmos*. Há um certo paralelismo nisto que à *unidade suposta* no noema, digamos, à unidade da *coisa* na multiplicidade das percepções da coisa (ou também numa multiplicidade de recordações da coisa, em suma, de intuições dela), que entram coerentemente juntas na consciência intuitiva de uma só e mesma coisa (só que ora orientadas de um jeito, ora de outro, ora próximas, ora distantes etc.) *corresponde justamente essa multiplicidade de noeses.*

Na unidade de uma tal multiplicidade de percepções, há um sistema articulado de multiplicidades de dados *hiléticos* e, mais exatamente, de dados de cores, de dados de tato etc. que corresponde especialmente à unidade da coisa que aparece sensivelmente (como complexo de qualidades primárias e secundárias). Olhando mais de perto, pode-se dizer que dos perfis nos quais as cores, as formas que aparecem etc. se perfilam, também *fazem constantemente parte caracteres de apreensão modificadores.*

Temos, portanto, aqui, certo paralelismo entre a *unidade* objetiva (o objeto entre aspas) e multiplicidades hiléticas e noéticas; cada componente da unidade é representado por uma multiplicidade, e o complexo de componentes é representado pela totalidade dessas multiplicidades.

A esse respeito podem então ser utilizados alguns aspectos isolados do desenvolvimento à página 248.

Passar então à discussão de que temos de distinguir entre a unidade no noema e o noema pleno e inteiro.

Apêndice XIX - p. 255 e seguintes[154]

Notou-se no último parágrafo da página 247 que eu mesmo caí em confusão e tentei colocar as coisas em ordem depois. Todo o desenvolvimento até a página 249 tem de ser reformulado de novo; do modo como está, ele é obscuro.

À página 247, linhas 13 a 21, afirma-se que as duas morfologias não são simplesmente imagens especulares, com isso se remete à correspondência entre qualquer qualidade simples da coisa e as multiplicidades hiléticas que a perfilam. Então era também correto, como ocorrera no delineamento original, acrescentar que também os momentos de apreensão não poderiam ser indiferenciados (embora ali não se possa antever como essas diferenças poderiam ser descritas de outra maneira que nessa generalidade).

O pensamento principal, todavia, é o seguinte:

No conceito de noema, há perigo de duplo sentido:

1) O sentido, *o objeto como tal, determinável desta ou de outra maneira* (sentido noemático).

2) *Este sentido no seu modo de se dar (noema pleno)*. E temos uma *morfologia dos sentidos* e, paralelamente a ela, uma descrição das *multiplicidades nas quais o sentido se constitui*, nas quais ele ganha preenchimento intuitivo — pelo que se separam o sentido em geral, como eventual sentido vazio, e o sentido como objeto dado entre aspas. Por outro lado, no entanto, nós temos uma morfologia das noeses e de todos os seus correlatos. Até aí vale, *porém*, a figura da imagem especular. Num caso, temos unidades em face de multiplicidades, no outro caso, não.

A reformulação teria de abarcar também o penúltimo parágrafo (p. 247, linhas 13-21). Ali se confunde:

---

[154] 1916.

1) que não é para todo x noemático que se encontra, por outro lado, meramente em geral "consciência de x";

2) que para toda "unidade" no noema corresponde uma multiplicidade constituinte, o que é algo de todo diferente.

Aqui, o pensamento inteiro não amadureceu. Numa morfologia, deve-se naturalmente levar em conta uma morfologia dos sentidos. É preciso deixar-se conduzir inteiramente pelo sentido. Surge então a pergunta: que papel desempenha o tema *"unidade — multiplicidade"*? É preciso dizer aí que é uma tarefa descrever as multiplicidades noéticas que pertencem a cada um dos componentes da unidade no sentido coerente, ou seja, pertencem à constituição intuitiva da unidade. (No entanto, justamente essa diferença entre dado e não dado intuitivo não foi mostrada suficientemente no que vem antes!).

Além disso, há a tarefa de também *ordenar* novamente *todos os eventos noemáticos*, mantendo-se puramente no seu domínio, *do ponto-de-vista da unidade e multiplicidade*. Todo noema tem em si o "sentido", mas o tem em si como sentido em certo modo, e aqui nós temos de novo a marca distintiva do "sentido claro". Não se deve dizer aqui: temos do lado noemático uma descrição fechada da unidade — multiplicidade, todos os desvios noemáticos possíveis que fazem parte de um sentido, além da precedente morfologia dos sentidos. Temos então um tratamento paralelo das noeses, no aspecto hilético e noético, e sob um ponto de vista análogo. Mas, sem dúvida, isso já pressupõe investigações mais profundas. Aqui, talvez, se possa indicar apenas as diferenças principais: morfologia dos *noemata* em geral, primeiro como morfologia dos sentidos e dos dados noemáticos de sentido etc. Depois não estou certo como tirar do atoleiro aquilo que desandou.

Apêndice XX - § 113, p. 279 e seguintes[155]

A exposição não é perfeitamente clara. (Página 272, segundo parágrafo, linhas 8 e segs.) *A diferença entre atualidade e potencialidade da posição é um caso especial da diferença entre atos nos quais vivemos e atos nos quais não vivemos* (na esfera da doxa, a diferença é entre *atenção* e *inatenção* — é preciso conferir se não defini de antemão essa diferença em geral para todos os atos!). Tal diferença se refere a todos os vividos intencionais, quer sejam "efetivamente" posicionais, quer neutralizadamente modificados. Aqui, sem dúvida, senti-

---

[155] 1914.

mos uma ambiguidade inconveniente. Numa classe de casos, o "efetivo" remete a um algo não modificado, em contraposição a um modificado.

Se, portanto, o que temos em vista é a modificação neutra, então contrastamos posição "efetiva" (isto é, posição não modificada, posição pura e simples) com posição neutra modificada. O "efetivo", contudo, também designa a oposição ao possível, especialmente no sentido do "possibilitante", de uma *capacidade*, encontrada na essência de uma coisa, de trazer o efetivo à luz mediante atualização. O efetivo é, então, o efetivado ou aquilo que, em relação a um outro, deve eventualmente ser apreendido como efetivação de sua capacidade.

Apêndice XXI - § 113, p. 279 e seguintes[156]

O conceito de posição atual e posição potencial não está suficientemente claro. A terminologia tem de ser apresentada com firmeza e sem oscilação.

Posição atual e potencial.

Aqui, *posição pura e simples* é posição "*efetiva*" em oposição à modificação de neutralidade, portanto, *posição posicional*. (Teria sido preciso introduzir já de início um termo oposto a "neutro").

Toda posição, quer efetiva, quer neutra é, porém, possível num duplo modo de atenção, ou na forma do *cogito*, ou no modo oposto, onde o eu não vive como efetuante no ato. *Logo, a posição atual não é uma posição neutra no modo do* cogito. A *posição potencial* é uma posição *não neutralizada* no modo da não efetuação, logo, não como *cogito*.

Utilizo a expressão *atualidade de atenção* no sentido da efetuação de um vivido intencional, de um "viver nela", do estar-voltado para o correlato da atenção nela.

Uma posição pura e simples (uma posição não neutralizada) é, portanto, atual, ela contém uma atualidade de atenção, ou potencial, falta-lhe a atualidade do direcionamento do eu etc.

O segundo parágrafo (p. 272) induz em erro. A remissão à equivocidade de "atual" é inútil e confusa, e não se chega a tratar mais detidamente da clarificação dessas equivocidades.

O correto é jamais dizer atual onde está em questão a oposição à modificação de neutralidade, mas opor efetivo — neutralmente modificado. Intro-

---

[156] 1914.

duzir eventualmente já de início o "posicional — neutro", e não ter receio da expressão "posição posicional", por mais feia que soe.

Também seria bom dizer:

Se separo as posições atuais e potenciais, então tenho de separar, paralelamente, as quase-posições atuais e potenciais (neutralizadas). À posicionalidade corresponde a quase-posicionalidade.

Apêndice XXII - p. 296[157]
Ad. Tese arcôntica

O termo "tese", "posição" (tomada de posição num sentido amplo) é normalmente entendido como posição efetiva, como efetuação de uma crença etc. Efetuação, porém, pode significar ainda algo diferente. E parece-me que, sob a designação "tese", sempre pensamos em algo de um só raio. Efetuo uma crença politética, se efetuo uma crença do sujeito e assim atribuo ao "objeto" a tese de que ele é e, por consequência, a posição de predicado, com a qual estabeleço o que o objeto é, que ele é assim. Tenho aí duas teses. Duas teses, sem dúvida, na unidade de uma só consciência de crença que se efetuou, embora somente na efetuação dos dois passos téticos fundados um no outro. Não tenho mais uma outra tese específica, que venha se acoplar como terceiro termo. Ali há potencialmente uma tese — eu posso nominalizar, posso converter a consciência politética numa monotética.

Precisamos, portanto, de um termo duplo. Um termo geral, que designe cada "momento posicional", o qual é, enquanto tal, ou tese pura e simples, ou potencialidade tética. E então "tese" pura e simples, como um raio da posição.

Considerando bem, "potencialidade tética" é, de novo, um termo ambíguo. Pois não se pode tratar de modalidades de efetuação, tais como ocorrem caso eu efetue uma tese ou um momento tético, tenha o meio de efetuá-los, ou não os efetue, deixe-os de lado. Eu também posso retomar a tese e "efetuá-la" novamente. Em certo sentido isso é uma potencialidade tética. Mas aqui o que importa é que, qualquer que seja o modo de efetuação, uma unidade politética possa ser transformada numa monotética.

Toda unidade politética tem um momento posicional, a saber, tem um caráter posicional de conjunto, mesmo sem levar em conta as suas teses efetivas.

---

[157] 1917.

O termo "arcôntico" não se refere especialmente a teses no sentido pregnante de teses reais, mas aos caracteres posicionais de conjunto, os quais, se tomamos o caso simples onde não há politese, são justamente teses puras e simples, de modo que a palavra "caráter de conjunto" já não serve. Onde temos apenas teses dóxicas, temos um caráter de conjunto, se temos uma politese. Pode-se aplicar aí o termo "arcôntico"? As teses são seguramente um apoio. Da mesma forma que quando suposições se fundam em convicções, ou dúvidas em convicções e suposições etc. Se temos atos de afetividade, como alegria, fundados em atos dóxicos, há aí um algo mais alto fundado nos alicerces que o "apoiam". O que ocorre com as teses afetivas? Não temos também aí de novo os dois casos: a tese afetiva é efetivamente tese ou uma unidade politética da consciência afetiva, mas posicionalmente não uma tese?

Mas, por mais diferenciado que isso seja: nós chegamos a uma posicionalidade mais alta, e isso deveria ser expresso com o termo "*arcôntico*".

Apêndice XXIII - p. 299 e seguintes[158]

Foram opostas por mim: *sínteses contínuas e sínteses articuladas.*

A significação, porém, de "articulado" ali poderia permitir outras diferenciações. Talvez se devesse partir da designação "ato *fundado*", que, contudo, já empreguei bastante.

Deve-se notar, sobretudo:

1) as teses podem ser fundadas em atos plenos, os quais, por sua vez, têm suas teses e suas matérias.

Surgem aí apenas caracteres téticos de nova espécie, que não precisam de modo algum se referir igualmente — como, por exemplo, as teses de prazer ou de alegria — à matéria do ato fundante (ou ao conteúdo objetivo do último ato).

2) Mas também atos plenos podem ser fundados em atos plenos, como no ato constitutivo de um objeto-signo o ato designante, ou no objeto-imagem — sujeito-imagem; e também a consciência de generalidade.

Aqui não se pode, todavia, dizer em geral que os caracteres téticos específicos estão fundados nos caracteres téticos do nível inferior, ou melhor, dos atos fundantes.

---

[158] 1916.

3) Mas então surge um novo ponto importante e a ser considerado: a saber, uma tese pode "como tese" ser "motivada" por outra tese: o "porquê".

Na alegria: um objeto me apraz, e me alegro, porque acredito que ele existe. Pode-se tratar isso num mesmo nível que os atos relacionais do querer em virtude de outra coisa, do alegrar-se, do valorar, do desejar em virtude de outra coisa? A palavra "relacional" é inadequada aqui. O querer, valorar etc. "com respeito a", "com relação a", "com base em".

Esse "fundar" é um posicionar com base num ter posto, num já estar posto. Ele envolve, portanto, em primeiro lugar, as teses. Mas não apenas as teses que são justamente teses de sua matéria. A matéria desempenha ali um papel inteiramente outro. A questão é se e em que medida atos de preferência entram aqui. Logo, isso já acarreta diversos pontos e questões.

4) Atos de coleção, de disjunção, de predicação (explicação e relação no sentido geral).

Mas aqui a questão é como eles se relacionam com os atos de meio-fim, e em geral: nós temos atos de querer coletivo, assim como atos concludentes, os atos do "porque — então" *nos dois casos*.

Por que se diz, na linha 12 da página 293, *outro* grupo? É preciso, pois, reflexões aprofundadas.

Apêndice XXIV - § 132, p. 331[159]

Os correlatos noemáticos dos dados de sensação (hiléticos) na noese.

Aqui se poderia iniciar assim: enquanto o objeto percebido, esse tinteiro, me aparece, *eu atento para meu vivido*, isto é, para os dados de sensação cambiantes, em contraposição às marcas objetivas idênticas, atento para isto, que, com os dados da sensação, exibem-se precisamente essas marcas, que essa exibição é um momento de vivência etc.

Agora, se *por outro lado* eu descrevo o *objeto que me aparece* ali, posso de um lado descrever seu "*sentido*" em *sentido mais estrito*, o sentido visado como tal, mas posso também descrever a maneira particular pela qual ele *me aparece*, ele, no seu respectivo *sentido objetivo*. Se tomo uma marca determinada, por exemplo, uma superfície colorida que pertence ao objeto que aparece como tal (ao "*sentido*"), o modo meramente noemático dessa superfície, a maneira como ela aparece, é diferente conforme o variável conteúdo hilético que se representa (mas também conforme os dados hiléticos motivantes).

---
[159] 1916.

No mesmo passo que isso está a *diferença de orientação*, que diz respeito ao noema (e mesmo à plenitude do sentido). Ela toca primeiramente a forma que aparece e, secundariamente, o recobrimento qualitativo. Se detemos firmemente o objeto que aparece em seu modo de orientação, nada mais poderá mudar aqui (com exceção do modo de clareza). Mas também, exceção feita à clareza (plurívoca), também entraria em linha de conta a diferença da "plenitude da representação", a saber, a riqueza da exibição, conforme eu veja direta ou indiretamente, isto é, conforme os dados motivantes (direcionamentos do olhar etc.).

No âmbito da visão distinta, mas também não indistinta, temos diferenças dos dados motivantes. (Por certo, mas aqui as "representações" voltadas para os *optima* também desempenham o seu papel!) Aqui há, pois, duas dimensões: a da distinção e não distinção e a dos dados motivantes.

Os desenvolvimentos sobre núcleo como sentido no modo da plenitude, à p. 323, carecem, portanto, de várias complementações.

Teremos então de dizer: *os dados hiléticos mesmos jamais pertencem ao conteúdo noemático*. A toda mudança, porém, dos dados hiléticos operantes corresponde, em virtude das funções noéticas, também uma *mudança no noema*, e onde, considerado em e por si, um momento hilético na noese pode se modificar sem que se modifique um momento objetivo especialmente constituído por ele, então isso é caracterizado noematicamente num outro modo. Mas essa alteração da caracterização noemática não significa ao mesmo tempo que também ocorra uma alteração no sentido objetivo restante (como orientação etc.). Isso precisa de uma investigação mais detida!

Essa superfície colorida pode se exibir para mim de maneira diferente, logo aos dados hiléticos mutáveis em sua apreensão correspondem diferenças do noema, mas os dados representativos não fazem parte do noema, mas do "modo de aparição" do objeto.

"Modo de aparição" e modo de orientação são realmente uma só e mesma coisa? O objeto não modificado é o idêntico de todos os modos de aparição, o idêntico em todas as orientações. Como se comportam os conceitos: modo de orientação do mesmo objeto não modificado e o modo de aparição dele?

Dados hiléticos representam, são apreendidos. Aparências, aparecimentos cambiam, e neles se "representa" o mesmo objeto. Um conceito totalmente outro de representação!

No noema, temos, por exemplo, com respeito a uma superfície vermelha percebida, suas aparências, seus "aparecimentos" cambiantes. O objeto puro e simples é dado apenas na forma do que se exibe deste ou daquele lado, neste ou naquele "perfil perspectivo", nesta ou naquela perspectiva colorida etc. *No noema, portanto, nós não temos o dado hilético "cor"*, mas *"perspectiva de cor"*, não o dado hilético "extensão e quase-forma", mas perspectiva de forma. No entanto, podemos dizer que, assim como na noese nós temos a *húle* pura junto com a apreensão dela, no noema temos aquilo que é por assim dizer "operação" de apreensão da *húle* ou "operação" da consciência, e essa operação contém um componente que provém da *húle*, e outro que provém dos momentos noéticos. Mas além disso não podemos dizer mais nada.

Apêndice XXV - p. 341 e seguintes[160]

Em minha exposição, *ver* e, especialmente, *ver com clareza* tem um sensível duplo sentido, que se faz mostrar, embora eu tenha me decidido firmemente por uma alternativa.

1) Aquilo que *motiva* o caráter racional da tese, o que lhe dá legitimação, o "fundamento de legitimação" como fundamento da legitimidade da posição: o ver.

2) O próprio caráter racional. Assim, também dizemos: acredito nisso, *porque* o vejo com clareza (vejo).

A essência do ver está, ora na matéria tética, ora na tese mesma, em virtude da matéria.

Finalmente 3), como se afirma na p. 336, linhas 1-3:
Unidade da posição racional com aquilo que a motiva por essência.

Falamos de proposições evidentes, de juízos evidentes. O que isso quer propriamente dizer?

A proposição é o noema, que também inclui a tese noemática. A proposição é evidente, é sentido preenchido, tem o caráter de um dado que se vê no sentido 1. Ela ilumina e, obviamente, com base nisso, damos-lhe a tese. Acreditamos, porque vemos. Mas, sem dúvida, o duplo sentido já se encontra no linguajar comum da percepção, no ver. O ver não precisa excluir a crença, mas o faz frequentemente e comumente.

---

[160] 1914.
[161] 1914.

Apêndice XXVI - § 137, p. 344 e seguintes[161]

Quanto ao conteúdo, tudo está correto, mas a terminologia não está pronta e não concorda de todo com a das páginas 19 e segs. O termo *apodítico* compreende dois aspectos aqui:

1) A visão de um estado-de-essência, e ocasionalmente de um enunciado, no qual se enuncia *sobre essência*.

2) A visão de uma relação *geral incondicionada* (relação eidética aplicada em generalidade incondicionada), como, por exemplo: um vermelho em geral é um algo extenso.

Quando se fala de "apodítico", ele, porém, é comumente empregado na aplicação de leis eidéticas, de proposições gerais eidéticas a casos isolados postos teticamente ou particularizações eidéticas. Nas páginas 19 e segs., o conceito de apodítico é diretamente fixado para casos necessários de dados de estados-de-coisa eidéticos. Este também é um sentido bastante justo. E à palavra "apodítico" sempre pensamos num "tem de ser", e isso nos remete de volta a uma premissa maior, isto é, a uma aplicação.

Portanto, é melhor separarmos:

1) a visão "empírica" e mesmo como puramente empírica;
2) a *visão eidética*;
3) a visão clara de uma generalidade "geral incondicionada", isto é, necessidade. A visão com clareza de uma necessidade universal pura

   a) surgiu de uma modificação de uma visão eidética conforme o item 2, ou

   b) procedeu como caso particular e, na verdade, como particularização pura de uma generalidade incondicionada.

4) a visão clara de algo experimentado individualmente.

Logo:

I. Visão (empírica ou eidética).

II. Visão clara de generalidades puras e de necessidades como singularizações e puras particularizações de necessidades.

Apêndice XXVII – p. 344 e seguintes[162]

A diferença indicada entre evidência assertórica e apodítica nem sempre é suficiente.

---

[162] 1914.

Temos
1) juízos de experiência;
2) juízos *a priori*.
Nos juízos de experiência temos:
a) juízos descritivos, exprimindo ser individual e ser-assim;
b) juízos empíricos gerais; mas também
c) outros juízos referidos ao individual, por exemplo, juízos hipotéticos, disjuntivos. Chegamos, pois, às diferenças formal-lógicas entre os juízos no que se refere a teses empíricas individuais ou, de maneira indeterminada, a teses empíricas gerais. Nos juízos *a priori*, contudo, temos as formas análogas. Teria sido preciso levá-las em consideração.

Quantas formas de evidência radicalmente distintas possuímos? E mesmo: formas de evidência imediata,
formas de evidência mediata?

Faz, no entanto, parte da essência de um juízo empírico geral que só possa ter evidência na forma de evidência mediata. Há outra espécie de evidência imediata na esfera empírica além da do juízo simplesmente descritivo? Isto é, somente do juízo mais simples, da forma, por exemplo "isto é vermelho"? Portanto: primeiramente teria de ser investigada a evidência imediata e então se teria de seguir as séries de níveis e as formações de níveis da morfologia e, de acordo com estas, estudar e atestar a evidência mediata, assim como é preciso percorrer a série de níveis das evidências conforme as indicações apontadas nas modificações atributivas etc. (portanto nas constituições sucessivas das formas).

O mesmo nos juízos eidéticos. Os juízos eidéticos "descritivos" etc.

No entanto, aqui não há também outros juízos de evidência imediata? "Se algo é vermelho, é extenso", isto é, formas hipotéticas. Princípio de contradição, de dupla negação etc., imediatidades disjuntivas. Depois, mediatidades remontando a imediatidades evidentes, que não incluem tese empírica (sendo, nesta medida, eidéticas).

Surge aqui o "seguir-se necessário". Seguir-se caracteriza a mediatidade do juízo. A mediatidade evidente produz o seguir-se evidente — clareza de visão como consequência —, e então as razões podem ser evidentes etc.

Tudo isso deve ser cuidadosamente ponderado, trata-se aqui do típico.

Proposição. Toda evidência mediata, que se assenta em alicerces *empírico-evidentes* é afetada pelo caráter empírico dos alicerces, e o deduzido tem caráter empírico.

Toda evidência mediata, que se assenta em alicerces *a priori* (eidético-evidentes), e *somente* nelas, tem caráter próprio, precisamente o da necessidade eidética.

Devemos, pois, separar a intuição e a efetuação de teses dóxicas e dizer que a visão clara e, de maneira mais geral, a evidência é um modo na efetuação das teses dóxicas, efetuação que é diferente conforme as teses tenham base intuitiva ou não? Mas, sem dúvida, o que significa embasamento intuitivo? E que significa efetuação?

Há uma diferença entre "perceber" (isto é, o objeto) e "julgar" que o objeto é. Evidente é o juízo. Evidente e, eventualmente, visto com clareza, nós também chamamos o julgar. Por outro lado, tem-se o juízo no sentido do julgado como tal. Ser, ser-assim, mas também outras variações: nós "vemos" que, se A, B, C, D é etc. Sempre voltamos a isto, que os problemas do juízo têm de ser perfeitamente solucionados. Deve-se considerar nisso que, se vejo um objeto, o ver, como dado originário, afeta seguramente a doxa ali interligada, mas isso significa: somente se efetuo o "juízo" "A é", eu posso apreender no "é", na tese, o caráter racional, e somente se o faço, eu tenho evidência. Sem dúvida, também o caráter racional é visto. E, por outro lado, somente em contraste com a posição ontológica e, mais precisamente, com a efetuação de juízos que não têm o caráter, é que se salienta para mim o caráter racional: daí que falar de evidência sempre tem em si algo de relativo, de referência ao contraste.

Se faço o enunciado "este papel é branco", ele é agora para mim um juízo puramente descritivo, e esse juízo tem sua evidência. Mas vejo o caráter de evidência por contraste, tenho de salientá-lo. No entanto, ele o possui de qualquer modo.

Que dizer de minha ampliação da ideia de "intuição" à "esfera categorial"? Cabe persistir nela. Também os estados-de-coisa são objetos e são vistos. Mas, sem dúvida, a sua visão, se a apreendemos como ato de um raio, remete a uma efetuação evidente do juízo como síntese intuitiva. Ela é uma visão sintética e tem caráter racional.

Somos, com isso, direcionados para o ser-assim, para o lado do predicado (para tomar um juízo categorial), no aspecto hipotético, ao "se — ser" e ao dependente "então — é". Somente na experiência pura e simples e também na apreensão pura e simples de singularidades eidéticas, não somos direcionados ao "ser". Este não é, por certo, "objeto" no sentido comum, mas os objetos categoriais se constituem em atos sintéticos justamente na consciência "relacional". Tudo, portanto, ficará em ordem com os desenvolvimentos mais detidos que se fazem necessários. Mas é preciso ainda notar que falamos de clareza de visão também na esfera empírica, sem dúvida não nos simples juízos de experiência, mas nas fundações da experiência e respectivamente aos juízos de leis que se transformam em "visões claras" para nós justamente na fundação da experiência, ao passo que o juízo empírico singular, o juízo "isto é assim *hic et nunc*", não pode se tornar ele mesmo claramente visível; torna-se claramente visível que, sob dadas circunstâncias, isso tem de ser assim, que o evento teria de ocorrer etc., logo a necessidade do ser-assim e da existência empírica se torna claramente visível.

Todo axioma é claro e evidente, toda verdade intuída eideticamente (todo juízo eidético intuitivo); a perspicuidade significa então aquela necessidade. Aqui, porém, nem tudo está transparente.

Considerando com mais exatidão, notamos diferenças. No texto, é correto fazer referência à diferença entre *indivíduos* e *essências*, mas não se leva em consideração a diferença, que cruza com aquela, das *alterações lógicas*. Uma objetividade originária é "vista" de outra forma como uma alteração lógica dela, como uma propriedade, um conjunto, uma relação, um estado de coisas etc. E toda espécie de alteração é "vista" de outra maneira.

E, além disso, o modo de consciência da visão é por sua vez essencialmente diferente, conforme nos movimentemos na esfera da objetividade originária individual ou eidética.

Às páginas 19 e segs., a expressão "apodítica" se restringe exclusivamente às particularizações de generalidades eidéticas. Mas aqui estão contrapostas a visão do individual (assertórica) e a visão eidética, como visão apodítica, além das misturas das duas. *Aqui* se trata, porém, da designação dos diferentes modos de consciência da visão. A palavra "apodítico" remete em si ao modo de consciência. É preferível dizer: os modos de consciência são justamente distintos no *eidos* e no indivíduo e também segundo as distintas alterações. Um modo particular e destacado de consciência é que algo não seja apenas visto, mas visto no caráter do "por consequência" como sendo necessariamente. O modo de ser é diverso, e somos levados de volta ao eidético. Como quer que seja, a confusão tem de ser posta de lado. "Visão apodítica" não pode ser empregada para qualquer visão eidética.

Uma vez que a expressão "visão individual" não é utilizável, em contraposição à visão "eidética" ou à evidência eidética se poderia falar de visão *experiencial*, de evidência *experiencial*. Em vez de evidência eidética = clareza de visão.

Pode-se, todavia, falar corretamente de uma clareza de visão a respeito de um número? "Tenho do número 2 uma clareza de visão imediata, do número 21 uma clareza de visão mediata". "De uma curva de décima ordem não tenho clarividência" etc.

Como quer que seja, nós empregamos a palavra "clarividência" apenas para "estados-de-coisas", para juízos, estados-de-ser, e nos exemplos anteriores logo se objetará: não tenho clarividência do número, mas do *ser* do número, de sua existência.

Uma coisa, eu a vejo, a percebo (em contraposição a "eu a recordo", a vislumbro na reprodução, e mesmo como realidade presente). Eu vejo a coisa, não a existência da coisa. Ocorre sem dúvida dizermos: eu vejo que a coisa está aqui. Mas eu tenho evidência *de que* a coisa é.

Apêndice XXVIII - § 143, p. 358 e seguintes[163]

Subsistem aqui dificuldades centrais, e não se pode antever em que medida serão solucionadas.

Em primeiro lugar, a diferença entre fantasma e coisa. Em segundo lugar, a questão: o que significa propriamente e, portanto, o que requer a infinitude cognitiva pertence à ideia de uma coisa (e mesmo também do fantasma)?

Dir-se-á talvez: uma coisa é percebida: tem-se ali um ser material-espaço-temporal na forma da apreensão, onde a apreensão deixa muita coisa em aberto. Não se pode, porém, pensar uma apreensão que não inclui em si mais nada de indeterminado? E não é pensável que essa apreensão determinada em si continue sempre a se constatar, a se preencher; que, portanto, a coisa é exatamente assim e não de outro modo como "aparece" e como é determinada, apreendida? Na essência de uma tal apreensão está, sem dúvida, contido que o progresso da experiência, segundo os diferentes lados da apreensão, possibilita algo "diferente", e a explosão é sempre possível. De acordo com isso, a apreensão também pode ser a qualquer tempo substituída por uma infinidade de apreensões possíveis, ou de apreensões modificadas de possibilidades (que em conjunto são inconciliáveis), em favor de cada uma das quais fala algo de geral (elas são possibilidades gerais que não são vazias, ainda que agora nada de "positivo" fale a favor delas), e igualmente, qualquer uma das determinidades percebidas no conjunto pode ser a qualquer tempo substituída por uma indeterminidade, que se mantém no âmbito da forma regional.

Isso, porém, não modifica em nada que uma determinada apreensão seja pensável com uma tese de certeza que se constate cada vez mais. Ou: o que é a mesma coisa, é pensável (posso assim pensar toda apreensão de coisa finalmente sem alteração) uma percepção que visa o objeto em plena determinação, para além daquilo que dele propriamente se percebe.

---

[163] 1914.

Poder-se-ia falar assim. Pois é um problema se isso é realmente *pensável*. Sem dúvida, segundo sua essência regional, uma coisa pode entrar em relação com um sem-número de outras coisas, pode desenvolver um sem-número de causalidades, pode ter um sem-número de propriedades particulares. Tudo isso, porém, pode estar sob leis tão firmes, que a coisa só tem um número limitado de direções causais legítimas e, em cada uma delas, suas possibilidades legalmente estabelecidas. A região deixa em aberto, como muitas dessas direções, de que maneira se dá o fecho.

Infinitudes, portanto, subsistem para o conhecimento, desde que ele sempre esteja pronto para encetar novas direções. Mas não subsiste nenhuma infinitude em si. E se não há uma tal infinitude, uma apreensão fechada da coisa tem de ser possível.

Isso ainda precisa ser refletido, desenvolvido, discutido, de maneira mais determinada.

Se eu então ainda pudesse fazer a oposição "dado finito" – "dado na forma de uma ideia"?

A "ideia" não significaria agora infinitudes da percepção com infinitudes que trariam determinidades sempre novas e diferentes. Ao contrário, para o conhecimento não estaria definido se o constituído como coisa é efetivamente a coisa última ou se ele não exige novas direções de qualidades (ou também: não se pode saber se a coisa é efetivamente assim, como é visada, mas isso entra numa outra linha).

O problemático não está, portanto, na afirmação de que "realidades" não "poderiam ser dadas em nenhuma consciência fechada em completa determinidade e em intuitividade igualmente completa" (p. 351).

Isso é, com certeza, correto. Pois: já no aspecto espacial, todas as possibilidades de aparição de uma coisa não podem ser percorridas num lance contínuo; isso apenas em relação à forma no espaço. Mas ainda restam questões difíceis.

Apêndice XXIX - § 144, p. 359 e seguintes[164]

Poder-se-ia dizer: também o ser imanente é dado ao conhecimento apenas como ideia, já que ele precisa de um processo de "aproximação". O dado

---
[164] 1914.

adequado é uma ideia, que tem o caráter de um limite, do qual se pode aproximar como bem aprouver.

O ser transcendente, todavia, também é transcendente nisto, que não há ali nenhuma aproximação.

Constatou-se que também na esfera imanente há diferenças de clareza e obscuridade. Portanto, é nesse aspecto que se dá a ideia da clareza perfeita. Antes de mais nada, portanto, isso deveria ser salientado e posto fora de consideração como algo comum.

Por fim, deve-se ainda dizer: um *eidos*, embora nem todo *eidos*, pode ser dado absolutamente e adequadamente. Não preciso, com efeito, de acabada clareza do alicerce para apreender um *eidos* mais alto. E posso apreendê-lo completamente, de modo que não mais de possa falar de uma clareza mais alta.

Não se pode fazer tal afirmação no caso de um indivíduo, especialmente de um imanente concreto.

Falou-se, pois, de ideias — como a da clareza completa do imanente — que são limites. Separamos com mais precisão: as ideias se dividem:

1) naquelas que são limites ideais, das quais atos doadores evidentes, embora inadequados, podem se aproximar *in infinitum* — ideias finitas —,

2) em ideias que não são tais limites, nas quais, portanto, não é possível tal "aproximação", "ideias infinitas".

Falta um parágrafo sobre o tipo.

Verdade empírica, verdade na esfera da "*experiência transcendente*", à qual se contrapõe o tipo (a ideia) da *verdade absoluta*.

Um parágrafo, além disso, sobre verdade "objetiva" em oposição à verdade subjetiva. A intersubjetividade da verdade objetiva e a subjetividade da verdade imanente.

Verdade matemático-lógica.

Verdade de essência (da essência "propriamente dita", material).

Objetividade da verdade empírica, se tem a forma da ciência natural matemática.

Mas toda a discussão já está amplamente preparada para dar conta aqui deste tema?

Esta obra foi composta em CTcP
Capa: Supremo 250g - Miolo: Pólen Soft 70g
Impressão e acabamento
GRÁFICA E EDITORA SANTUÁRIO